Kurt Ehrenreich Floericke

Avifauna der Provinz Schlesien

Kurt Ehrenreich Floericke

Avifauna der Provinz Schlesien

ISBN/EAN: 9783744610230

Hergestellt in Europa, USA, Kanada, Australien, Japan

Cover: Foto ©ninafisch / pixelio.de

Weitere Bücher finden Sie auf **www.hansebooks.com**

Versuch einer

Avifauna der Provinz Schlesien.

Von

Dr. Curt Floericke,

Assistenten am zoologischen Institut der Universität Marburg.

I. Lieferung.

MARBURG.

Universitäts-Buchdruckerei (C. L. Pfeil).

1892.

Dem Andenken seines teueren Lehrers

Herrn Geh. Reg.-Rat
Prof. Dr. Richard Greeff
zu Marburg

in aufrichtiger Dankbarkeit gewidmet

vom Verfasser.

A. Allgemeiner Teil.

I. Zur Einleitung.

Nachdem die systematische und faunistische Ornithologie in der ersten Hälfte unseres Jahrhunderts ihre grösste Blütezeit erreicht hatte, trat eine Periode entschiedenen Rückgangs ein, bis sich seit einem Decennium etwa ein erneuter Aufschwung in der ornithologischen Forschung bemerklich machte. Den Anstoss dazu gaben wohl hauptsächlich die grossartigen Theorieen Darwins, zu deren allseitiger Beleuchtung und Untersuchung sich kaum ein anderes Gebiet der Zoologie so sehr eignet als gerade die Ornithologie, wie denn auch die dem Reiche der Vögel entnommenen Beweise bekanntlich in den Werken Darwins einen ganz unverhältnismässig grossen Raum in Anspruch nehmen. Das ist vielleicht der Ornithologie grösstes und vornehmstes Verdienst, auf das sie stolz sein kann, für das sie den Dank aller Gebildeten verdient hat und mit vollem Rechte beanspruchen darf. Von diesen verallgemeinernden Gesichtspunkten aus gewann auch die genaue ornithologische Erforschung der einzelnen Gebiete unseres Vaterlandes erneutes Interesse, und die Ornithologie, die sich vorher fast ausschliesslich den exotischen Avifaunen zugewandt hatte, schenkte ihr jetzt eine verdoppelte Aufmerksamkeit. Musste es doch von grosser Wichtigkeit inbezug auf die Darwinsche Lehre erscheinen, einerseits die schon bekannten Lokalformen und Subspecies näher zu fixiren und ihre Verbreitungsbezirke genau kennen zu lernen und zu begrenzen, andrerseits aber neue aufzufinden. Die Einführung der Trinominalität in die ornithologische Nomenklatur wurde damit zur gebieterischen Notwendigkeit. Diese Bestrebungen haben einen ruhmreichen Vorläufer gehabt in der Person des Renthendorfer Pastors Chr. Ludw. Brehm, Vater des bekannten Alfr. Edm. Brehm, der uns noch heute in vieler Hinsicht zum Vorbild dienen kann. Aber dieser scharf blickende Forscher war seiner Zeit vorausgeeilt und wurde nicht von derselben verstanden. Es ist meine feste Ueberzeugung, dass heute eine seiner vielen Subspecies nach der andern eine glänzende

Auferstehung feiern wird. Wie unendlich viel es in dieser Hinsicht auch bei den gewöhnlichsten und scheinbar allbekanntesten Vogelarten noch zu thun giebt, das hat erst ganz neuerdings wieder die geradezu verblüffende Auffindung zweier gut unterschiedener Lokalformen des gemeinen Staars durch Sharpe und des Eichelhehers durch Kleinschmidt gezeigt. Gute, genaue und ausführliche Avifaunen der einzelnen deutschen Provinzen sind deshalb ein dringendes Bedürfnis, wie dies ja auch die „Allgemeine deutsche ornithologische Gesellschaft" 1890 in Berlin durch Einsetzung eines „Ausschuss zur Förderung der deutschen Vogelkunde" gezeigt hat, nachdem der „Ausschuss für Beobachtungsstationen der Vögel Deutschlands" an leicht vorauszusehenden Hindernissen und Zerwürfnissen gescheitert war. Von dem genannten Gesichtspunkte aus bitte ich auch den folgenden anspruchslosen Beitrag aufzunehmen, der wenigstens den einen Vorzug hat, dass er mit grosser Lust und Liebe zur Sache geschrieben wurde. Mit einer wahrhaft leidenschaftlichen Begeisterung machte ich mich, als ich im März 1889 nach Breslau übersiedelte, an die Erforschung der schlesischen Ornis, die mich einerseits durch ihre Eigenartigkeit und Reichhaltigkeit reizte und anzog, und die andererseits in den letzten Jahrzehnten von den Ornithologen fast auffällig vernachlässigt worden war, so dass ich dort ein besonders lohnendes Feld für meine mit jugendfrischem Mute aufgenommene Thätigkeit zu finden hoffen durfte. Auch als ich Schlesien im Herbst 1890 verliess, blieb ich noch bis zu diesem Augenblicke in reger Verbindung mit meinen dort mühsam gewonnenen Mitarbeitern und Beobachtern. Das eine glaube ich behaupten zu dürfen, dass ich keine Opfer an Zeit, Geld und Arbeit gescheut habe, um dem mir gesteckten Ziele wenigstens näher zu kommen. Wenn ich trotzdem meine Aufgabe nur höchst stümperhaft gelöst habe und den sachkundigen Leser um eine nachsichtige Beurteilung der folgenden Mitteilungen dringend bitten muss, so liegt dies einerseits in der Mangelhaftigkeit der ersten Untersuchungen eines jungen, unerfahrenen, unbemittelten und ganz allein dastehenden Anfängers überhaupt begründet, andrerseits aber auch zum nicht geringen Teil in den zahllosen und z. T. unüberwindbaren Schwierigkeiten und Hindernissen, die sich einem solchen Unternehmen an und für sich a priori entgegenstellen. Solche Lokalavifaunen haben aber auch noch einen weiteren nicht zu unterschätzenden Wert für die grosse Frage der Migration, die in der Hauptsache nur durch sie einer endgültigen Lösung näher gebracht werden kann. Deshalb wurde auch den Zugverhältnissen in dieser Arbeit eine ganz besondere Aufmerksamkeit geschenkt, obschon ich mir bewusst bin, dass gerade auf diesem Gebiete sich bei so beschränkter Zeit nur höchst schwierig positive Resultate gewinnen lassen.

Was nun den speciellen Teil der Arbeit anbelangt, so glaubte ich mir, soweit nicht die subspecies inbetracht kommen, eine genaue Beschreibung der einzelnen Arten ersparen zu dürfen, sowohl um den Umfang der Arbeit nicht allzu sehr zu vermehren, als auch weil ja jeder Leser das darüber Nötige in den gebräuchlichen Hand- und Lehrbüchern findet. Dagegen habe ich die meiner Erfahrung nach sichersten Kennzeichen bei jeder Art angegeben. Dieselben wurden zwar zumeist anderen Autoren entnommen, aber an einem grossen Material von Bälgen auf das gewissenhafteste controllirt, und manches danach abgeändert. Grosse Sorgfalt habe ich darauf verwendet, an möglichst viel Exemplaren genaue Maasse zu nehmen, und glaube ich, dass das Vergleichen derselben mit solchen aus anderen Provinzen und Ländern und namentlich auch mit den von Pleske in seiner herrlichen Ornithographia Rossica angegebenen zu interessanten Resultaten führen dürfte. In biologischer Hinsicht wandte ich dem Brutgeschäft und der Wanderung besondere Aufmerksamkeit zu, weil diese beiden Punkte für eine Lokalornis wohl den grössten Wert haben. Im übrigen teile ich von biologischen Beobachtungen nur solche mit, die entweder neu sein dürften oder aber lokale Abweichungen von dem allgemein Bekannten zeigen.

Es erübrigt nun noch, ein Wort über die angewandte Nomenklatur zu sagen. Mit Freuden würde ich mich in dieser Hinsicht ganz und gar an ein allgemein als gültig anerkanntes systematisches Verzeichnis deutscher Vögel angeschlossen haben; aber ein solches ist eben zur Zeit — ich schreibe diese Zeilen im Januar 1892 — leider noch nicht vorhanden, und so blieb mir nichts anderes übrig, als auch hierin einigermassen meinen eigenen Weg zu gehen und mich der Hoffnung hinzugeben, dass diese fühlbare Lücke recht bald durch die im Mai 1891 in Frankfurt a. M. von der „Allgem. deutschen ornithol. Gesellschaft" zu diesem Zwecke eingesetzte Commission ausgefüllt werden möge. Im allgemeinen habe ich mich an Dr. Reichenows „Systematisches Verzeichnis der Vögel Deutschlands" gehalten und also danach das Prioritätsprinzip als streng durchzuführende Grundlage anerkannt. Ebenso wie Reichenow damals, bin ich davon in dem Falle abgegangen, wo ein Linné'scher Speciesname von einem späteren Schriftsteller zum Gattungsnamen erhoben wurde. Dagegen konnte ich mich nicht entschliessen, die Dedikationsnamen klein zu schreiben, und endlich habe ich mir noch bezüglich der Einteilung einzelner Familien in Gattungen in seltenen Fällen Abweichungen erlaubt, die aber jedesmal ausführlich begründet wurden. — Ein Verzeichnis schlesischer Trivialnamen hatte ich bereits früher (Ornithologisches Jahrbuch II, p. 53—61) veröffentlicht und habe dasselbe inzwischen nicht unbedeutend erweitert, teils durch eigene Wahrnehmungen, teils durch die freundliche Unterstützung des Herrn Forstmeister Schmidt in Ratiborhammer, der mir namentlich polnische, und des Herrn Custos Baer in Niesky, der mir namentlich wendische Bezeichnungen zu übermitteln die Güte hatte. Seinen in der „Allgem. deutsch. ornith. Gesellsch." zu Berlin am 23. April 1891 erhobenen Einwurf, dass ich Trivialnamen für niemals in der Provinz vorgekommene Arten angeführt hätte, hat Herr Schalow in der Sitzung vom 7. September 1891 auf die ihm brieflich von mir gemachten Mitteilungen hin wieder zurückgezogen. Ich führe auch diesmal wieder solche in der älteren Litteratur vorgefundene Trivialnamen mit an, deren Träger heutzutage nur noch selten in der Provinz vorkommen, weil sie immerhin philologisch-historisches Interesse haben; so z. B. die Namen für die verschiedenen Arten der Jagdfalken. Ferner hat mir Herr Kollibay (Ornith. Jahrb. II, p. 198—201) den Rat gegeben, dass ich bei den einzelnen Namen auch die Gegend, wo dieselben gebräuchlich sind, näher anführen solle. Ich habe dies nicht gethan, da das ins Endlose führen und den knapp zugemessenen Umfang meiner Arbeit weit überschreiten und ungebührlich vergrössern würde, ohne irgend welchen erheblichen Nutzen zu schaffen. Der in Schlesien arbeitende Ornitholog wird sich auch ohne dies sehr bald zurechtfinden. Sehr im Irrtum ist Herr Kollibay ferner, wenn er meint, dass ein beträchtlicher Teil der von mir gesammelten Trivialnamen der Vergangenheit angehöre und heute nicht mehr gebräuchlich sei. Herr Kollibay kann dies doch nicht aus seiner eigenen Unkenntnis derselben ohne weiteres folgern, da er doch nur einen verhältnismässig kleinen Teil Schlesiens kennen gelernt hat! Insofern bin ich trotzdem den Wünschen der Herren Schalow und Kollibay nachgekommen, als ich die wenigen lediglich historischen Trivialnamen durch cursiven Druck von den gegenwärtig im Gebrauch befindlichen unterschieden habe.

II. Geschichte der ornithologischen Erforschung Schlesiens.

Der meines Wissens erste, der eine vollständige Naturgeschichte der schlesischen Vögel zusammengestellt hat, ist wohl Caspar Schwenkfeld. In seinem 1603 in Liegnitz erscheinenen Teriotropheum Silesiae ist auch der Vogelwelt seiner Heimat ein umfangreiches Capitel gewidmet. Wennschon nach den Anschauungen der damaligen Zeit sich allerhand Aberglauben in seinen Beschreibungen breit macht, die Fledermäuse mit unter den Vögeln figuriren u. s. w., so zeugt doch andrerseits die Arbeit

von einer scharfen Beobachtungsgabe und einer überraschend
guten und fortgeschrittenen Kenntnis der Vogelwelt. Die meisten
Arten sind kurz, aber gewöhnlich recht kenntlich beschrieben
und in ihrem Vorkommen und Lebensweise ziemlich treu geschildert. Nur wenige Species vermochte ich nicht genau zu
identificiren. Danach ruhte die ornithologische Erforschung Schlesiens lange Zeit fast ganz, bis dieselbe gegen Ende des vorigen
und Anfang dieses Jahrhunderts einen ungeahnten Aufschwung
nahm. In rascher Aufeinanderfolge erschienen jetzt die Mono-
graphien von Börner (1781), Weigel (1806), Endler und
Scholz (1809), Kaluza (1810) und Gloger (1833). Die bei
weitem bekannteste derselben ist die letztere, die meiner Ansicht
nach beste und zuverlässigste dagegen ganz entschieden diejenige
von Kaluza. Die Arbeiten von Weigel und Börner haben
kaum mehr als historischen Wert und leiden vielfach an Unge-
nauigkeiten aller Art. Endler und Scholz geben weniger
eine Lokalfauna als vielmehr Naturschilderungen und legen auf
die biologische Seite das Hauptgewicht; ihr Werk ist umfang-
reich und mit kenntlichen Buntbildern geziert.

Der berühmteste aller schlesischen Faunisten ist aber wie
gesagt Dr. Constantin Ludwig Gloger, der als Gymnasiallehrer in Breslau lebte und später nach Berlin übersiedelte,
wo er nach mehrjährigen schweren Leiden am 30. Dec. 1863
starb. Cabanis nennt ihn „einen vielseitigen, gemeinnützigen,
echt deutschen Gelehrten." Der von Cabanis (Journ. f. Ornith.,
1864, p. 80) in Aussicht gestellte Nekrolog ist leider meines Wissens
niemals erschienen, und mir selbst ist es trotz vieler Bemühungen
nicht gelungen, Näheres über den Lebensgang Glogers in Erfahrung zu bringen. Gloger gehörte der naturwissenschaftlich-
philosophischen Richtung an, die damals viele Anhänger und
Bewunderer fand und G. bei denselben eine hervorragende Stellung
sicherte, uns heutzutage aber wenig sympathisch erscheinen will.
Viele ornithologische Aufsätze Glogers leiden deshalb unter einem
wenig verständlichen und zumeist recht überflüssigen Wust von
weitschweifigen philosophischen Erörterungen und Betrachtungen.
Am besten und zuverlässigsten sind Glogers Mitteilungen aus
dem Riesengebirge, wo er sich mit Vorliebe aufhielt und namentlich
über die vertikale Verbreitung der Vögel sehr genaue und wertvolle Aufzeichnungen machte. Dagegen hat seine „Wirbeltierfauna Schlesiens" den grossen Nachteil entsetzlicher Unbestimmtheit;
Ausdrücke wie „brütet vielleicht", „wahrscheinlich", „unter Umständen", „wohl" oder „könnte" und „soll vorkommen" u. s. w.
sind an der Tagesordnung und können denjenigen, der auf Glogers
„Wirbeltierfauna" hin weiter bauen will, schier zur Verzweiflung
bringen. Schon aus diesem Grunde ist mir Kaluzas Werk, das
übrigens Gloger sehr stark benützt hat, immer lieber gewesen,

und habe ich dasselbe auch stets zuverlässiger befunden. Kaluza war übrigens gleichfalls als Gymnasiallehrer in Breslau thätig. Seit Glogers „Wirbeltierfauna Schlesiens" ist bisher keine allgemeine schlesische Ornis mehr erschienen, und da die rastlos fortschreitende und das Land verändernde menschliche Cultur inzwischen mannigfache Veränderungen in unserer Vogelwelt hervorgebracht haben wird, da die heutige Wissenschaft vieles unter ganz anderen Gesichtspunkten betrachtet, und da unsere Ornis seitdem um manche Art und um manche schöne Beobachtung bereichert worden ist, so war eine Neubearbeitung der schlesischen Ornis eine Notwendigkeit, welche mein Hervortreten mit dieser Arbeit verzeihlich und erklärlich machen möge.

Seit 1876 hatte der „Ausschuss f. Beob. Stat. d. Vögel Deutschl." auch in Schlesien einige Beobachter angeworben, deren Zahl sich rasch steigerte (Auras, Deditius, Emmrich, Fritsch, Hirsch, Hosius, Kaiser, Kern, Kollibay, Kutter, v. Meyerinck, Mischke, Mohr, Müller, Peck, F. Richter, Schmiedchen, Spalding, Thiemann, Wagner, Weiss, Willimek, Wolf, Zimmermann), ohne dass jedoch damit die Reichhaltigkeit, Güte und Zuverlässigkeit der Beobachtungen gleichen Schritt hielt. Vielmehr wurde wie in den meisten Gegenden Deutschlands so auch hier — abgesehen von einigen rühmlichen Ausnahmen — durch diese Einrichtung wenig oder nichts gewonnen. Für den „Ausschuss z. Förderung d. deutschen Vogelkunde", welcher die unterbrochene Arbeit von neuem in verbesserter Weise wieder aufnehmen soll, wurde von der ornithol. Gesellschaft 1890 Herr Rechtsanwalt Kollibay in Neisse als Vertreter Schlesiens gewählt, dem späterhin noch Verf. zur Seite trat. Einer zwischen uns getroffenen Verabredung zufolge wird künftighin Herr Kollibay den Regierungsbezirk Oppeln bearbeiten, während ich die Regierungsbezirke Breslau und Liegnitz übernommen habe. Auch an dieser Stelle möchte ich die Herrn Beobachter bitten, dementsprechend ihre Einsendungen machen zu wollen.

Die Lausitz ist entschieden der ornithologisch bei weitem am besten erforschte Teil der Provinz. Die „Naturforschende Gesellschaft in Görlitz" hat von jeher der Vogelwelt ihrer Heimat eine ganz hervorragende Aufmerksamkeit zugewendet, und eine Reihe tüchtiger und wohlgeschulter Forscher hat vereint dazu beigetragen, die Ornis der Lausitz in einer Weise klar zu stellen, wie dies nur in den wenigsten Gegenden Deutschlands der Fall ist. Schade, dass man dies nicht auch von den anderen Teilen der Provinz sagen kann! Den ersten Rang unter den lausitzischen Forschern nimmt wohl Robert Tobias ein; namentlich in seinen Briefen an E. F. v. Homeyer tritt er uns als ein ebenso bescheidener und liebenswürdiger wie kenntnis- und erfolgreicher Ornithologe entgegen. Seine grösseren Arbeiten (Die Wirbeltiere der Oberlausitz 1849, Verzeichnis der in der Oberlausitz vorkommenden Vögel 1851, Die Wat- und Schwimmvögel der Oberlausitz 1853) sind entschieden mit das Beste, was je über die schlesische Vogelwelt geschrieben worden ist. Schon vor ihm waren verschiedene Lokalavifaunen der Lausitz veröffentlicht worden, so von v. Uechtritz (1822), Starke (1823), J. G. Krezschmar (1823), Brahts (1827), Neumann (1828) und Fechner (1851). Auch die Herren v. Loebenstein und v. Zittwitz beteiligten sich eifrig an der ornithologischen Erforschung ihrer Heimat und legten bedeutende Sammlungen an, während das Museum der „Naturforschenden Gesellschaft in Görlitz" in ornithologischer Hinsicht nächst dem Universitäts-Museum in Breslau wohl als die wichtigste und bedeutendste Sammlung in Schlesien zu nennen ist. Gerade bei den lausitzischen Forschern tritt uns sodann noch eine anmutige Erscheinung entgegen, die wir auch sonst vielfach verbreitet finden, dass nämlich die Vorliebe und die Begeisterung für Ornithologie in bestimmten Familien sich vererbt und festsetzt, so dass dieselben mehrere Forscher zu liefern imstande sind. So haben Robert Tobias und J. G. Krezschmar in Louis Tobias und Karl Robert Krezschmar würdige Epigonen gefunden. Später kam auch noch A. von Homeyer nach Görlitz und neben ihm sind aus neuerer Zeit noch Peck und Arthur Richter als lausitzische Ornithologen zu nennen, unter welchen gegenwärtig wohl mein eifriger und glücklicher Mitarbeiter William Baer, Custos am Museum zu Niesky, die hervorragendste Stellung einnehmen dürfte.

Weit weniger gut sind wir über Niederschlesien unterrichtet. Einige der lausitzischen Forscher erstreckten allerdings ihre Thätigkeit teilweise auch mit über dieses Gebiet, so namentlich Arthur Richter und der jüngere Krezschmar; ganz besonders schöne und wichtige Beobachtungen hat sodann der jüngere Tobias daselbst angestellt. A. v. Homeyer beobachtete mit grossem Fleiss und vielem Glück mehrere Jahre bei Glogau, wo er ja bekanntlich auch 1863 Ardea egretta brütend auffand. Ferner wäre noch als Erforscher der Gegend von Canth und Neumark Forstmeister v. Meyerinck und als eifriger Beobachter in Bolkenhayn aus neuester Zeit wieder einer meiner Mitarbeiter, Fabrikdirektor Sylender, zu nennen. Der in mancher Hinsicht so interessante Zobten endlich hat neuerdings in der Person von Karl Knauthe gleichfalls einen geeigneten und rührigen „Vogelwärter" gefunden.

In den Oderwaldungen Mittelschlesiens haben fast alle die in der allgemeinen Uebersicht genannten Autoren gearbeitet, so namentlich Kaluza und Gloger. Aus neuerer Zeit wären Arlt und Graf Roedern zu nennen, zwei äusserst tüchtige und aufmerksame Beobachter, die leider beide viel zu wenig über ihre hervorragenden Forschungen veröffentlicht haben. A. v. Homeyer ist auch hier wieder hervorzuheben; daneben endlich noch zwei Conservatoren des Breslauer Museums, Rotermund und Tiemann. Auch ich selbst habe vornehmlich in der Breslauer Gegend beobachtet, so insbesondere in der ornithologisch ja schon längst durch Gloger und A. v. Homeyer zum locus classicus gewordenen Strachate, wo ich so unendlich schöne und glückliche Stunden verlebt habe, reich an reinen Forscher- und Jägerfreuden und so recht geeignet, mit mancher Enttäuschung und Verkennung wieder auszusöhnen.

Was nun die Sudeten und ihre Vorberge anlangt, so verdanken wir hier gleichfalls die genauesten und zuverlässigsten Nachrichten dem alten Gloger. Die höchst eigenartige und z. T. rein alpine Flora und Fauna des Riesengebirges insbesondere hat von jeher die Aufmerksamkeit der Naturkundigen auf sich gezogen und fesselt dieselbe auch noch heute in ganz hervorragendem Maasse, ohne doch darum in allen ihren Teilen so genau und gründlich bekannt zu sein, als es zu wünschen und nach dem Gesagten eigentlich auch zu hoffen wäre. Wohl hat sich Gloger sehr sorgfältig und eingehend mit der vertikalen Verbreitung der einzelnen Vogelarten befasst, aber er war als leidenschaftlicher Gegner des älteren Brehm viel zu sehr in seinen polemischen Anschauungen gegen den viel bekämpften „Artzersplitterer" befangen, als dass er die hervorragend interessanten Lokalvarietäten und Subspecies des Riesengebirges in ruhig-objektiver Weise hätte studieren und fixieren können, und auch keiner der folgenden Forscher hat in diese mit der Zeit immer unklarer und verworrener werdenden Verhältnisse volles Licht zu bringen vermocht. Es ist deshalb anzunehmen, dass ein längeres und sorgfältiges Beobachten im Riesengebirge — gegenüber den flüchtigen Touristentouren der dasselbe bisher besuchenden Ornithologen — zu ganz neuen und überraschenden, jedenfalls aber zu wissenschaftlich höchst wertvollen Resultaten führen würde. Hoffen und wünschen wir im Interresse unserer schönen Wissenschaft, dass das Schicksal recht bald einen tüchtigen Ornithologen an jene reizvollen Berge fesseln möge. Von den lausitzischen Forschern haben Karl Rob. Krezschmar und beide Tobias wiederholt das Iser- und Riesengebirge besucht, Zacharias hat sich daselbst länger aufgehalten, einige der grössten deutschen Ornithologen, wie von Tschusi, A. v. Homeyer, A. E. Brehm und Rud. Blasius haben das Gebiet Rübezahls mehrfach durchstreift und Forstmeister Hosius hat daselbst im Auftrage des „Aussch. f. Beob. Stat. d. Vögel Deutschl." mit dem gesamten gräfl. Schaffgotsch'schen Forstpersonal Beobachtungen angestellt. Neuerdings ist man auch auf der österreichischen Seite rüstig vorgegangen, und müssen die Namen Capek, Eder und Michel hier rühmende Erwähnung finden. Ueber das Glatzer Gebirge hat v. Uechtritz näher berichtet. Jetzt ist dort mein Mitarbeiter Emmrich thätig.

Als ich von Thüringen nach Breslau übersiedelte, warf ich einen Blick auf die Specialkarte Schlesiens. „Sobald ich kann, geht's nach der Bartschniederung", sagte ich dabei zu meinen Freunden, „das muss die ornithologisch günstigste und interessanteste Gegend Schlesiens sein". Und meine Erwartungen sollten nicht nur erfüllt, sondern noch weit übertroffen werden! Es erscheint in der That sonderbar und auffallend, dass keiner der früher in Schlesien thätig gewesenen Ornithologen auf den Gedanken kam, der Bartschniederung einmal einen Besuch abzustatten, obschon viele seltene Stücke des Breslauer Museums von dort stammen, obschon die dort so zahlreich vorhandenen Brücher und Teiche von vornherein einen bevorzugten Brutplatz des Sumpf- und Wassergeflügels vermuten lassen, und obschon endlich — wie gesagt — ein flüchtiger Blick auf die Karte genügt, um sofort die Wichtigkeit der Bartschniederung für den Vogelzug zu erkennen. Nur durch Graf Roedern und Förster Spalding waren bisher einige spärliche Mitteilungen über den Reichtum der dortigen Vogelwelt unter das ornithologische Publikum gedrungen.

Auch das viel verschriene und doch in mehr denn einer Beziehung so interessante Oberschlesien müssen wir leider in ornithologischer Hinsicht grösstenteils noch als eine vollkommene terra incognita bezeichnen. A. v. Homeyer kam im Feldzuge 1866 dort an die Grenze und hat darüber auch ausführlich berichtet, und Kutter hielt sich von 1832—83 in Neustadt auf, woselbst ihm Kollibay zur Seite stand. Letzterer setzt jetzt noch seine Arbeit in Neisse allein fort und ist Berichterstatter für den Regierungsbezirk Oppeln im „Aussch. z. Förderung d. deutsch. Vogelkunde." Ich selbst bereiste Oberschlesien im Frühjahr 1891. Neben Kollibay halten dort gegenwärtig noch Forstmeister Schmidt in Ratiborhammer und cand. theol. Uttendörfer in Gnadenfeld bei Kosel das ornithologische Banner aufrecht.

Während ich über die Biographien der älteren schlesischen Ornithologen trotz aller Bemühungen leider so gut wie gar nichts in Erfahrung bringen konnte, bin ich durch die Güte einiger Herrn wenigstens instand gesetzt, über den Lebensgang der folgenden noch lebenden schlesischen Ornithologen zu berichten. Ich lasse die betreffenden Mitteilungen hier folgen.

Alexander v. Homeyer, geboren am 19. Januar 1834 zu Vorland bei Grimmen in Neu-Vorpommern, evangelisch, vom 11.—18. Jahre Cadett in Potsdam und Berlin, am 3. Mai 1852 als Portepeefähnrich ins Schlesische Füsilierregiment Nr. 38 versetzt. Während des Krieges 1866 wurde ll. zum Hauptmann und 10 Jahre später zum Major im 2. Nassauischen Infanterie-

regiment Nr. 88 befördert. 1878 nahm er seinen Abschied und
zwar als Ganz-Invalide infolge der Nachwehen des afrikanischen
Gallenfiebers. Von kleinauf beschäftigte sich H. mit Naturwissenschaften und besonders mit Zoologie. Schon als Potsdamer Cadett
kannte er die wissenschaftlichen Namen der sämtlichen Vögel
Europas und die meisten Vögel auch von Ansehn. Ein besonderes
Interesse hatten für ihn von jeher die Stimmen der Vögel, auf
welchem Gebiete H. heute wohl unbestritten als die erste Autorität
gilt. Von 1857 ab begann er im „Journal f. Ornithologie" seine
Beobachtungen zu publiciren und machte wissenschaftliche Excursionen durch Vorpommern, Rügen, an die Mosel und den Rhein
sowie seine erste grössere Reise nach den Balearen, wobei er auch
Catalonien und die Ostpyrenäen, Südfrankreich und Algier bis
in den Atlas hinein besuchte. 1863—64 war er in der Provinz
Posen an der russischen Grenze. Seine ornithologische Thätigkeit
in Schlesien habe ich schon mehrfach hervorzuheben Gelegenheit
gehabt. 1875 machte er als Expeditions-Chef mit Dr. Paul Pogge,
Soyeaux und dem österreichischen Lieutenant Lux die Cuanza-
Reise bis über Pungo Andongo hinaus. An dem letztgenannten
Punkte gründete er eine deutsche Station, erkrankte aber gleich
darauf am Tula-Fieber und lag daselbst 7 Wochen lang mit
geschwollenem Körper, gelähmt, unfähig, die Reise fortzusetzen.
Er übergab daher das Commando an Dr. Pogge, welcher im
December des nächsten Jahres das Muatojambo-Centralreich erreichte, während H. nach Europa zurückkehrte. Er brachte von
dieser Reise ca. 8000 Insekten, besonders Lepidopteren, mit.
Zur Herstellung seiner Gesundheit hielt er sich 1876 im Ober-
Engadin und 1878 in Südfrankreich und Norditalien auf. Von
1878, wo er krankheitshalber seinen Abschied nahm, bis 1883
wohnte H. in Wiesbaden, 1883—84 in Anklam, seit Ostern 1884
in Greifswald, woselbst er gegenwärtig gleichmässig Ornithologie
und Lepidopterologie sowie etwas Botanik treibt. Seine Schmetter-
lingssammlung setzt sich aus ca. 30000 Stück des paläarktischen
Zonengebiets zusammen. Seit 1857 ist H. thätiges Mitglied der
„Allgem. deutsch. ornith. Ges.", welcher er 1867 und 68 prä-
sidirte. In Frankfurt a. M. gründete er 1859 den „Verein für
naturwissenschaftliche Unterhaltung" als intelektueller
Urheber, hatte die wissenschaftliche Bestimmung der Vögel im
zoologischen Garten und war auf Vorschlag des Dr. Rüppel
Sektionär der Vögel des Museums der Senckenbergischen naturforschenden Gesellschaft. Eine besondere wissenschaftliche Thätigkeit entfaltete H. auch als Vortragender in der naturwiss.
Gesellschaft zu Görlitz. 1891 wurde er zum Festvortrag des 2.
internationalen ornithologischen Congresses in Budapest berufen
und sprach dort mit grossem Erfolg über Vogelleben in Central-
westafrika, wurde Vice-Präsident des Congresses, Präsident der

Congress-Abteilung Ornithologia oeconomica und Mitglied des permanenten internat ornith. Comités.

William Baer, geboren am 17. April 1867 in Herrnhut (Kgr. Sachsen), war von 1879—84 Schüler und Pensionair des Progymnasiums und Pädagogiums in Niesky (Ober-Lausitz), das er krankheitshalber in Prima verlassen musste. Seitdem leidet B. an hochgradiger Neurasthenie, die seinem unermüdlichen Eifer für die zoologische Erforschung seiner Heimat bedauerliche Grenzen steckt. Seit 1887 ist B. mit der Ordnung der Sammlungen des Museums in Niesky beschäftigt.

Paul Kollibay wurde am 4. Juli 1863 zu Landsberg in Oberschlesien als Sohn des Kreisrichters Kollibay geboren. Seine frühzeitig hervortretende Liebe zu den Naturwissenschaften überhaupt lenkte unser verstorbener Dr. Kutter, damals in Neustadt, auf das Gebiet der Vogelkunde. Namentlich war es Kutters grossartige Eiersammlung, die den Jüngling mächtig anzog; er wurde Eiersammler und auf diese Weise schnell mit der Vogelwelt vertraut. Mit Kutter gemeinsam unternommene Ausflüge, seine Belehrungen und die Benutzung seiner Bibliothek vermehrten rasch eben so Kollibays Kenntnisse wie seine Liebe zur Ornithologie. Schon als Gymnasiast publicirte er einige biologische Beobachtungen, dann beteiligte er sich an den Arbeiten des Ausschusses für Beobachtungsstationen. Necessitate coactus wurde K. Jurist und liess sich nach Beendigung seiner Studien in Neisse nieder. Seine ornithologische Thätigkeit in Oberschlesien habe ich schon oben hervorgehoben; hier möchte ich nur noch hinzufügen, dass sich K. auch längere Zeit im Riesengebirge aufgehalten und daselbst interessante Beobachtungen gemacht hat, die er mir liebenswürdiger Weise für meine Arbeit zur Verfügung stellte.

Werfen wir endlich an dieser Stelle noch einen Blick auf die schlesischen Museen, so ist an erster Stelle natürlich dasjenige der Universität Breslau zu nennen. Leider ist von demselben dasselbe zu sagen wie von den weitaus meisten deutschen Universitäten: Ein schönes und reiches Material ist höchst mittelmässig conserviert und zur Geltung gebracht und verkommt wegen Interesselosigkeit des dirigierenden Professors und Nachlässigkeit des zu wenig beaufsichtigten und zu viel anderweitig beschäftigten Präparators. Ausserdem ist die Etiquettirung eine höchst mangelhafte, wodurch oft genug die interessantesten Stücke für den wissenschaftlich arbeitenden Ornithologen fast wertlos werden. Geschlecht, Fundort und Datum sind nur in den seltensten Fällen angegeben! Angesichts dieser Missstände erlahmte denn auch der Eifer derjenigen Freunde ornithologischer Forschung, welche die Sammlung mit Zusendungen bedachten und unterstützten, und das vorhandene Material stammt daher fast ausschliesslich aus älterer Zeit, deren Spuren sich nur zu deutlich an ihm bemerkbar machen. Das Breslauer Museum enthält viele schlesische Seltenheiten, Unica, zahllose wichtige Belegstücke, und müsste deshalb unter einer sorgfältigeren Pflege mit zu den besten und reichhaltigsten Lokalsammlungen Deutschlands gerechnet werden. Ich werde noch vielfach Gelegenheit haben, auf die Belegstücke des Breslauer Museums zurückzukommen, dessen sämtliche schlesische Exemplare ich übrigens genau untersucht und gemessen habe. Die Eiersammlung ist ganz unbedeutend und vollständig verblichen. Leitender Direktor ist gegenwärtig Herr Prof. Chun, Conservator F. Tiemann. Nächstdem nimmt die ornithologische Lokalsammlung der „Naturforschenden Gesellschaft" zu Görlitz den hervorragendsten Rang ein, und zeichnet sich dieselbe auch dadurch sehr vorteilhaft aus, dass sie überall die Spuren einer liebevoll pflegenden Hand (augenblicklicher Direktor Dr. Peck) erkennen lässt. Von wichtigen Belegstücken will ich hier nur Circaëtus gallicus, Numenius phaeopus, Totanus fuscus, Recurvirostra avocetta, Limosa rufa, eine sehr schöne Varietät von Gallinago maior, Phalaropus hyperboreus, Ortygometra minuta, Falcinellus rufus, Strix ulula, Anser erythropus, Eudromias morinellus pull., Muscicapa parva und die 3 Lestris-Arten hervorheben. Ferner wäre hier das Herrenhuter Museum in Niesky (Custos William Baer) zu erwähnen. Dasselbe enthält u. a. einen am 2. Jan. 1889 erlegten Syrrhaptes paradoxus, welcher ganz den Eindruck eines vorjährigen Vogels macht. Herr Conservator Heydrich in Flinsberg besitzt eine interessante Sammlung von Vögeln des Iser- und Riesengebirges. Wir finden hier u. a. Aquila clanga, Nyctea nivea, Surnia nisoria, Athene passerina, Nyctale Tengmalmi, Picoides tridactylus, Anthus cervinus, Phileremus alpestris, Linaria Holboelli, Carpodacus erythrinus, Corythus enucleator, Loxia rubrifasciata, Gallinula pygmaea, Phalaropus hyperboreus und Somateria mollissima. Auf die verschiedenen Schulsammlungen habe ich kein Gewicht gelegt, da man in denselben wegen der mangelhaften Etiquettirung die in den Naturalienhandlungen gekauften Exemplare gewöhnlich nicht von den in der Gegend selbst erlegten zu unterscheiden vermag. Dagegen findet der Ornithologe in den Schlössern der schlesischen Magnaten manches für ihn wichtige Stück als Jagdtrophäe aufgestellt, so namentlich die grösseren Raub- und Wasservögel. Besonders schön und reichhaltig sind die Collektionen des Herzogs von Ratibor in Rauden und des Grafen Schaffgotsch in Warmbrunn. Die beste oder wenigstens wissenschaftlich wertvollste Eiersammlung besitzt wohl Herr Polizeirat Kuschel in Breslau; leider hat derselbe jetzt sein Interesse vorwiegend den exotischen Species zugewandt und darüber die einheimischen vernachlässigt. Auch Herr Kollibay sammelt Eier. Vielleicht darf ich an dieser

Stelle auch noch meine eigene Sammlung erwähnen, welche gegenwärtig etwa 1200 Bälge umfasst, die zu ⅔ aus Schlesien stammen und manche schlesische Unica in sich schliessen. Meine Eiersammlung ist sehr gering, enthält aber einige interessante Belegstücke für die schlesische Ornis.

III. Bibliographia ornithologia Silesiaca.

In meinen „Beiträgen zur Ornis von Preuss. Schlesien" konnte ich 100 Autoren mit 293 Arbeiten aufführen. Dieses Verzeichnis habe ich inzwischen nicht unbeträchtlich vermehrt, nämlich auf 121 Autoren mit 371 Arbeiten. Einen Teil der neuen Citate und zwar insbesondere solche aus der älteren Litteratur verdanke ich der Güte meines belesenen Freundes Dr. Leverkühn in München; dieselben sind durch ein Sternchen (*) kenntlich gemacht. Geschlossen wurde die folgende Liste Ende Februar 1892.

1882. Altum, Bernard, 1. Falco vespertinus in Menge in Oberschlesien. In: Orn. Centralblatt, 7. Jahrg. p. 86—87.

1890. — 2. Zum Vogelschutz (rufipes). In: Mitteilungen des ornithol. Vereins in Wien „Die Schwalbe", 14. Jahrg. p. 259—260.

1871. Arlt, Carl, Notizen über den Flussrohrsänger. In: Cabanis, Journal für Ornithologie. 19. Jahrg. p. 27—34.

1887. Auras, W., Beobachtungen aus der Umgegend von Gutmannsdorf, im 10. Jahresbericht (1885) des Aussch. f. Beob. Stat. d. Vögel Deutschl. In: ib. 35. Jahrg. p. 337—616.

1891. Baer, William, 1. Ueber das Brüten von Mergus merganser bei Neusalz in Schlesien. In: Ornith. Monatsschrift d. deutschen Vereins z. Schutze d. Vogelwelt. 16. Jahrg. p. 320—321.

1891. — 2. Ein Ausflug an den Nistort der „Birkente" in der preuss. Oberlausitz. In: ib. 16. Jahrg. p. 250—255.

*1890. Baunsdorfer, Ueber Vögel und Fischerei in Ostschlesien. In: Weidmannsheil, X. Bd. Nr. 10, p. 126—128.

1878. Blasius, Rudolf, 1. Skizzen aus dem Riesengebirge. In: Orn. Centralbl. 3. Jahrg. p. 121—122 u. 129—130.

1884. — 2. Naturhistorische Studien und Reiseskizzen aus der Mark und Pommern. I. In: Ornithol. Monatsschrift d. deutsch. Ver. z. Schutze d. Vogelwelt. 9. Jahrg. p. 146—166. — Enthält Bemerkungen über schles. Stücke in der Samml. der Forstakad. zu Eberswalde.

1888. — 3. Ornithol. Mitteilungen. In: Verhandlg. des Ver. f. Naturw. in Braunschweig, Sitzung v. 2. XII. 1888.

1851. v. Boenigk, Otto, 1. Bemerkungen über einige Vögel.
In: Naumannia, 1. Jahrg., 4. Heft, p. 29—37.

1852. — 2. Ornith. Notizen. In: ib. 2. Jahrg. 4. H., p. 81—84.

1781. Boerner, Immanuel, Prodromus d. schlesischen Zoologie.
In: Neue ökonomische Schriften der patriot. Gesellschaft in Schlesien.

1871. Borggreve, Bernard, Erster Nachtrag zu meiner
Vogelfauna von Norddeutschland. In: Cab. Journ.
für Ornithol., 19. Jahrg. p. 210—224.

1827. Brahts, F. C., Vögel, die in den Lausitzen vorkommen.
In: Abhandlg. d. naturf. Ges. z. Görlitz. Bd. I,
Heft 1, Nr. 4, p. 84—117. Heft 2, p. 22—56. Diese
Arbeit umfasst nur die Raptatores, Scansores und
einen Teil der Oscines. Vergl. J. G. Krezschmar.

1875. Brehm, Alfred Edmund, 1. Vogelleben der böhmisch-
schlesischen Grenzgebirge. In: Cab. Journ. f. Orn.
23. Jahrg. p. 230—231.

1885. — 2. Aus dem Tierleben des Riesengebirges. In: Orn.
Monatsschr. d. deutsch. Ver. z. Schutze d. Vogelwelt. 10. Jahrg. p. 220—228.

1886. Capek, Viktor, Aus dem Riesengebirge. In: Mitt. d.
ornithol. Ver. in Wien „Die Schwalbe", 10. Jahrg.
p. 241—242.

*1716. Joh. Bened. Carpzovii/ Analecta/ factorum Zittari-
ensium/ oder/ Historischer Schauplatz/ der löblichen
alten Sachsstadt des Marggrafthums Ober-Lausitz/
Zittau.//. 1716. Folio. pg. 39. § 6. Cap. 9. über
Steinadler, Trappen u. s. w.

1622. Ciichleri, Ottidis seu turdae in saltibus Gorlicensibus
glande plumbea trajectae descriptio.

1888. Deditius, Beobachtungen aus der Umgegend von Lands-
berg und Nendza, im 11. Jahresbericht (1886) d.
Aussch. f. Beob. Stat. d. Vögel Deutschl. In: Cab.
Journ. f. Orn. 36. Jahrg. p. 313—571.

*1750. Diedmann, Neue europäische Staats- und Reisegeographie.
Dresden u. Leipzig 1750. Bd. IV. p. 876.

1888. Eckstein, Carl, Einige Drosselvarietäten aus der Samml.
der Forstakademie Eberswalde. In: Der zoologische
Garten, 29. Jahrg. p. 30—31.

1888. Eder, Robert, 1. Die im Beobachtungsgebiete Neustadt
b. Friedland vorkommenden Vogelarten. Nachtrag.
In: Mitteil. d. orn. Ver. in Wien „Die Schwalbe,"
12. Jahrg. p. 115. — Erwähnt auch ornithologische
Vorkommnisse auf schlesischem Gebiet.

1890. — 2 Notizen über Muscicapa parva u. Lanius minor.
In: Ornithol. Jahrbuch, 1. Jahrgang. p. 215—217.

1891. Eder, Robert, 3. Ornithol. Notizen aus Preuss. Schlesien.
In: ib. 2. Jahrg. p. 75.

1878. Emmrich, 1. Miscellen. In: Orn. Centralbl. 3. Jahrg.
p. 46—47.

1878. — 2. Beobachtungen a. d. Umgegend v. Goldberg, im
2. Jahresbericht (1877) d. Aussch. f. Beob. Stat. d.
Vögel Deutschl. In: Cab. Journ. f. Orn., 26. Jahrg.
p. 370—436.

1880. — 3. Desgleichen im 3. Jahresbericht (1878). In: ib.
28. Jahrg. p. 12—96.

1809. Endler u. Scholz, Der Naturfreund oder Beiträge zur
schlesischen Naturgeschichte.

1844. Fechner, 1. Einige Beiträge zur Naturgeschichte des
Jahres 1843. In: Abhandl. d. naturf. Gesellsch. zu
Görlitz, Jahrg. 1844, 1. Heft, p. 5—8.

1851. — 2. Versuch einer Naturgeschichte der Umgegend von
Görlitz. In: Jahresprogramm d. höheren Bürger-
schule in Görlitz.

1888. Fellbaum, Adolf, Notiz über Syrrhaptes paradoxus.
In: Gefiederte Welt, 17. Jahrg. p. 215.

1870. Fickert, C., Notiz über Locustella naevia. In: Cab.
Journ. f. Orn. 18. Jahrg. p. 439.

1889. Floericke, Curt, 1. Notiz über Syrrhaptes paradoxus.
In: Orn. Monatsschr. d. deutsch. Ver. z. Schutze d.
Vogelwelt. 14. Jahrg. p. 498.

1889. — 2. Notiz üb. Loxia bifasciata. In: ib. 14. Jahrg. p. 530.

1890. — 3. Beiträge zur Naturgeschichte des gesprenkelten
Sumpfhuhns. In: ib. 15. Jahrg. p. 177—187.

1890. — 4. Orn. Mitteil. aus Schlesien, I. In: ib. 15. Jahrg.
p. 232—237.

1890. — 5. Orn. Mitteil. aus Schlesien, II. In: ib. 15. Jahrg.
p. 254—258.

1890. — 6. Ein Ausflug in die Bartschniederung. In: ib.
15. Jahrg. p. 435—445.

1890. — 7. Farbenvarietäten im Breslauer Museum. In: Cab.
Journ. f. Orn. 38. Jahrg. p. 94—98.

1890. — 8. Mitteil. über das Vorkommen seltener Vögel in
Preuss. Schlesien. In: Orn. Jahrb. 1. Jahrg. p. 5—8.

1890. — 9. Die Vogelwelt der Strachate bei Breslau. In: ib.
1. Jahrg. p. 191—199.

1891. — 10. Verzeichnis schlesischer Trivialnamen. In: ib.
2. Jahrg. p. 53—61.

1891. — 11. Ornith. Mitteil. aus Preuss. Schlesien. In: ib.
2. Jahrg. p. 201—204.

1891. — 12. Beiträge z. Ornis v. Preuss. Schlesien. In: Cab.
Journ. f. Orn. 39. Jahrg. p. 165—199.

2*

1891. Floericke, Curt, 13. Zur Ornis der Bartschniederung. In: ib. 39. Jahrg. p. 275—292.

1891. — 14. Reise nach Oberschlesien. In: Mitteil. d. orn. Ver. in Wien „Die Schwalbe", 15. Jahrg. p. 202—204, 214—216, 225—226, 241—243 und 254—256.

1891. — 15. Zur Naturgesch. d. Taucher. In: Orn. Monatsschr. d. deutsch. Ver. z. Schutze d. Vogelwelt. 16. Jahrg. p. 23—24.

1891. — 16. Nochmals Gallinula porzana. In: ib. 16. Jahrg. p. 42—45.

1891. — 17. Ein zweiter Ausflug in die Bartschniederung. In: ib. 16. Jahrg. p. 96—99.

1891. — 18. Widerstreitende sociale Instinkte im Vogelgemüt. In: ib. 16. Jahrg. p. 482—483.

1891. — 19. Gänsejagd in der Bartschniederung. In: ib. 16. Jahrg. p. 293.

1892. — 20. Aus meinen Sommerferien. In: ib. 17. Jahrg. p. 103—108 und 165—169.

1892. — 21. Ueber den Gesang des Karmingimpels. In: ib. 17. Jahrg. p. 117—119.

1892. — 22. Zur Charakteristik der schlesischen Vogelwelt. In: Cab. Journ. f. Ornith. 40. Jahrg. p. 151—167.

*1768. Frenzel, M., 1. Des unermüdlichen Forschers Fr. Historia naturalis Lusatiae. Hoffm. 1, 128. Cfr. auch Hist. Lus. sup. nat. Budissin 1768. 4. u. Kretschmars Nachlese 1768, 81. Manuskript im Besitze d. naturf. Ges. in Görlitz u. Copie in d. Ratsbiblioth. zu Zittau.

— 2. Löffelgänse bei Hoyerswerda. Coll. Lus. Ms. S. III, 144. h.

* — 3. Schwäne bei Penzig. Coll. Lus. Ms. S. III, 166 b.

1886. Fritsch, A., 1. Beobachtungen aus d. Umgegend v. Radersdorf b. Leuthen, im 9. Jahresbericht (1884) d. Aussch. f. Beob. Stat. der Vögel Deutschl. In: Cab. Journ. f. Ornith. 34. Jahrg. p. 129—387.

1887. — 2. Desgleichen im 10. Jahresbericht (1885). In: ib. 35. Jahrg. p. 337—616.

1888. — 3. Desgleichen im 11. Jahresbericht (1886). In: ib. 36. Jahrg. p. 313—571.

*1720. Gerber, Anerkannte Wohlthaten Gottes in der Ober- (u. Nieder-) Lausitz. Dresden 1720.

1827. Gloger, Constantin Ludwig, 1. Ueber den weiss-bindigen Kreuzschnabel. In: Okens Isis, Bd. XX, Heft 1, p. 411—420.

1827. — 2. Ueber die auf dem Hochgebirge der Sudeten während des Sommers vorkommenden Vögel. In: ib. Bd. XX, Heft 1, p. 560—609.

1828. Gloger, Constantin Ludwig, 3. Zur Naturgesch. des weissbindigen Kreuzschnabels. Breslau 1828.

1833. — 4. Schlesiens Wirbeltierfauna. Breslau 1833.

1853. — 5. Notiz über Falco aesalon. In: Cab. Journ. für Orn. 1. Jahrg. p. 300.

1853. — 6. Notiz über Ardetta minuta. In: ib. 1. Jahrg. p. 367.

1854. — 7. Späte Bruten. In: ib. 2. Jahrg. p. 69.

1854. — 8. Notizen über Bombycilla garrula und Gallinula chloropus. In: ib. 2. Jahrg. p. 172.

1854. — 9. Das Nisten von Seidenschwänzen in Deutschland. In: ib. 2. Jahrg. p. 344—348.

1854. — 10. Notiz über Strix nyctea. In: ib. 2. Jahrg. p. 356.

1856. — 11. Notiz über Actitis hypoleucus. In: ib. 4. Jahrg. p. 377.

1856. — 12. Notiz über Cinclus aquaticus. In: ib. 4. Jahrg. p. 460.

1860. — 13. Charadrius morinellus auf dem Riesengebirge. In: ib. 8. Jahrg. p. 146.

1860. — 14. Notizen über Bombycilla garrula u. Loxia bifasciata. In: ib. 8. Jahrg. p. 369.

1864. Göller, Zahmheit eines frei lebenden Buchfinken. In: Der Tiergarten, Jahrg. 1864, p. 233—234.

1890. Grasnik, Zwergadler in Schlesien erlegt. In: Schles. Ztg. v. 26. VI. 1890.

1830. Gravenhorst, 1. Katalog des Breslauer Museums.

1832. — 2. Ueber den Zwergkauz. In: Okens Isis, Bd. XXV, p. 1292—1302.

1885. Groschupp, R., Besondere Leistung eines Kuckucks im Rufen. In: Ornith. Monatsschrift, 10. Jahrg. p. 215.

1714. Grosser, Samuel, Ornithologisches. In: Oberlaus. Merkwürdigkeiten V. p. 10 u. 25—27.

1863. Grube, 1. Ueber die Wanderungen des Fausthuhns. In: Jahresber. d. schles. Ges. f. vaterl. Cultur, 41. Jahrg. p. 66—68.

1863. — 2. Ardea purpurea et comata und Carbo cormoranus in Schlesien. In: ib. 41. Jahrg. p. 68—69.

1863. — 3. Die Zwergtrappe in Schles. In: ib. 41. Jahrg. p. 69.

1867. — 4. Ueber einen bisher noch nicht in Schlesien beobachteten Watvogel. In: ib. 44. Jahrg. p. 70.

1879. — 5. Das Brüten der Möven auf dem Kunitzer See. In: ib. 56. Jahrg. p. 118—120.

1890. Hartert, Ernst, 1. Ueber abweichende Nistplätze. In: Der zoolog. Garten. 31. Jahrg. p. 282.

1891. — 2. Notizen über Edelfalken. In: Ornith. Jahrbuch. 2. Jahrg. p. 100—103.

1892. Hartert, Ernst, 3. Trivialnamen u. Notizen aus Schles. In: ib. 3. Jahrg. p. 32—33.

*1681. v. Haugwitz, Adolf August, Prodromus Lusaticus. Budissinae 1681.

1887. Hirsch, Beob. a. d. Umgeb. v. Hübnern bei Ohlau, im 10. Jahresbericht (1885) d. Aussch. f. Beob. Stat. d. Vögel Deutschlands. In: Cab. Journ. f. Ornithol. 35. Jahrg. p. 337—616.

1889. Hirschenen, Ed., Notiz über Pastor roseus. In: Der Weidmann. Jahrg. 1889. p. 379.

*1719. Hoffmann, Christ. Gottfr., Scriptores rerum Lusaticarum, inter quos Christophori Manlii commentarii diu desiderati deprehunduntur. Leipzig 1719.

1890. Holtz, Ludwig, Das Steppenhuhn und dessen zweite Masseneinwanderung in Europa. Berlin 1890. — Enthält anderweitig nicht veröffentlichte Mitteilungen über das Vorkommen von Syrrhaptes in Schlesien auf p. 43—44.

1863. v. Homeyer, Alexander, 1. Notizen über Strix nisoria, Muscicapa parva und Otis tetrax. In: Cab. Journ. f. Orn. 11. Jahrg. p. 223.

1863. — 2. Ardea egretta als Brutvogel Schlesiens. In: ib. 11. Jahrg. p. 440—447.

1864. — 3. Ueber das Brutgeschäft von Turdus pilaris bei Glogau. In: ib. 12. Jahrg. p. 289—296.

1865. — 4. Notiz über Pratincola rubetra. In: ib. 13. Jahrg. p. 291.

1865. — 5. Streifereien über die böhmisch-schlesischen Grenzgebirge. In: ib. 13. Jahrg. p. 355—367 u. in: Der zoolog. Garten, 6. Jahrg. p. 321—327, 361—367 u. 465—469.

1866. — 6. Ueber das Vorkommen einiger z. T. seltener Vögel bei Glogau. In: ib. 14. Jahrg. p. 32—36.

1867. — 7. Briefe vom Kriegsschauplatz 1866. In: ib. 15. Jahrg. p. 46—55.

1867. — 8. Ruticilla titis überwinternd. In: ib. 15. Jahrg. p. 141.

1867. — 9. Ueber Serinus luteolus. In: ib. 15. Jahrg. p. 287.

1867. — 10. Ornithol. Miscellen. In: ib. 15. Jahrg. p. 349.

1867. — 11. Zur Wanderung über das Riesengebirge. In: ib. 15. Jahrg. p. 420—422 u. in: Der zool. Garten, 8. Jahrg. p. 457—459.

1868. — 12. Ueber irreguläre Wanderungen und Haushalt einiger Vögel Europas. In: Der zoolog. Garten, 9. Jahrg. p. 121—127, 161—167, 199—204, 232—239, 269—273, 336—341, 401—405.

1869. v. Homeyer, Alexander, 13. Zur Verbreitung von Locustella naevia. In: Cab. Journal f. Ornithol. 17. Jahrg. p. 61—66.

1869. — 14. Notizen über Falco rufipes u. Ardea purpurea. In: ib. 17. Jahrg. p. 66.

1870. — 15. Borggreves Vogelfauna Norddeutschlands. In: ib. 18. Jahrg. p. 214—231.

1871. — 16. Briefl. Mitteil. In: ib. 19. Jahrg. p. 107—109.

1872. — 17. Erinnerungen aus meinem ornithol. Studienleben. In: Jahresber. d. schles. Gesellsch. f. vaterl. Cultur, 49. Jahrg. p. 45—47.

1873. — 18. Bemerk. üb. d. Vorkommen einiger Vögel Schles. In: Cab. Journ. f. Orn. 21. Jahrg. p. 145—148.

1873. — 19. Ueber einige Vögel des Hochwaldes In: ib. 21. Jahrg. p. 218—233.

1875. — 20. Biologische Beobachtungen über einige schles. Vögel. In: ib. 23. Jahrg. p. 111—113.

1885. — 21. Die Wachholderdrossel. In: Mitteil. d. ornithol. Ver. in Wien „Die Schwalbe", 9. Jahrg. p. 8—9, 21, 31—32, 40—42, 51—56.

1885. — 22. Die drei europäischen Schwirrsänger. In: ib. 9. Jahrg. p. 281—283 u. 293—295.

1890. — 23. Tour durch die böhmisch-schles. Grenzgebirge. In: Ornithol. Monatsschrift, 15. Jahrg. p. 429—435.

1871. v. Homeyer, Eugen Ferdinand, 1. Die Versamml. der deutschen Ornithologen in Görlitz im Mai 1870. Stolp 1871.

1885. — 2. Ueber Turdus pilaris. In: Mitteil. d. orn. Ver. in Wien „Die Schwalbe", 9. Jahrg. p. 245—247 u. 257—259.

1889. Horn, Notiz über Adler. In: Deutsche Jägerzeitung. Jahrg. 1889, p. 495.

1887. Hosius, 1. Beobacht. a. d. Riesengebirge, im 10. Jahresber. (1885) d. Aussch. f. Beob. Stat. d. Vögel Deutschl. In: Cab. Journ. f. Ornith. 35. Jahrg. p. 337—616.

1888. — 2. Desgl. im 11. Jahresber. (1886). In: ib. 36. Jahrg. p. 313—571.

1865. Jahn, G. A., Notiz über Accentor alpinus. In: D. zool. Garten. 6. Jahrg. p. 473—474.

1885—89. Jahresberichte der forstlich-phänologischen Stationen.

1889. Jörge, H., Notiz über Steinadler. In: Deutsche Jägerztg. Jahrg. 1889, p. 850.

1887. Kaiser, Beob. a. d. Umgegend v. Schweidnitz, im 10. Jahresber. (1885) d. Aussch. f. Beob. Stat. d. Vögel Deutschl. In: Cab. Journ. f. Ornithol. 35. Jahrg. p. 337—616.

1810. **Kaluza, August,** Ornithologia Silesiaca. Breslau 1810.

1887. **Kern, F.,** 1. Beob. a. d. Umg. v. Breslau, im 10. Jahresber. (1885) d. Aussch. f. Beob. Stat. d. Vögel Deutschl. In: Cab. Journ. f. Orn. 35. Jahrg. p. 337—616.

1888. — 2. Desgl. im 11. Jahresber. (1886). In: ib. 36. Jahrg. p. 313—571.

1828. **Klöber,** Ornithol. Mitteil. In: Okens Isis, Bd. XXI, p. 1105—1112.

1887. **Knauthe, Karl,** 1. Notiz über Bartmeisen. In: Orn. Monatsschrift, 12. Jahrg. p. 231.

1887. — 2. Notiz über Schnärrdrosseln und Sporenstelzen. In: ib. 12. Jahrg. p. 255.

1887. — 3. Tabelle über die Ankunft d. Zugvögel z. Schlaupitz am Zobten, nebst Bemerkungen dazu. In: ib. 12. Jahrg. p. 281—286.

1887. — 4. Notiz üb. d. Haussperling. In: ib. 12. Jahrg. p. 343.

1887. — 5. Der Schleierkauz im Taubenschlage. In: ib. 12. Jahrg. p. 202—203.

1887. — 6. Zur Wachtelfrage. In: ib. 12. Jahrg. p. 219—220.

1887. — 7. Vermehrung d. Hänflings. In: ib. 12. Jahrg. p. 208.

1888. — 8. Ornith. Beobacht. am Zobten im Jahre 1887. In: Gefiederte Welt, 17. Jahrg. p. 136—137 u. 146—147.

1888. — 9. Die Vögel des Zobten. In: Cab. Journ. f. Orn. 36. Jahrg. p. 9—38.

1890. — 10. Zur Nahrung der Elstern und Heher. In: Orn. Monatsschrift, 15. Jahrg. p. 425—426.

1890. — 11. Bartmeisen in Schlaupitz. In: ib. 15. Jahrg. p. 428.

1890. — 12. Notiz über Hirundo rustica. In: ib. 15. Jahrg. p. 459.

1890. — 13. Tabelle über die Ankunft d. Zugvögel z. Schlaupitz a. Zobten im Frühjahr 1890. In: ib. 15. Jahrg. p. 475—481.

1890. — 14. Notiz über Passer montanus. In: ib. 15. Jahrg. p. 483.

1890. — 15. Schlafplatz vom Feldsperling. In: ib. 15. Jahrg. p. 371—372.

1890. — 16. Zug der Elstern. In: ib. 15. Jahrg. p. 173—174.

1890. — 17. Nisten der Sperlinge auf Bäumen. In: Ornith. Jahrbuch, 1. Jahrg. p. 227—228.

1891. — 18. Absonderliche Nist- und Wohnstätten. In: ib. 2. Jahrg. p. 34—36.

1891. — 19. Geruchsinn der Vögel. In: Orn. Monatsschrift, 16. Jahrg. p. 22.

1891. — 20. Eine Elster rüttelt. In: ib. 16. Jahrg. p. 87.

1891. — 21. Weitere Beispiele von der Frechheit d. Sperbers. In: ib. 16. Jahrg. p. 119.

1891. Knauthe, Karl, 22. Notiz über Mehlschwalben. In: ib. 16. Jahrg. p. 151—152.

1891. — 23. Zur Schädlichkeit der Krähen. In: ib. 16. Jahrg. p. 167—169.

1891. — 24. Notiz über Steinadler. In: ib. 16. Jahrg. p. 183.

1891. — 25. Notiz üb. Rohrdommel. In: ib. 16. Jahrg. p. 237.

1891. — 26. Zur Wohnungswahl der Feldsperlinge. In: ib. 16. Jahrg. p. 261—262.

1891. — 27. Notiz über Elster. In: ib. 16. Jahrg. p. 263.

1891. — 28. Notiz über Haussperlinge. In: ib. 16. Jahrg. p. 292—293.

1891. — 29. Blaukehlchen in der Umgebung von Schlaupitz. In: ib. 16. Jahrg. p. 325.

1891. — 30. Nebelkrähe u. Muschel resp. Schnecke. In: ib. 16. Jahrg. p. 389—390.

1891. — 31. Vögel als Fischdiebe. In: Mitteil. d. orn. Ver. in Wien „Die Schwalbe", 15. Jahrg. p. 50.

1892. — 32. Notiz über Grauwürger. In: Ornithol. Monatsschrift, 17. Jahrg. p. 44.

1879. Kollibay, Paul, 1. Brütende Wachholderdrosseln. In: Ornithol. Centralbl., 4. Jahrg. p. 135—136.

1879. — 2. Abnorme Nistweisen. In: ib. 4. Jahrg. p. 136—137.

1880. — 3. Ornithol. Mitteilungen aus Oberschlesien. In: ib. 5. Jahrg. p. 132—134 u. 154—155.

1880. — 4. Beob. a. d. Umgegend v. Neustadt, im 4. Jahresber. (1879) d. Aussch. f. Beob. Stat. d. Vögel Deutschl. In: Cab. Journ. f. Orn. 28. Jahrg. p. 255—407.

1881. — 5. Notiz über Vultur cinereus u. Aquila fulva. In: Ornithol. Centralblatt, 6. Jahrg. p. 34.

1881. — 6. Ornithol. aus Oberschlesien. In: ib. 6. Jahrg. p. 132—134, 161—163, 185—187.

1882. — 7. Erwiderung. In: ib. 7. Jahrg. p. 57—58.

1882. — 8. Beob. a. d. Umgegend v. Neustadt, im 5. Jahresber. (1880) d. Aussch. f. Beob. Stat. d. Vögel Deutschl. In: Cab. Journ. f. Orn. 30. Jahrg. p. 18—100.

1883. — 9. Desgl. im 6. Jahresber. (1881). In: ib. 31. Jahrg. p. 13—76.

1888. — 10. Desgl. f. d. Umg. v. Neisse, im 11. Jahresber. (1886). In: ib. 36. Jahrg. p. 313—571.

1891. — 11. Notiz über Löffler u. Adler. In: ib. Bericht über die Mai-Sitzung.

1891. — 12. Schlesische Trivialnamen. In: Ornithol. Jahrb. 2. Jahrg. p. 198—201.

1823. Krezschmar, J. G., 1. Verzeichnis der oberlausitzisch. Vögel. Görlitz 1823.

1823. Krezschmar, J. G., 2. Bemerkungen u. Berichtigungen zu der Arbeit von Starke (Cfr. diesen). In: Laus. Magazin. Jahrg. 1823, p. 349—351.

*1823. — 3. Notiz über Adler. In: ib. Jahrg. 1823. p. 349.

1826. — 4. Erster u. zweiter Beitrag system. Verzeichnisse der oberlausitzischen Vögel. Manuskript.

1826. — 5. Ueber den Zug der Vögel. Manuskript.

*1826. — 6. Vollständiger Vögelkalender für das ganze Jahr, für Liebhaber, Jäger pp. Manuskript.

1827. — 7. Ornithol. Bemerkungen. In: Abhdlg. d. naturf. Ges. z. Görlitz, Jahrg. 1827, 2. Heft, p. 148—154.

*1827. — 8. Warum die Zittauer Gegend reicher an Vögeln sei. In: ib. II, p. 154.

1836. — 9. Lausitzische Vögel. (Forts. d. Arbeit v. Brahts.) In: ib. Jahrg. 1836, 2. Heft, p. 19—34.

1881. Krezschmar, Karl Robert, 1. Ornithologisches aus dem Riesengebirge. In: Ornitholog. Monatsschrift, 6. Jahrg. p. 73—77.

1881. — 2. Ueber die Zwergtrappe. In: ib. 6. Jahrgang. p. 164—165.

1882. — 3. Ornithol. Beobachtungen aus der Görlitzer Heide I. In: ib. 7. Jahrg. p. 31—39.

1882. — 4. Dasselbe II. In: ib. 7. Jahrg. p. 226—230.

1882. — 5. Ornithol. Bericht aus der nächsten Umgebung v. Görlitz. In: ib. 7. Jahrg. p. 144—146 u. 318—319.

1883. — 6. Ornithol. Beob. aus d. Görlitzer Heide. III. In: ib. 8. Jahrg. p. 157—163.

1884. — 7. Ueber d. Taucher d. Oberlausitz. In: ib. 9. Jahrg. p. 110—111.

1884. — 8. Die Wachholderdrossel. In: ib. 9. Jahrgang. p. 122—124.

1885. — 9. Ornithol. Rückblick auf das Jahr 1884. In: ib. 10. Jahrg. p. 40—47.

1886. — 10. Ornithol. Rückblick auf den Winter 1885/86. In: ib. 11. Jahrg. p. 158—160.

1886. — 11. Ornithol. Mitteilungen aus der Umgegend von Sprottau. 1. In: ib. 11. Jahrg. p. 178—181.

1886. — 12. Dasselbe II. In: ib. 11. Jahrg. p. 228—232.

1887. — 13. Dasselbe III. In: ib. 12. Jahrg. p. 227—228.

1887. — 14. Dasselbe IV. In: ib. 12. Jahrg. p. 275—278.

1887. — 15. Ornithol. Beobachtungen im Sommer u. Herbst 1886. In: ib. 12. Jahrg. p. 112—115.

1887. — 16. Notiz über den Sperlingskauz. In: ib. 12. Jahrg. p. 287.

1889. — 17. Abzug der Segler und Fliegenfänger im Herbst 1888. In: ib. 14. Jahrg. p. 75—76.

1889. Krezschmar, Karl Robert, 18. Meine letzten Beobachtungen aus Schlesien. In: ib. 14. Jahrg. p. 136—138.

1882. Kutter, 1. Beob. a. d. Umg. v. Neustadt, im 5. Jahresber.
(1880) d. Aussch. f. Beob. Stat. d. Vögel Deutschl.
In: Cab. Journ. f. Orn. 30. Jahrg. p. 18—109.

1883. — 2. Desgl. im 6. Jahresber. (1881). In: ib. 31. Jahrg.
p. 13—76.

*1827. Lange, Verzeichnis der Vögel in der Zittauischen Gebirgs-
gegend. In: Laus. Magazin. Jahrg. 1827. p. 255—260.

*1785. Leske, Reise durch Sachsen in Rücksicht der Naturgesch.
u. Oekonomie. Leipzig 1785. Nur d. I. Bd. erschienen.

1884. Leverkühn, Paul, Jagdergebnisse. In: Orn. Monatsschrift, 9. Jahrg. p. 171—176.

1859. Liebe, Karl Theodor, 1. Notiz über Steppenhühner.
In: ib. 14. Jahrg. p. 50.

1890. — 2. Notiz über Goldregenpfeifer. In: ib. 15. Jahrg.
p. 513—514.

1891. — 3. Verbreitung des Zeimer in Deutschland. In: ib.
16. Jahrg. p. 323—324.

1892. — 4. Mandelkrähen im Nistkasten. In: ib. 17. Jahrg.
p. 25—27.

*Liefmann, Gänse von Budissin mit Gold im Magen.
In: Breslauer Sammlungen, Bd. XXXI, p. 153.

1877. Lincke, Der Girlitz bei Neisse. In: Ornithol. Centralblatt, 2. Jahrg. p. 166.

1890. Lindner, Friedrich, Notiz über Steppenweihen. In:
Ornithol. Monatsschrift, 15. Jahrg. p. 458—459.

1834—54. v. Loebenstein, A. B., Briefe. In: E. F. v. Homeyer, Ornithol. Briefe. Berlin 1881. p. 189—201
u. 255—257.

1854. Lübbert, H., 1. Notizen. In: Naumannia, 4. Jahrg.
p. 105—106.

1854. — 2. Ornithol. Notizen. In: ib. 4. Jahrg. p. 398—399.

1855. — 3. Notiz über Oedicnemus crepitans. In: ib. 5. Jahrg.
p. 109.

1887. Matschie, Paul, Versuch einer Darstellung der Verbreitung von Corvus corone, cornix u. frugilegus.
In: Cab. Journ. f. Orn. 35. Jahrg. p. 617—648.

Mayer u. seine Verdienste um die Laus. Zoologie. In:
Laus. Monatsschrift.

*1797. Meyers Vögelsammlung. In: ib. Jahrg. 1797, p. 259
u. 280 u. Jahrg. 1799, p. 303.

1719. Meister, Martin, 1. Wasserrabe auf dem Görlitzer
Neissturm. In: Hoffmann Scriptor. 1, 2, 85.

1719. — 2. Weisse Krähe in Görlitz. In: ib. p. 68.

1719. Meister, Martin, 3. Störche in ungewöhnlicher Menge in Görlitz. In: ib. p. 1, 2, 4, 7.

1719. — 4. Eulen in ungewöhnlicher Menge in Görlitz. In: ib. p. 91.

1868. Menzel, Physiographie des Isergebirges. Reichenberg 1868. Behandelt die Vogelwelt auf p. 102—105.

1878. v. Meyerinck, 1. Beob. a. d. Umgeg. v. Gr. Peterwitz bei Canth, im 2. Jahresbericht (1877) d. Aussch. f. Beob. Stat. d. Vögel Deutschl. In: Cab. Journ. f. Orn. 26. Jahrg. p. 370—436.

1878. — 2. Miscellen. In: Orn. Centralbl., 3. Jahrg. p. 107.

1879. — 3. Beobachtungen über die Ankunft der Zugvögel im Frühjahr 1879. In: ib. 4. Jahrg. p. 96—97.

1881. — 4. Frühjahrsbeobacht. a. d. Umgeg. v. Gr. Peterwitz bei Canth. In: ib. 6. Jahrg. p. 134—135.

1882. — 5. Beobacht. über das Ankommen der Zugvögel im Frühjahr 1882. In: ib. 7. Jahrg. p. 100—101.

1887. — 6. Beob. a. d. Umg. v. Gr. Peterwitz b. Canth, im 10. Jahresbericht (1885) d. Aussch. f. Beob. Stat. d. Vögel Deutschl. In: Cab. Journ. f. Orn. 35. Jahrg. p. 377—616.

1888. Michel, Julius, 1. Einige nordische Gäste im Iser- u. Lausitzer Gebirge. In: Mitteil. d. orn. Ver. in Wien „Die Schwalbe“, 12. Jahrg. p. 168.

1890. — 2. Einige ornithol. Seltenheiten aus dem Iser- und Riesengebirge. In: Orn. Jahrb., 1. Jahrg. p. 25—30.

1891. — 3. Ueber Schwankungen in der Vogelwelt des Isergebirges. In: ib. 2. Jahrg. p. 91—99.

1887. Mitschke, Casimir, Beiträge z. 10. Jahresber. (1885) d. Aussch. f. Beob. Stat. d. Vögel Deutschl. In: Cab. Journ. f. Orn. 35. Jahrg. p. 377—616.

1877. Mohr, E., 1. Farbenvarietäten am Stieglitz und Sperling. In: Ornithol. Centralblatt, 2. Jahrg. p. 115.

1877. — 2. Beobacht. a. d. Umg. v. Breslau, im 1. Jahresber. (1876) d. Aussch. f. Beob. Stat. d. Vögel Deutschl. In: Cab. Journ. f. Orn. 25. Jahrg. p. 278—342.

1883. Müller, W. H., Wie Sperlinge subjektive Erfahrungen verwerten. In: Der zool. Garten, 24. Jahrg. p. 189.

1887. Müller, Beobacht. a. d. Umg. v. Straupitz bei Brockendorf, im 10. Jahresber. (1885) d. Aussch. f. Beob. Stat. d. Vögel Deutschl. In: Cab. Journ. f. Orn. 35. Jahrg. p. 377—616.

1826. Neumann, J. G., 1. System. Verzeichnis der bisher entdeckten lausitzischen Vögel. In: Lausitz. Magazin, Jahrg. 1826. p. 352—364.

*1826. Neumann, J. G., 2. Uebers. d. Vögel v. Braths. In: Abhdlg. d. naturf. Gesellsch. zu Görlitz. I, 84 u. II, 22.

1828. — Allgemeine Uebersicht d. laus. Vögel. Görlitz 1828.

1889. v. Nietesnewar, Notiz über Edelreiner. In: Deutsche Jägerzeitung. Jahrg. 1889. p. 514.

1877. Peck, 1. Beobacht. a. d. Umg. v. Görlitz, im 1. Jahresber. (1876) d. Aussch. f. Beob. Stat. d. Vögel Deutschl. In: Cab. Journ. f. Orn. 25. Jahrg. p. 278—342.

1878. — 2. Beobachtungsnotizen. In: Ornithol. Centralblatt. 3. Jahrg. p. 87.

1880. — 3. Notiz über Raubmöven. In: ib. 5. Jahrg. p. 14.

1880. — 4. Beobacht. a. d. Umg. v. Görlitz, im 4. Jahresber. (1879) d. Aussch. f. Beob. Stat. d. Vögel Deutschl. In: Cab. Journ. f. Orn. 28. Jahrg. p. 355—407.

*1791. Pescheck, 1. Uebersicht der in den Handel kommenden Naturprodukte. In: Laus. Monatsschr. Jahrg. 1791. p. 36—50.

*1823. — 2. Zittau und Umgebung. In: Lausitz. Magazin, Jahrg. 1823. p. 169—178.

1842. — 3. Litteratur der Naturforschung in der Oberlausitz. In: Abhandl. der naturf. Gesellschaft zu Görlitz. Jahrg. 1842. 2. Heft, p. 101—128.

1874. Praetorius, A., Notizen über die Fortpflanzung der schlesischen Brutvögel. In: Der zoologische Garten. 15. Jahrg. p. 223—232.

1889. Reichenow, Anton, 1. Syrrhaptes paradoxus in Deutschl. 1888. In: Cab. Journ. f. Orn. 37. Jahrg. p. 1—33.

1889. — 2. Systematisches Verzeichnis der Vögel Deutschl. Berlin 1889. — Enthält neue Mitteilungen über das Vorkommen seltener Arten in Schlesien auf p. 3, 29, 34, 40, 41, 51 u. 67.

1891. — 3. Circus macrurus in Oberschlesien erlegt. In: Cab. Journ. f. Orn. 39. Jahrg. Bericht üb. d. November-Sitzung.

1885. Richter, Arthur, 1. Ornitholog. Beobacht. aus Mittelschlesien. In: Ornitholog. Monatsschrift, 10. Jahrg. p. 50—58.

1886. — 2. Beobachtungen über den Frühjahrs- u. Herbstzug sowie das Brutgeschäft der Vögel in Mittelschlesien. In: ib. 11. Jahrg. p. 55—60.

1886. — 3. Ein Rundgang durch meinen Garten. In: ib. 11. Jahrg. p. 269—279.

1886. — 4. Beobacht. a. d. Umg. v. Grossdorf bei Strehlen, im 9. Jahresbericht (1884) d. Aussch. f. Beob. Stat. d. Vögel Deutschlands. In: Cab. Journ. f. Ornith. 34. Jahrg. p. 129—387.

1887. Richter, Arthur, 5. Desgl. im 10. Jahresber. (1885).
In: ib. 35. Jahrg. p. 337—616.

1887. — 6. Eine ornitholog. Merkwürdigkeit. In: Ornithol.
Monatsschrift. 12. Jahrg. p. 115—116.

1889. — 7. Ornith. Bericht a. d. preuss. Oberlausitz. In: ib.
14. Jahrg. p. 258—267, 284—291 u. 308—313.

1887. Richter, Felix, Beobacht. a. d. Umg. v. Muskau, im
10. Jahresbericht (1885) des Aussch. f. Beob. Stat.
d. Vögel Deutschlands. In: Cab. Journ. f. Ornith.
35. Jahrg. p. 337—616.

1853. Graf Roedern, Erdmann, 1. Notiz über Strix flammea. In: Naumannia, 3. Jahrg. p. 223.

1853. — 2. Notiz über Sylvia cinerea. In: ib. 3. Jahrg. p. 224.

1853. — 3. Ornith. Notizen. In: ib. 3. Jahrg. p. 334—335.

1856. — 4. Ueber die Eier der Ortygometra pygmaea. In:
ib. 6. Jahrg. p. 402—404.

1876. — 5. Notiz über Gallinago gallinula. In: Cab. Journ.
f. Orn. 24. Jahrg. p 364.

*1803. Roessig, Produkten-, Fabrik-, Manufaktur- u. Handels-
kunde von Kursachsen u. dessen Landen. 2 Thle.
Forts. von Römers Statistik.

1864. Rohnert, Einige Beobachtungen über Fringilla serinus.
In: Cab. Journ. f. Orn. 12. Jahrg. p. 396—398.

1828. Rotermund, Ueber Turdus aurorens. In: Okens Isis,
Bd. XXI, p. 1036—1037.

1887. Schäff, Ernst, 1. Notiz über Silberreiher. In: Gefiederte
Welt, 16. Jahrg. p. 49.

1888. — 2. Ueber den diesjährigen Wanderzug der Steppenhühner. In: Der zool. Garten, 29. Jahrg. p. 168—177.

1890. — 3. Ornithol. Notizen. In: Cab. Journ. f. Ornithol.
38. Jahrg. p. 157—159.

*1795. Schmidt, Merkwürdige Naturprodukte der Weinlache
am Neissefluss b. Görlitz. In: Laus. Monatsschr.
Jahrg. 1795, p. 77 ff.

1887. Schmiedchen, O., 1. Beob. a. d. Umg. v. Jägerndorf
b. Jauer, im 10. Jahresber. (1885) d. Aussch. f.
Beob. Stat. d. Vögel Deutschl. In: Cab. Journ. f.
Orn. 35. Jahrg. p. 337—616.

1888. — 2. Desgl. im 11. Jahresber. (1886). In: ib. 36. Jahrg.
p. 313—571.

1892. Schneider, G., Die Vogelwelt des Riesengebirges inbezug
auf die Höhenlagen ihres Vorkommens. In: Der
Wanderer aus dem Riesengebirge. XII. Jahrg. p. 6—9,
20—22, 25—28.

1809. Scholz, Cfr. Endler.

* — Schumann, Lexikon von Sachsen. VII, 482 ff.

1603. Schwenckfeld, Casp., Teriotropheum Silesiae. Lign. 1603. Abtlg. Aves. Bd. IV. p. 169—376.

1878. Sintenis, Max, 1. Zur Naturgeschichte des Kuttengeiers. Anmerk. In: Ornithol. Centralblatt, 3. Jahrg. p. 147.

1878. — 2. Notiz über Cormorane. In: ib. 3. Jahrg. p. 181.

1880. Spalding, Beob. aus der Umg. von Trachenberg, im 3. Jahresber. (1878) des Aussch. f. Beob. Stat. der Vögel Deutschl. In. Cab. Journ. f. Orn. 28 Jahrg. p. 12—96.

1823. Starke*, Statistische Beschreibung der Görlitzer Heide. In: Neues Laus. Magazin. Görlitz 1823. II. Bd. 2. Abschnitt, Naturgeschichtl. Beschreibung, p. 4—10 Vögel.

1881. Talsky, Josef, Mein Ausflug auf d. Schneekoppe. In: Mitteil. des ornithol. Ver. in Wien „Die Schwalbe", 5. Jahrg. p. 13—14 u. 21—22.

1887. Thiemann, A., Beob. a. der Umg. von Ziegenhals, im 10. Jahresber. (1885) d. Aussch. für Beob. Stat. d. Vögel Deutschl. In: Cab. Journ. f. Orn. 35. Jahrg. p. 337—616.

1877. Thienemann, Wilhelm, 1. Die Zwergtrappe in Schles. In: Ornithol. Centralblatt, 2. Jahrg. p. 31.

1882. — 2. Ueber die Zwergtrappe. In: Ornith. Monatsschr., 7. Jahrg. p. 27—29.

1882. — 3. Die Zwergtrappe in Schlesien. In: ib. 7. Jahrg. p. 326—327.

1865. Tiemann, Friedrich, 1. Ueber Syrrhaptes und andere seltene Vögel in Schlesien. In: Cab. Journ. f. Orn. 13. Jahrg. p. 217—219.

1867. — 2. Notizen über Milvus ater u. regalis. In: Der zool. Garten, 8. Jahrg. p. 355.

1868. — 3. Ueber Albinismus. In: ib. 9. Jahrg. p. 255—256.

1870. — 4. Zur Vogelwelt der Strachate. In: ib. 11. Jahrg. p. 97—98.

1850. Tobias, J., Ankunft der Vögel im J. 1843. In: Abhdlg. d. naturf. Gesellsch. z. Görlitz. Jahrg. 1850. 2. Heft, p. 89.

1848 Tobias, Louis, 1. Einige Bemerkungen im Jahre 1844/45. In: ib. Jahrg. 1848. 1. Heft, p. 57—60.

1848. — 2. Abnorme Bildung am Schnabel einer Saatkrähe. In: ib. Jahrg. 1848. 1. Heft, p. 60—61.

1852. — 3. Ornitholog. Notizen. In: Naumannia, 2. Jahrg. 1. Heft, p. 101.

1879. — 4. Einige Bemerk. über die Vogelwelt des Riesengebirges. In: Ornitholog. Centralblatt, 4. Jahrg. p. 40—42.

1879. Tobias, Louis, 5. Ornithol. Bemerkungen aus dem nordwestlichen Schles. In: ib. 4. Jahrg. p. 129—130, 137—138 u. 141—145.

1881. — 6. Orn. Bemerkungen. In: ib. 6. Jahrg. p. 118—119.

1836. Tobias, Robert, 1. Orn. Bemerkungen. In: Abhdlg. d. naturf. Gesellsch. z. Görlitz. Jahrg. 1836. 2. Heft, p. 35—45.

1836. — 2. Tabelle über den Frühlingszug einiger Vögel in der Lausitz. In: ib. Jahrg. 1836. 2. Heft, p. 46—47.

1842. — 3. Ornithol. Beobachtungen im Jahre 1839. In: ib. Jahrg. 1842. 1. Heft, p. 10—13.

1842. — 4. Ornithol. Beobachtungen im Jahre 1840. In: ib. Jahrg. 1842. 2. Heft, p. 31—33.

1842. — 5. Ornithol. Beobachtungen im Jahre 1841. In: ib. Jahrg. 1842. 2. Heft, p. 33—36.

1844. — 6. Ornithol. Beobachtungen im Jahre 1842. In: ib. Jahrg. 1844. 1. Heft, p. 1—4.

1844. — 7. Beiträge zur Naturgeschichte einiger Vögel. In: ib. Jahrg. 1844. 1. Heft, p. 28—31.

1844. — 8. Eine neue Drosselart. In: ib. Jahrg. 1844. 1. Heft, p. 32—34.

1844. — 9. Zur Naturgesch. des Kuckucks. In: ib. Jahrg. 1844. 1. Heft, p. 34—36.

1847. — 10. Ornith. Notizen. In: ib. Jahrg. 1847. 1. Heft, p. 56—58.

1847. — 11. Orn. Excursion n. d. Tafelfichte, hohem Iser- u. Riesenkamm. In: ib. Jahrg. 1847. 2. Heft, p. 41—46.

1847. — 12. Ornithol. Bemerkungen. In: ib. Jahrg. 1847. 2. Heft, p. 46—51.

1848. — 13. Beiträge zur Naturgeschichte einiger Vögel. In: ib. Jahrg. 1848. 1. Heft, p. 47—57.

1849. — 14. Die Wirbeltiere der Oberlausitz. Görlitz 1849.

1851. — 15. Notiz über Vultur cinereus. In: Naumannia, 1. Jahrg. 2. Heft, p. 95.

1851. — 16. Notiz üb. Mergus merganser. In: ib. 1. Jahrg. 2. Heft, p. 100—101.

1851. — 17. Notizen über Actitis hypoleucus und Totanus ochropus. In: ib. 1. Jahrg. 2. Heft, p. 101.

1851. — 18. Verzeichnis d. in d. Oberlausitz vorkommenden Vögel. In: ib. 1. Jahrg. 4. Heft, p. 50—69.

1853. — 19. Notiz über Lanius rufus. In: ib. 3. Jahrg. p. 335—336.

1853. — 20. Die Wat- und Schwimmvögel der Oberlausitz. In: Cab. Journ. f. Orn. 1. Jahrg. p. 213—218.

1838—41. — 21. Briefe. In: E. F. v. Homeyer, Ornith. Briefe, Berlin 1881, p. 247—254.

1869. v. Tschusi zu Schmidhoffen, Viktor, 1. Ueber einige
Vögel des Riesengebirges. In: Cab. Journ. f. Orn.
17. Jahrg. p. 224—234.

1870. — 2. Ornithologische Mitteilungen. In: ib. 18. Jahrg.
p. 257—278.

1822. v. Uechtritz, 1. Skizze der Oberlausitz. In: Okens
Isis, Bd. XV, Heft 3.

1847. — 2. Die Vögel um Reinerz. In: Jahresber. d. schles.
Gesellsch. f. vaterl. Cultur, Jahrg. 1847. p. 80 ff.

1888. Uttendörfer Otto, Ueber das Nisten des Rauchfuss-
bussards. In: Gefiederte Welt, 17. Jahrg. p. 145—146.

* — Wagner, Joh. Caspar, Beschreibung der Lausitz in
seiner Budissiner Chronik. In: Coll. Frenzelianae
VI. Zittauer Ratsbibliothek.

1887. Wagner, Beob. aus d. Umg. von Reichenstein, im 10.
Jahresber. (1885) d. Aussch. f. Beob. Stat. d. Vögel
Deutschl. In: Cab. Journ. f. Ornithol. 35. Jahrg.
p. 377—616.

1881. Walter, Ad,. Berichtung. In: Ornithol. Centralblatt,
6. Jahrg. p. 188.

1806. Weigel, J. A. V., Prodromus Faunae Silesiacae. Abtlg.
Aves, p. 7—38.

1887. Weiss, Georg, Beob. aus d. Umg. v. Lipine, im 10.
Jahresber. (1885) d. Aussch. f. Beob. Stat. d. Vögel
Deutschl. In: Cab. Journ. f. Ornithol. 35. Jahrg.
p. 377—616.

1886. Willimek, Beob. a. d. Umg. v. Rauden bei Ratibor,
im 9. Jahresber. (1884) d. Aussch. für Beob. Stat.
d. Vögel Deutschl. In: ib. 34. Jahrg. p. 129—387.

1887. Wolf, H., 1. Beob. a. d. Umg. v. Muskau, im 10. Jahresber.
(1885) d. Aussch. f. Beob. d. Vögel Deutschl. In:
ib. 35. Jahrg. p. 377—616.

1888. — 2. Desgl. im 11. Jahresber. (1886). In: ib. 36. Jahrg.
p. 313—571.

1890. Wolf, Notiz über Adler. In: Schles. Ztg. v. 11. 3. 1890.

1890. Zacharias, Otto, 1. Der Kuckuck im Riesengebirge.
In: ib. Sommer 1890.

1890. — 2. Die Vögel der Knieholzregion im Riesengebirge.
In: ib. November 1890.

1887. Zimmermann, 1. Beob. a. d. Umg. v. Tscheschkowitz
b. Herrnstadt, im 10. Jahresber. (1885) d. Aussch.
f. Beob. Stat. d. Vögel Deutschl. In: Cab. Journ.
f. Orn. 35. Jahrg. p. 377—616.

1889. — 2. Notiz über Rotfussfalken. In: Deutsche Jägerztg.
XIV. Bd. p. 328.

1852—54. v. Zittwitz, Briefe. In: E. F. Homeyer, Ornithol.
Briefe. Berlin 1881, p. 201—205.

1750. II. v. F. P., Vermischte ökonomische Sammlungen, denen
Landwirten zum besten aus den Breslauer Natur-
u. Kunstansichten ausgezogen Leipzig 1750. Capitel
VII. Von den Vögeln.

1882. A. G., Miscellen. In: Ornithol. Centralbl. 7. Jahrg. p. 94.

*1737. Anonymus, Adler zu Gr. Schönau. In: Zittauer Wochen-
blatt, 1737, 11.

1738. — Keine Sperlinge zu Sohra u. Halbendorf. In: Sing.
Lus. XVI, p. 240 ff.

— — Notiz über Geier. In: Schriften d. Laus. Gesellsch.
d. Wissenschaften, Bd. I, p. 85.

*1827. — Mehrere seltene Vögel. In: Schriften der naturf.
Gesellsch. z. Görlitz. Bd. I, p 90 u. 149.

* — — Oberlausitzer Arbeiten I, p. 53—64. (Naturalien
d. Laubaner Bibliothek.

* — — Naturprodukte der Zittauer Gegend.

1829. — Notiz über Pelekan. In: Camenzer Wochenschrift,
Jahrg. 1829, p. 716.

1882. — Eierproduktion am Kunitzer See. In: Ornithol.
Monatsschrift, 7. Jahrg. p. 159.

1887. — Notiz üb. Goldadler. In: Gefiederte Welt, 16. Jahrg.
p. 503.

1887. — Notiz über Stein- u. Fischadler. In: ib. 16. Jahrg.
p. 540.

1888. — Notiz über Syrrhaptes paradoxus. In: Schles. Ztg.
Apr. 1888.

1888. — Notiz über Tannenheher. In: Deutsche Jägerztg.
Bd. XIII, p. 23.

1888. — Notiz über Schnepfen. In: ib. Bd. XIII, p. 39.

1888. — Notiz über Tannenheher. In: ib. Bd. XIII, p. 78.

1888. — Notiz über Tannenheher. In: ib. Bd. XIII, p. 97.

1888. — Notiz über Steinadler. In: ib. Bd. XIII, p. 110.

1888. - Notiz über Tannenheher. In: ib. Bd. XIII, p. 129.

1888. — Notiz über Schnepfen. In: ib. Bd. XIII, p. 188.

1888. — Notiz über Schnepfen und Tannenheher. In: ib.
Bd. XIII, p. 258.

1888. — Notiz über Tannenheher. In: Weidmann, Bd. XX,
p. 66.

1889. — Notiz über Tannenheher. In: Deutsche Jägerztg.
Bd. XIV, p. 409.

1889. - Notiz über Schnepfen. In: ib. Bd. XIV, p. 409.

1889. - Notiz über Pastor roseus. In: Nitzsches Illustr.
Jagdztg. Bd. XVII, p. 516.

1890. - Notiz üb. Schnepfen. In: Schles. Ztg. v. 11. 2 1890.

1891. — Hochtzeit der Vögel. In: ib. v. 28. 1. 1891.
1891. — Erlegter Singschwan. In: Nitzsches Illustr. Jagdztg.
  Bd. XVIII, p. 324—325.
1891. — Erlegung eines Singschwans. In: ib. Bd. XVIII, p. 336

IV. Verzeichnis der Beobachter und Mitarbeiter.

1. Abukir, Forstsekretär in Carolath.
2. Asmus, Kgl. Oberförster in Heuscheuer-Carlsberg.
3. Baer, William, Custos am Museum zu Niesky.
4. Bannowsky, Kgl. Forstsekretär in Friedrichsthal b. Oppeln.
5. Brothe, Prinzl. Oberförster zu Muskau.
6. Cusig, Kgl. Oberförster in Kuhbrück b. Frauenwaldau.
7. v. Ehrenstein, Kgl. Oberförster in Grudschütz. b. Oppeln.
8. Emmrich, Amtsgerichts-Kassenrendant in Neurode.
9. v. Fürstenmühl, Königl. Forstsekretär in Ullersdorf bei
  Landeshut.
10. Fuier, Kgl. Oberförster in Woidnig b. Guhrau.
11. Gericke, Revierförster in Langenbrück, Grafschaft.
12. Grosser, Stiftsoberförster in Niederlinda b. Lauban.
13. Haenel, Städt. Oberförster in Hagendorf b. Löwenberg.
14. Haessler, Städt. Revierförster in Eichwalde b. Freiwaldan.
15. v. Hagen, Kgl. Oberförster in Schwammelwitz b. Ottmachau.
16. Hausleutner, F., in Strehlen.
17. Helmich, Städt. Oberförster in Neurode b. Lüben.
18. Hornung, Joh., in Craschcow b. Oppeln.
19. Hubatsch, Jos., Conservator in Waldenburg.
20. Jaenisch, Forstreferendar in Nesselgrund b. Altheide.
21. Kirchner, Paul, Grfl. Revierförster in Gr. Iser b. Flinsberg.
22. Klopfer, Herzogl. Oberförster in Primkenau.
23. Knauthe, Karl, Oekonom in Schlaupitz a. Zobten.
24. Kollibay, Paul, Rechtsanwalt in Neisse.
25. Krabbe, Kgl. Oberförster in Klodnitz b. Kosel.
26. Kramer, Heinrich, Lehramtskandidat in Niesky.
27. Krueger, Oberförster in Hoyerswerda.
28. Kutzen, Kgl. Oberförster in Schelitz b Oppeln.
29. Lange, Kgl. Oberförster in Alt-Reichenau.
30. Mally, Städt. Oberförster in Dittersdorf b. Sprottau.
31. Müller, Kgl. Oberförster in Paruschowitz b. Rybnik.
32. Morgenroth, Städt. Oberförster in Rietschen.
33. v. Pannwitz, Kgl. Oberförster in Kath. Hammer b. Trebnitz.
34. Raake, Herzogl. Oberförster in Sagan.
35. Graf v. d. Recke-Volmerstein, Leopold, auf Craschnitz
  b. Militsch.

36. Ruchel, Fürstl. Revierförster in Nesigode b. Trachenberg.
37. Schmidt, A., Herzogl. Forstmeister in Ratiborhammer.
38. Simon, Oberlehrer in Breslau †.
39. Speth, Albert, Kgl. Revierförster in Strachate b. Breslau.
40. Sylaender, C., Fabrikdirektor in Bolkenhayn.
41. Titz, Grfl. Oberförster in Mallwitz b. Sprottau.
42. Uttendörfer, Otto, cand. theol. in Gnadenfeld b. Kosel.
43. Vorwerk, Herzogl. Hegemeister in Nieder-Briesnitz b. Sagan.
44. Walikhoff, Kgl. Forstreferendar in Poppelau b. Oppeln.
45. v. Wallenberg, Kgl. Oberförster in Dembio b. Oppeln.
46. Ziemer, Städt. Oberförster in Guhlau b. Glogau.
47. Bormann, A., Gräfl. Oberförster in Petersdorf im Riesengebirge.

Die Wohnorte der einzelnen Beobachter sind auf der beigegebenen Karte durch rote Farbe hervorgehoben. Erwähnen will ich noch, dass die eingesandten Mitteilungen unter Anwendung der schärfsten Kritik sorgfältig gesichtet wurden, und dass ich die weitaus grösste Zahl der oben genannten Herren persönlich und viele unter ihnen sogar sehr genau kenne, was, wie jeder praktisch arbeitende Ornithologe weiss, für die richtige Beurteilung und Würdigung des eingehenden Materials von hohem Werte ist. Ich selbst kam im Anfang März 1889 dauernd nach Schlesien, wo ich sofort von Breslau aus die ornithologischen Beobachtungen mit aller Energie aufnahm. Mit besonderer Vorliebe richteten sich hier meine Excursionen nach der den Ornithologen als Brutplatz des Flussrohrsängers schon seit Glogers Zeiten wohl bekannten Strachate. Sodann zog mich die Bartschniederung mit ihrem eben so reichen wie eigenartigen Vogelleben unwiderstehlich an, die ich deshalb wiederholt und zu allen Jahreszeiten besuchte. Auch anderen Gegenden der Provinz wurden flüchtigere Besuche abgestattet. Im Frühjahr 1891 bereiste ich zu ornithologischen Zwecken Oberschlesien und im Hochsommer desselben Jahres das Iser- und Riesengebirge.

V. Verzeichnis der seither in der Provinz nachgewiesenen Vogelarten.

Fam. Sylviidae.

* 1. Erithacus philomela (Behst.)
* 2. — luscinia (L.)
* 3. — cyaneculus (Wolf).
4. — suecicus (L.)
* 5. — rubeculus (L.)
* 6. Ruticilla phoenicura (L.)
* 7. — titis (L.)

(* 7a. Ruticilla titis Cairii Gerbe.)
* 8. Pratincola rubicola (L.)
* 9. — rubetra (L.)
* 10. Saxicola oenanthe (L.)
* 11. Cinclus merula (J. C. Schäff.)
† 11a. — — melanogaster Br.

* 11b. Cinclus merula albicollis
(Vieill.)
12. Monticola saxatilis (L.)
* 13. Turdus musicus L.
14. — iliacus L.
* 15. — viscivorus L.
* 16. — pilaris L.
17. — Naumanni Tem.
18. — ruficollis Pall.
19. — obscurus Gmel.
20. — varius Pall.
21. — atrigularis Tem.
22. — sibiricus Pall.
* 23. — merula L.
24. — torquatus L.
* 24a. — — alpestris
(Chr. L. Brehm).
* 25. Regulus cristatus Vieill.
* 26. — ignicapillus (Chr.
L. Brehm).
Phylloscopus superciliosus
(Gm.)
* 27. — rufus (Behst.)
* 28. — trochilus (L.)
* 29. — sibilator
(Behst.)
— Bonellii
(Vieill.)
* 30. Hypolais philomela (L.)
* 31. Locustella naevia (Bodd.)
* 32. — luscinioides
(Savi).
* 33. — fluviatilis
(Wolf).
* 34. Calamodyta aquatica (Gm.)
* 35. — schoenobaena
(L.)
* 36. Acrocephalus palustris
(Behst.)
* 37. — streperus
(Vieill.)
* 38. — arundinaceus
(L.)
* 39. Sylvia atricapilla (L.)
* 40. — curruca (L.)
* 41. — rufa (Bodd.)

* 42. Sylvia hortensis Behst.
* 43. — nisoria (Behst.)
* 44. Accentor modularis (L.)
* 45. — collaris (Scop.)
Fam. Timeliidae.
* 46. Troglodytes parvulus Koch.
Fam. Paridae.
* 47. Aegithalus pendulinus (L.)
* 48. Panurus biarmicus (L.)
* 49. Acredula caudata (L.)
† 49a. — — rosea
(Blyth).
* 50. Parus cristatus L.
* 51. — caeruleus L.
52. — cyanus Pall.
* 53. — fruticeti Wallgr.
* 54. — ater L.
* 55. — maior L.
Fam. Certhiidae.
56. Sitta europaea L.
* 56a. — — caesia Wolf.
* 57. Certhia familiaris L.
* 57a. — — brachy-
dactyla Chr. L. Brehm.
58. Tichodroma muraria (L.)
Fam. Alaudidae.
† 59. Otocorys alpestris (L.)
* 60. Alauda arvensis L.
61. — brachydactyla
Leisl.
— yeltoniensis Forst.
* 62. — arborea L.
* 63. — cristata L.
Fam. Motacillidae.
* 64. Budytes flavus (L.)
65. — citreolus (Pall.)
* 66. Motacilla melanope Pall.
* 67. — alba L.
* 68. Anthus pratensis (L.)
† 69. — cervinus (Pall.)
* 70. — trivialis (L.)
* 71. — campestris (L.)
* 72. — spipoletta (L.)
Fam. Fringillidae.
* 73. Emberiza schoeniclus (L.)
— pusilla Pall.

74. Emberiza cia L.
* 75. — hortulana L.
76. — cirlus L.
* 77. — citrinella L.
* 78. — calandra L.
79. Calcarius lapponicus (L.)
80. — nivalis (L.)
† 81. Loxia bifasciata (Brehm).
* 82. — curvirostra L.
* 83. — pityopsittacus Behst.
* 84. Pyrrhula europaea Vieill.
84a. — — rubicilla Pall.
* 85. Pinicola erythrinus (Pall.)
* 86. — enucleator (L.)
* 87. Serinus hortulanus Koch.
* 88. Carduelis elegans Steph.
(— — albigularis Mad.)
* 89. Chrysomitris spinus (L.)
* 90. Acanthis cannabina (L.)
91. — flavirostris (L.)
* 92. — linaria (L.)
92a. — — Holboelli Brehm.
* 93. Chloris hortensis Brehm.
* 94. Fringilla coelebs L.
95. — montifringilla L.
96. — nivalis L.
* 97. Coccothraustes vulgaris Pall.
98. Passer petronius (L.)
* 99. — montanus (L.)
*100. — domesticus (L.)
Fam. Sturnidae.
*101. Sturnus vulgaris L.
102. Pastor roseus (L.)
Fam. Oriolidae.
*103. Oriolus galbula L.
Fam. Corvidae.
Pyrrhocorax alpinus Koch.
*104. Nucifraga caryocatactes L.
104a. — — macrorhyncha Brehm.
105. Garrulus glandarius (L.)
106. — infaustus (L.)
*107. Pica rustica (Scop.)

*108. Colaeus monedula (L.)
*109. Corvus frugilegus L.
*110. — cornix L.
*111. — corone L.
*112. — corax L.
Fam. Laniidae.
*113. Lanius collurio L.
*114. — senator L.
*115. — minor Gm.
*116. — excubitor L.
116a. — — maior Pall.
116b. — — Homeyeri Cab.
Fam. Muscicapidae.
*117. Muscicapa parva Behst.
†118. — collaris Behst.
*119. — grisola L.
*120. — atricapilla L.
*121. Bombycilla garrula (L.)
Fam. Hirundinidae.
*122. Hirundo urbica L.
*123. — rustica L.
*124. Clivicola riparia (L.)
Fam. Cypselidae.
*125. Micropus apus (L.)
126. — melba (L.)
Fam. Caprimulgidae.
*127. Caprimulgus europaeus L.
Fam. Coraciidae.
*128. Coracias garrula L.
Fam. Upupidae.
*129. Upupa epops L.
Fam. Meropidae.
*130. Merops apiaster L.
Fam. Alcedinidae.
*131. Alcedo ispida L.
Fam. Picidae.
*132. Picus viridis L.
*133. — viridicanus Wolf.
†134. Picoides tridactylus (L.)
*135. Dendrocopus maior (L.)
*136. — medius (L.)
†137. — leuconotus (Behst.)
*138. — minor (L.)

*139. Dryocopus martius (L.)
    Fam. Indicatoridae.
*140. Iynx torquilla L.
    Fam. Cuculidae.
*141. Cuculus canorus L.
    Fam. Strigidae.
*142. Strix flammea L.
†143. Carine passerina (L.)
*144. — noctua (Retz.)
*145. Nyctale Tengmalmi (Gm.)
146. Nyctea ulula (L.)
147. — scandiaca (L.)
*148. Syrnium aluco (L.)
149. — uralense (Pall.)
150. — lapponicum
        (Sparrm.)
†151. Pisorhina scops (L.)
*152. Asio accipitrinus (Pall.)
*153. — otus (Pall.)
*154. Bubo ignavus Th. Forst.
    Fam. Falconidae.
*155. Falco vespertinus L.
*156. — subbuteo L.
*157. — aesalon Tunst.
*158. — tinnunculus L.
*159. — peregrinus Tunst.
160. — lanarius L.
— gyrfalco L.
161. — rusticulus L.
162. Aquila pennata (Gm.)
*163. — pomarina Brehm.
164. — clanga Pall.
165. — melanaëtus (L.)
†166. — chrysaëtus (L.)
*167. Archibuteo lagopus (Brünn).
*168. Buteo vulgaris Leach.
— — desertorum
        (Daud.)
*169. Circaëtus gallicus (Gm.)
†170. Haliaëtus albicilla (L.)
*171. Pandion haliaëtus (L.)
*172. Pernis apivorus (L.)
*173. Milvus migrans (Bodd.)
*174. — ictinus Sav.
*175. Astur nisus (L.)
*176. — palumbarius (L.)

*177. Circus aeruginosus (L.)
*178. — cyaneus (L.)
*179. — pygargus (L.)
180. — macrurus Gm.
    Fam. Vulturidae.
181. Neophron percnopterus (L.)
182. Gyps fulvus (Gm.)
183. Vultur monachus L.
    Fam. Tetraonidae.
*184. Tetrao bonasia L.
*185. — tetrix L.
*186. — urogallus L.
(186a. — urogallo-tetrix).
    Fam. Perdicidae.
*187. Coturnix communis Bonn.
Caccabis saxatilis (Meyer)
*188. Perdix cinerea Lath.
    Fam. Phasianidae.
*189. Phasianus colchicus L.
    Fam. Columbidae.
*190. Turtur communis Selby.
*191. Columba palumbus L.
*192. — oenas L.
    Fam. Ardeidae.
193. Ardea garzetta L.
*194. — alba L.
*195. — purpurea L.
*196. — cinerea L.
197. — ralloides Scop.
*198. Ardetta minuta (L.)
*199. Botaurus stellaris (L.)
*200. Nycticorax griseus (L.)
    Fam. Ciconiidae.
*201. Ciconia alba J. C. Schäff.
*202. — nigra (L.)
    Fam. Ibidae.
203. Platalea leucerodia L.
*204. Plegadis falcinellus (L.)
    Fam. Pteroclidae.
205. Syrrhaptes paradoxus (Pall.)
    Fam. Rallidae.
*206. Fulica atra L.
*207. Gallinula chloropus (L.)
*208. Ortygometra pusilla (Pall.)
*209. — parva (Scop.)
*210. — porzana (L.)

*211. Crex pratensis Bechst.
*212. Rallus aquaticus L.
    Fam. Gruidae.
*213. Grus communis Bechst.
    Fam. Otididae.
*214. Otis tetrax L.
215. — Macqueeni J. E. Gray.
*216. — tarda L.
    Fam. Scolopacidae.
*217. Scolopax rusticola L.
*218. Gallinago gallinula (L.)
*219. — caelestis
        (Frenzel).
*220. — maior (Gm.)
221. Numenius phaeopus (L.)
*222. — arcuatus (L.)
*223. Limosa aegocephala (L.)
224. — lapponica (L.)
*225. Totanus pugnax (L.)
*226. — hypoleucus (L.)
*227. — calidris (L.)
228. — fuscus (L.)
229. — littoreus (L.)
*230. — ochropus (L.)
*231. — glareola (L.)
†232. — stagnatilis (L.)
233. Tringa minuta Leisl.
234. — Temmincki Leisl.
235. — subarcuata (Güld.)
236. — alpina L.
237. — Schinzi Brehm.
238. — canutus L.
239. — maritima Brünn.
240. Limicola platyrhyncha (Tem.)
241. Calidris arenaria (L.)
242. Phalaropus hyperboreus (L.)
243. — fulicarius (L.)
244. Himantopus candidus Bonn.
245. Recurvirostra avocetta L.
    Fam. Charadriidae.
*246. Oedicnemus scolopax (Gm.)
*247. Vanellus capella J. C. Schäff.
248. — gregarius Vieill.
*249. Charadrius euronicus Gm.
†250. — hiaticula L.
     — alexandrinus L.

*251. Charadrius morinellus L.
†252. — pluvialis L.
253. — squatarola L.
254. Glareola pratincola (L.)
255. Cursorius gallicus (Gm.)
256. Haematopus ostrilegus L.
    Fam. Cygnidae.
*257. Cygnus olor (Gm.)
258. — musicus Bechst.
259. — Bewicki Jarr.
    Fam. Anseridae.
260. Anser finnmarchicus Gunn.
261. — albifrons (Scop.)
262. — segetum (Gm.)
(262a. — — arvensis
        Brehm).
263. — brachyrhynchus
        Baill.
*264. — ferus Brünn.
265. — hyperboreus Pall.
266. Branta leucopsis (Bechst)
267. — bernicla (L.)
*268. Tadorna damiatica
        (Hasselqu.)
    Fam. Anatidae.
*269. Anas crecca L.
*270. — querquedula L.
*271. — acuta L.
*272. — penelope L.
*273. — strepera L.
*274. — clypeata L.
*275. — boschas L.
276. Fuligula hyemalis (L.)
*277. — clangula (L.)
*278. — nyroca (Güld.)
*279. — rufina (Pall.)
*280. — ferina (L.)
281. — cristata (Leach.)
282. — marila (L.)
283. Oedemia nigra (L.)
284. — fusca (L.)
285. Somateria mollissima (L.)
286. Erismatura leucocephala
        (Scop.)
    Fam. Mergidae.
287. Mergus albellus L.

*288. Mergus merganser L.
289. — serrator L.
 Fam. Pelecanidae.
290. Pelecanus onocrotalus L.
 Fam. Sulidae.
291. Sula bassana (L.)
 Fam. Phalacrocoracidae.
292. Phalacrocorax pygmaeus
    (Pall.)
*293. — carbo (L.)
 Fam. Sternidae.
*294. Hydrochelidon nigra (L.)
 — leucoptera
    (Schinz).
*295. Sterna minuta L.
*296.   hirundo L.
 Fam. Laridae.
297. Rissa tridactyla (L.)
*298. Larus ridibundus L.
299. — canus L.
300. — fuscus L.
301. — marinus L.
302. — argentatus Brünn.

303. Larus glaucus Brünn.
304. Stercorarius longicauda
    Vieill.
305. — parasiticus (L.)
306. — pomatorhinus
    (Tem.)
307. — catarrhactes
    (L.)
 Fam. Procellariidae.
308. Thallassidroma pelagica (L.)
 Fam. Colymbidae.
*309. Colymbus fluviatilis Tunst.
*310. — nigricollis
    (Brehm).
†311. — auritus L.
*312. — griseigena Bodd.
*313. — cristatus L.
314. Urinator septentrionalis (L.)
315. — glacialis (L.)
316. — arcticus (L.)
 Fam. Alcidae.
317. Uria lomvia (L.)

Geschlossen wurde diese Liste am 1. März 1892. Die mit einem Sternchen (*) bezeichneten Arten sind zweifellos Brutvögel; die mit einem Kreuz (†) versehenen werden gleichfalls von einzelnen Beobachtern als Brutvögel angeführt, ohne dass aber bis jetzt absolut sichere Beweise für ihr Nisten vorliegen. Ohne Nummer habe ich solche Species aufgeführt, die in der Provinz vorkommen oder vorgekommen sein sollen, bisher aber noch nicht mit vollkommener Sicherheit nachgewiesen sind. Dem Rate ornithologischer Freunde Folge leistend habe ich bei Aufstellung dieses Verzeichnisses eine weit schärfere Kritik walten lassen als bei meiner ersten Liste schlesischer Vögel (Cab. Journ. 1891, p. 165 ff.) und der aufmerksam vergleichende Leser wird deshalb bald finden, dass nicht nur die Zeichen des Brütens mehrfach verändert oder weggelassen, sondern dass sogar einige Species (z. B. Alauda yeltoniensis) ganz gestrichen worden sind, weil die vorliegenden Daten meinen gesteigerten Anforderungen nicht mehr zu genügen vermochten. Dagegen sind andere Arten inzwischen brütend aufgefunden und einzelne (Circus macrurus, Phalaropus fulicarius, Cygnus Bewicki) ganz neu für das Gebiet constatirt worden. Näheres über alle diese Verhältnisse wolle man im speciellen Teil bei den genannten Arten nachlesen.

VI. Allgemeine Charakteristik Schlesiens und seiner Vogelwelt.

Die preussische Provinz Schlesien erstreckt sich zwischen dem 49° 49′ bis 52° 4′ nördlicher Breite und zwischen dem 31° 21′ und 36° 56′ östlicher Länge und umfasst einen Flächeninhalt von 40289 qkm (731,69 qm). Durch dieselbe erstreckt sich das schlesische Längsthal, das zuerst längs der Malapane sich zur Oder hinzieht, alsdann dieser bis zur Mündung der Katzbach folgt und endlich weiter in westlicher Richtung über Bober, Queiss und Lausitzer Neisse sich bis zur schwarzen Elster erstreckt. Der Boden der Thalsenkung ist längs der Oder fruchtbar, an der Malapane und Elster sumpfig, zwischen Oder und Elster sandig und teilweise auch sumpfig. Nördlich von diesem Längenthal zieht durch die Provinz ein Landrücken; auf demselben erheben sich zwischen Bober und Oder die Katzenberge und der Grünberger Landrücken (200 m), zwischen der Oder und der Weidaquelle der Trebnitzer Landrücken (311 m) und im Regierungsbezirk Oppeln endlich der oberschlesische Jura (362 m). Im Süden jener Thalsenkung tritt zunächst östlich von der Oder das Plateau von Tarnowitz (Annaberg 400 m) mit dem oberschlesischen Steinkohlengebirge als ein Ausläufer der Karpathen hervor. Auf der linken Oderseite steigt das Land langsam an bis zur Gebirgsmauer der Sudeten, welche die Grenzen der Provinz in Oberschlesien nur mit dem Fusse der Bischofskuppe (896 m) erreicht, dagegen durch Mittelschlesien sich von Reichenstein bis Jauer erstreckt. Vor dieser Gebirgsmauer erheben sich vereinzelt in der Ebene der Zobten (728 m), die Geiersberge (679 m), die Striegauerberge u. a. Das Gebirge selbst wird durch den Pass von Liebau am Bober (Landeshuter Pass) in 2 Teile geschieden. Südöstlich erstreckt sich zunächst das Glatzer Gebirgssystem mit seinen vielfachen Verzweigungen, in denen der grosse Schneeberg (1424 m) der höchste Gipfel ist, sodann das Sandsteingebirge der Heuscheuer, ferner das niederschlesische Steinkohlengebirge mit dem Hochwald und endlich das Katzbachgebirge, von dem der Gröditzberg ein gegen das Tiefland vorgeschobener Posten ist. Im Nordwesten jenes Passes erhebt sich auf der Grenze gegen Böhmen das Riesengebirge mit der Schneekoppe (1605 m), dem höchsten Gipfel der Provinz und des deutschen Berglandes überhaupt, und als Fortsetzung das moorreiche Isergebirge. Vereinzelte Vorposten des Berglandes gegen das Tiefland sind weiter westlich noch die Landskrone bei Görlitz und das Königshainer Gebirge. Innerhalb des Gebirges bilden das Landeshuter und das Hirschberger Thal, beide am Bober, und das Glatzer Kesselthal innerhalb des Glatzer Berglandes an-

schnliche Vertiefungen. Im allgemeinen ist die zum weitaus grössten
Teile dem Stromgebiet der Oder angehörige Provinz sehr wasserreich. Das Oderthal befindet sich schon von der österreichischen
Grenze an im Alluvium; es ist mehr oder weniger breit, in der
Regel sehr fruchtbar, oft auf weite Strecken mit einem Gürtel
üppiger Auwaldungen eingefasst, aber nicht genügend gegen Ueber-
schwemmungen gesichert. Schlesien hat in den Gebirgen keine
Seen, wohl aber eine Menge in den Niederungen im nördlichen
Teile der Provinz und in dem Weichselgebiet. Die meisten sind
klein und flach und werden auch nur als Teiche bezeichnet. Im
sumpfigen Thale der Bartsch liegen dieselben in 2 Gruppen neben
einander; die östliche und grössere zwischen Militsch und Goschütz,
die westliche zwischen Sulau und Trachenberg. Bei Schlawa unweit der Posenschen Grenze liegt der Schlawasee (11 km lang,
3 km breit), das grösste Gewässer Schlesiens. Dann wären noch
zu nennen die Lausitzischen Seen und die Teichplatten von Oppeln
und Falkenberg sowie die zahlreichen kleinen Teiche bei Pless.
Das Klima ist am mildesten in der niederschlesischen Ebene, rauher
in den Gebirgen und in Oberschlesien. Die jährliche Durchschnitts-
wärme beträgt zu Ratibor 6,32°, Oppeln 7,01°, Neisse 6,73°, Land-
eck 5,40°, Kirche Wang im Riesengebirge 3,57°, Hirschberg 5,25°,
Görlitz 6,33°, Breslau 6,62°, Bunzlau 7,18°. Die jährliche Regen-
menge beträgt in der Ebene 50—60 cm, im Gebirge mehr. Der
Boden ist längs des Gebirges sehr fruchtbar, ganz besonders aber
in der Landschaft zwischen Liegnitz und Oppeln, woselbst 70 bis
80% der Gesamtfläche dem Ackerland angehören. Am wenigsten
fruchtbar sind die eigentlichen Gebirgskreise, sodann der auf der
rechten Oderseite gelegene Teil des Regierungsbezirkes Oppeln,
die Bartschniederung und mit Ausnahme des Kreises Görlitz auch
der westlichste Zipfel der Provinz; in allen diesen Landstrichen
sind die Ackerländereien auch nur von geringem Umfang, die
Waldungen dagegen sehr bedeutend. Der Procentsatz der Boden-
benutzung stellt sich nach der Grundsteuerregulirung überhaupt
folgendermassen:

	Acker	Gärten	Wiesen	Weiden	Wald	Wasser	Oedland
Regierungsbez. Oppeln	54,1	0,4	7,6	2,2	31,0	0,6	0,2
„ Breslau	61,8	1,3	9,2	1,5	21,2	0,9	0,2
„ Liegnitz	46,1	0,8	10,0	1,8	36,6	0,8	0,1
Ganze Provinz Schlesien	54,0	0,8	8,9	1,9	29,7	0,7	0,2

Die holzreichen Gegenden Schlesiens bilden 3 Bezirke: Oberschlesien auf der rechten Seite der Oder, die Gebirge längs der
Grenze und die westliche Spitze der Provinz. In allen 3 Bezirken
sind die Waldungen grösstenteils im Besitze von Privaten oder
Gemeinden. In Oberschlesien bedecken die Wälder die Platte
von Tarnowitz (das oberschlesische Steinkohlengebirge) und den

nördlichen Jurazug, aber auch die verschiedenen Einsenkungen und Flussthäler (Malapane) und die vom Oderthale ausgehenden Erweiterungen, selbst westlich von der Oder. Der Boden, den diese Wälder, in denen die Kiefer dominirt, bedecken, ist in den meisten Fällen für eine andere Cultur nicht geeignet. In den Gebirgskreisen erreichen die Waldungen nicht ganz den Umfang derer von Oberschlesien, die Bodenverhältnisse sind aber durch Verwitterung der verschiedenen Gesteinsarten für den Holzwuchs recht günstig; die Fichte überwiegt, in klimatisch bevorzugten Lagen giebt es aber auch schöne Laubhölzer (Eiche, Buche). Im Riesengebirge umfasst die Waldregion den Gürtel von 600—1200 m Meereshöhe. Darüber hinaus herrscht die Knieholzregion, während die höchsten Teile ganz kahl und nur mit Geröllen bedeckt sind. Der Walddistrikt Westschlesiens schliesst sich aufs engste an die ansehnliche Waldregion des südlichen Brandenburgs an und entsendet auch geringere Ausläufer in das Königreich und die Provinz Sachsen hinein. Der Boden ist wie in Brandenburg sandig und in der Regel für eine andere Cultur ganz ungeeignet, zuweilen auch sumpfig. In diesem Distrikte liegt die über 5 qm grosse Görlitzer Heide. Von der Gesamtwaldfläche der Provinz hat inne die Kiefer 45, die Kiefer in Mischung mit der Fichte 22, Fichte und Tanne 20, die Eiche 3 Procent. Das Laubholz ist im Regierungsbezirk Breslau noch am meisten vertreten, und zwar hauptsächlich längs der Oder. Der Mineralreichtum Schlesiens ist bekannt, das Geflügel stark vertreten, die Fischerei nicht unbedeutend und namentlich neuerdings immer mehr in den Vordergrund tretend. Wildbret ist zahlreich vorhanden, so besitzt Schlesien noch einen ungewöhnlichen Reichtum an Hirschen, Rehen, Wildschweinen, Hasen, Feld und Waldhühnern, Fasanen, Enten, Gänsen u. s. w. Charakteristisch für die landwirtschaftlichen Verhältnisse der Provinz ist endlich noch das Vorherrschen des Grossgrundbesitzes, dem über 51% der Gesamtfläche angehören.

Das Studium der schlesischen Ornis musste um so interessanter und lohnender erscheinen, als die Provinz einerseits von der ornithologischen Forschung in den letzten Jahrzehnten fast auffällig vernachlässigt wurde, und andererseits uns die dortige Vogelwelt in einer Reichhaltigkeit und Mannigfaltigkeit entgegen tritt wie kaum in einer, vielleicht in keiner anderen Binnenprovinz Deutschlands. Bedingt wird dieser Reichtum an Formen und Arten erstlich durch die extrem südöstliche Lage des Gebietes, welches nach Osten hin in ununterbrochenem Zusammenhang mit den grossen russischen Ebenen steht und nach Süden zu sich durch die breite March-Beczwa-Oder-Furche zwanglos mit den ornithologisch so gesegneten Auwaldungen der mittleren Donau und den ungarischen Steppen verbindet. So mancher gefiederte Steppenbewohner wird deshalb durch irgend welche Einflüsse der

Witterung auf dem Zuge bis nach den schlesischen Gefilden verschlagen, um dann als ausgestopfte Seltenheit unsere Ornis zu bereichern. Hieher gehört z. B. das Vorkommen von *Aquila imperialis, Circus macrurus, Pastor roseus, Pratincola glareola,* verschiedenen Lerchen und manchen andern. Aus den ungarischen Sümpfen kommen der Purpur- und Edel-, seltener der prächtige Seiden- und Löffelreiher zu uns, junge, noch nicht fortpflanzungsfähige Seeadler, seltene Rohrsänger u. dergl. Die Karpathen liefern Steinadler und Uhus. Ein weiterer Vorzug, den Schlesien vor anderen Gegenden Deutschlands besitzt, ist der Umstand, dass die höchsten Erhebungen unseres Vaterlandes innerhalb seiner Grenzen liegen. Die höchst eigenartige und z. T. rein alpine Fauna und Flora des Riesengebirges hat von jeher die Aufmerksamkeit der Naturkundigen in hohem Grade auf sich gezogen und beschäftigt dieselbe auch heute noch in hervorragendem Maasse, ohne doch in allen ihren Teilen so genau und gründlich bekannt zu sein, als man wünschen möchte und nach dem Gesagten eigentlich auch erwarten dürfte. Dies gilt ganz besonders von der Vogelwelt. Wohl hat Gloger dieselbe in ihrer Verteilung nach den Höhenlagen sehr sorgfältig studirt, aber er war als leidenschaftlicher Gegner des älteren Brehm viel zu sehr in seinen polemischen Anschauungen gegen den viel bekämpften „Artzersplitterer" befangen, als dass er die hervorragend interessanten Lokalvarietäten und subspecies des Riesengebirges in ruhig-objektiver Weise hätte studiren und fixiren können. Wir müssen leider eingestehen, dass wir in dieser Hinsicht gerade bei den Sudeten uns noch über sehr vieles im Unklaren befinden, und demgemäss würde wohl ein längeres und sorgfältiges Beobachten im Riesengebirge — gegenüber den flüchtigen Touristentouren der dasselbe bisher besuchenden Ornithologen — zu ganz überraschenden und jedenfalls zu wissenschaftlich höchst wertvollen Resultaten führen. Wünschen wir deshalb im Interesse unserer schönen Wissenschaft, dass das Schicksal recht bald einen tüchtigen Ornithologen an jene reizvollen Berge fesselt! Das Riesengebirge führt der schlesischen Ornis mehrere Arten als Brutvögel zu, welche sonst in Deutschland zu den grössten Seltenheiten gehören; ich erinnere nur an den Alpenflüevogel, den Mornell, den Wasserpieper, die Ringdrossel. Auf dem Zuge kommt das Steinrötel, der rotkehlige Pieper und manche andere Rarität vor. Der dritte Punkt, durch den sich die auffallende Reichhaltigkeit der schlesischen Ornis erklären lässt, ist das Vorhandensein ausgedehnter Sumpf- und Teichgebiete und prächtiger, feuchter Anwaldungen, in welch letzteren die Rohrsänger ein erwünschtes Heim finden, in welch ersteren zahllose Sumpf- und Wasservögel so unbehelligt wie sonst vielleicht nirgends in Deutschland ihre Bruten gross ziehen. Die interessanten und für den Neuling so schwierig zu beobachtenden Rohrsänger charakterisiren in erster Linie die üppigen mittelschlesischen Auwaldungen mit ihren schier undurchdringlichen Brombeer-, Brennessel- und Weidendickichten. Die Strachate bei Breslau ist schon seit Glogers Zeiten als einer der wenigen deutschen Brutplätze des Flussrohrsängers bekannt, und der Nachtigallrohrsänger wurde ganz neuerdings eben dort sowie in der vogelreichen Bartschniederung nachgewiesen. Diese enthält zugleich die meisten Teiche Schlesiens und weist ein Vogelleben auf, wie wir es sonst wohl nur noch an wenigen Stellen Deutschlands finden werden. Man wird unwillkürlich an die viel geschilderten und viel gerühmten ungarischen Sümpfe erinnert, denen unsere Bartschniederung in mancher Beziehung nur wenig nachstehen mag. Wohl fehlen die schimmernden Gestalten der Edel-, Seiden- und Löffelreiher, wohl die zierlichen Avosetten am Strande, die gewaltigen Pelekane auf dem Wasserspiegel und die Schlangenlinien der Ibisse in hoher Luft, aber dafür sind die Gänse und Wasserhühner, die Taucher und Enten, die Möven und Seeschwalben in in so fabelhaften Mengen vertreten, dass ihr betäubendes Geschrei das Herz des Ornithologen höher schlagen macht, dass sie mit ihren bunten Gestalten, mit ihren mannigfachen Stimmen und Flugspielen vor seinen Augen ein bewegtes Bild entrollen, wie es sich entzückender, lebensvoller und interessanter auch die ausschweifendste Phantasie kaum ausmalen kann. Auch die Teichsysteme von Falkenberg, Oppeln, Görlitz, Pless und Ratibor sind reich an Vogelleben, das aber doch an das der Bartschniederung bei weitem nicht heranreicht.

Als letzten Punkt, der bestimmend auf die Entwicklung der schlesischen Ornis einwirkt, möchte ich endlich noch die eigentümliche Gestaltung der land- und forstwirtschaftlichen Verhältnisse hervorheben, deren Einfluss auf die Gruppirung und Verteilung der Vogelwelt sich vielleicht in keiner andern Provinz deutlicher und wirkungsvoller nachweisen lässt als gerade in Schlesien und ganz besonders in Oberschlesien. Schlesien ist das Land des Grossgrundbesitzes, das Dorado des deutschen Jägers. Die Jagden befinden sich auf weite Strecken hin in den Händen weniger Grossgrundbesitzer, die alle nur erdenklichen Mittel aufbieten, ihren Rehbestand zu vergrössern oder ihre Fasanerien zu heben, um dann bei den grossen Jagden möglichst hohe Strecken zu erzielen. Die hohen, auf die Erlegung von Raubzeug ausgesetzten Schussgelder und die indirekten Prämien, welche die Forstbeamten für jedes erlegte Stück Nutzwild beziehen, spornen dieselben den Raubvögeln gegenüber zu äusserster Thätigkeit an, und es ist deshalb nicht zu verwundern, wenn auf meilenweite Strecken hin trotz der günstigsten Terrainverhältnisse auch nicht ein einziger Raubvogelhorst zu finden ist. Ebenso finden sich in solchen Gegenden die Eulen nur in sehr geringer Zahl, da auch ihre Fänge auf den meisten Herrschaften mit Geld ausgelöst werden, und sie in der That in Fasanerien auch manchen Schaden anrichten mögen. So paradiesisch dem Fasanjäger und dem sentimentalen Vogelschützler diese Zustände auch erscheinen mögen, so kann doch andrerseits der Ornithologe und wahre Naturfreund eine solch rücksichtslose Ausrottung aller Raubvögel ohne jeden Unterschied der Art nur tief beklagen. Es muss ihn mit Schmerz erfüllen, zu sehen, wenn die Fänge des Wespenbussards und Schlangenadlers mit demselben Schussgeld prämiirt werden wie diejenigen des Wanderfalken oder Hühnerhabichts, welch letzterer in Oberschlesien sehr bezeichnend Fasanenmeister heisst. Sein Bedauern wird um so grösser sein, als er sich sagen muss, dass gerade auf solch ausgedehnten Jagdgebieten sich eine mässige und vernünftige Schonung seltener, interessanter und wenig schädlicher Raubvögel ohne bemerkenswerte Opfer mit Leichtigkeit durchführen liesse und damit der Ornithologie kein geringer Dienst geleistet würde. Besser liegen die Verhältnisse übrigens da, wo sich grössere königliche Waldkomplexe vorfinden, wie im Kreise Oppeln, weil hier die Schussgelder viel niedriger sind und nicht für alle Arten gezahlt werden, auch die dortigen Beamten bei ihrem höheren Fixum nicht so auf dieselben angewiesen sind. Hier ist z. B. der schöne Schreiadler ein relativ häufiger Brutvogel. Auf dem Zuge sind übrigens die meisten Raubvögel dafür desto besser vertreten, und die Krähenhütten liefern im Herbste oft sehr gute Resultate. So sind selbst See- und Steinadler keine allzu grossen Seltenheiten, sondern werden in jedem Jahre mehrfach geschossen. Aehnlich wie den Raubvögeln ist es den Fischdieben gegangen, wenngleich sich manche von ihnen durch ihre versteckte Lebensweise bisher all n Nachstellungen zu entziehen wussten und ihren Bestand als Brutvögel entschieden gewahrt haben, wie z. B. *Botaurus stellaris*. Dagegen werden die grossen Colonieen der Fischreiher von Jahr zu Jahr mehr eingeschränkt, und die der Nachtreiher und Scharben sehen in Kürze völliger Vernichtung entgegen. Andrerseits aber hat die strenge Forstaufsicht, die rücksichtslose Vertilgung alles Raubzeuges, die Anlage von Tiergärten und Remisen auch vieles Gute für die Vogelwelt im Gefolge gehabt. Der Wald ist von einer wahren Unzahl von Drosseln, Amseln, Grasmücken, Nachtigallen, Rotkehlchen, Finken, Ammern und anderen Singvögeln belebt, und die unter schärfster Controlle gehaltenen Fasanenremisen bieten den verschiedenartigsten Sängern ganz ungestörte, heimliche Brutplätze. Auf den während der Brutzeit ganz unbehelligt bleibenden Teichen ziehen die verschiedensten Entenarten, Möven, Seeschwalben, Taucher, Gänse, Teich-, Sumpf- und Wasserhühner in ruhiger Beschaulichkeit ihre Nachkommenschaft gross. Vom März bis Juni wird mit äusserster Strenge darauf gehalten, dass kein Unberufener die Teiche befährt — die Ruder der flachen Boote werden sorgsam verwahrt —, ja nicht einmal deren Ufer betritt. Kein Schuss darf in dieser Zeit an oder auf den Teichen fallen, und dem geschäftsmässigen Eiersammler, der hier freilich eine unendlich reiche Ausbeute machen würde, bleiben diese Paradiese glücklicherweise ganz verschlossen. Welcher Unterschied gegen andere Gegenden Deutschlands, wo vielfach die Jagd sich in den Händen roher, gewissenloser Aasjäger befindet, wo oft genug wildernde Hunde und Katzen diejenigen Bruten vernichten, welche dem mordlustigen Raubzeug oder den spähenden Augen jugendlicher Eiersammler entgangen waren! Dass unter solchen Verhältnissen das nutzbare Federwild eine ganz enorme Häufigkeit erreicht, ist wohl einleuchtend. So wurden, um nur ein Beispiel anzuführen, allein auf der Herrschaft Pless nach den officiellen Schlusslisten im Jagdjahre 1889/90 erlegt: 3 Brachvögel, 232 Waldschnepfen, 280 Bekassinen, 1063 Enten, 39 Birkhähne, 24 Wachteln, 3081 Fasanen und 5535 Rebhühner. Bezüglich der gefiederten Räuber wurden in demselben Zeitraume Schussgelder auf derselben Herrschaft bezahlt für: 1 Uhu, 19 Adler, 57 Falken, 689 grosse, 3746 kleine Raubvögel und 1803 Krähen und Elstern. Solche Zahlen sprechen! Erwägt man ferner, dass die Zahl der angemeldeten Stücke bei weitem nicht die der wirklich geschossenen erreicht, so muss die Verwüstung, welche in Oberschlesien die „kleinen Raubvögel", also neben den schädlichen Sperbern und Lerchenfalken die tinnunculus, rufipes und aesalon trifft, eine geradezu schreckbare genannt werden. Schade ist es, dass die so massenhaft eingelieferten Vögel nicht von kundigen Augen controllirt werden; wie manche Seltenheit mag sich darunter befinden, die für immer der Wissenschaft verloren geht.

Jedermann weiss, wie sehr ferner die Gestaltung der Vogelwelt eines Landes von der umgebenden Landschaft abhängig ist, wie nüchtern und verständnislos die Charakterisirung einer bestimmten Ornis ohne den landschaftlichen Rahmen erscheint. Es würde aber seine grossen Schwierigkeiten haben, einen solchen im allgemeinen für ganz Schlesien zu zeichnen und ihm die vorhandene Vogelwelt anzupassen; es lassen sich hier vielmehr 6 landschaftlich grundverschiedene Gebiete auch bezüglich ihrer Avifauna ziemlich scharf aus einander halten; ich meine: die Lausitz, die niederschlesische Ebene, das Oderthal Mittelschlesiens mit seinen Auwaldungen, das ernste Oberschlesien, die Sudeten mit ihren Vorbergen und dem Hochgebirge und endlich das interessante Teich- und Sumpfgebiet der Bartschniederung. Die Lausitz ist entschieden der landschaftlich verschiedenartigste und unbestimmteste, zugleich aber auch der ornithologisch am besten erforschte Teil der Provinz Schlesien, worüber ich mich schon oben näher ausgesprochen habe. So erklärt es sich, dass unverhältnismässig viele der bisher für Schlesien nachgewiesenen Seltenheiten auf die Lausitz entfallen, obwohl dieselbe meiner unmassgeblichen Meinung nach keineswegs als das ornithologisch günstigste Gebiet der Provinz anzusehen ist. Weite Nadelholzwaldungen, teils sandige Haiden, teils unterbrochen durch moorige Wiesen und kleine, nicht sehr üppig bewachsene Teiche, kennzeichnen das Gebiet, dem aber auch freundliche Ackerlandschaften und üppig begrünte Vorberge stellenweise einen recht heiteren Charakter verleihen. Auf den jungen Schwarzholzsaaten treibt hier das seltene Schwarzkehlchen sein Wesen, und auf den Teichen, welche der Rotschenkel mit seinem wohllautenden Pfiff belebt, finden wir auch im Sommer seltene Enten, wie ja in diesem Jahre sogar *Clangula glaucion* durch Baer und Kramer als Brutvogel nachgewiesen wurde. Die grosse Görlitzer Heide ist schon seit lange als Brutplatz des prächtigen Schlangenadlers bekannt; glücklicherweise wird der sehr reducirte Bestand desselben jetzt auf das strengste geschont. Mitten durch den schlesischen Teil der Lausitz zieht sich die Grenze zwischen Nebel- und Rabenkrähe, und finden wir hier deshalb zahlreiche Verbastardirungen zwischen beiden vor. Die schluchtenreichen, tief eingeschnittenen Thäler des Queis, Bober und der Neisse bergen manche Seltenheit; ist doch sogar schon *Pinicola erythrinus* daselbst brütend gefunden worden. Der im übrigen Schlesien nicht gerade häufige Triel ist Charaktervogel der zahlreichen Brachgegenden. Auch im Vorjahre ist Schlesien durch die Lausitz wieder um eine neue Species bereichert worden; bei Niesky wurde in den letzten Tagen des April ein junges Männchen von *Circus macrurus* erlegt, das ich durch die Güte des Hrn. Baer für meine collectio Silesiaca erhielt.

Niederschlesien ist wohl der ornithologisch am wenigsten bevorzugte Teil der ganzen Provinz. Die weithin sich dehnende Ebene ist grösstenteils mit üppig prangenden Weizenfeldern bedeckt, aus denen der Wachtel daktylischer Schlag hervordringt, während die Feldlerche ihre schmetternden Strophen in die Lüfte hinausjubelt und die scheue Blaurake das Auge durch ihr buntes Gefieder erfreut. Selten nur unterbricht ein Gehölz, eine Wiese das ewige Einerlei dieser dem Landmann als ein wahres Paradies, dem Naturfreunde aber höchst einförmig erscheinenden Landschaft. Mehr Leben herrscht an den Ufern der Oder, wo der Gänsesäger sein Heim hat, und der Fischreiher unter lautem Krächzen zu Horste fliegt, während das Braunkehlchen auf den Wiesen sein anziehendes Wesen treibt, und der Fitis seine munteren Strophen von den Bäumen des Flussufers herabschallen lässt. Am interessantesten für den Vogelfreund aber ist in ganz Niederschlesien neben dem Kunitzer Mövensee der Prinkenauer Bruch. Hier nisten z. B. die Brachvögel so zahlreich, dass ihre Eier zu Spottpreisen auf dem dortigen Markte verkauft werden. Zur Zugzeit stellen sich Strand- und Wasserläufer massenhaft ein, und im Sommer horsten der schwarze Storch und der Fischadler auf den höchsten Bäumen der weiten, wildreichen, dem Schwager unseres Kaisers, dem Herzog Günther von Schleswig-Holstein gehörigen Forsten.

Ein ganz anderes Landschaftsbild bieten die üppigen Auwälder Mittelschlesiens dar, in denen ich hauptsächlich beobachtet und in denen ich so unvergesslich glükliche Stunden verlebt habe, reich an reinen Forscher- und Jägerfreuden. In fast ununterbrochenem Saume ziehen sich diese Wälder an der Oder entlang, mit dichten Weidenwerdern an den Fluss tretend, über welche uralte Eichen oder riesige Schwarzpappeln ihre ausdrucksvollen Kronen erheben. Ein Teppich duftiger Maiblümchen bedeckt im Frühjahr, eine Tafel köstlicher Erdbeeren in Sommer den überall feuchten Boden, während schier undurchdringliche Brombeerdickichte und mehr als mannshohe Brennnesseln das Vorwärtsdringen hemmen, ja bisweilen zur Unmöglichkeit machen, zumal der an solchen Stellen stets moorastige Boden oft trügerisch nachgiebt und den darauf gesetzten Fuss im Schlamm versinken lässt. Sumpfige Wiesen, üppige Werder, zahllose Dämme und Gräben, tote Flussarme, trübe Wasserlachen, schilfbewachsene Teiche und langgestreckte Rohrdickichte unterbrechen fast fortwährend das Dunkel des üppigen Eichen- und Buchenbestandes und vereinigen sich zu einem Bilde, durch welches man sich unwillkürlich an die untere Donau versetzt glaubt. Erd- und Rohrsänger charakterisiren in erster Linie diese Wildnis. Dieselbe ist ein wahres Dorado für unsere Sängerkönigin, die Nachtigall. Wer nicht selbst einmal einen lauen Abend des Wonnemonats in der Strachate bei Breslau oder einer ähnlichen Oertlichkeit verlebte, der kann sich kaum einen Begriff machen von diesem wahrhaft betäubenden Nachtigallenschlag, diesem entzückenden, aber fast verwirrenden Durcheinander der herrlichen Melodien, dieser verworrenen Fülle der prächtigsten Töne, die ihm auf Schritt und Tritt, aus jedem Busch, aus jeder Hecke, aus jedem Graben entgegenschallt. Ich habe thatsächlich dort oft des Nachts nicht schlafen können; so laut, so anhaltend und so vielfach drang der prächtige Schlag durch die Fenster meines Zimmers. Auch das reizende Blaukehlchen gehört zu den häufigsten Vögeln der schlesischen Anwaldungen, und sein Bestand übertrifft dort ganz entschieden den seines rotbrüstigen Vetters. Interessant dürfte es ferner erscheinen, dass der Mittelspecht hier mindestens eben so häufig ist als der grosse Buntspecht, und dass jeder aufmerksame Förster den bunten Seidenschwanz, ja bisweilen selbst die schöne Lasurmeise als seltene Gäste in strengen Wintern kennt. Einer der ersten Charaktervögel aber ist die Rohrdrossel, deren unverkennbares „Karre, karre, karra, kied, kied, kiet" uns aus jedem Rohrdickicht entgegenschallt, die auch dann nicht schweigt, wenn alle anderen

Vögel während der Mittaghitze ermüdet ruhen, und deren sonderbares Lied wie geschaffen scheint für diese ernsten, dem blossen Spaziergänger ihrer sumpfigen Beschaffenheit wegen höchst unfreundlich erscheinenden Wälder. Das jedes Jahr ein- oder zweimal eintretende Hochwasser überschwemmt dieselben auf weite Strecken hin und fügt so für den Menschen neue Hindernisse, für die Vogelwelt neue Vorteile und Annehmlichkeiten zu den schon vorhandenen. *Totanus ochropus*, der zierliche Bewohner einsamer Waldlachen, erhält dann zahlreichen Besuch aus seiner Verwandtschaft, und herumstreifende Fischadler und Reiher nehmen wochenlang hier ihren Aufenthalt, während die Sumpf- und Motthühnchen zwischen den Seggenkufen ihr verstecktes Wesen treiben, und die Bekassinen auf dem Zuge hier willkommene Rast machen.

Noch ernster, unendlich viel einförmiger, bisweilen fast finster erscheinen die grossen Waldungen Oberschlesiens, die der stattliche Schwarzspecht durchlärmt, während die Heidelerche als ein lebender Spielball der Lüfte über die von der letzten Glut der scheidenden Sonne umgoldeten Fichtenwipfel emporsteigt und mit ihrem süssen Silberschlag dem von den würzigsten Harzdüften durchschwängerten Landschaftsbilde den wehmütigen Zauber melancholischer Poesie verleiht. Und doch besitzt auch diese Gegend ihre landschaftlichen Reize und für den Ornithologen ein nicht geringes Interesse. Wenn man im westlichen Deutschland von Oberschlesien spricht, so verbindet man damit meistens die Vorstellung von lärmenden Industriebezirken und schmutzigen Kohlenbergwerken einer- und von öden, unfreundlichen Heidewaldungen andrerseits. Aber dem ist nicht so, und Oberschlesien ist entschieden besser als sein Ruf. Wohl dampfen in den geräuschvollen Centren des Bergbaus und der Industrie unzählige Schlote fast ununterbrochen gen Himmel, so dass dort, wie der Volksmund ohne allzu grosse Uebertreibung sagt, „der Schnee schwarz vom Himmel herunter kommt,“ aber wenige Stunden Fussmarsch genügen auch schon, um uns wie mit einem Zauberschlage in die tiefste Waldeseinsamkeit zu versetzen oder uns an die schilfigen Ufer eines von einer bunten Vogelwelt auf das schönste belebten Teiches zu führen. Der erste Charaktervogel dieser Gegenden ist entschieden der Fasan, um dessen Gedeihen sich der ganze Jagdschutz dreht. Ich kann nicht recht begreifen, warum viele Autoren diesen Vogel nicht mit in das Verzeichnis deutscher Arten aufgenommen sehen wollen; zählen doch auch die Botaniker anstandslos in ihren Floren die aus fremden Ländern eingebürgerten Pflanzen mit auf, und wer da meint, dass etwa der Fasan lediglich Culturprodukt sei, und dass er sich bei uns in freier Natur nicht ohne menschlichen Schutz halten könne, der ist sicherlich noch nicht in Schlesien, diesem Fasanenlande comme il faut gewesen, wo wir zahlreiche Fasanen ohne die geringste Hegung, auch auf von Aasjägern ganz erbarmungslos ausgeplünderten Jagden, ihre Bruten gross bringen sehen. Er gehört notgedrungen eben so zum oberschlesischen Charakterbilde wie der rauchende Schlot des Bergwerks, wie die alte, abgestorbene Kiefer, wie das Rotwild auf saftig grünender Waldeswiese und wie die trillernde Heidelerche am blauen Himmelsdom. Die Zahl der auf den grossen Jagden an einem Tage erlegten Fasanen beträgt auf manchen Herrschaften 1000 und mehr. Se. Majestät der Kaiser schoss im Jahre 1890 an 3 Tagen allein ca. 1500 Stück. Deshalb gelten auch für Oberschlesien ganz besonders die schon vorhin geschilderten jagdschutzlichen Verhältnisse. Wohl ist der farbenprächtige Hahn ein gar stolzes Federwild, wohl macht es das Herz des Weidmanns rascher schlagen, wenn auf das Rufen und Lärmen der Treiber hin Hahn auf Hahn kröhlend, polternd und surrend aufgeht, dass dem daran ungewohnten Jäger die Sinne vergehen, wenn sie dann raschen Fluges dahin ziehen, bis einer nach dem andern mit dem tötlichen Blei im Herzen wieder herunterstürzt, aber der Naturfreund kann trotzdem sein Bedauern darüber kaum unterdrücken, dass diesen einen bunten Fremdling so viele unserer einheimischen Vögel weichen mussten. Zur Zugzeit sind die Raubvögel und die Drosseln sehr zahlreich vertreten, und zwar gilt dies besonders für die March-Beczwa-Oderfurche. Unter den gewaltigen sich alsdann einstellenden Drosselzügen befinden sich bisweilen auch recht seltene Gäste, die aber wohl nur in den wenigsten Fällen als solche erkannt und für die Museen gerettet werden. Sicher nachgewiesen sind bisher: *Turdus Naumanni, ruficollis, obscurus, varius, atrigularis* und *sibiricus*. Daneben werden alljährlich Seidenschwänze in grosser Zahl und hin und wieder Sperlings- und Zwergohreulen in den oberschlesischen Dohnenstiegen gefangen.

Den ornithologischen Charakter der Sudeten, welche übrigens für den Vogelzug eine nicht zu unterschätzende Rolle spielen, habe ich schon vorhin flüchtig gekennzeichnet und will hier nur noch hinzufügen, dass sich die Ornis der grösstenteils mit herrlichen Waldungen besetzten Vorberge ziemlich scharf von der des Hochgebirges trennen lässt. Grauspecht, Bergstelze und Wasseramsel sind für erstere bezeichnende Arten; auch erst sekundär eingewanderte Species finden wir hier besonders häufig vertreten; so den niedlichen Girlitz, so die lärmende Wachholderdrossel. Das Hochgebirge, das auf den nicht etwa durch den Anblick der Alpen verwöhnten Deutschen einen imposanten Eindruck macht, ist durch seine schon vorhin genannten alpinen Vogelarten für den Ornithologen von besonderem Interesse. Wem es einmal vergönnt war, dort oben im Knieholz die Ringdrossel und im Felsgeröll den Wasserpieper zu beobachten oder dem Flüevogel an den steilen Abhängen der Schneegruben nachzustellen, der wird sicherlich einen unauslöschlichen Eindruck mit sich genommen haben.

Ich gehe nun zum letzten schlesischen Untergebiet über, zur Bartschniederung, welche durch die in so zahllosen Mengen vertretenen Sumpf- und Wasservögel ein überaus charakteristisches Gepräge erhält. Schon ein Blick auf die Karte zeigt, dass die Bartschniederung mit ihren zahlreichen Teichen, Sümpfen und Forsten sowohl infolge ihrer natürlichen Beschaffenheit wie geographischen Lage eine vorzugsweise reichhaltige und interessante Vogelwelt bergen muss; und in der That stellt dieselbe noch einen der wenigen Zufluchtsorte für unser durch die fortschreitende Cultur hart bedrängtes Wassergeflügel dar[1]). Die Bartsch zeigt meist steile, aber niedrige Uferwandungen, seltener flache Kies- und Sandbänke. Bei Nesigode bildet sie eine sogenannte „Luche“, d. h. sie teilt sich in eine Unzahl sumpfiger Arme, welche ein Gewirr von unergründlichen Morästen, Erlenbrüchen, Rohr- und Schilfdickichten und üppigen Laubhölzern umschliessen: ein geeigneter Brutplatz für Reiher und Kraniche, wilde Gänse und allerlei Enten, ein Lieblingsaufenthalt für das Schwarz-, Rot- und Damwild, ein ergiebiges Feld für die Räubereien der Füchse und Fischottern. Die Waldungen bestehen zum weit überwiegenden Teile aus langgedehnten Nadelhölzern; aber auch Laubwald ist vorhanden und in ihm oder an den Ufern der Teiche riesenhafte, uralte, oft hohle oder dürre Eichen, die den Höhlenbrütern einen erwünschten Aufenthalt bieten oder den zahlreich vorhandenen Raubvögeln zur Warte dienen. Die Teiche selbst, in denen eine grossartige Fischzucht betrieben wird, sind dicht mit Rohr und Schilf bestanden, so dass man von dem eigentlichen Wasserspiegel oft herzlich wenig gewahr wird, und haben eine durchschnittliche Grösse von 150—1000 Morgen. Brachfelder, öde Weideplätze und magere Wiesen fehlen eben so wenig wie fruchtbare, gut bebaute Strecken fetten Ackerbodens. Ja, schön sind wohl die märkischen Seen inmitten der ernsten Nadelwaldungen und sandigen Haiden, denen sie ein so freundliches Gepräge aufzudrücken im stande sind, schön sind auch die Seen Pommerns und Mecklenburgs mit ihren rauschenden Buchenwäldern und prangenden Weizenfeldern, aber unendlich viel schöner fürwahr sind die Teiche Schlesiens an der Bartsch mit ihren undurchdringlichen Rohrwäldern und Schilfdickichten, schöner sind sie vor allem wegen ihrer reichen, alles belebenden, alles umschwebenden, lärmenden, spielenden, flatternden Vogelwelt!

---

[1]) Leider scheint man sich jetzt ernstlich an die Regulirung der Bartsch zu machen, und damit dürfte denn auch dieses ornithologische Dorado bald von der Bildfläche verschwinden.

VII. Zugverhältnisse.

Im Jahre 1873 erschien unter dem Titel „Die Zugstrassen der Vögel" eine ausführliche Arbeit von Joan Axel Palmèn, Privatdocenten der Geologie an der Universität zu Helsingfors, und ihr folgte im Jahre 1881 ein Werk unseres bekannten, unlängst in hohem Alter verstorbenen deutschen Ornithologen Eugen Ferdinand von Homeyer, welches seinem ganzen Inhalte nach nichts als eine scharfe Kritik und Polemik gegen das Palmèn-sche Buch ist. Palmèn vertritt den Darwinismus, die Anpassungstheorie; er lässt die Vögel auf schmalen Zugstrassen längs der Meeresufer und Flüsse wandern, bewegt sich zu viel auf dem gefährlichen Gebiete der Hypothesen und geistreichen Theorien und stützt sich zu wenig auf thatsächliche Beobachtungen, während wir in von Homeyer den leidenschaftlichen Gegner des Darwinismus vor uns sehen, der dessen Schwächen einer schonungslosen, aber häufig höchst ungerechten Kritik unterzieht, der die Vögel in regelloser, breiter Front wandern lässt und als scharfer Beobachter eine Unmenge treffender Beispiele und Thatsächlichkeiten zusammen stellt, ohne dass er doch daraus combinirte Schlüsse ziehen kann oder zu ziehen wagt. Beide Ornithologen sind entschieden in ihrem Eifer für die eigene und in ihrer Polemik gegen die fremde Arbeit zu weit gegangen, und die Wahrheit dürfte wie in so vielen Fällen so auch hier ungefähr in der Mitte zu suchen sein. In Uebereinstimmung mit Radde muss auch ich vieles, was Palmèn und vor ihm schon Wallace und namentlich v. Middendorf aufstellten, unbedingt als richtig anerkennen und unterschreiben, obschon natürlich unser sich immerhin nur in relativ bescheidenen Grenzen haltendes Riesengebirge bei weitem nicht so enorme Veränderungen am Vogelzuge zu bewirken vermag wie der gewaltige Querriegel des Kaukasus.

Und doch möchte ich auch dem Kamme der Sudeten und namentlich dem Riesengebirge nicht alle und jede Bedeutung für den Vogelzug absprechen, obwohl Alexander v. Homeyer und andere Forscher ersten Ranges nicht glauben, dass dasselbe irgend welchen Einfluss auf die Wanderungen der Vögel ausübe. Ich habe indessen von allen meinen in den Vorbergen wohnenden Mitarbeitern stets mit solcher Bestimmtheit und mit solcher Uebereinstimmung für den Herbst die Zugrichtung SO angegeben erhalten, dass ich doch stutzig geworden bin, indem es scheint, dass wenigstens gewisse Arten das Gebirge nicht direkt überfliegen, sondern in südöstlicher Richtung längs desselben bis zur March-Beczwa-Oder-Furche dahin streichen. Daneben werden wohl auch die Pässe viel benutzt, von denen der von Landeshut ornithologisch am stärksten frequentirt erscheint. Hören wir z. B. den Bericht meines dort beobachtenden Mitarbeiters v. Fürstenmühl: „Ich glaube mit Bestimmtheit annehmen zu können, dass die Hauptstrasse des Vogelzuges im hiesigen Kreise nordwestlich von Landeshut her durch das breite Grüssauer Thal über Schömberg-Albendorf bei Schömberg nach Böhmen hineinführt. Dies entspricht auch der Bodengestaltung. Die Wanderer haben hier keine bedeutendere Höhe zu überfliegen. Die ganze Zugrichtung der angenommenen Strasse ist NW—SO und biegt dann etwas nach S um, resp. umgekehrt, doch habe ich vorwiegend den Zug in erster Richtung beobachten können. Also erst NW—SO, dann SSO—S. Als sehr beliebten Ruhepunkt möchte ich jedoch andrerseits für die Drosseln die Trautliebersdorfer Heide bei Friedland erwähnen, welche ein ziemlich hoher Berg ist (760—800 m), von der genannten Strasse aus nach ONO gelegen. Doch vermute ich, dass diese Drosseln einen anderen Weg bis dahin benützen, um dann vielleicht sich in der Richtung über Schömberg-Altendorf anzuschliessen. Das sind aber eben nur Vermutungen." Es geht aus diesen Mitteilungen doch wohl bis zur Evidenz hervor, dass das Gros der Herbstzugvögel dort in südöstlicher Richtung ankommt und erst beim Erblicken des tief eingeschnittenen Landeshuter Passes südlich nach Böhmen hineinbiegt, während ein anderer Teil auch jetzt noch in der alten Richtung seine Reise fortsetzt. (Ciconia alba) Viele Vögel nehmen nach den übereinstimmenden Berichten der dortigen Beobachter und namentlich des jüngeren Krezschmar schon im östlichen Teile der Oberlausitz diese nach Südosten gerichtete Flugbahn an. Im Gegensatz zu den bisher gemachten Ausführungen stehen nun aber die Beobachtungen A. v. Homeyers. Derselbe schreibt: „Das Riesengebirge ist den wandernden Vögeln kein wirkliches Hinderniss, und namentlich die von Norden nach Süden gehenden Thäler machen wichtige Wanderstrassen aus[1]). Viele Vögel scheuen selbst das Ueberfliegen des Kammes nicht, wenn auch Einsenkungen desselben den Vorzug erhalten und die höchsten Teile gemieden werden. Es war an einem sonnigen Augustmorgen (26.), als ich gegen 10 Uhr nach Seidorf am Fusse des Gebirges zuwandernd von Warmbrunn her eine Schar Störche ankommen sah, welche direkt dem Gebirge zusteuerte. Als die schon an und für sich sehr hoch fliegenden Störche an dem Fusse des Gebirges angelangt waren, zogen sie etwas seitwärts schwenkend und dabei noch höher steigend nach dem höher liegenden Arndsdorf und Krummhübel zu. Hier fingen sie an zu kreisen und wandten sich in der kurzen Zeit von 7 Minuten so hoch, dass sie kaum noch zu

---

[1]) In diesem Punkte stimme ich ganz mit A. v. Homeyer überein.

sehen waren. Jetzt hörte der Kreiselflug auf, die Schar breitete sich wie vorher in breiter Front aus und steuerte nun direkt dem Schmiedeberger Kamm zu, um ihn faktisch zu überfliegen, wie ich es deutlich mit dem Fernrohr beobachtete. Wenn nun dieser Kamm auch bedeutend niedriger als der eigentliche Riesenkamm ist, so wird doch auch dieser überflogen, wie das durch den Oberförster Burow beobachtet ist. Auf der Annenkapelle erfuhr ich gelegentlich von 2 jungen Apothekern, welche über den Landeshuter Kamm[1]) kamen, dass sie daselbst beim Gastwirt Froehlich geschossene Störche gesehen hätten. Die Störche sollen sich gewöhnlich unweit seines Wohnhauses niederlassen, wobei alsdann oftmals etliche erlegt werden. Fast als Merkwürdigkeit schliesst sich hieran eine Mitteilung des Försters der Annakapelle, wonach eine *Fulica atra* im Monat December auf dem Hochstein bei der Josefinenhütte durch seinen Hühnerhund ergriffen wurde. Die Wasserhühner liegen bis tief in den Winter hinein auf den am Fusse des Gebirges gelegenen Warmbrunner Teichen und verschwinden erst, wenn diese gefrieren. Ob vorstehender Fall die Regel ausmacht oder nicht, bleibt dahingestellt, jedenfalls zeigt er, dass selbst ein schlecht fliegender Vogel die gefährliche Gebirgswanderung nicht scheut. — In den Warmbrunner Parkanlagen sah ich wohl während 14 Tagen stets Pirole. Jeden Morgen zwischen 6 und 8 Uhr waren ihrer 3—6 zu sehen, während sie um beiläufig 10 Uhr verschwunden waren. Eine Balsampappelallee, welche dem Gebirge zuführte, wurde namentlich von ihnen besucht. Ich beobachtete die Vögel genauer und sah alsbald, wie sie die Allee verliessen und dem Gebirge zuflogen. Dies veranlasste meinerseits Promenaden nach dem Hainfall, Annakapelle, Kirche Wang, kurz nach Orten, welche ca. auf halber Höhe des Kammes liegen, und hier fand ich meine Vögel wieder. Wenn ich nun auch wirklich nicht Pirole oben auf dem Kamme selbst antraf, so liegt es doch sehr nahe, dass sie denselben überfliegen, indem nicht wohl anzunehmen ist, dass sie auf halbem Wege wieder umkehren sollten. Dasselbr gilt auch von einigen anderen Vögeln der Warmbrunner Allee, so von *Sylvia hortensis* und *Muscicapa grisola* und *luctuosa*. Jegliche Controle fehlt mir über *Cyanecula leucocyana*, welche Ende August am Zackenfluss ziemlich häufig war. Einmal auf dem Zuge im Hirschberger Thal, wo das Blaukelchen nicht oder doch wohl nur äusserst selten brütet, kann ich mir nicht denken, dass das Vögelchen des sich vorlagernden Gebirges wegen wieder umkehren sollte, um so mehr, als eben so zarte Vögel (*S. hortensis*) das nicht thun." So sehr diese Ausführungen des verehrten Forschers auch gegen meine

---

[1]) Oder Pass??

auf die zahlreichen und übereinstimmenden Beobachtungen meiner Mitarbeiter gestützte Ansicht zu sprechen scheinen, so sind dieselben in Wirklichkeit doch kaum geeignet, selbige ernstlich zu erschüttern. Gerade bei *Ciconia alba* liegen mir so zahlreiche Beobachtungen über den stets längs der Vorberge nach Südosten gerichteten Herbstzug vor, dass ich die einmalige Wahrnehmung v. Homeyers nur für einen Ausnahmefall ansehen kann. Die Fälle vom Landeshuter Kamm werden wohl mehr auf den Landeshuter Pass zu beziehen sein. Die auf dem Hochstein gefangene *Fulica atra* war augenscheinlich ein durch widrige Winde, Stürme, Schneegestöber oder dergl. verschlagener Vogel. Dass sie durch abnorme Anstrengungen übermüdet war, beweist schon der Umstand, dass sie sich ohne weiteres vom Hunde greifen liess. Bei den Pirolen handelte es sich doch offenbar nur um kleine tägliche Ausflüge nach durch reichlichere Nahrung besonders anziehenden Punkten. Solche kommen ja bei sehr vielen Vögeln vor, dürfen aber doch keinesfalls zum Massstab für Zugverhältnisse gemacht werden! Ueber die kleinen Vögel [1] habe ich weniger Nachrichten erhalten, habe aber dafür den Zug der Drosseln sehr eingehend studirt. Ich verfuhr dabei derart, dass ich überall Erkundigungen über die Zahl der alljährlich an einer bestimmten Oertlichkeit im Durchschnitt gefangenen Krammetsvögel einzog und danach berechnete, wie viel Krammetsvögel etwa auf die Quadratmeile Landes kommen. Gegenden, in denen kein Krammetsvogelfang betrieben wird, schätzte ich in gleicher Weise nach den benachbarten Landstrichen ab. Dann teilte ich eine Karte Schlesiens in entsprechende kleine Quadrate und bemalte dieselbe mit roter Farbe und zwar stufenweise um so dunkler, je grösser die Zahl der alljährlich gefangenen Drosseln war. Dabei stellte sich dann im grossen und ganzen das interessante Resultat heraus, dass sich ein dunkelroter Streifen von der Lausitz aus nach der March-Beczwa-Oder-Furche durch die Vorberge längs der Sudeten in südöstlicher Richtung hinzog, der nur nach dem Landeshuter Pass hin einen schwächeren Seitenzweig abgab. Ein zweiter nicht so intensiv gefärbter Streifen verlief von der Bartschniederung aus südwestlich über die Oder und die oberschlesische Teichplatte gleichfalls nach der March-Beczwa-Oder-Furche. Auf dieser zweiten, schwächer besuchten Strasse scheinen nach meinen Beobachtungen besonders die Amseln zu ziehen. Alle anderen Partieen des Landes blieben mit wenigen Ausnahmen verhältnismässig hell, auch das Oderthal, welches demnach für die Drosseln keine Zugstrasse darzu-

---

[1] Mit den durch von Homeyer beobachteten Grasmücken dürfte es sich vielleicht ähnlich verhalten wie mit den erwähnten Pirolen.

stellen scheint. Man wird nun zwar gegen die Genauigkeit meiner Methode im einzelnen mit Recht mancherlei Einwände vorbringen können, aber andrerseits dürfte es auch kaum zu leugnen sein, dass dieselbe immerhin geeignet ist, uns wenigstens einen ungefähren und allgemeinen Einblick in die Zugverhältnisse jagdlich so bevorzugter Vogelarten zu verschaffen. Deshalb verfuhr ich auch noch ähnlich mit den alljährlich geschossenen Enten, Schnepfen und Bekassinen, um auf diese Weise die Zugstrassen der Sumpf- und Wasservögel zu ermitteln. Das thatsächlich erhaltene Resultat liess sich hier allerdings schon voraussehen, denn die Natur hat ja den Sumpf- und Wasservögeln in Schlesien gewissermassen schon den Weg vorgezeichnet, den sie auf ihren Wanderungen nehmen müssen. Der von Nordost kommende Vogelzug stösst zunächst auf die Bartschniederung mit ihren grossen Sümpfen und Teichen, überquert dann die Oder in breiter Front und südwestlicher Richtung zwischen Breslau und Brieg oder folgt auch wohl dem Laufe derselben bis in die Gegend von Oppeln, besucht hierauf die grosse oberschlesische Teichplatte, um dann endlich durch die March-Beczwa-Oder-Furche in südlicher Richtung zwischen Karpathen und Sudeten hindurch der Donau zuzueilen. Für einige grosse und der allgemeinen Beobachtung sehr zugängliche Vogelarten wie Störche, Reiher, Schwäne, Gänse, Kraniche, Kiebitze u. a. ist dieser Weg schon mit ziemlicher Sicherheit nachgewiesen. Die grossen nordischen Taucher dagegen scheinen der Oder zu folgen, und im Oderthale zieht auch wohl das Gros der Rohrsänger, Laubvögel u. dergl. Doch sind hier weitere bestätigende Beobachtungen noch dringend nötig.

Gerade bei den Sumpf- und Wasservögeln lässt sich auch sehr deutlich das „Streichen von Raststation zu Raststation" beobachten. Wohl hat uns erst vor kurzem wieder Gätke gezeigt, über welch ungeheure Schnelligkeit auch anscheinend so schlechte Flieger wie das Blaukehlchen verfügen können, aber ich kann mir nach meinen in Schlesien gemachten Erfahrungen doch nicht gut denken, dass diese Schnelligkeit bei uns im Binnenlande auf dem Herbstzug unter normalen Verhältnissen voll und ganz zur Anwendung kommt. Es ist vielmehr schon mehrfach, namentlich auch durch v. Middendorf bis zur Evidenz nachgewiesen, dass die gefiederten Wanderer im Herbst keineswegs mit der Vollkraft ihrer stählernen Schwingen dahin eilen, sondern vielmehr nur an jedem Tage eine verhältnismässig kleine Strecke zurücklegen, um dann an einer geeigneten Raststation mehr oder minder lange zu pausiren. Für Schlesien kann ich mich dieser Ansicht v. Middendorfs nur ganz und gar anschliessen und schmeichle mir, dass auch der unbefangen urteilende Leser dies thun wird, wenn er die im speciellen Teile enthaltenen Zugtabellen einer näheren Prüfung unterzogen haben wird. Im übrigen muss

ich inbezug auf alle die zahlreichen uns bei Betrachtung des in
vieler Hinsicht noch immer so rätselhaften Vogelzuges entgegen
tretenden Fragen auf die bei den einzelnen Arten beigefügten
Notizen im speciellen Teile dieser Arbeit verweisen.

Hier sei nur noch in aller Kürze erwähnt, dass auch die
sog. „Rückzüge" in Schlesien mehrfach wahrgenommen wurden.
Ich selbst konnte solche Rückzüge 1889 bei Breslau in grossem
Umfange constatiren; besonders deutlich traten dieselben bei
Alauda arvensis hervor. Ferner berichtet v. Meyerinck: „Vom
1. April 1879 ab trat wieder kaltes, rauhes Wetter ein, abwechselnd
mit Schneehuschen, und alle Morgen hatte es tüchtig gefroren. Alle
Zugvögel waren wieder verschwunden, und kein Star, Kiebitz oder
Krammetsvogel liess sich hören und sehen. Stare und Ziemer sah
ich mehrfach nach Südosten [1]) ziehen. Wo waren nun die Zugvögel
alle geblieben? Ich möchte doch glauben, dass viele bei der
rauhen Witterung nach dem warmen Süden zurückwanderten.
Als am 9. April wieder Südwind und warme Witterung eintrat,
sah man plötzlich wieder im Walde und auf dem Felde alle möglichen Zugvögel und auch viele kleine Singvögel." Vergl. auch
hier im speciellen Teil die Beobachtungen v. Meyerincks über
Alauda arvensis.

Das Ziehen kleinerer Vögel in Gesellschaft grösserer hat
namentlich Knauthe öfters beobachtet. Er ist der Ansicht, dass
die kleineren Vögel stets dicht hinter den grösseren herfliegen und
in ihnen eine vorzügliche Deckung gegen scharfe conträre Winde
finden.

---

[1]) Also nicht nach Südwesten über die Sudeten hinweg, sondern
denselben parallel!

B. Specieller Teil.

I. Ordnung: **Oscines**, Singvögel [1]).

Kleine oder mittelgrosse (excl. *Corvidae*) Vögel mit einem mehr oder minder entwickelten Singmuskelapparat am unteren Kehlkopf. Die 1. Schwinge ist stets in verschiedenem Grade verkümmert oder kann auch ganz fehlen. Die Hinterseite der Läufe ist meistens von einer ununterbrochenen Horndecke bekleidet oder nur schwach getäfelt. Schwanz 12federig [2]).

Familie: **Turdidae**, Drosselvögel.

Schnabel gerade, mässig dünn, seitlich etwas zusammengedrückt, mit seichtem Einschnitt vor der Spitze des Oberschnabels. Läufe hoch und durch grosse Schienen bekleidet. Flügel ziemlich kurz bis mittelang. Die 3. Handschwinge gewöhnlich am längsten.

Gattung: **Erithacus** Cuv. 1800. Erdsänger.

Schnabel dünn und pfriemförmig; vor den unbedeckten Nasenlöchern höher als breit. Auge gross. Läufe hoch und gestiefelt. Flügel ziemlich kurz. Kennzeichnen sich noch besonders durch würdevolles Wesen, aufrechte Stellung und eigentümlich zitternde Schwanzbewegungen.

1. **Erithacus philomela** (Behst.) 1795. — Sprosser.

Synonyma: Luscinia maior Schwenckf., Briss., Frisch., Klein. Motacilla luscinia maior Gm. Motacilla philomela Behst., Sylvia philomela Behst., Naum., Gloger, Gätke. Motacilla aëdon Pall. Curruca philomela Koch. Philomela maior Chr. Brehm, Degl. Bonap. Lusciola philomela Kays. u. Blasius, Friedr. Erythacus philomela Degl. Sylvia eximia Chr. Brehm; Luscinia philomela Chr. Brehm, Sund., A. Brehm, E. v. Homeyer, Mewes, Giebel. Arundinax aëdon Blyth., Daulias philomela Radde; Aëdon philomela Hartert.

---

[1]) Bei den gegebenen Diagnosen sind nur die mitteleuropäischen Formen berücksichtigt, die exotischen dagegen der Einfachheit halber vernachlässigt.

[2]) Eine Ausnahme macht Cinclus merula melanogaster.

Trivialnamen: Sumpfnachtigall, Rotvogel.

Kennzeichen der Art: Die 2. Schwinge ist nur wenig kürzer als die 3. und viel länger als die 5., die 1. noch mehr verkümmert als bei der Nachtigall.

Das Brutgebiet des Sprossers erstreckt sich über Jütland, Dänemark, das untere Schweden, Finnland, Polen, Ungarn, Russland und Turkestan. Für Deutschland ist er nur im Osten und zwar besonders im Nordosten (Ostpreussen und Pommern) als Brutvogel constatirt. Was nun Schlesien anbetrifft, so gehört hier der Sprosser zu denjenigen Arten, welche zu Beginn unseres Jahrhunderts nistend wie durchziehend ziemlich häufig anzutreffen waren, sich seitdem aber mehr und mehr aus der Provinz zurückgezogen haben und gegenwärtig zu den selteneren Erscheinungen gezählt werden müssen. Die älteren Autoren führen den Vogel noch als Brutvogel für ganz Oberschlesien, die polnischen Grenzgegenden und selbst (Braths) für einzelne Striche der Lausitz auf. Gegenwärtig aber scheint der Sprosser als Brutvogel auf den östlichsten Teil des Kreises Militsch beschränkt zu sein. Bei Militsch selbst hörte ich einigemal sogenannte „Zweischaller." Auch erhielt ich von dort eine kleine Collektion Vogeleier, deren eines entschieden zu philomela gehört. Ferner wurden mir während der Brutzeit einige Stücke von dort eingeliefert. Während früher die Sprosser zahlreich durch Schlesien zogen, scheinen sie etwa seit den Zeiten Al. v. Homeyers ihre Wanderstrassen geändert zu haben, denn heutzutage trifft man sie auch zur Zugzeit nur selten und vereinzelt an. Schon der genannte Ornithologe hat während seines Aufenthaltes in Schlesien kein einziges Exemplar mehr in freier Natur beobachtet. Desto auffälliger erscheint die Mitteilung A. E. Brehms, dass sich während des ganzen Sommers Sprosser im Kurgarten von Warmbrunn aufhielten. Da die Persönlichkeit des Autors wohl jeden Zweifel ausschliesst, möchte ich glauben, dass es sich um aus der Gefangenschaft entflohene Exemplare handelt. Im ganzen habe ich 7 schlesische Sprosser in Händen gehabt, welche alle den polnischen Racen (E. philomela maior und hybrida Brehm) angehörten. Die kleine ungarische Form ist meines Wissens noch nicht in Schlesien vorgekommen. Wahrscheinlich hat Gätke recht, wenn er diesem Vogel eine streng nord-südliche Zugrichtung zuschreibt, denn dadurch würde sich auch das seltene Vorkommen des im benachbarten Polen so zahlreich nistenden Sängerkönigs bei uns in Schlesien leicht erklären lassen. Alle schlesischen Sprosser wurden auf dem Frühjahrszuge wahrgenommen; für den Herbstzug steht mir keine einzige Beobachtung zu Gebote, was sich aber vielleicht auch dadurch erklären lässt, dass sich der Vogel zu dieser Jahreszeit viel weniger bemerklich macht. Man trifft ihn noch am ehesten an den Ufern von Flüssen, besonders wo tiefes Holz mit dichtem

Unterholz und Gebüsch vorhanden ist. Nach den Aufzeichnungen von R. Tobias war für die Jahre 1832—1838 der früheste Ankunftstermin der 6., der späteste der 20. und das Mittel am 17. Mai, also erheblich später als bei der Nachtigall.

2. Erithacus luscinia (L.) 1758. — Nachtigall.

Synonyma: Motacilla luscinia L. Buff.; Sylvia luscinia Lath., Naum., Behst., Gätke, Gloger; Curruca luscinia Koch; Philomela luscinia Selby, Degl.; Luscinia philomela Bonap.; Lusciola luscinia Kays. et Blasius, Friedr.; Luscinia vera Sund. A. Brehm, Mewes; Erythacus luscinia Degl.; Luscinia minor Aldr., Schwenckf., Rezacz, Frisch, Klein, Chr. Brehm, E. v. Homeyer; Motacilla philomela Pall; Daulias luscinia Radde; Aedon luscinia Hartert. Brehmsche Subspecies: megarhynchus, media, minor, Okeni, peregrina.

Trivialnamen: Deutsch: Dörling, Nachtengall, Nachtigall. Polnisch: Slawik.

Kennzeichen der Art: Die 2. Schwinge bedeutend kürzer als die 3. und von gleicher Länge mit der 5.

Maasse von 28 schlesischen Exemplaren in cm:

	maximum	minimum	Durchschnitt
Länge:	16,8	15,6	16,1
Flügelspannung:	26	24,2	25,0
Schwanz:	6,8	6,3	6,6
Schnabellänge:	1,5	1,3	1,4
Fussrohr:	2,95	2,7	2,8

Das ganze südliche und mittlere Europa ist als Brutbezirk der Nachtigall anzusehen. In Schlesien gehört dieser herrliche Vogel glücklicherweise zu den allerhäufigsten Erscheinungen, und einen so enormen Reichtum an Nachtigallen wie die mittelschlesischen Auwälder dürften überhaupt wohl nur wenige Gegenden unseres engeren Vaterlandes aufzuweisen haben. Oestlich von der Oder sowie in Oberschlesien wird sie zwar seltener, ist aber in wasserreichen Gegenden immer noch recht häufig. Die niederschlesische Getreideebene scheint ihr zu trocken zu sein, denn hier nimmt ihr Bestand merklich ab, um sich dann in den tieferen Teilen der Lausitz wieder zu heben. In den Vorbergen ist sie überall nur sparsam vertreten und dem eigentlichen Gebirge fehlt sie als Brutvogel ganz und kommt auch auf dem Zuge nur selten daselbst vor. In einigen Gegenden wird den Nachtigallen von eigens aus Berlin, Dresden und anderwärts zureisenden Vogelfängern eifrig nachgestellt, ohne dass jedoch deshalb eine Abnahme des Bestandes einträte, weil wahrscheinlich viel überzählige Männchen vorhanden sind. Knauthe meldet, dass die Vögel in seinem Beobachtungsgebiet stellenweise durch Ratten vertrieben worden seien. Uebrigens scheint sie sich neuerdings auch in einigen geschützten Gebirgskesseln mehr und mehr heimisch zu machen, so bei Glatz nach Hartert und im Hirschberger Thal nach Kollibay. Auf dem Zuge aber meidet sie das Gebirge, denn sonst müsste sie wenigstens im Frühjahr doch öfter dort wahrgenommen werden als dies thatsächlich geschieht. Wahrscheinlich geht auch bei ihr der Hauptzug durch die March-Beczwa-Oder-Furche, wie denn auch die dortige Gegend als das beste Fanggebiet gilt. R. Tobias notirte von 1832—38 als frühesten Ankunftstermin den 26. April, als spätesten den 3. Mai, als durchschnittlichen den 1. Mai. Seitdem scheinen sich die Nachtigallen einen zeitigeren Frühjahrszug angewöhnt zu haben, und heute dürfte der Durchschnittstermin für Schlesien etwa auf den 25. April fallen. Ueber den Frühlingszug liegen mir noch folgende Daten vor:

Ort:	Beobachter:	1839	1878	1879	1882	1884	1885	1886	1887	1888	1889	1890
Sprottau	Kreyschmar											
Zobten	Knauthe				21. IV.			28. IV.	24. IV.		28. IV.	28. IV.
D. Wartenberg	Richter								25. IV.			
Alt-Hammer	Forst-personal								29. IV.			
Kl. Briesen	"						25. IV.		27. IV.	2. V.		
Kottwitz	"						22. IV.	25. IV.	26. IV.	22. IV.	22. IV.	
Mo-elsche	"						22. IV.	1. V.	23. IV.	18. IV.	24. IV.	
Friedrichsthal	"										3. V.	
Paruschowitz	"						22. IV.	15. IV.	25. IV.	20. IV.	24. IV.	
Proskau	"						25. IV.	21. IV.	29. IV.		25. IV.	
Rogelwitz	R. Tobias											
Görlitz	Peck	30. IV.										
Görlitz	Emmrich		12. IV.	25. IV.				10. V.	4. V.			
Goldberg	Willimek					22. IV.			30. IV.			
Randen	Kollibay								30. IV.			
Patschkau	"									30. IV.		
Neisse	"										30. IV.	
Breslau	Floericke				23. IV.						24. IV.	
Canth	v. Meyerinck										25. IV.	25. IV.

Der Wegzug erfolgt Anfang August und geht rasch und unmerklich von statten, da Schlesien mit Ausnahme der Grüneberger Gegend keine Weinberge besitzt, welche die Nachtigallen oft zu längerem Bleiben verlocken, und andrerseits das nahe Ungarn ja so sehr mit denselben gesegnet ist. Zum Brüten liebt die Nachtigall bei uns niederes Laubholz mit dichtem Gebüsch, in dem womöglich das vorjährige Laub noch liegen geblieben ist, und wo sich Gewässer oder wenigstens feuchter Boden in der Nähe finden Prätorius fand ein Gelege am 2). Mai, ich selbst am 18., 21. und 22. Mai, Kutter nackte Junge am 6. Juni. Alle Nester, die ich sah, standen dicht über dem Boden und bestanden äusserlich aus dürrem Laub, in der Hauptsache aus dürren Grashalmen und Würzelchen und waren innen mit Haaren ausgelegt, boten also weder in der Anlage und Ausführung, noch in Grösse, Farbe und Form die 4—6 Eier Besonderes. Leider habe ich es versäumt, die Nester zu messen. Durchschnittsmaasse von 22 schlesischen Eiern: 20,9 + 15,1 mm. Welcher der vielen Brehmschen subspecies die schlesischen Nachtigallen eigentlich angehören, habe ich nicht herausbekommen können. Diese Vögel scheinen mir überhaupt weniger den geographischen Breiten nach zu variiren als vielmehr nach der Beschaffenheit ihres lokalen Aufenthalts. Man findet oft sehr abweichende Vögel innerhalb ein und derselben eng begrenzten Oertlichkeit, weshalb sich die Brehmschen subspecies auch kaum werden aufrecht erhalten lassen. (Vergl. auch den diesbezüglichen Passus bei Friderich). Was den Gesang anbelangt, so darf ich die schlesischen Nachtigallen wohl als gute Mittelvögel bezeichnen, unter denen diejenigen der Breslauer Gegend durch Weichheit, Schmelz und Wohllaut der klagenden Partien und Mannigfaltigkeit der Strophen wiederum besonders hervorragen. In den „Breslauer Sammlungen" heisst es: „Es hat schon mancher hundertmal mehr Mühe und Sorgfalt gebraucht, die wunderbaren Veränderungen seiner Modulation mit Worten zu erklären als der Vogel zu seinem Gesange selbst." Nach derselben Quelle soll die Sängerkönigin in den Löchern der Bäume überwintern. 1698 wurde eine Geldstrafe von nicht weniger als 100 polnischen Gulden auf das Fangen, Kaufen und Verkaufen der Nachtigallen gesetzt.

3. **Erithacus cyaneculus** (Wolf). — Weisssterniges Blaukehlchen.

4. **Erithacus suecicus** (L.) — Rotsterniges Blaukehlchen.

Meinen systematischen Anschauungen nach müsste eigentlich *cyaneculus* lediglich als subspecies zu *suecicus* gezogen werden, weshalb ich beide Blaukehlchen auch hier zusammen abhandele.

Synonyma: Cyanecula suecica Chr. Brehm, A. Brehm, Giebel, v. Hom., Mewes, Radde; Motacilla suecica L., Buff., Gmel., Behst.; Cyanecula gilbratariensis Briss.; Sylvia suecica Lath., Behst., Naum., Gätke; Sylvia cyanecula Meyer, Gloger; Cyanecula Wolfii Chr. Br.; Cyanecula leucocyana Chr. Brehm; Phoenicura suecica Sykes; Saxicola suecica Koch; Ficedula suecica

Boie; Lusciola succica Kays. und Blas., Friedr.; Lusciola cyanecula Schleg.; Erithacus cyanecula Degl.; Cyanecula longirostris,
maior, minor, obscura Chr. Brehm; Motacilla coerulecula Pall.;
Erithacus cyanus Rchw.; Cyanecula cyanecula und caerulecula
Hartert; Sylvia leucocyana Gätke.

Trivialnamen: Blaukatel, Blookatel. Oberschlesisch-polnisches Idiom: Modro Raschka.

Kennzeichen der Art: Die 2. Schwinge steht an Grösse
zwischen der 6. und 7. Die 3. ist gleich der 4. und grösser als
die 5. Die Geschlechter sind auffallend ungleich gefärbt.

Das rotsternige Blaukehlchen brütet lediglich im Nordosten
Europas und ist in Schlesien auch auf dem Zuge eine höchst
seltene Erscheinung, namentlich im Frühjahr. Ich besitze nur
ein am 3. April 1890 erlegtes Exemplar, und habe auch sonst
keinerlei Kunde von dem Vorkommen dieser Art erhalten. Danach
scheint es, als ob die nordischen Blaukehlchen wenigstens zu Beginn ihres Wanderfluges eine ausgesprochen ost-westliche Flug-
richtung inne hielten, womit auch ihr nach Gätke so zahlreiches
Vorkommen auf Helgoland übereinstimmt.

Desto häufiger brütet die weisssternige Form bei uns in
Schlesien. Man findet darunter nicht selten die Brehmsche
E. Wolfi mit rein blauer Kehle und bisweilen auch Exemplare,
welche deutlich den Uebergang beider Formen in einander beweisen. Auch ich halte die Wolfschen Blaukehlchen für besonders
alte Männchen der weisssternigen Art, obgleich hier noch keineswegs alle Rätsel gelöst sein dürften. So fand z. B. auch ich
stets die Wahrnehmung Al. v. Homeyers bestätigt, dass die
gefangenen Exemplare von E. Wolfi stets schlechter sangen als
diejenigen von E. cyaneculus, während man doch nach dem oben
Gesagten eigentlich das Umgekehrte erwarten sollte.

Maasse von 54 schlesischen Exemplaren in cm:

	maximum	minimum	Durchschnitt
Totallänge:	15,4	13,5	14,7
Flügelspannung:	24,8	22,9	23,9
Schwanz:	6,2	5,8	6,0
Schnabellänge:	1,5	1,2	1,4
Tarsus:	2,9	2,7	2,8

Im Oderthal seiner ganzen Länge nach und ganz besonders
in den feuchten Auwäldern Mittelschlesiens ist das Blaukehlchen
ein ganz gemeiner Brutvogel und stellenweise selbst zahlreicher
vertreten als wie *rubecula*. Auch scheint es glücklicherweise zu
den Arten zu gehören, welche sich veränderten Umständen rasch
anzupassen wissen und sich nicht durch die rastlos vorwärts
schreitende und geeignete Brutplätze mehr und mehr zerstörende
Cultur verdrängen lassen, weshalb von einer Abnahme des Bestandes in Schlesien vorläufig noch nichts zu spüren ist. Nach

A. v. Homeyer nistet *cyaneculus* auch in den Oderwerdern bei Glogau sehr häufig, und auf der rechten Oderseite scheint es den Berichten meiner dort wohnenden Mitarbeiter zufolge ebenfalls überall gleichmässig verbreitet zu sein. In der Bartschniederung ist es geradezu massenhaft vorhanden. Es findet sich dort nicht nur an den grossen Teichen, sondern eben so oft an ganz kleinen Wassertümpeln und halb oder ganz ausgetrockneten Gräben, wenn dieselben nur von recht dichtem und verworrenem Gebüsch eingefasst sind. In den Waldgegenden Oberschlesiens, im Hirschberger Thal und längs der ganzen Kette der Sudeten fehlt das Blaukehlchen als Brutvogel, ist aber auf dem Zuge eine regelmässige Erscheinung (Uttendörfer, A. v. Homeyer, Kirchner). In der Lausitz und in der linken Hälfte Nieder- und Mittelschlesiens ist der Vogel gleichfalls sparsamer vorhanden, zieht aber massenhaft durch und scheint sich neuerdings auch immer mehr auszudehnen und einzubürgern. So war *cyaneculus* nach Knauthe 1891 am Zobten sehr zahlreich, während es im Vorjahre noch vollkommen fehlte. Auf dem Frühjahrszuge trifft man es im niederen Gebüsch und Weidicht der Flussufer, ja selbst in den Gärten der Bauern, im Herbste dagegen besonders auf Kartoffeläckern und Gemüsebeeten. Ueber den Zug in Schlesien liegen nur folgende Daten vor:

Ort:	Beobachter:	1841	1842	1849	1876	1882	1886	1889	1890	1891
Görlitz	R. Tobias	6. IX.	16. IV.	—	—	—	—	—	—	
„	J. Tobias	—	—	3. IV.	—	—	—	—	—	
„	Kretzschmar	—	—	—	—	10. IV.	—	—	—	
Zobten	Knauthe	—	—	—	—	—	20. III.	—	—	6. IV.
Niesky	Baer	—	—	—	—	—	—	—	—	20. IX.
Breslau	Mohr	—	—	—	5. IV.	—	—	—	—	
„	Kern	—	—	—	—	—	14. IV.	—	—	
„	Floericke	—	—	—	—	—	—	6. IV. / 19. IX.	4. IV. / 24. IX.	

Im allgemeinen lässt sich sagen, dass die Blaukehlchen in Schlesien in den ersten Tagen des April eintreffen und Mitte September wieder wegziehen, wenigstens soviel sich aus der allgemeinen Erfahrung und den wenigen Notizen schliessen lässt. R. Tobias verzeichnete von 1832—38 als frühesten Ankunftstermin den 27. März, als spätesten den 11. und als Mittel den 4. April.

Nicht umsonst führt das liebreizende Vögelchen den Beinamen des „tausendzüngigen Sängers", denn seine Nachahmungsgabe ist noch lange nicht genügend bekannt und geschätzt und kann in einigen Fällen einen geradezu bewunderungswürdigen Grad erreichen. Mit wahrem Vergnügen lauschte ich oft in der Strachate solchen Meisterspöttern, welche die verschiedensten Vogelgesänge

ebenso täuschend wie lieblich nachzuahmen wussten; namentlich
die Lieder der Dorngrasmücke und des Teichrohrsängers fehlten
fast nie in diesem Potpourris. Auch den eigenartigen Balzflug
des Blaukehlchens, wobei man den sonst so versteckt lebenden
Vogel kaum wiedererkennt, konnte ich dort öfters beobachten,
erspare mir hier aber eine nähere Beschreibung, da meine Wahrnehmungen in nichts von dem bereits Bekannten abweichen. Das
Nest befindet sich gern an einem kleinen Abhang, auf einer
Kaupe, unter einem grossen Rasenstück oder dergl., so dass es
höhlenartig verdeckt steht. Der Vogel macht bei uns regelmässig
2 Bruten, die 1. zu 6 Eiern Mitte Mai, die 2. zu 5 Eiern Ende
Juni oder Anfang Juli. Mohr fand das 1. Gelege am 10. und
22., Prätorius am 28., Baer am 17., ich selbst am 19. und
21. Mai vollständig. Die 6 Eier liegen zu 2 Reihen im Nest,
mit den nach innen gerichteten Spitzen an einander stossend.
(L. Tobias). Die Bebrütung dauert 13 Tage (Mohr). Ich
selbst beobachtete einmal, wie ein verwaistes Geheck junger Blaukehlchen von einem gutmütigen Rotkehlchen, dem vielleicht die
eigene Brut zu grunde gegangen war, gross gefüttert wurde.

Maasse von 36 schlesischen Eiern in cm:

	maximum	minimum	Durchschnitt
Länge:	2,2	1,9	2,05
Breite:	1,7	1,5	1,6

Die Form *orientalis*, welche ich aus verschiedenen [1]), hier nicht
näher zu erörternden Gründen für hahnenfedrige Weibchen halte,
ist meines Wissens noch nicht in Schlesien vorgekommen.

5. Erithacus rubecula (L.) 1758. — Rotkehlchen.

Synonyma: Erithacus rubecula Cuv., Giebel, A. Brehm,
Mewes; Sylvia rubecula Lath., Naum., Bchst., Gloger, Gätke;
Motacilla rubecula L., Buffon, Gmel., Bchst.; Dandalus rubecula
Boie, E. v. Hom.; Rubecula familiaris Blyth; Rubecula rubecula
Bonap.; Rubecula pinetorum, R. septentrionalis, R. foliorum Chr.
Brehm; Rubecula rufigularis Landb.; Lusciola rubecula Kays.
und Blas., Friedr.; Erithacus rubeculus Radde, Hartert.

Trivialnamen: Rutkatel, Kätchen, Rottkälichen, -brüstlin,
-kröpfelin, Winterrötelein, Waldrötelin. Oberschlesisch-polnisches
Idiom: Raschka. Muskauer Wendisch: Sprosk.

Kennzeichen der Art: Die 2. Schwinge steht in der
Grösse zwischen der 6. u. 7. Die 3. ist kleiner als die 4. und 5.

Maasse von 55 schlesischen Exemplaren in cm:

	maximum	minimum	Durchschnitt
Länge:	13,9	12,4	13,2
Flügelbreite:	23,4	21,2	22,1
Schwanz:	5,6	5,4	5,5
Schnabellänge:	1,15	0,9	1,0
Tarsus:	2,7	2,5	2,6

[1]) Dahin rechne ich namentlich auch das sporadisch zerstreute,
ganz unregelmässige Vorkommen.

Im Breslauer Museum steht eine Varietät, bei welcher Rückenseite und Schwanz fahl rostgelb, die Flügel schmutzig weiss, der Bauch rein weiss und Schnabel und Füsse gelblich gefärbt sind. Im allgemeinen scheinen die Rotkehlchen wenig zu variiren, es sei denn, dass die östlichen Stücke um ein weniges stärker sind wie die westlichen. Dagegen sind die Hochgebirgsvögel stets grösser und lebhafter gefärbt wie die Bewohner der Ebene oder Hügellandschaft und zeichnen sich vor diesen für das scharfe Ohr des Liebhabers namentlich durch den sehr zu ihrem Vorteile abweichenden Gesang aus. Denn während derselbe bei den Garten-Rotkehlchen nur allzu oft ein blosses, leises Geleier vorstellt, enthält der Gesang der Gebirgsvögel meist einige laut pfeifende Strophen und höchst angenehme Wirbel- und Trillertouren, weshalb auch der Liebhaber einen solchen Vogel als „Wipfelpfeifer" bezeichnet und gern mit dem 3- und 4fachen des gewöhnlichen Preises bezahlt. Ich bezweifle nicht, dass sich hier bei genauerem Studium eines hinreichend grossen Materials eine gute subspecies würde aufstellen lassen. In seiner Verbreitung steht das Rotkehlchen im Gegensatze zu *cyaneculus*, denn es ist da besonders häufig, wo jenes nur sparsam vertreten ist oder ganz fehlt, und umgekehrt. In den Oderwaldungen, die ihm vielleicht zu feucht und sumpfig sein mögen, ist es nicht besonders häufig, desto mehr aber in den Wäldern Oberschlesiens, der Lausitz, der Vorberge und in den Sudeten selbst. Hier bewohnt es die Waldregion bis zum Knieholzgürtel hinauf in grosser Zahl. Gloger giebt 4000 Fuss, Kramer 1400 m als oberste Grenze der vertikalen Verbreitung an. Eigentlich fehlt es nur dem hohen Kiefernwalde ohne Unterholz. Es macht überall in Schlesien regelmässig 2 Bruten zu 5—6 und 4—5 Eiern. Gelege wurden gefunden durch Kutter am 18., durch Hosius am 20., durch Kollibay am 23., durch mich am 16., 19. und 21. Mai. Doch fand Practorius auch schon am 26. desselben Monats gefiederte Junge. Das 2. Gelege wird in der 2. Hälfte des Juni vollzählig.

Maasse von 51 schlesischen Eiern in mm:

	maximum	minimum	Durchschnitt
Länge:	19,6	19,3	19,4
Breite:	14,8	14,6	14,7

Knauthe beobachtete ein Stück beim Fischfang, wie es einem kleinen *Cyprinoiden* schon ein Auge ausgehackt hatte. Ein Teil der alten Vögel bleibt auch im Winter bei uns. Sie ziehen sich dann in vor rauhen Winden geschütztere Thalsenkungen zurück, kommen auch vielfach an die menschlichen Gehöfte und sind bei strenger Witterung regelmässige Gäste der etwa angelegten Futterplätze, unterliegen aber trotzdem oft genug der Kälte und dem Nahrungsmangel. Ueberhaupt wintern in dem immerhin schon rauheren Schlesien bei weitem nicht so viele als etwa in Thüringen. Auf dem Zuge fangen sie sich bisweilen im Dohnenstiege. Sonst giebt über denselben folgende Tabelle Auskunft:

Ort:	Beobachter:	1839	1840	1841	1849	1876	1880	1881	1885	1886	1887	1888	1889	1890	1891
Görlitz	R. Tobias	25. III.	13. IX.	28. III.	3. IV.	—	—	—	—	—	—	—	—	—	—
"	J. Tobias	—	—	—	—	—	—	—	—	—	—	—	—	—	—
"	Krezschmar	—	—	—	—	—	—	—	—	—	—	—	—	28. III.	—
Zobten	Knauthe	—	—	—	—	—	—	—	—	3. X. 25. III.	15. III.	—	—	—	—
Strehlen	Richter	—	—	—	—	—	—	—	25. III.	—	6. IV.	3. IV.	—	—	—
Neustadt	Kutter	—	—	—	—	—	—	—	—	—	—	—	—	—	—
Herrnsdorf	Hostus	—	—	—	—	—	21. III.	19. III.	—	24. III.	—	—	—	—	—
Niesky	Baer	—	—	—	—	14. III.	—	—	—	—	5. IV.	19. IV.	14. III.	—	10. IV.
Breslau	Mohr	—	—	—	—	—	—	—	—	—	—	—	6. XI.	—	—
"	Floericke	—	—	—	—	—	—	—	—	—	—	—	11. III. 12. XI.	7. III. 8. XI.	—

R. Tobias notirte von 1832–38 als frühesten Ankunftstermin den 30. März, als spätesten den 5. April, als durchschnittlichen den 1. April. Gegenwärtig pflegen die Rotkehlchen schon Mitte März sich einzustellen.

Gattung: **Ruticilla** Briss. 1760. — Rotschwänzchen.

Die Schwanzfedern sind fuchsrot, nur die beiden mittelsten braun. Obwohl sonst ein entschiedener Gegner der Zersplitterung unserer Vögel in allzu viele Gattungen, vermag ich hier doch nicht dem Beispiele Reichenows zu folgen und die Rotschwänzchen mit den vorangegangenen Arten zu einem genus zu vereinigen. Bestimmend sind für mich dabei wesentlich auch biologische Gesichtspunkte, wie namentlich die Art und Weise der Nahrungsaufnahme und der Nestbau neben manchem anderen recht erhebliche Unterschiede bilden. Mit der Gattung *Erithacus* hat *Ruticilla* das eigentümliche Zittern mit dem Schwanze gemein, das hier noch ausgeprägter ist.

6. **Ruticilla phoenicura** (L.) 1758. — Garten-Rotschwanz.

Synonyma: Motacilla phoenicura L., Gm.; Sylvia phoenicura Lath., Bchst., Naum., Gloger, Gätke; Saxicola phoenicura Koch; Sylvia ruticilla Klein; Luscinia phoenicura Sund.; Ficecula phoenicura Boie, Cuv.; Phoenicura muraria Swains.; Ruticilla silvestris, R. arborea, R. hortensis Chr. Brehm; Phoenicura ruticilla Swains., Gould; Lusciola phoenicura Schleg., v. Schrenck, Kays. und Blas., Fridr.; Phoenicura albifrons Brandt; Erithacus phoenicurus Degl., Rchw.; Ruticilla phoenicura Giebel, A. Brehm, E. v. Hom., Mew., Radde, Hartert.

Trivialnamen: Rutschwanzel, Rutschwänzel, Rotwistling, Rotwispel, Rotwistlich. Oberschlesisch-polnisches Idiom: Swisdek.

Kennzeichen der Art: Untere Flügeldeckfedern rostrot.

Maasse von 28 schlesischen Exemplaren in cm:

	maximum	minimum	Durchschnitt
Länge:	14,5	13,7	14,1
Flügelbreite:	24,2	22,3	23
Schwanz:	6,2	5,8	6
Schnabellänge:	1,2	0,9	1,0
Tarsus:	2,8	2,3	2,5

Die Maasse sind im allgemeinen sehr constant.

Irgend welche Abänderungen sind mir nicht vorgekommen. Der Gartenrotschwanz ist über ganz Schlesien ziemlich gleichmässig verbreitet, wennschon er in laubholzreichen Gegenden häufiger anzutreffen ist als in solchen mit reinem Nadelholz. Eine besondere Vorliebe hat er für einzeln stehende alte Kopfweiden auf Viehtriften und dergl. Früher soll er noch ungleich häufiger gewesen sein, und gegenwärtig ist sein Bestand leider fast überall in entschiedenem Rückgang begriffen, was ja auch bei der modernen Forstkultur, die ihm seine Brutstätten mehr und mehr entzieht, nicht wunder nehmen kann. Selbst die höhlenbewohnenden Meisen scheinen sich besser und leichter mit diesen Verhältnissen abzufinden als der Gartenrotschwanz. Was nun dessen verticale Verbreitung anbetrifft, so steigt er ziemlich hoch im Gebirge empor, so weit, bis auch das Nadelholz zu verkrüppeln anfängt, d. h. bis in eine Höhe von 3·00—3900 Fuss. v. Tschusi sah zur Brutzeit ein Männchen am Tannstein im Riesengebirge, A. v. Homeyer beobachtete den Vogel an allen Bauden der Koppenplane, und Talsky auf dem Ziegenrücken an der Grenze zwischen Wald- und Knieholzregion. Aus einigen Gegenden, wo der Gartenrotschwanz früher häufig war, ist er jetzt schon ganz verschwunden, so nach Auras seit 1885 aus der Umgegend von Gutsmannsdorf. In anderen Strichen ist er aber immer noch häufiger wie *titis*, so namentlich in den Vorbergen und gewissen Partieen Oberschlesiens (Kollibay). Ueberall liebt dieser Rotschwanz die Nähe menschlicher Wohnungen. Er macht bei uns unter normalen Verhältnissen 2 Bruten, jede zu 5—7 Eiern, welche 12—13 Tage bebrütet werden (Mohr). Die Anlage des Nestes ist bisweilen eine absonderliche; so fand Kollibay ein Nest, das nach Art von *titis* unter dem Dache einer Veranda angebracht war; A. v. Homeyer im botanischen Garten zu Breslau ein anderes, das ganz niedrig über der Erde in einem mit *Sedum* bepflanzten Steinhaufen stand. Kutter fand das volle Gelege am 12. Mai, Kollibay am 21. desselben Monats, Praetorius schon flügge Junge am 30. Mai und 6. Juni. Hahnenfedrige Weibchen sind nicht allzu selten; R. Tobias schoss ein solches am 19. April 1839. Stellenweise wird der Gartenrotschwanz den Bienenstöcken schädlich.

Maasse von 45 schlesischen Eiern in cm:

	maximum	minimum	Durchschnitt
Länge:	2,0	1,55	1,8
Breite:	1,5	1,25	1,35

Zugtabelle:

Ort:	Beobachter:	1840	1842	1849	1876	1880	1881	1882	1883	1887	1888	1889	1890	1891
Görlitz	R. Tobias	19. IV.	19. IV.	—	—	—	—	—	—	—	—	—	—	—
"	J. Tobias	—	—	5. IV.	—	—	—	—	—	—	—	—	—	—
"	Krezschmar	—	—	—	—	—	—	—	—	15. IV.	—	—	—	—
Sprottau	"	—	—	—	—	—	—	16. IV.	—	—	—	—	—	—
Zobten	Knauthe	—	—	—	—	—	—	—	29. III.	12. IV.	—	—	—	—
Strehlen	Bielter	—	—	—	—	—	—	—	—	12. IX.	9. V.	—	—	—
Neustadt	Kutter	—	—	—	—	12. IV.	23. III.	—	—	—	—	—	—	—
Niesky	Baer	—	—	—	—	—	—	—	—	10. IV. 16. IV.	—	19. IV. 30. IX.	—	—
Breslau	Kramer	—	—	—	—	—	—	—	—	—	—	—	—	—
"	Mohr	—	—	—	5. IV.	—	—	—	8. IV.	—	—	—	—	—
"	Kern	—	—	—	—	—	—	—	—	—	—	—	—	—
"	Floericke	—	—	—	—	—	—	—	—	—	—	16. IV. 10. IV. / 25. IX.	—	17. IV.

Rob. Tobias notirte von 1832—38 als frühesten Termin den 2., als spätesten den 17. und als mittelsten den 11. April. Im allgemeinen kommen die Gartenrotschwänze Anfang oder Mitte April in Schlesien auf den Brutplätzen an und verlassen uns wieder Ende September.

7. **Ruticilla titis** (L.) 1758. — Hausrotschwanz.

7a. **Ruticilla titis Cairii** Gerbe. 1843. — Gebirgsrotschwanz.

Synonyma: Ruticilla gilbratariensis Briss.; Motacilla titis, M. erythacus L. Gm.; Sylvia gilbratariensis, S. atrata Lath.; Sylvia tithys Scop., Lath., Naum., Behst., Brehm, Glog., Gätke; Motacilla gilbratariensis, M. atrata Gmel.; Saxicola titis Koch; Phoenicura titis Jord.; Fidecula erythaca Less.; Lusciola titis Schleg., Kays. und Blas., Fridr.; Ruticilla Cairii Gerbe, Degl.; Erythacus titis Degl., Rehmw.; Ruticilla titis, R. atrata, R. gilbratariensis, R. montana Chr. L. Brehm; Ruticilla erythaca Bonap.; Luscinia titis Sundew.; Ruticilla titis Giebel, A. Brehm, Mewes, v. Hom., Hartert.

Trivialnamen: Rutschwanzel, Rutschwänzel, Rotzagel, Sommerrötele, Schwarzwistling, Schwarzwistlich, Schwarzwispel, Hauswistlich, Quabbelarsch. Oberschlesisch-polnisches Idiom: Swisdek [1]).

Kennzeichen der Art: Die Unter-Flügeldeckfedern sind schwarz und weiss geschuppt.

Mit der Besprechung der riesengebirgischen Rotschwänze begebe ich mich zagend auf ein viel umstrittenes Gebiet und muss dabei zu meiner grossen Beschämung gestehen, dass es mir in der immerhin ziemlich kurzen Zeit meines Aufenthaltes in Schlesien nicht möglich gewesen ist, ein ausreichendes Material zusammen zu bekommen, um über diese noch so unklare Frage selbstständig und entschieden urteilen zu können. Hören wir zunächst diejenigen Ornithologen, welche das Riesengebirge selbst besucht und den dortigen Hausrotschwanz beobachtet haben. Gloger fand den Vogel dort häufig bis zu einer Höhe von 5000 Fuss, äusserte sich aber weiter nicht über die etwa abweichende Färbung der Männchen. Nach v. Tschusi, Krezschmar, A. v. Homeyer und R. Blasius ist *titis* auf allen Bauden des Gebirges Brutvogel und auf der Koppenbaude der einzige gefiederte Bewohner. A. v. Homeyer sah nur graue Exemplare, doch versicherten ihn die Baudenbewohner, dass auch schwarze vorkämen; auch weiter unten bei Schreiberhau und am Zackenfall fand derselbe nur die graue Varietät.

---

[1]) Eine sehr hübsche onomatopoetische Bildung!

Dagegen beobachtete R. Blasius am hohen Rad einige schwarze
Stücke. v. Tschusi fand den Hauswistlich an der Spindelmühle
im Neste der Mehlschwalbe brütend. Am ausführlichsten äussert
sich Capek: „Neben dem Wasserpieper ist das Hausrotschwänzchen
die häufigste Vogelerscheinung im Riesengebirge. Auf Steinhalden,
auf isolirten Felsgruppen, zwischen dem Knieholze, namentlich
am Ziegenrücken, auf der Koppe, den beiden Sturmhauben und
dem hohen Rade, — überall bin ich diesem Vogel begegnet. Da
Hr. v. Tschusi die Güte hatte, mich auf diesen Vogel aufmerksam zu machen, beobachtete ich alle Individuen mit dem
Glase. Es waren junge und alte Exemplare, aber vergebens
spähte mein Auge nach einem schwarz gefärbten Männchen, ob zwar
jenes doch kein Vogel ist, der sich verstecken würde; immer gewahrte
ich nur das schlichte, graue Kleid. Auch erschien der Vogel
schon dem blossen Auge etwas kleiner als die typische Form des
Flachlandes. Noch oberhalb Hohenelbe ist mir ein Pärchen mit
etwa einer Woche alten Jungen vorgekommen; es war die grössere
Form, das Männchen intensiv schwarz. Aus diesen Gründen halte ich
es für unzweifelhaft, dass der im Gebirge vorkommende Hausrotschwanz die *var. montana* Br. oder *Cairii* Gerbe ist, die
bereits in den Alpen und Karpathen nachgewiesen wurde." Ich
selbst habe im Riesengebirge ebenfalls keine schwarzen Männchen
beobachtet, wohl aber im Isergebirge dicht nebenan. Aus einem so
verworrenen und sich vielfach direkt widersprechendem Material
lassen sich nun freilich keine sicheren Schlüsse ziehen, aber man
kann doch vielleicht mit einiger Bestimmtheit behaupten, dass
die im Riesengebirge brütenden Rotschwänze zum weit überwiegenden Teile der grauen Varietät angehören, und dass dieselbe
vielleicht das eigentliche Hochgebirge ausschliesslich bewohnt.
Als eigentliche species wird wohl heutzutage kaum noch ein
Ornithologe die *R. Cairii* auffassen, und selbst ihre Berechtigung
als subspecies ist aus mehreren Gründen recht zweifelhaft, ja sie
erschien fast vernichtet durch die Mitteilungen von Lechthaler-
Dimier, welcher an gefangen gehaltenen Exemplaren die Verfärbung von *Cairii* in *titis* beobachtete. Mir erscheint es freilich
andrerseits auch nicht ganz sicher, dass die jung dem Neste
enthaltenen Vögeln auch wirklich der echten *Ruticilla Cairii*
angehörten. Wir stehen hier eben noch vor einem Rätsel, welches
nur durch gute und zuverlässige Beobachtungen in den verschiedensten Gegenden unseres Faunengebietes zu lösen ist. Zunächst müsste überall festgestellt werden, wo eigentlich *R. Cairii*
überhaupt vorkommt, und dann müssten möglichst oft und von
verschiedenen Beobachtern in verschiedenen Gegenden junge
Rotschwänzchen **beider** Bruten aufgezogen und im Käfig bezüglich ihrer Verfärbung beobachtet werden. So vieles auch
gegen die Berechtigung von *Cairii* als subspecies zu sprechen

scheint, so ist doch noch mancher wichtige Punkt unaufgeklärt. Warum kommt z. B. *R. Cairii* nur so zerstreut, nur in bestimmten Gegenden als Brutvogel vor? Wäre *Cairii* wirklich nur der junge Vogel von *titis*, so müssten wir doch überall, wo *titis* vorkommt, auch *Cairii* finden. Und sonderbar wäre es doch im höchsten Grade, wenn der Vogel in manchen Gegenden schon in der Jugend zur Fortpflanzung schritte, in anderen dagegen constant nicht. v. Tschusi äusserte brieflich die Vermutung, dass vielleicht die Jungen der ersten Brut schon im nächsten Frühjahr das Hochzeitskleid anlegten, die der 2. dagegen nicht, und dass letztere doch auch schon z. T. zur Fortpflanzung schritten und dann den *R. Cairii* darstellten. Kleinschmidt, welcher in Nierstein vielfach Gelegenheit hatte, beide Rotschwänze neben einander zu beobachten, vermutet weiter, dass diese grauen Vögeln dann instinktiv sich mehr in felsigen Gegenden aufhielten, wo ihnen ihr unscheinbares Kleid den besten Schutz gewähre; wenigstens sei in seiner Heimat *titis* vorwiegend in den Dörfern, Gärten und Wäldern, *Cairii* dagegen mehr an Abhängen, Felspartieen und dergl. anzutreffen. Ich kann mich aber nicht der Ansicht verwehren, dass die Combination der Vermutungen der beiden so scharf beobachtenden Forscher etwas Gekünsteltes mit sich bringe. Vielleicht findet man eine natürlichere Lösung des Rätsels, wenn man annimmt, dass in der That eine besondere und vorzugsweise in steinigen Gebirgsgegenden heimische subspecies *R. Cairii* existirt, welche ausser in anderen Merkmalen (geringere Grösse der Vögel und Eier, Nestbau, Aufenthalt, Färbung der Schwingenränder, Gesang etc.) sich namentlich dadurch von *titis* unterscheidet, dass die Männchen das graue Jugendkleid zwar nicht für immer, aber doch weit länger als die echten *titis* behalten. Es ist das aber eben auch nur eine Vermutung von mir, die ich zur Zeit durch keinerlei Beweise zu stützen vermag.

In der Sammlung des Conservators Heydrich in Flinsberg steht ein partieller Albino. v. Zittwitz beobachtete, dass ein und dasselbe typisch gefärbte Paar in 2 auf einander folgenden Jahren reine Albinos erzeugte.

Maasse von 14 schlesischen Exemplaren (alles echte *titis*) in cm:

	maximum	minimum	Durchschnitt
Länge:	15,0	13,0	14,2
Flügelbreite:	26,1	23,8	24,8
Schwanz:	6,8	6,4	6,6
Schnabellänge:	1,2	1,0	1,1
Tarsus:	2,6	2,1	2,4

Obschon der Hausrotschwanz natürlich auch in Schlesien zu den allgemein bekannten und stellenweise häufigsten Vögeln gehört, so ist er doch nicht in allen Teilen der Provinz von gleicher Häufigkeit. Zu den relativ seltenen Vögeln gehört er in den mit grossen Wäldern bedeckten Strichen Oberschlesiens sowie in der ihm wahrscheinlich zu feuchten Bartschniederung. An beiden Oertlichkeiten steht sein Bestand sehr hinter dem von *phoenicura* zurück. Man findet ihn in solchen sonst für ihn wenig passenden Gegenden sehr regelmässig an den etwa vorhandenen Ziegeleien. Der Hausrotschwanz dürfte für Schlesien zu den Arten gehören, welche in früheren Zeiten selten waren und erst in unserem Jahrhundert durch Einwanderung und Verschiebung ihres Verbreitungscentrums häufig geworden sind. Endler z. B. kannte weder Nest noch Eier unseres Vogels, dagegen nennt ihn von Löbenstein 1834 schon einen „ganz gemeinen Patron." Auch Gloger sagt von ihm: „Im Zunehmen."

Nach Kollibay wird auch dieser Rotschwanz den Bienenstöcken schädlich. Bei Neustadt nistete ein Pärchen unter dem Dache eines bewohnten Bienenstockes, obwohl derselbe täglich von Menschenhand revidirt wurde. Obwohl Zugvogel, überwintert *titis* doch bisweilen, so nach A. v. Homeyer ein junges Männchen 1865/66 am Brückenkopfe von Glogau. Die Ankunft der Hausrotschwänze erfolgt in der zweiten Hälfte des März, der Wegzug Mitte Oktober. Nach R. Tobias war von 1832—38 der früheste Ankunftstermin der 8., der späteste der 25., und der mittelste der 19. März. Im übrigen dürfte über den Zug die folgende Tabelle wohl genügende Auskunft geben:

Ort:	Beobachter:	1840	1841	1842	1849	1876	1880	1881	1882	1885	1886	1887	1888	1889	1890	1891
Görlitz	R. Tobias	3. IV. 12. X.	16. III.													
"	J. Tobias			25. II.												
"	Pevk															
Sprottau	Kiezschmar				30. III.											
Zobten	Knauthe						1. IV.		22. III. 20. X.	19. X.	1. IV. 3. IV.			17. III.		
Strehlen	Richter									1. IV. 17. X.	27. III.	3. IV. 27. III. 26. X.				
Alt-Hammer	Forstpersonal									25. III.	8. IV.	6. IV.	10. IV.	30. III.		
Karlsberg	"									20. IV.	28. III.	6. IV.	29. III.	30. III.		
Friedrichsthal	"									1. IV.	25. III.	26. III.	25. III.	26. III.		
Kl. Briesen	"										1. IV.	1. IV.	28. III.	9. IV.		
Kottwitz	"										15. IV.	17. III.				
Moselache	"									22. III.	26. III.	27. III.	1. IV.	1. IV.		
Nesselgrund	"									29. III.	25. III.	18. IV.	4. IV.	20. III.		
Paruschowitz	"									29. III.	25. III.	20. III.	20. III.	24. III.		
Proskau	"										22. IV.	3. IV.	4. IV.	13. IV.		
Rogelwitz	"									29. III.	10. IV.	10. IV.	1. IV.	10. IV.		
Ullersdorf	"															
Neustadt	Kutter						4. IV. 27. III.									
Raudten	Willimek									28. III.	28. III.	4. IV.	30. III.			
Hermsdorf	Hosius									24. III.	24. III.					
Neisse	Kolbay															
Neurode	Emmrich												30. III. 17. X.			
Niesky	Baer											27. III.	27. III.		14. III.	
Breslau	Kramer										28. III.				28. X.	
"	Kern													28. III. 25. X.		
"	Floericke					29. III.								13. III.	26. III.	

Die Weibchen kommen erfahrungsgemäss 4—8 Tage später als die Männchen. *Titis* brütet nicht nur auf Kirchen, hohen Gebäuden, Ziegeleien u. dergl., sondern auch in Steinbrüchen und den Felsspalten des Gebirges. Er macht regelmässig 2 Bruten und zeigt eine grosse Anhänglichkeit an den alten Brutplatz (Willimek). Kollibay beobachtete ihn am 13., ich am 16. April beim Nestbau; Kutter fand denselben am 1. Mai vollendet. Volle Gelege fanden Practorius am 16., Kollibay am 28., ich am 27. und 29. April. Beim Füttern der Jungen traf R. Blasius diesen Rotschwanz am 19. Juni auf der Petersbaude. Flügge Junge sahen Knauthe am 15. und Willimek am 19. Mai. Maasse von 52 schlesischen Eiern in mm:

	maximum	minimum	Durchschnitt
Länge:	19,5	18,5	19,1
Breite:	14,7	14,2	14,5

Gattung: **Pratincola** Koch 1816. — Wiesenschmätzer.

Schnabel verhältnismässig kurz und stark, mit starken Borsten besetzt. Läufe gestiefelt. Flügel kurz und rund mit 19 Schwingen, von denen die 1. länger als die Handdecken, die 3. und 4. die längsten sind. Sie bauen nicht in Höhlungen. Schwanz mittellang.

8. **Pratincola rubicola** (L.) 1766. — Schwarzkehliger Wiesenschmätzer.

Synonyma: Motacilla rubicola L., Gm., Bchst.; Sylvia muscipeta Scop.; Sylvia rubicola Lath.; Saxicola rubicola Bchst., Tem., Glog., Vieill., Naum., v. Schrenck, Gätke; Oenanthe rubicola Vieill.; Pratincola rubicola Koch, Degl., Kays. u. Blas., Fridr., A. Brehm, v. Hom., Mewes, Radde, Hartert; Saxicola Hemprichi Ehr.; Saxicola saturatior Hodgs., Pratincola Hemprichi Cab., Bonap.; Pratincola var. indica Blyth, Swinh., Jerd.; Pratincola saturatior Horsf. u. Moore; Saxicola fruticeti, S. media, S. titis Chr. Brehm.

Kennzeichen der Art: Alle Schwanzfedern ihrem ganzen Verlaufe nach braunschwarz.

Diese Art ist mehr im westlichen Deutschland zu Hause und tritt jenseits der Elbe nur noch vereinzelt auf. Auf weite Strecken hin fehlt sie völlig, so nach Hartert in ganz Ostpreussen. Ich schoss *rubicola* einmal bei Breslau, sonst aber berührt sie auch auf dem Zuge unsere Provinz nur höchst selten und ausnahmsweise. Mir wenigstens ist kein anderweitig erlegtes oder gefangenes Exemplar bekannt geworden. Auch dem Riesengebirge fehlt das Schwarzkehlchen gänzlich. Dagegen berichten schon die älteren Autoren von seinem Vorkommen in der Lausitz. R. Tobias beobachtete die Art 1 oder 2mal auf dem Durchzuge, und Neumann, Brahts und Fechner führen sie als Seltenheit mit auf.

Diese Angaben sind begreiflicherweise vielfach angezweifelt worden, aber sie haben in neuester Zeit eine erfreuliche Bestätigung erhalten durch meine beiden thätigen Mitarbeiter B a e r und K r a m e r in Niesky, welchen es sogar glückte, *rubicola* als sicheren Brutvogel zu constatiren. Sie fanden am 22. April 1890 ein Gelege von 6 Stück. Eins der Eier lag der Allgem. deutschen ornithol. Gesellsch. in Berlin auf der Oktobersitzung 1891 zur Begutachtung vor und wurde von den anwesenden Oologen als zweifellose *rubicola* anerkannt. Der Vogel hatte sich nach den genannten Beobachtern am 26. März eingefunden und war noch am 19. August auf dem Brutplatze. Im folgenden Jahre wurde er eben dort am 27. Mai, 10. und 24. Juni beobachtet. Er liebt auch in der Lausitz die gebirgigen oder hügeligen Gegenden und treibt hier auf steinigen Abhängen, Halden und Triften, auf trockenen Wiesen und jungen Schwarzholzsaaten sein anziehendes Wesen. G l o g e r nennt *rubicola* sehr selten, erbringt aber eben so wenig Beweise für das thatsächliche Vorkommen wie K n a u t h e, welcher den Vogel als seltenen Durchzügler am Zobten aufführt.

9. **Pratincola rubetra** (L.) 1758. — B r a u n k e h l i g e r W i e s e n s c h m ä t z e r.

S y n o n y m a : Motacilla rubetra L., Buff., Gmel., Bechst.; Sylvia rubetra Lath., Scop.; Saxicola rubetra Bechst., Naum., Temm., Glog., Gätke; Praticola rubetra Mewes; Oenanthe rubetra Vieill.; Fruticicola rubetra Macg.; Saxicola pratorum, S. septentrionalis, S. crampes Chr. Brehm; Pratincola rubetra Koch, Degl., Giebel, Kays. und Blas., Friedr., A. Brehm, v. Hom., Radde, Hartert.

T r i v i a l n a m e n : Kleine Steinfletsche, Kraut- und Kohlvogel, Krautlerche.

K e n n z e i c h e n d e r A r t : Die Schwanzfedern an der Wurzel weiss, mit Ausnahme der beiden mittelsten.

M a a s s e von 21 schlesischen Exemplaren in cm:

	maximum	minimum	Durchschnitt
Länge:	14,3	12,8	13,5
Flügelbreite:	26,4	24,6	25,6
Schwanz:	5,3	4,9	5,1
Schnabel:	1,1	0,9	1,0
Tarsus:	2,7	2,3	2,5

Die schlesischen Stücke sind im allgemeinen etwas grösser und in der Farbe etwas rötlicher als die westdeutschen und dürften darin mit den posenschen und ostpreussischen übereinstimmen, so dass sich vielleicht die B r e h m sche subspecies *septentrionalis*

darauf zurückführen und basiren liesse. Doch kann ich mir kein
Urteil darüber erlauben, da mein Material nicht ausreicht. Friderich giebt als Totallänge nur 13,1 und als Flügelbreite nur
25,0 cm im Durchschnitte an und hat dabei wohl westdeutsche
Exemplare im Auge gehabt.

Rubetra gehört im Gegensatze zu der vorigen Art mehr dem
östlichen Deutschland an. In Schlesien ist dieser Vogel meist
recht zahlreich und in manchen Gegenden sogar gemein. So
brütet er bei Breslau, in der Lausitz, sehr viel in Oberschlesien,
an der östlichen Grenze, in Niederschlesien und in der Bartschniederung, wo er überall von allen Beobachtern angeführt wird.
Wenn Gloger behauptet, dass *rubetra* dem Gebirge ganz fehle,
so muss ich ihm darin entschieden widersprechen, denn das
Braunkehlchen meidet auch Wald- und Bergwiesen keineswegs,
wenn dieselben nur nicht zu trocken liegen und sonst seinen
Anforderungen entsprechen. So brütet unser Vögelchen, wenn
auch selten, nach Emmrich bei Neurode, nach Kaiser bei
Warmbrunn, nach Tobias sen. in allen Thälern des Isergebirges,
nach Kollibay zahlreich auf den Wiesen des Hirschberger
Thalkessels, und A. v. Homeyer traf es sogar am Ziegenrücken
an. Besonders häufig soll *rubetra* in Oberschlesien sein. Es
verlangt feuchte Wiesen, die mit einigem Gebüsch durchsetzt
sind. Dieser Schmätzer ist weit weichlicher als sein schwarzkehliger Verwandter und trifft daher ziemlich spät im Frühjahr
bei uns ein, worüber die folgende Tabelle Auskunft giebt:

K. Ort.	Beobachter	1839	1840	1841	1842	1849	1878	1882	1887	1889	1890	1891
Görlitz	R. Tobias	21. IV.	29. IV.	25. IV.	21. IV.	25. IV.	—	—	—	—	—	—
"	J. Tobias	—	—	—	—	—	—	—	—	—	—	—
Strehlen	Krezschmar	—	—	—	—	—	—	30. IV.	30. IV.	—	—	—
Zobten	Richter	—	—	—	—	—	—	—	30. IV.	—	28. IV.	—
Niesky	Knauthe	—	—	—	—	—	—	—	—	—	24. IV.	11. IV.
"	Baer	—	—	—	—	—	—	—	—	—	—	I. V.
Breslau	Kramer	—	—	—	—	—	30. IV.	—	30. IV.	—	—	—
"	Kern	—	—	—	—	—	—	—	—	28. IV.	—	—
	Floericke	—	—	—	—	—	—	—	—	16. IX.	23. IV.	—

R. Tobias stellte von 1832—38 als frühesten Ankunftstermin den 20. April, als spätesten den 3. Mai und als durchschnittlichen den 26 April fest. Im allgemeinen pflegt der Zug bei dieser Art sehr regelmässig zu verlaufen, weshalb sich dieselbe ganz besonders zu Zugbeobachtungen eignen dürfte. Bei der Anlage seines Nestes scheut das Braunkehlchen die Nähe des Menschen keineswegs; nach Knauthe nistete es sogar im Garten seines

Dominiums. Kutter fand am 17. Mai das frische Gelege von 7 Stück, Kollibay am 11. Juni eben ausgeflogene Junge.

Maasse von 15 schlesischen Eiern in mm:

	maximum	minimum	Durchschnitt
Länge:	20,0	19,3	19,7
Breite:	14,2	13,8	14,0

Auch das Braunkehlchen gehört zu den Spöttern. A. v. Homeyer hörte bei Glogau ein Männchen ab, welches die Gesänge von *Anthus arboreus*, *Lullula arborea* und *Fringilla coelebs* imitirte.

Gattung: **Saxicola** Bchst. 1802. — Steinschmätzer.

Der breitfedrige, rein weisse Schwanz hat eine breite, schwarze Endbinde und fast ganz schwarze Mittelfedern.

10. **Saxicola oenanthe** (L.) 1758. — Steinschmätzer.

Synonyma: Motacilla oenanthe L., Buff., Fab., Gmel., Bchst.; Ficedula vitiflora Briss.; Sylvia oenanthe Lath., Bechst.; Motacilla vitiflora Pall.; Oenanthe cinerea Vieil.; Motacilla leucorrhoa Gmel.; Saxicola rostrata Ehrbg.; Saxicola libanotica Ehrbg., Hmpr.; Saxicola septentrionalis, S. grisea, S. cinerea Chr. Brehm; Saxicola oenanthoides Vigors; Vitiflora oenanthe, V. maior Chr. Brehm; Saxicola leucorrhoa Hartl.; Saxicola oenanthe Bechst., Naum., Temm., Glog., Gieb., Kays. und Blas., Fridr., v. Hom., Mewes, A. Br., Radde, Gätke, Hartert.

Trivialnamen: Steinfletsche, Steinsperling.

Kennzeichen der Art: Siehe die Gattungsmerkmale, da nur eine deutsche species.

Maasse von 30 schlesischen Exemplaren in cm:

	maximum	minimum	Durchschnitt
Länge:	15,8	14,4	15,0
Flügelbreite:	30,3	28,5	29,4
Schwanz:	5,2	5,0	5,1
Schnabel:	1,55	1,3	1,4
Tarsus:	2,9	2,7	2,8

Auffallend ist es mir, dass der Tarsus bei den schlesischen Stücken constant, wenn auch nur um eine Kleinigkeit, länger ist als es Friderich angiebt (2,6 cm).

In der Bartschniederung und im feuchten Oderthale Mittelschlesiens ist der Steinschmätzer als Brutvogel eine höchst seltene Erscheinung, die man höchstens an den höher und trocken gelegenen Ziegeleien in Gesellschaft des Hausrotschwanzes antrifft. Am Zobten ist er nach Knauthe auch nur sparsam vertreten und sogar in der Lausitz trotz der für ihn so günstigen Terrainverhältnisse gar nicht häufig, obschon er auch nirgends ganz fehlt. Zahlreicher dagegen scheint der Steinschmätzer in Oberschlesien vorzukommen, aber wahrscheinlich auch nur strichweise, da sich die Berichte der Beobachter z. T. widersprechen. Krezschmar nennt ihn einen Charaktervogel der Görlitzer Heide. Ein ganz gemeiner Brutvogel aber ist er noch nach L. Tobias in den Weinbergen der Grünberger Gegend und nach Emmrich in der Grafschaft, wie überhaupt wohl in allen Vorbergen der Sudeten, welche ihm ja auch sehr günstige Daseinsbedingungen bieten. Ueber sein Vorkommen im Riesengebirge selbst sagt Gloger: „Nur dieser Schmätzer findet sich im Hochgebirge, wiewohl auch gar nicht häufig." Das trifft heutzutage nicht mehr ganz zu, und es scheint, als ob sich *oenanthe* auch dem Hochgebirge mehr angepasst habe, denn er ist dort jetzt mit die häufigste Vogelerscheinung. Er findet sich bis zu einer Höhe von 4800 Fuss überall auf dem Kamm, wo Steinhaufen, trümmerreiche Halden und Felspartieen vorhanden sind, so namentlich an den Abhängen der Melzergrube und des Koppenkegels; ferner an der Renner- und Petersbaude, an den Schneegruben und Elbquellen, ja selbst am Koppenhause, 1610 m hoch. Hier brütete im Sommer 1888 nach Zacharias ein Weibchen. Das Nest stand in einer Fensternische, und der Vogel liess sich durch den lebhaften Verkehr nicht stören, bis er die Beute eines Marders oder Wiesels wurde. Wahrscheinlich hatte hier die reichlich vorhandene Nahrung den Vogel angelockt, denn sonst ist er im Riesengebirge recht scheu.

Zugtabelle:

Ort:	Beobachter:	1839	1840	1842	1849	1879	1884	1886	1888	1890	1891
Görlitz	R. Tobias	—	15. IV. I. IX.	—	—	—	—	—	—	—	—
"	J. Tobias	—	—	—	—	—	—	—	—	—	—
"	Richter	—	—	—	—	—	—	—	—	—	—
Sprottau	Krezschmar	—	—	6. IV.	—	—	—	—	—	—	—
Raudten	Willimek	—	—	—	25. IV.	—	—	—	28.VIII	—	—
Zobten	Knauthe	—	—	—	—	—	9. IV.	5. IX.	—	—	—
Cauth	v. Meyerinck	—	—	—	—	29. IV.	—	—	—	3. IV.	—
Niesky	Baer	—	—	—	—	—	—	—	—	—	22. IV.
"	Kramer	—	—	—	—	—	—	—	—	—	11. IX.

R. Tobias notirte von 1832—38 als frühesten Ankunftstermin den 5., als spätesten den 18. und als durchschnittlichen den 10. April. Auf dem Herbstzuge zieht der Steinschmätzer sehr zahlreich durch Schlesien, die jungen Vögel zuerst. — Prätorius fand am 15. Mai ein Gelege bei Breslau, wo *oenanthe* sonst recht selten ist [1]). Ausgeflogene Junge sahen Willimek am 8. und

[1]) Ich selbst habe den Steinschmätzer während meines Breslauer Aufenthaltes nie zur Brutzeit bemerkt.

Krezschmar am 16 Juni. Ein mit dem vollen Gelege am 20. Mai 1890 aus Ziegenhals erhaltenes Nest war kreisrund und hatte einen äusseren Durchmesser von 11 und einen inneren von 8 cm und eine Napftiefe von 3 cm.

Maasse von 26 schlesischen Eiern in mm:

	maximum	minimum	Durchschnitt
Länge:	20,9	20,4	20,6
Breite:	15,5	15,0	15,2

Glaubwürdigen Nachrichten zufolge benutzt auch der Kuckuck das Nest des Steinschmätzers zum Ablegen seines Eies.

Gattung: **Cinclus** Behst. 1802. — Wasserschmätzer.

Die ritzenförmigen Nasenlöcher sind mit einer befiederten Haut verschliessbar. Füsse kräftig, mit kurzen, starken Nägeln. Flügel sehr kurz; die 3. Schwinge am längsten, übrigens die 2.—4. fast gleich. Schwanz sehr kurz, gerade abgeschnitten, aus breiten weichen Federn bestehend.

11. **Cinclus merula** (J. C. Schäff.) 1787. — Wasserschmätzer.

11a. **Cinclus merula albicollis** (Vieill.) 1816. -- Südlicher Wasserschmätzer.

11b. **Cinclus merula septentrionalis** Brehm 1823. — Nordischer Wasserschmätzer.

Synonyma: Sturnus cinclus L., Behst.; Turdus aquaticus Gessn., L.; Motacilla cinclus Scop; Turdus cinclus Lath.; Turdus gularis Lath.; Aquatilis cinclus Mont.; Cinclus europaeus Steph.; Cinclus melanogaster Chr. Brehm, Radde, Gätke; Hydrobata cinclus Gray; Cinclus leucogaster Ev.; Cinclus medius Chr. Brehm; Cinclus aquaticus leucogaster Radde; Cinclus septentrionalis, C. peregrinus, C. meridionalis, C. rufipectoralis, C. rupestris Chr. Brehm; Cinclus aquaticus Behst., Naum., Chr. Brehm, Gloger, Giebel, Kays. und Blas., A. Brehm, Fridr., Mewes, Radde, v. Hom., Hartert.

Trivialnamen: See- und Schildamsel, Wasserstar.

Kennzeichen der Art: Siehe die Gattungsmerkmale, da nur eine Art bei uns.

Septentrionalis ist entschieden eine sehr gute subspecies, die man fast als Art aufzufassen versucht ist. Sie hat nur 10 Schwanzfedern und weicht schon dadurch sehr von *merula* ab, ist aber auch der blossen Färbung nach sofort leicht kenntlich, auch wenn man keine Suite, sondern nur ein einzelnes Exemplar vor sich hat. *Septentrionalis* und *merula* sind bei weitem nicht in dem Maasse und in so unmerklicher Weise durch Uebergänge verbunden, wie *merula* und *albicollis*. Bisher war noch kein sicherer Fall des Vorkommens der nördlichen Varietät in Schlesien bekannt. Dieselbe schien selbst während der Zugzeit gänzlich zu

fehlen, während die ostpreussischen Wasserstare durchgängig
nordische sind. Da erhielt ich zu meiner freudigen Ueberraschung
durch meinen Mitarbeiter Emmrich ein ca. am 15. März 1892
bei Neurode geschossenes Exemplar, welches sich als ein typischer
septentrionalis erwies. Auffallend ist dabei auch noch besonders
die Jahreszeit, da sonst die Wasserstare in günstigen Frühjahren
in der zweiten Hälfte des März bereits gepaart zu sein pflegen.
Allerdings behauptet auch schon Gloger, dass *septentrionalis*
in Schlesien vorkommen, aber er bleibt uns den Beweis dafür
schuldig, und die Exemplare der schlesischen Museen (auch diejenigen in Breslau, welche das ded. Gloger an der Etikette
tragen) sind keine *septentrionalis*.

Weit schwieriger lasssen sich *merula* und *albicollis* auseinander-
halten. Die meisten meiner schlesischen Stücke sind derart, dass
man nicht recht weiss, zu welcher der beiden Formen man sie
stellen soll. Im allgemeinen aber prävalirt entschieden die helle
Färbung der Bauchseite. Einige meiner schlesischen Stücke sind
genau eben so licht als wie die von den Apenninen stammenden
Exemplare meiner Sammlung, welche doch ganz typische *albicollis*
darstellen müssten. Ein *Cinclus*, den ich kürzlich aus dem Erzgebirge erhielt, ist womöglich noch heller als die Italiener. Ueberhaupt lassen sich für beide Formen kaum bestimmte Verbreitungsbezirke feststellen, sondern die Grenzen laufen hier ebenso durch
einander wie diejenigen der Färbung. Diese Regellosigkeit der
geographischen Verbreitung war es zuerst, die mich stutzig machte,
und nachdem ich nunmehr ein ziemlich umfangreiches Material
von Wasserschmätzern aus den verschiedensten Gegenden durch-
zusehen Gelegenheit gehabt habe, bin ich jetzt zu der Ueberzeugung gekommen, dass sich *albicollis* keinenfalls als Art, ja
höchst wahrscheinlich nicht einmal als subspecies halten lässt.
Auch in den Maassen habe ich keine konstanten Unterschiede
zwischen *merula* und *albicollis* aufzufinden vermocht.

Maasse von 26 schlesischen Exemplaren in cm:

	maximum	minimum	Durchschnitt
Lauge:	20,1	16,5	17,6
Flügelbreite:	31,8	26,9	29,3
Schnabel:	1,7	1,5	1,6
Schwanz:	5,0	4,6	4,8
Tarsus:	3,2	2,8	3,0

Wie man sieht, variiren die Maasse sehr, ohne dass sich aber
darin irgend welche Regelmässigkeit nachweisen liesse. Leider
sind die Wasserstare in den Sudeten schon so spärlich geworden,
dass es schwer hält, für wissenschaftliche Untersuchungen das
nötige Material zusammen zu bringen, womit ich auch die Un-
vollkommenheit meiner Ausführungen zu entschuldigen bitte.
Gloger leugnet sonderbarer Weise das Vorkommen von *albicollis*

in Schlesien ganz, während umgekehrt Reichenow riesenge-
birgische Stücke als echte *albicollis* bestimmte.

Bezüglich der Verbreitung von *Cinclus* in Schlesien sagt
Gloger: „An allen Gebirgsbächen,“ und R. Tobias: „Im
Gebirge gemein, im Winter auch in der Ebene.“ Wo sind die
Zeiten hin! Wir dürfen es uns leider nicht verhehlen, dass gerade
der muntere, anziehende Wasserstar in einem ganz rapiden und
unaufhaltsamen Rückgang seines Bestandes begriffen ist. Viel
tragen dazu die rücksichtslosen und unausgesetzten Nachstellungen
der Forellenzüchter [1]) mit bei, gewiss viel mehr noch aber die stets
zunehmende Verunreinigung der Gebirgsbäche durch Fabriken
und Grubenwässer. Schon Gloger fängt darüber an zu klagen,
und nach ihm stimmen fast alle Beobachter in dies Trauerlied
mit ein. Heutzutage sind mir noch folgende sichere Brutplätze
des Wasserstars bekannt: Das Iserthal bis Flinsberg, Kochelfall,
Zacken, Elbfall, Schreiberhau, Weistritz, Weisswasser, Josefinenhütte, Aupathal, Spindelmühl, Landskron, Abhänge des Altvater,
Heuscheuer, Wölfelsgrund, Neurode (an den 3 letztgenannten
Lokalitäten noch recht häufig), einige Striche im oberschlesischen
Hüttenbezirk, Nesselgrund, Muskau, Langenbrück, Sprottau und
Paruschowitz. Obwohl Gebirgsvogel, geht der Wasserstar doch
nicht bis in das eigentliche Hochgebirge hinauf, und Gloger
hat wohl recht, wenn er seine vertikale Verbreitung mit einer
Höhe von 3000—3200 Fuss nach oben hin abgrenzt. Im Winter
kommt *Cinclus* auch in die Ebene herunter, aber immerhin nur
selten; so erhielt ihn L. Tobias von 1837—66 in Grüneberg
nur ein einziges Mal. v. Tschusi beobachtete am 7. Juni beinahe flügge Junge.

Gattung: **Monticola** Boie 1822. — Steindrossel.

Die Steindrosseln stehen zwischen den Drosseln, Rotschwänzen
und Schmätzern mitten inne. Schnabel ziemlich lang, nicht aus-
gekerbt, vor den Nasenlöchern deutlich eingebuchtet, von der
Mitte bis zur Spitze etwas abwärts gebogen. Flügel ziemlich
spitzig, die 3. Schwinge am längsten Schwanz ziemlich kurz,
fast gerade, ohne eckigen Zuschnitt der Schwanzfedern. Farben
des Gefieders rostrot und schieferblau.

12. **Monticola saxatilis** (L.) 1766. — Steindrossel,
Steinrötel.

Synonyma: Turdus saxatilis L., Buff., Gm., Bchst., Lath.,
Glog., Gätke; Merula saxatilis Briss., Will. und Ray, Alb.;
Petrophila saxatilis Sws.; Saxicola montana Koch; Lanius infaustus
Gmel.; Petrocossyphus saxatilis Boie; Petrocincla saxatilis Vig.,
Degl., Radde; Sylvia saxitilis Savi; Petrocichla saxatilis Kays.

---

[1]) Die wenigen Magenuntersuchungen, welche ich an Wasserstaren
machen konnte, sprachen stets für die Harmlosigkeit des Vogels.

und Blas.; Petrocossyphus Goureyi, P. polyglottus Chr. Brehm;
Monticola saxatilis Boie, v. Heugl., Giebel, A. Brehm, v. Hom.,
Mewes, Hartert.

Trivialnamen: Einsamer Spatz, Blaudrossel, kleiner
Blauziemer der Liebhaber.

Kennzeichen der Art: Siehe Gattungsmerkmale, da
nur diese eine Art in Deutschland.

Das Steinrötel gehört hauptsächlich den Gebirgen der Mittelmeer-
länder an und ist auf denjenigen Deutschlands nur eine ausnahmsweise Erscheinung. Sieht man die Berichte der älteren Beobachter
durch, so gewinnt es den Anschein, dass der Vogel damals zwar
auch selten, aber doch öfters als jetzt das Riesen-, Iser- und
Lausitzer Gebirge auf dem Zuge berührt, ja vielleicht auch daselbst gebrütet habe, wofür freilich keine Beweise vorliegen. Aus
neuerer Zeit sind mir nur 2 Fälle seines Vorkommens bekannt
geworden, indem am 28 April 1862 ein Männchen auf einem
Damm bei Schleussig, einer sehr tief gelegenen, wiesenreichen
Gegend (!) durch ihr. v. Ludwig erlegt (Tobias) und um
dieselbe Zeit 1890 ein anderes bei Flinsberg gefangen wurde.
Jedenfalls ist heutzutage der Vogel eine der grössten Seltenheiten
der schlesischen Ornis, und wenn Zacharias sagt: „Dann und
wann in der Knieholzregion des Riesengebirges,“ so thut man
gut, dies sehr cum grano salis zu nehmen, wie ich überhaupt
den ornithologischen Angaben dieses Forschers gegenüber
Vorsicht empfehlen möchte.

Gattung: **Turdus** L. 1758. — Drossel.

Mittelgrosse Vögel mit sanftem, weichem Gefieder und ziemlich
starken Füssen. Das 1. Gelenk der Mittelzehe mit der äusseren
verwachsen. Die Schwingen bis zur 5. aussen eingeschnürt, die
3. oder 4. am längsten. Schwanzfedern eckig zugespitzt. Schnabel
mittelmässig, scharfschneidig, fast gerade, an der Spitze zusammengedrückt, Firste sanft gebogen, vor der Spitze seicht gekerbt, an
der Wurzel mit einigen Borsten.

13. **Turdus musicus** L. 1758. — Singdrossel.

Synonyma: Turdus pilaris Pall.; Sylvia musica Savi;
Merula musica Selby; Iliacus musicus Desm.; Hylocichla musicus
Gray; Turdus philomelos, T. minor Chr. Brehm; Turdus musicus
Schwenckf., L., Frisch, Naum., Gmel., Behst., Chr. Brehm, Glog.,
Kays. und Blas., Giebel, A. Brehm, v. Hom., Mewes, Radde,
Hartert, Gätke.

Trivialnamen: Drossel, Zippe, Zier- und Weissdrossel
Oberschlesisch-polnisches Idiom: Drost.

Kennzeichen der Art: Totallänge geringer als 22 cm.
Unterflügeldeckfedern blass rostgelb.

Maasse von 55 schlesischen Exemplaren in cm:

	maximum	minimum	Durchschnitt
Länge:	21,8	19,2	20,9
Flügelbreite:	35,7	34,3	34,8
Schwanz:	7,9	7,5	7,7
Schnabel:	1,5	1,25	1,4
Tarsus:	3,3	3,1	3,2

Im allgemeinen gehören die schlesischen Zippen zu den kleineren (*T. minor* Br.). Im Breslauer Museum befinden sich folgende Abnormitäten: a) Ganze Oberseite und Flügel schön licht isabellfarben, Unterseite weiss mit rostfarbener Zeichnung, Schnabel und Füsse gelb. b) Vier weisse Schwanzfedern. c) Die Grundfarbe der Brust ist dunkel rostfarben. Schnabel schwarz (spec.?). d) Wie a) nur noch bedeutend heller, namentlich auf den Flügeln. e) Ebenso. f) Rein weiss, Schnabel und Füsse hellgelb. In Eberswalde stehen nach Eckstein 2 aus dem Eulengebirge stammende Exemplare mit weissen Federn am Kopfe; sie finden sich bei dem einen nur auf der rechten Seite der Stirn sowie in der Ohrengegend, bei dem anderen ist der ganze Oberkopf rein weiss. Ein noch viel merkwürdigeres Stück beschreibt Schwenckfeld, welches 1599 bei Liegnitz gefangen wurde: „Ceteris colore et magnitudine similis praeter cristam, quam in vertice gerebat albida instar alaudae et circulum album, qui prona parte collum mediotenus cingebat."

Die Singdrossel ist in ganz Schlesien gemein und in den grossen Nadelwaldungen Oberschlesiens und der Lausitz entschieden die am häufigsten, ja bisweilen die einzige nistende Drossel. Sie scheint gerade den Nadelwald zu lieben, namentlich wenn derselbe Unterholz aufzuweisen hat und nicht zu trocken ist und öfters von Wiesen, Schlägen und jungen Culturen unterbrochen wird. Auch in gemischten Waldungen und kleinen Feldhölzern trifft man sie vielfach, während im eigentlichen Laubwald ihr Bestand hinter dem von *merula* zurücktritt. Nur in geschlossenen, hochstämmigen, unterholzfreien, trockenen und sandigen Kieferheiden ist sie wirklich selten. Im Gebirge geht sie nach Gloger bis zu einer Höhe von 3500 Fuss hinauf. Das ist im allgemeinen richtig, aber einzelne Paare steigen noch beträchtlich höher empor. A. v. Homeyer beobachtete *musicus* auf der Tafelfichte, Erlebach fand sie an der Elbfallbaude brütend, R. Blasius sah sogar einzelne auf dem Koppenplane. Im ganzen darf sie wohl als die im Riesengebirge am häufigsten vorkommende Drosselart gelten, auf welche dann nach A. E. Brehm *torquatus* folgt. Ein grosser Teil der schlesischen Drosseln überwintert im Lande, namentlich alte Männchen. Mitte März kehren auch die, welche uns verlassen hatten, schon wieder zurück. R. Tobias fand von 1832—38 als frühesten Ankunftstermin den 16., als spätesten den 20. und als durchschnittlichen den 18. März.

Im übrigen liegen nur noch folgende Daten vor:

Ort:	Beobachter:	1839	1841	1849	1876	1879	1880	1881	1882	1884	1888	1889	1890	1891
Görlitz	R. Tobias	25. III.	21. III.											
"	J. Tobias													
"	Peck			31. III.										
Canth	Krezschmar					20. III.		23. III.	20. III.					
Neustadt	v. Meyerinck								5. III.					
Ramelten	Kutter						2. III.			12. III.	12. III.			
Niesky	Willimek													
"	Baer				2. IV.								22. III.	3. IV.
Breslau	Kramer											21. III.	19. III.	
"	Mohr													
"	Floericke													

Die Zippe macht 2 Bruten, Anfang April und Ende Mai zu 6 und 4 Eiern, welche je 15 Tage bebrütet werden (Mohr). Volle Gelege fanden Praetorius am 2., Kutter am 22., Floericke am 6., 9., 15., 17., 23. April, Kollibay am 15. und 20. Mai. Einmal fand ich ein Nest, welches in eine Baumhöhlung hinein gebaut war. Bei der Amsel kommt dies ja öfter vor, und werden solche Vögel von den Liebhabern „Stockamseln" genannt und im Gesange besonders geschätzt, bei *musicus* aber ist es meines Wissens noch nicht beobachtet. Die Gebirgsdrosseln singen auch hier regelmässig besser als die der Ebene.

Maasse von 118 schlesischen Eiern in mm:

	maximum	minimum	Durchschnitt
Länge:	29,3	23,8	25,9
Breite:	21,3	18,6	19,9

14. Turdus iliacus L. 1758 — Weindrossel.

Synonyma: Turdus illas Pall.; Sylvia iliaca Savi; Turdus mauris Müller; Hylocichla musica Gray; Turdus betulorum, T. pinetorum, T. gracilis Chr. Brehm; Turdus iliacus L., Naum., Gmel., Behst., Chr. Brehm, Glog., Kays. und Blas., Giebel, A. Brehm, Fridr., v. Hom., Mewes, Radde, Hartert, Gätke.

Trivialnamen: Klein- und Heideziemer, Wiesel, Heide-, Pfeif-, Bergdrossel, Gixerle, Rot- und Winddrossel.

Kennzeichen der Art: Grösse unter 22 cm., Unterflügeldeckfedern lebhaft rostrot.

Im Breslauer Museum steht ein Exemplar, bei dem die ganze Oberseite und die Flügel schön licht isabellfarben sind; die Unterseite weiss mit rostfarbener Zeichnung; Schnabel und Füsse gelb.

Diese hübsche Drossel, welche in Nord-Skandinavien und Nord-Russland heimisch ist, berührt Schlesien nur auf dem Zuge. Zwar habe ich auch Nachrichten erhalten, welche ein vereinzeltes Brüten von iliacus melden, konnte dieselben aber leider nicht genügend auf ihre Glaubwürdigkeit hin prüfen. Unmöglich wäre die Sache ja nicht, da bekanntlich die Weindrossel schon in den Allgäuer Alpen, in Ostpreussen und in Thüringen brütend nachgewiesen wurde. Ueberhaupt ist es meine Ueberzeugung, dass von allen nordischen Wintergästen immer hier und da einmal ein Pärchen durch besondere Verhältnisse veranlasst bei uns zum Nisten zurückbleibt. Für eine ganze Reihe von Arten ist dies ja schon nachgewiesen, und die anderen werden jedenfalls über kurz oder lang folgen. Auf dem Zuge aber ist die Weindrossel für Schlesien die regelmässigste, wenn auch nicht immer häufigste Erscheinung von diesen Fremdlingen aus dem hohen Norden. Die Hauptzugmonate sind März und Oktober. In dieser Zeit sieht man oft

grosse Massen, vor- und nachher mehr kleine Flüge oder auch
ganz vereinzelte Individuen. Sie treiben sich gern frei an Waldrändern herum, von wo sie die Wiesen absuchen können und üben
bei schönem Winterwetter schon fleissig ihren Gesang ein.

15. **Turdus viscivorus** L. 1758. — Misteldrossel.

Synonyma: Turdus maior Briss., Buff.; Sylvia viscivora
Savi; Ixocossyphus viscivorus Kaup; Turdus Bonapartei Cab.;
Turdus Hodgsoni Lafresn.; Turdus arboreus, T. maior, T. meri-
dionalis Chr. Brehm; Turdus viscivorus L., Naum., Gm., Behst.,
Chr. Brehm, Glog, Kays. und Blas., Gieb., A. Brehm, Rchw.,
v. Hom., Mewes, Fridr., Radde, Hart., Gätke.

Trivialnamen: Schnärre, Mistelziemer, Mistler.

Kennzeichen der Art: Grösse über 22 cm. Unterflügeldeckfedern und die 3 äussersten Schwanzfedern an der Spitze weiss.

Im Breslauer Museum befindet sich eine Farbenvarietät. Das
Exemplar zeigt die Normalfärbung, aber mit sehr heller Schattirung.
Die Schwungfedern sind schmutzig grauweiss, die Schwanzfedern
ebenso gerändert und zwar die seitlichen am breitesten.

Die Misteldrossel ist als Brutvogel nicht selten, wenn sie
auch stellenweise fehlt oder nur vereinzelt auftritt. Auf dem
Zuge aber ist sie oft von ungeheurer Häufigkeit, namentlich im
Herbste. Alsdann halten sie sich mehr im Inneren der Nadelwälder, wo sie den Beeren nachgehen, während man sie im
Frühjahr auf den Wiesen den Insektenfang und anderweitige
Jagd betreiben sieht. Am liebsten hält sich diese Drossel in
dichten Nadelwäldern auf, doch versteht sie als kluger Vogel
auch, veränderten Verhältnissen Rechnung zu tragen und sich
einer neuen Umgebung anzupassen. So brüteten die Mistler bei
Knauthe noch 1889 im Nadelholz, zogen aber im nächsten
Jahre Laubbäume vor, weil inzwischen die Fichten durch Nieder-
schlagen isolirt worden waren. Das Nest ist stets in geschickter
Weise der Umgebung angepasst und wird mit wirklich erhabenem
Mute gegen weit überlegene Feinde und namentlich gegen die
lüsternen Krähen vertheidigt. Im Riesengebirge steigt *viscivorus*
von allen echten Drosseln am höchsten empor und kommt nach
Gloger regelmässig bis zu einer Höhe von 3700 Fuss vor, wenngleich sie in den Gebirgswaldungen nicht so häufig ist wie
musicus. A. v. Homeyer fand sie bei Spindelmühl, Erlebach
an der Elbfallbaude, R. Tobias auf der Tafelfichte und Kollibay
auf dem Cavalierberge. Besonders häufig aber ist der Vogel in
den grossen Nadelwaldungen Oberschlesiens, wo sich ihm ja auch
die denkbar günstigsten Daseinsbedingungen bieten.

Maasse von 21 schlesischen Exemplaren in cm:

	maximum	minimum	Durchschnitt
Länge:	28,6	25,5	27,0
Flügelbreite:	49,2	45,4	47,0
Schwanz:	11,2	10,6	10,9
Schnabel:	2,3	1,8	2,0
Tarsus:	3,5	3,2	3,3

Der Hauptzug, oft in ungeheuren Massen, findet Anfang März und Ende Oktober statt. Viele dieser kräftigen Drosseln harren aber auch den ganzen Winter bei uns aus und werden noch durch Zuzüge aus dem Norden verstärkt, welche ebenfalls bleiben, so lange mildes Wetter herrscht. Der Vogel macht regelmässig 2 Bruten, und zwar pflegt das 1. Gelege in den ersten Tagen des April, das 2. in den letzten Tagen des Juni vollzählig zu sein. Knauthe fand das fertige Nest am 18 März, Praetorius volle Gelege am 2. April und 3. Juli, ich selbst am 4., 6., 7. und 24. (erst 2 Eier) April.

Maasse von 38 schlesischen Eiern in mm:

	maximum	minimum	Durchschnitt
Länge:	35	29	31
Breite:	24,5	20,5	22

Brutdauer 16 Tage.

16. **Turdus pilaris** L. 1758. — Wachholderdrossel.

Synonyma: Turdus musicus Pall., Buff.; Alauda calandretta Müller; Sylvia pilaris Savi; Arceuthornis pilaris Kaup; Merula pilaris Selby; Planesticus pilaris Jerd.; Turdus subpilaris, T. juniperorum, T. fuscilateralis Chr. Brehm; Turdus pilaris L., Gm., Bchst., Naum., Chr. Brehm, Gloger, Kays. und Blas., Gieb., A. Brehm, Rchw., v. Hom., Mewes, Fridr., Radde, Hart., Gätke.

Trivialnamen: Grossziemer, Dreck- und Zimmerdrossel, Kramet- und Weckholdervogel, Schnärre, Schacker. Oberschlesisch-polnisches Idiom: Pirskowiez.

Kennzeichen der Art: Länge grösser als 22 cm. Kopf und Bürzel aschgrau. Unterflügeldeckfedern weiss. Am schwarzen Schwanze hat nur die äusserste Feder ein weisses Bändchen.

Maasse von 60 schlesischen Exemplaren in cm:

	maximum	minimum	Durchschnitt
Länge:	26,1	22,5	24
Flügelbreite:	49	45,3	47,4
Schwanz:	10,4	8,9	10,0
Schnabel:	1,9	1,65	1,8
Tarsus:	3,5	3,25	3,35

Abnormitäten aus dem Breslauer Museum:

a) Nacken, Wangen und Hals licht grauweiss, Flügeldeck-federn mit breiten, weissen Kanten Am linken Flügel die 1. Schwungfeder, am rechten die 1. und 3. weiss. Schnabel und Füsse normal.

b) Die ganze Rückenseite schön hell rostgrau, die Flügeldeck-federn isabellfarben. Die Unterseite zeigt reines Weiss mit blasser, verschwommener Zeichnung.

c) Schwanz- und Schwungfedern schwarzbraun, Flügeldeck-federn teilweise mit breiten, zerschlissenen, weissen Kanten. Ebenso auf dem Rücken, Hals, Nacken und Kopf weisse Federn mit einzelnen braunen Rändern. Vorderseite normal.

d) Oberseite und Flügel wie bei b); Vorderseite weiss mit schwach angedeuteter Zeichnung.

e) Oberseite schmutzig weiss, ins Rostfarbene spielend. Unter-seite ähnlich, nur noch heller.

Heydrich besitzt ein Stück mit weissfleckigem Kopfe. Ein ähnliches Exemplar wurde nach Schwenckfeld im Spätherbst 1602 bei Hirschberg erbeutet. *Turdus pilaris* ist wohl neben dem Girlitz derjenige Vogel, über den die schlesischen Beobachter am allermeisten geschrieben haben, weil seine von E. v. Homeyer lebhaft bekämpfte allmählige Einwanderung Jahrzehnte lang das allgemeine Interesse in Anspruch genommen hat. Nach einer sorgfältigen Sichtung des vorhandenen massenhaften Materials muss ich mich durchaus im Gegensatz zu dem genannten Ornithologen und in Ueberein-stimmung mit seinem Vetter Alexander auf die Seite derjenigen Beobachter stellen, welche eine allmählige Ausdehnung des Brut-gebietes von *pilaris* und in Verbindung damit eine sich noch bis in die neueste Zeit fortsetzende Einwanderung des Vogels annehmen. Ein am Brutplatz so lebhafter und lärmender Vogel würde auch in den meisten Gegenden Deutschlands meiner Ansicht nach un-möglich so lange übersehen worden sein, als dies nach E. v. Homeyer mit *pilaris* der Fall gewesen sein müsste. Ich gebe zunächst ohne jeden Commentar die bezüglichen Daten in chrono-logischer Reihenfolge.

1816. Endler: Nur auf dem Durchzuge. Kennt Nest und Brutgeschäft des Vogels gar nicht.
1818. Gloger findet bei Breslau die ersten Eier.
1821. Klöber schiesst bei Karlsruhe einen noch sehr jungen, augenscheinlich dort ausgebrüteten Vogel.
1823. J. G. Krezschmar: Durchstreift im Herbst und Früh-jahr in starken Zügen die Lausitz, brütet aber nicht.
1826. Gloger: Nistet bisweilen in Gesellschaften von 15—20 Paaren.

1827. Klöber: Nistet bisweilen bei uns.

1827. Brahts: In der Lausitz nur auf dem Durchzuge.

1832. R. Tobias: Zuerst als Brutvogel in der Lausitz bemerkt.

1833. Gloger: Auf dem Durchzuge häufig, aber auch nistend. Im Winter selten.

1834. v. Boenigk: 4 brütende Paare in Zabelwitz bei Gross-Glogau.

1836. v. Loebenstein: Nistet hier überall zahlreich. (Hoyerswerda.)

1838. E. F. v. Homeyer besuchte mit v. Loebenstein und R. Tobias die grösseren Brutplätze in der Lausitz. Alle Förster sagten aus, dass der Vogel von jeher da gewesen sei. v. Homeyer bezweifelt deshalb die allmähliche Ausbreitung. (Es erscheint mir sonderbar, dass dieser die Beobachtungen anderer sonst stets so streng und unerbittlich kritisirende Forscher hier so viel auf eine durch nichts bewiesene Försteraussage giebt, welche mit den Angaben aller früheren lausitzischen Forscher in Widerspruch steht.)

1839. R. Tobias: Auf dem Durchzuge in Massen, aber auch als Brutvogel nicht selten und hat sich als solcher in den letzten 7 Jahren immer mehr angesiedelt. Brütet meist in Gesellschaften. Im Frühling zuweilen in unübersehbaren Scharen.

1847. v. Boenigk: 4—5 brütende Paare in Niedermoyst bei Görlitz.

1848. — Junge im Posottendorfer Holz.

1849. — 10 Nester am Gr. Hennersdorfer Teich. Im Leopoldshayner Walde 3 Brutpaare.

1849. R. Tobias: Hat sich immer mehr als Brutvogel eingebürgert.

1851. Fechner: Zur Zugzeit bei Görlitz häufig. Einzelne nisten auch hier.

1864. A. v. Homeyer: Grosse Colonie bei Glogau, im Borkauer Eichenwald 15—20, im kleinen Kiefernwalde bei Kleutsch 3 und in den Vorwerker Kiefern 15 Nester.

1865. — Auf dem Cavalierberge bei Hirschberg grosse Colonieen. In den Vorhöhen des Riesengebirges überall Brutvögel, so bei Schweidnitz, Striegau, Liegnitz, Goldberg, Warmbrunn. Nach v. Hahn auch bei Köben und Militsch. Bei Peterwitz (Grafschaft) ein vereinzeltes Paar, bei Tarnau 15 Paare. Im Winter selten.

1869. v. Tschusi: Im Riesengebirge auf dem Zuge zahlreich.

1870. E. v. Homeyer: Bemerkenswerter Brutvogel am Rotstein bei Görlitz.

1872. Uttendörfer: Einmal bei Kosel nistend.

1876. Mohr: Brutvogel bei Breslau.

1878. R. Blasius: Zur Zugzeit am Zackenfall beobachtet.

1879. v. Meyerinck: Brutvogel bei Canth.

1879. Kollibay: Bei Neustadt ein durchaus nicht seltener Brutvogel, aber durch Eiersammler stark decimirt. Hat sich schon seit einem Menschenalter hier angesiedelt.

1880. — Bei Neustadt findet sich eine mehrere hundert Köpfe starke Brutcolonie, die sich vom Sassener Walde weit über die Kriwitzer Wiesen hinaus ausdehnt.

1881. Kutter: Starke Brutcolonie im Sassener Walde.

1884. Willimek: Bei Raudten nur durchziehend.

1885. Kaiser: Bei Sagan und Warmbrunn brütend.

1885. Richter: Bei Strehlen in einigen Paaren Brutvogel und im Zunehmen begriffen.

1887. — Gemein, namentlich in Parks.

1887. Kollibay: Häufig bei Hirschberg und Neisse, einzeln bei Patschkau brütend.

1888. Knauthe: Am Zobten nur auf dem Durchzuge, überwintert aber bisweilen.

1890. Sperling: Als Brutvogel im Görlitzer Stadtparke mehr und mehr sich einbürgernd.

1890. A. v. Homeyer: An den Schneegruben beobachtet.

Ich selbst fand eine allerdings ziemlich zerstreut brütende Colonie von 12—15 Paaren in der Strachate bei Breslau; ferner constatirte ich *pilaris* als Brutvogel in Oswitz, Masselwitz, Ransern und Pirscham bei Breslau, bei Trachenberg, Militsch, Kobier und Falkenberg. Von meinen Mitarbeitern führen folgende die Art als sicheren Brutvgel auf: Baer in Niesky, Sylender in Bolkenhayn, v. Ehrenstein in Grudschütz bei Oppeln, Asmus in Heuscheuer-Carlsberg, Bannowsky in Friedrichsthal bei Oppeln, Abukir in Carolath, Hornung in Craschcow bei Oppeln, Brotke in Muskau, Gericke in Langenbrück, Fuier in Woidnig bei Guhrau, Haenel in Hagendorf bei Löwenberg, Hellmich in Neurode bei Lüben, Lange in Alt-Reichenau, Vorwerk in Nieder-Briesnitz bei Sagan, Wallikhoff in Poppelau bei Oppeln, Raake in Sagan, Mally in Dittersdorf bei Sprottau, Müller in Parnschowitz bei Rybnik, Ziemer in Guhlau bei Glogau, Titz in Mollwitz bei Sprottau und v. Pannwitz in Hammer bei Trebnitz. Nur als Durchzügler wird *pilaris* erwähnt von Emmrich in Neurode und Cusig in Kuhbrück bei Frauenwaldau. Zieht man aus alledem das Facit, so kann es doch wohl kaum einem Zweifel unterliegen, dass die Wachholderdrossel erst zu Beginn unseres Jahrhunderts von Nordosten aus in Schlesien eingerückt ist, dass sie erst in der Mitte des Jahrhunderts als Brutvogel häufiger wurde, und dass sie heute endlich zu den ganz gewöhnlichen Vögeln gehört. Interessant ist es ferner, wie sie sich bei diesem Eindringen nach den ihr anfangs doch noch neuen und ungewohnten Verhältnissen zu richten wusste. Anfänglich brüteten die Vögel den in ihrer nordischen Heimat angenommenen Sitten zufolge überall in grossen Colonien. Mit der Zeit wurden dieselben immer kleiner und ihr Verband immer lockerer, und heute brüten wohl die meisten schlesischen Ziemer in einzelnen Paaren, wenngleich die Brutbezirke derselben nicht sehr gross und auch nicht so scharf abgegrenzt zu sein brauchen wie bei anderen Vogelarten, auch die Männchen aus einer Gegend oft nach Art der Stare des Abends zusammenkommen, um einen gemeinschaftlichen Imbiss zu nehmen, zu singen und zu lärmen. In der ersten Zeit hielten sich die Vögel streng an die ihnen vom Norden her vertrauten Birken, dann trat diese Vorliebe immer mehr zurück und heute ist von derselben überhaupt kaum noch etwas zu beobachten. Die von Liebe mitgeteilte Beobachtung Krezschmars, dass die Wachholderdrossel aus der Gegend von Görlitz wieder verschwunden sei, steht mit den Mitteilungen sehr zuverlässiger anderer Beobachter in Widerspruch. Und sollte Krezschmar auch wirklich Recht haben, so bin ich doch nicht geneigt, dem eine höhere Bedeutung zuzusprechen, sondern glaube vielmehr, dass es sich um eine lediglich lokale Erscheinung handelt, zumal gerade *pilaris* sich durch wiederholte Störungen und Nesterplünderungen sehr leicht aus einer Gegend vertreiben lässt. Im Gegenteil ist auch noch jetzt in den meisten Strichen der Provinz eine fortdauernde Zunahme des Bestandes zu verzeichnen.

In der Nähe ihres ständigen Aufenthaltes haben die Wachholderdrosseln gern stehendes oder fliessendes Wasser oder wenigstens feuchte Wiesen, Gräben und dergleichen. Gegenwärtig bevorzugen sie zur Nestanlage entschieden Fichten und Kiefern, ohne aber hohe, blatt- und astreiche Laubbäume zu verschmähen und legen hier nach Art anderer Drosseln ihr Heim auf einem auslaufenden Aste dicht am Stamme an. A. v. Homeyer giebt 7—80 Fuss als Höhe des Standortes an. Die weitaus meisten Nester aber findet man schon in einer Höhe von 6—15, selten 20 Fuss. Nach Sperling bauen sie im Görlitzer Stadtpark mit Vorliebe an die Stämme der alten italienischen Pappeln, und so ändert das eben nach Ort und Verhältnissen immer mehr oder weniger ab. Die Nistzeit selbst ist sehr verschieden. „Oft paaren sie sich schon Ende März, oft sieht man Anfang Mai noch grosse Scharen, welche noch nicht ans Brüten denken. Gewöhnlich aber beginnt der Nestbau Ende April, so dass Ende Mai Eier in den Nestern sind." (A. v. Homeyer.) Nach meinen in Schlesien

gemachten Erfahrungen kann man indess durchgängig schon Ende
April auf volle Gelege rechnen; ich vermute unter den durch
v. Homeyer noch im Mai beobachteten grossen Schwärmen neue
Einwanderer, die sich nicht gleich zum Brüten in der ihnen noch
fremden Gegend entschliessen konnten. Wenn v. Homeyer sagt,
dass ein zweimaliges Brüten nicht stattfinde, so muss ich auch
darin diesem verdienstvollen Forscher widersprechen. Heutzutage
wenigstens ist ein zweimaliges Brüten durchaus Regel, und stimmen
darin auch die neueren Beobachter wie z. B. E. F. v. Homeyer
mit mir überein. Gewöhnlich bilden 6 Eier das Gelege der 1.
und 5 das der 2. Brut. Die Beobachtung von Holtz, dass innerhalb einer Colonie die Nester stets in gleicher Höhe stehen, fand
A. v. Homeyer mit einer Ausnahme überall bestätigt. Das Nist-
material beschreibt Wätzold folgendermaassen: „Die Nester
zeigen im Material eine grosse Uebereinstimmung. Vorherrschend
ist *Galium aparine* und *Agrostis stolonfera*, letzteres als feineres
Bindewerk; dieses Gras wächst überall an den Waldlachen. Ausserdem, jedoch nur in sehr geringer Menge, einige Holzreiser von
Weiden und Ulmen, *Phalaris arundinacea* und *Equisetum palustre*.
Aeusserlich ist das *Galium*, innerlich *Agrostis* mit einigen *Poa*
(Waldrispengras) vorherrschend. Die meisten Nester haben einen
kleinen Bestandteil von Astmoos *(Hypnum)*.“ Die Durchschnittsmaasse normaler Nester betragen nach A. v. Homeyer:

Aeusserer Nestumfang am oberen Rande:	450	mm.
„ „ wenig tiefer:	525	„
Innerer „ am oberen Rande:	310	„
Querdurchmesser des äusseren Nestrandes:	125	„
„ „ inneren „	100	„
Napftiefe:	75	„

Häufig scheut der Vogel auch die Nähe des Menschen nicht,
was namentlich neuerdings wiederholt beobachtet wurde. So
fand ich bei Breslau 2 Nester an viel betretenen Wegen und
Kollibay bei Hirschberg am 25. April ein Nest mit einem Ei,
welches trotz anderweitiger Nistgelegenheit 8 Fuss hoch auf
einer dünnen Fichte neben Gartenbänken stand. Ebenso wie
viscivorus ist auch *pilaris* am Nistplatze sehr mutig und insbesondere stets bereit, mit den herumstrolchenden Krähen und
Eichelhehern anzubinden. Ganz regelmässig besuchen sie die
dem Nistplatz zunächst liegenden Wiesen, auf denen sie sich
namentlich des Morgens stundenlang herumtreiben, um die noch
nicht wieder in ihre Löcher zurückgekrochenen Regenwürmer
aufzunehmen. Trotz ihres Gelärms und ihrer ewigen Unruhe
und ihrer Kampflust gegen grössere Vögel stören sie die in ihrer
Nähe nistenden kleineren Vögel niemals auch nur im geringsten.
Im Gebirge geht diese Drossel brütend bis zu einer Höhe von

7*

1170 m (neue schlesische Baude) empor. Volle Gelege fanden
Kollibay am 21. und 25. April sowie am 26. und 27. Juni
und 3. Juli, Mohr am 17. April, Kutter am 23. und 28. April,
v. Boenigk am 28. April, ich selbst am 24., 27., 29. April
sowie am 28. und 30. Juni. Boenigk fand einmal in einem
Neste dabei noch ein Ei von *Fringilla coelebs*. Kollibay erbeutete ein Gelege von 6 Stück, bei welchem das letzte sehr
gestreckt war und auf hell meergrünem Grunde einige wenige
rotbraune Punkte hatte.

Maasse von 74 schlesischen Eiern (davon 26 durch Kollibay
gemessen) in mm:

	maximum	minimum	Durchschnitt
Länge:	30,2	25,4	28,3
Breite:	22,2	18,9	20,6

In milden, beerenreichen Wintern bleiben viele Wachholderdrosseln bei uns. Sonst ziehen sie im November fort, um schon
sehr zeitig im Frühjahr zurückzukehren. Die folgende Tabelle
bringt einige Hauptdurchzüge:

Ort:	Beobachter:	1840	1841	1875	1881	1882	1886	1887	1889	1890	1891
Zobten	Knuthe	—	—	—	—	—	—	—	—	—	—
Görlitz	R. Tobias	30. X.	21. III.	—	—	—	20. I.	1. II.	—	—	—
Canth	v. Meyerinck	—	—	—	—	—	—	—	—	—	—
Sprottau	Krezschmar	—	—	—	—	1. III. 12. II.	—	—	—	—	—
Landeshut	v. Fürstenmühl	—	—	—	—	—	—	—	18. XI.	—	18. XI. 29. IX.
Neustadt	Kutter	—	—	—	25. II.	—	—	—	—	—	—
Neurode	Emmrich	—	—	—	—	—	—	—	—	—	—
Nirsky	Baer	—	—	24. III. 20. X.	—	—	—	—	24. III. 15. XI.	—	—
Breslau	Mohr	—	—	—	—	—	—	—	—	—	—
	Floericke	—	—	—	—	—	—	—	—	19. I.	—

Der Krammetsvogelfang wird zwar noch vielfach und ganz besonders in den Gebirgsgegenden und in Oberschlesien betrieben, lässt aber auch hier mehr und mehr nach, zumal der Ertrag immer geringer wird. Doch kommen dabei immerhin ganz anständige Zahlen zu tage. So wurden z. B. im Jagdjahre 1885/86 allein in den königlichen Forsten der Provinz 71678 und im Jagdjahre 1889/90 75538 „Krammetsvögel" erbeutet. *Pilaris* stellt dazu oft nur einen geringen Procentsatz. Besonders auffällig war

mir unter den abgewürgten und in den Breslauer Delikatesshand-
lungen zum Verkauf ausgehängten Vögeln das oft fabelhaft zahlreiche Auftreten von *merula*, deren Zug durch Schlesien überhaupt ein ungemein starker zu sein scheint. Wenn demnach der
Vogelschützler dem Krammetsvogelfang notgedrungen den Krieg
erklären muss, so hat doch andrerseits die wissenschaftliche Ornithologie demselben manches interessante und wichtige Exemplar
zu verdanken, wie die Aufzählung der nun folgenden Arten auch
für Schlesien hinreichend beweisen dürfte.

17. **Turdus Naumanni** Tem. 1820. — Rotschwanz-
drossel.

Synonyma: Turdus dubius Bchst.; Turdus ruficollis Glo-
ger; Cychloscelus dubius Bonap.; Arcenthornis Naumanni Gray;
Turdus Naumanni Blyth, Swinhoe, Naum., A. Br., v. Hom., Mewes,
Fridr., Jäckel.

Kennzeichen der Art: Friderich giebt dieselben
folgendermassen: „Etwas grösser als die Singdrossel. Oberkopf
dunkelbraun, alle Federn grau gesäumt; Mantel und Schultern
rostbraun, Säume graubraun; Bürzel und obere Schwanzdecken
rostrot; ein breiter Augen- und Schläfenstreifen, Kopfseiten und
Kehle weiss, ins roströtliche ziehend; Zügel, Ohrgegend und ein
doppelreihiger Fleckenstreifen neben der Kehle dunkelbraun;
Kopfseiten und Oberbrust rostrot, mit schmalen weisslichen Säum-
chen; Unterflügeldecken ebenso; Unterleib weiss mit herzförmigen
rostroten Schaftflecken; Schwingen dunkelbraun, innen breit rostgelb gerandet; ebenso die grösste Reihe der oberen Flügeldecken.
Schwanzfedern lebhaft rostrot, die beiden mittelsten und Aussen-
fahnen dunkelbraun, diese innen — gegen das Ende — ebenso
verwaschen. Schnabel hornbraun, wurzelwärts gelb; Iris dunkelbraun, Füsse bräunlich."

Nach R. Blasius steht in Eberswalde ein aus Schlesien
stammendes Exemplar dieser für Deutschland seltenen Drossel,
welche in Ostasien ihre Heimat hat.

18. **Turdus ruficollis** Pall. 1776. — Rothalsdrossel.

Synonyma: Turdus erythrurus Hodgs.; Planestictus ruficollis Bon.; Cichloides ruficollis Gray; Turdus ruficollis Blyth.,
Naum., A. Br., Rchw., v. Hom., Mewes, Fridr., Gätke.

Kennzeichen der Art nach Friderich: „Die Schwingen
braun, an der Wurzel mit einem scharfen rostgelben, von aussen
sichtbaren Fleck; die unteren Deckfedern der Flügel samt einem
Teil der inneren Fahne der Schwingen rötlich-rostgelb; der Schwanz
immer, wenigstens an den Kanten, mit einem rötlichen oder roten
Schimmer; über dem Auge ein breiter, in der Jugend lichter, im
Alter hell rostroter Streif. Der Oberleib olivengrau, auf Rücken

und Flügeldeckfedern mit rostrot gemischt; von unten weiss, an den Seiten rostfarben gefleckt. Im höheren Alter wird der Schwanz zum grossen Teil rostrot."

Auch diese in Nord- und Mittelasien heimische Drossel kommt als grosse Seltenheit in Oberschlesien auf dem Durchzuge vor. Im Breslauer Museum befinden sich 2 Belegexemplare, welche beide noch das Jugendkleid tragen. Leider fehlen auch hier wieder alle näheren Daten auf der Etikette. Nach Gätke kommt diese schöne Drossel am allerseltensten von ihren fern östlichen Verwandten nach Europa. Uebrigens hat Gätke (Vogelwarte Helgoland, p. 258) das Vorkommen in Schlesien übersehen. Ich glaube, dass gerade in den oberschlesischen Dohnenstiegen sich noch manche Seltenheit nachweisen liesse. Leider ist aber niemand vorhanden, der die dort gefangenen Drosseln daraufhin controlliren könnte.

19. **Turdus obscurus** Gm. 1788. — Blasse Drossel.

Synonyma: Turdus pallens Pall., Blas., Gätke; Turdus Seyffertitzii Chr. Brehm; Turdus pallidus Naum., Tem.; Turdus Davidianus Edw.; Planesticus obscurus Bon.; Geocichla obscurus Jerd.; Turdus obscurus Finsch, A. Br, Mewes, Fridr., Hartert; Turdus illuminus v. Loeb.

Kennzeichen der Art nach Friderich: „Die Brustseiten mit rostgelbem Anstrich, Kropf und Unterrumpf gänzlich ungefleckt; über den Augen ein weisser Streif; die Unterflügeldeckfedern licht gelbgrau, gelblich weiss und grau gemischt; die äusserste Schwanzfeder am Ende mit einem verdeckten weissen Streifchen."

Auch diese Art gehört zu denjenigen asiatischen Drosseln, welche hin und wieder auf dem Zuge als Seltenheit in Mitteleuropa gefangen werden. Am 29. September 1839 wurde nach R. Tobias in Geisslitz bei Hoyerswerda ein Stück gefangen und nach v. Loebenstein im Herbst 1844 ein zweites auf dem Kynast.

20. **Turdus varius** Pall. 1811. — Bergdrossel.

Synonyma: Turdus dauma Lath., A. Brehm, Fridr., Gätke; Turdus aureus Holandre; Turdus Withei Eyton; Oreocincla aurea Bon.; Oreocincla dauma Blyth., Sund.; Oreocincla Withei Blyth.; Oreocincla parvirostris Gould.; T. varius Rchw.

Kennzeichen der Art: Totallänge mehr als 26,5 cm. Schwanz 14federig. Diese grosse Drossel bewohnt Ost- und Mittelasien. Dem einzigen in Schlesien erlegten und im Breslauer Museum aufbewahrten Exemplar fehlen leider wieder alle näheren Daten.

21. **Turdus atrigularis** Tem. 1820. — Schwarzkehlige Drossel.

Synonyma: Turdus Bechsteini Naum., Tob.; Turdus

dubius Bchst.; Sylvia atrogularis Savi; Cichloides Bechsteini Kaup; Turdus Naumanni Blyth; Merula atrogularis Bon. Hart.; Turdus atrigularis Natt., Tem., Gould, Giebel, Hart., Gätke, Jäckel, v. Hom., Mewes, A. Brehm.

Kennzeichen der Art nach Friderich: „Alle oberen Teile hell olivengrau; der Unterleib bis auf die schwärzliche Oberbrust weiss mit spitzen Pfeilflecken; auf der Gurgel und Oberbrust ein breiter schwarzer Schild mit weissgrauen Rändern, das Schwarz etwas getrübt. Am Unterflügel die grossen Deckfedern schön ockergelb. Der Brustschild ist im Alter rein schwarz, in der Jugend mit breiten weissgrauen Federchen verdeckt, welche grauen Ränder mit jedem Jahre schmäler werden und das Schwarz mehr hervortreten lassen."

Da *atrigularis* mehr im westlichen Asien zu hause ist, so besucht sie auf ihren Wanderungen Deutschland verhältnismässig öfter als die vorhergehenden Arten. Immerhin gehört auch sie zu den grössten Seltenheiten unserer einheimischen Ornis. Sie ist nach Gloger und R. Tobias auch schon in Schlesien erlegt, in neuerer Zeit aber daselbst meines Wissens nicht wieder nachgewiesen, wahrscheinlich allerdings nur aus Mangel an Beobachtern.

22. Turdus sibiricus Pall. 1776. — Sibirische Drossel.

Synonyma: Turdus leucocillus, T. auroreus Pall.; Turdus Bechsteini Naum.; Turdus atrocyaneus v. Hom.; Turdus mutabilis Tem.; Cichloselys sibiricus Bon.; Cichloselys mutabilis Gray; Turdus sibiricus Swinh., Blas., Gieb., v. Hom., Mewes, Fridr.

Kennzeichen der Art: Kleiner als 22 cm. Unterflügeldeckfedern weiss. Die 2 äussersten Paare der Schwanzfedern mit weissem Fleck an der Spitze.

Auch diese ostasiatische Drossel kann ich zu meiner Freude mit unter den schlesischen Vögeln aufführen. Im Oktober 1825 nämlich kaufte das zoologische Museum in Breslau ein Stück auf dem dortigen Wildpretmarkte auf, welches der betreffende Händler mit mehreren hundert anderen Drosseln aus dem Eulengebirge erhalten hatte. Das Exemplar ist noch heute eine Zierde des Breslauer Museums.

23. Turdus merula L. 1758. — Amsel.

Synonyma: Turdus vulgaris Ray, Buff.; Merula vulgaris Leach, v. Hom.; Merula merula Boie, Hartert; Sylvia merula Savi; Merula pinetorum, M. truncorum, M. alticeps, M. carniolica, M. maior Brehm; Turdus merula L., Gm., Bchst., Naum., Glog., Kays. und Blas., Gieb., A. Brehm, Mewes, Radde, Jäckel, Gätke.

Trivialnamen: Omsel, Omstel, Amelze, Meerle. Oberschlesisch-polnisches Idiom: Kos. Muskauer wendisch: Kussak.

Kennzeichen der Art: Die Männchen einfarbig schwarz, die Weibchen und Jungen einfarbig schwarzbraun mit Ausnahme von Kehle und Vorderhals. Schwanz lang; im Flügel die 4. und 5. Schwinge am längsten.

Maasse von 78 schlesischen Exemplaren in cm:

	maximum	minimum	Durchschnitt
Länge:	25,0	23,6	24,4
Flügelbreite:	40,1	37,9	38,8
Schwanz:	11,1	10,4	10,9
Schnabellänge:	2,0	1,7	1,8
Tarsus:	3,9	3,6	3,7

Dass die Amsel lokale Variationen aufweist, geht schon aus den vielen Brehm'schen subspecies hervor. Auch im Gesang bemerkt man bei aufmerksamer Beobachtung bald manche Unterschiede, und dem wahren Liebhaber ist es durchaus nicht gleichgültig, woher seine Amseln stammen. Trotzdem vermag ich zur Zeit — vielleicht von der um ein weniges beträchtlicheren Grösse abgesehen — noch keine für unsere schlesischen Vögel constanten Charaktere anzugeben. Die Amsel ist zwar auch in Schlesien überall ein gemeiner Brutvogel, kommt aber doch nicht so massenhaft vor wie in den meisten Gegenden des mittleren und westlichen Deutschland. Schon Gloger sagt: „Als Nistvogel nicht so häufig wie in Thüringen." Am zahlreichsten ist die Schwarzdrossel noch in der Lausitz und in Oberschlesien, wo sie in den Fasanenremisen ganz ungestörte Brutplätze findet und sich dann da in wenigen Jahren fabelhaft vermehrt. Im Oderthale Mittelschlesiens ist sie viel sparsamer, und jedenfalls steht ihr Bestand sehr hinter dem von *musicus* zurück. Immerhin übertreibt Mohr gewaltig, wenn er sagt: „Bei Breslau sehr selten." Im Gebirge, wo sie z. B. Erlebach an der Elbfallbaude brütend fand, geht die Amsel bis zu 3500 Fuss Höhe hinauf (Gloger), ist aber hier die seltenste Drossel (Brehm). Auch in Schlesien hat sich das wunderbare Schauspiel vollzogen, dass die Amsel aus einem scheuen Bewohner einsamer Waldungen ganz von selbst sich in einen steten Genossen menschlicher Ansiedlungen umwandelte. Die Autoren vom Anfang unseres Jahrhunderts kennen *merula* nur als Waldvogel. Gegenwärtig brüten die meisten in Parks, Gärten, Anlagen, viel seltener im Walde. Im letzteren Falle bevorzugen sie gemischte Bestände mit recht viel Gebüsch und Unterholz. Auch in den Gärten der grösseren Städte fehlen die Amseln nicht und sind z. B. in Breslau auch innerhalb der Mauern zu finden. Von jeher hat ein Teil der Amseln in der Heimat überwintert, und dies scheint neuerdings in immer ausgedehnterem Maasse stattzufinden. Die älteren Beobachter berichten übereinstimmend, dass nur alte Männchen den Winter über bei uns anshielten; Kollibay und ich haben dies aber auch mehrfach bei Weibchen gefunden. Der Amselzug durch Schlesien ist namentlich im Herbste oft ein ganz ausserordentlich starker. Merkwürdiger Weise liegen mir aber nur sehr spärliche Notizen über die Zeit desselben vor.

Ort:	Beobachter:	1881	1886	1889	1890
Neustadt	Kutter	27. III.	—	—	—
Petersdorf	Vogt		1. IV.	—	—
Zobten	Knauthe	—	—	15. III.	
Alt-Hammer	Forstpersonal	—	—	2. IV.	—
Karlsberg	„	—	—	29. III.	—
Kl. Briesen	„	—	—	20. III.	—
Kottwitz	„	—	—	2. IV.	
Nesselgrund	„	—	—	20. III.	
Paruschowitz	„	—	—	21. III.	—
Proskau	„	—	—	23. III.	—
Ullersdorf	„	—	—	9. IV.	—
Breslau	Floericke	—	—	21. III.	7. II.

Als harte Vögel schreiten die Amseln schon sehr früh zur Brut. Kutter fand einmal schon am 25. April nackte Junge. Jährlich 2 Bruten. Gelege fanden Kutter am 27. März, 23. und 19. April und 30. Mai, Practorius am 8. April, Kollibay am 8. Juni, ich selbst am 6., 9., 11., 15. und 22. April sowie am 3. und 7. Juni.

Maasse von 70 schlesischen Eiern in mm:

	maximum	minimum	Durchschnitt
Länge:	28,6	27,5	28
Breite:	21,9	20,4	21

Das Breslauer Museum besitzt einen abnorm gefärbten Vogel. Einige Scheitel-, Nacken-, Bauch- und Flügeldeckfedern sind weiss gekantet, wodurch im Nacken ein breites, weisses Band entsteht. Schwanz fast ganz weiss.

Nesträubereien der Amsel habe ich nie bemerken können, obgleich ich in dieser Hinsicht stets ein scharfes Auge auf sie gehabt habe.

24. **Turdus torquatus** L. 1758. — Ringdrossel.

24a. **Turdus torquatus alpestris** (Brehm) 1831. — Alpenamsel.

Synonyma: Merula montana Briss., Buff.; Turdus europaeus Mill.; Copsychus torquatus Kaup; Merula torquata Boie, v. Hom., Hart.; Sylvia torquata Savi; Thoracocincla torquata Reich.; Merula collaris, M. alpestris, M. vociferans, M. maculata Chr. Brehm; Turdus torquatus L., Gm., Behst., Naum., Chr.

Brehm, Glog., Kays. u. Blas., Fridr., A. Brehm, Mewes, Radde, Gätke, Jäckel; Turdus alpestris Rchw.

Trivialnamen: Schilddrossel, Schnee-, Meer- und Rossamsel.

Kennzeichen der Art: Grösse über 26,5 cm. Das Gefieder mattschwarz mit weissgrauen Federrändern. An der Oberbrust ein grosser, halbmondförmiger weisser (Männchen ad.) oder weisslichgrauer Fleck.

Wenn irgendwo, so ist hier die trinäre Benennung am Platze, denn *alpestris* bildet eine sehr gute subspecies, während mir es andrerseits zu gewagt erscheint, sie als vollgültige species aufzustellen. Für einen nur einigermaassen geübten Blick ist sie sofort von der typischen *torquatus* zu unterscheiden. Es wäre von Wichtigkeit, nunmehr namentlich auf die biologischen Eigentümlichkeiten beider Formen recht genau zu achten, da sich hier wahrscheinlich ebenso wie bei den Baumläufern nicht unwesentliche Unterschiede herausstellen dürften. Als Brutvogel haben wir auf dem Riesengebirge, wie ich auf das bestimmteste versichern kann, nur *alpestris*; *torquatus* kommt nur auf dem Zuge vor.

Maasse von 13 riesengebirgischen Exemplaren (alle zu *alpestris* gehörig) in cm:

	maximum	minimum	Durchschnitt	Typische *torquatus* nach Friderich:
Länge:	27,5	26,6	27,0	27,5
Flügelbreite:	41,3	40,0	40,7	41,5
Schwanz:	10,5	10,1	10,3	10,4
Schnabel:	2,0	1,75	1,9	1,8
Tarsus:	3,6	3,35	3,5	3,5

Gloger giebt den von der Ringdrossel in den Sudeten bewohnten Höhengürtel auf 3700—4600 Fuss an; ich glaube in Uebereinstimmung mit R. Tobias, dass dies zu hoch gegriffen ist, und dass man etwa 2500 Fuss als untere Grenze setzen kann; die meisten Brutpaare findet man übrigens in einer Höhe von 3500—4000 Fuss. Im eigentlichen Knieholz ist der Vogel viel seltener zu treffen als in den obersten Regionen des echten Waldes, wo er namentlich feuchte Stellen mit Vorliebe aufsucht. Gloger war es, der diese prächtige Drossel im Jahre 1826 auf dem Riesengebirge als Brutvogel entdeckte und alsbald Nest, Eier und Jugendkleid in der Isis beschreiben konnte. Seitdem haben alle das Riesengebirge besuchenden Ornithologen den Vogel mehr oder weniger eingehend beobachtet. Er verbreitet sich ziemlich gleichmässig über das ganze Gebirge, ohne aber irgendwo eigentlich häufig zu sein, und wir dürfen es uns leider nicht mehr verhehlen, dass der Bestand gegenwärtig aus mir unbekannten Gründen

ganz rapide zurückgeht. Dasselbe ist nach Michel im Isergebirge der Fall, wo die Ringdrossel nach Tobias, Heydrich
und Kirchner gleichfalls Brutvogel ist. Förster Göbel fand sie
ferner auch auf dem Glatzer Schneeberg brütend. Von meinen
Mitarbeitern führen sie als Brutvogel auf: Asmus für die Heuscheuer, Gericke für den Wölfelsgrund und Lange für die
Landshuter Berge. Wie sparsam der Vogel im allgemeinen schon
geworden ist, geht z. B. auch daraus hervor, dass ich ihn während
eines 3wöchentlichen Aufenthaltes im Iser- und Riesengebirge
nur viermal zu sehen bekam, obwohl ich besonders auf ihn Obacht
hatte. Der Wasserpieper ist ungleich häufiger. Bezüglich des
Aufenthalts der Ringdrossel sagt Gloger: „Unter allen ihrer
Familie ist sie am meisten Freundin freier Orte. Auch ihre am
tiefsten gelegenen Brutplätze, die obersten Fichtenwälder, müssen
ausserdem, dass die Bäume klein und verkrüppelt und nicht über
3—4 Manneslängen hoch sein müssen, so licht aussehen, dass
höchstens der vierte oder fünfte Teil von dem Holzbestand vorhanden ist, der vermöge des Raumes da sein könnte." Ich pflichte
dem zwar bei, möchte aber in Uebereinstimmung mit A. v. Homeyer noch betonen, dass der Vogel sich viel weniger im Knieholz als vielmehr weiter unten im obersten Gürtel des echten
Waldes aufzuhalten pflegt. Wenn der Winter auf dem Gebirge
seine Herrschaft mit ganzer Strenge entfaltet, ziehen sich die
Ringdrosseln in geschützte Thäler zurück und verstreichen sogar
bis in die ebenen Teile der Provinz. So beobachtete ich einmal
einen kleinen Schwarm im Winter 1887/88 bei Breslau. Schon
Ende März oder Anfang April rücken sie aber wieder in die
Gebirgswaldungen ein, wennschon rauhes Wetter sie oft noch
mehrmals wieder in die Thäler und Vorberge zurückwirft. Entsprechend ihren rauhen Wohnplätzen machen sie nur eine Brut.
Auch das Männchen brütet (A. v. Homeyer). Bisweilen stehen
mehrere Nester nahe bei einander (Gloger). v. Homeyer
fand ein stark bebrütetes Gelege am 23. Mai; das Nest stand
4 Fuss vom Boden in einer alten Rottanne. L. Tobias beobachtete am 19. Juli im Riesengrund flügge Junge. Am ausführlichsten
hat Gloger über das Brutgeschäft dieses interessanten Vogels
berichtet: „Ihre Nester legt sie auch in den Fichtenwaldungen
nicht über 5 Fuss und nirgends unter 1½ Fuss am Boden an,
übrigens in den dichtesten Zweigen, gern auf armes- bis schenkel-
dicken, in der Regel horizontalen Aesten oder in den Zwieseln,
wo mehrere wenigstens fingerstarke Aeste es noch tragen helfen,
viel seltener auf solchen selbst und stets am Stamme. Aeusserlich
wird es aus feinen dürren Fichtenreischen, grobem, noch mit den
Wurzeln versehenem Grase und etwas Moos gebaut; dann kommt
eine ziemlich dünne Lage Mooserde und zur innersten Ausfütterung
Stengel der kurzen, dort oben wachsenden Gräser. Die 3—5

Eier haben eine blass grünlichblaue oder dunkelblauweissliche Grundfarbe und eine hellrötlichbraune oder braunrote und rote oder violette Zeichnung, die sich teils in mässig grossen Flecken, teils in feinen Strichelchen darstellt, bald sparsam, bald ziemlich dicht aufgetragen ist, zuweilen am spitzen Ende am häufigsten. Sie variiren von einer ovalen bis zu einer sehr länglich birnförmigen Gestalt, gleichen in der Grösse denen von *viscivorus* nicht völlig, ähneln ihnen zuweilen ziemlich in der Farbe, oft aber auch sehr denen von *pilaris* und *merula*.« Es ist mir nicht bekannt, ob sich die so von Gloger beschriebenen Eier von denen der nordischen *torquatus* unterscheiden lassen. Ich vermag dies nicht, was aber leicht in mangelnder Erfahrung und Uebung auf oologischem Gebiet begründet sein könnte. Ueber den Gesang lautet das Urteil sehr verschieden. Friderich rühmt denselben, andere sind weniger entzückt. Ich muss mich letzteren anschliessen, obschon ich nur in der Vogelstube Gelegenheit hatte, den Vogel zu belauschen. In romantischer Hochgebirgsnatur macht das Lied des freien Sängers voraussichtlich einen ganz anderen Eindruck. Die einzige *alpestris*, welche ich bisher im Käfig pflegte, sang wesentlich schlechter als die echten *torquatus*. A. v. Homeyer, wohl der grösste lebende Gesangs- und Vogelstimmenkenner, sagt: „Gesang ähnlich dem von *viscivorus* aber nicht einmal so mannigfaltig."

Die Linné'sche *T. torquatus*, welche besonders in Skandinavien brütet, kommt in Schlesien, wie gesagt, nur auf dem Durchzuge vor und scheint hier ziemlich streng eine Strasse einzuhalten, welche von der Lausitz aus in südöstlicher Richtung längs der Sudeten bis zur March-Beczwa-Oder-Furche dahin zieht, nicht als ob diese Vögel dem Passe zueilten, um hier durch die Gebirgslücke nach der Donau hin zu rücken, sondern weil sie wahrscheinlich auf ihren Wanderungen dem Gebirge an und für sich gern so lange als angängig folgen. Oestlich von dieser Strasse werden nur selten Ringdrosseln wahrgenommen, auf derselben aber bisweilen ziemlich zahlreich gefangen. Der Herbstzug ist viel stärker als der Frühjahrszug, geht übrigens auch ziemlich rasch und jedenfalls viel schneller als bei anderen Drosseln vorüber und drängt sich unter normalen Verhältnissen auf höchstens 14 Tage zusammen.

Familie: **Sylviadae**, Sänger.

Kleine, schlanke Vögel mit geradem, sehr dünnem, echt pfriemenförmigem Schnabel, kräftigen, mittelhohen Füssen und kurzen, ziemlich gerundeten Flügeln.

Gattung: **Regulus** Cuv. 1800. — Goldhähnchen.

Die kleinsten europäischen Vögel. Länge weniger als 9 cm. Ueber jedem Nasloch ein steifes, kammartiges Federchen. Die mittellangen Flügel mit 19 schwachen Schwungfedern, von denen die 3. und 4. am längsten. „Schwanzfedern an der Spitze am breitesten, das Ende nach aussen schräg zugestutzt." (Friderich).

25. **Regulus cristatus** Vieill. 1807. — Gelbköpfiges Goldhähnchen.

Synonyma: Motacilla regulus L., Gm., Bchst., Buff.; Sylvia regulus Lath., Bchst.; Regulus flavicapillus Naum., Glog., Gätke; Regulus vulgaris Steph.; Regulus himalayanus Blyth; Regulus septentrionalis, R. crococephalus, R. chrysocephalus Chr. Brehm; Regulus regulus Hart.; Regulus cristatus Koch, Degl., Will. und Ray, Alb., L., Chr. Brehm, Kays. und Blas., Gieb., A. Brehm, Fridr., v. Hom., Mewes, Radde, Jäckel.

Trivialnamen: Meisen- und Sommerkönig, Ochsenäuglein, Tannenmeislin, Goldhähnel, Streusslin, Waldzeislein.

Kennzeichen der Art: Augengegend gelblich grauweiss.

Maasse von 22 schlesischen Exemplaren in cm:

	maximum	minimum	Durchschnitt
Länge:	9,2	8,2	9,0
Flügelbreite:	15,7	14,5	15,4
Schnabel:	0,95	0,75	0,9
Tarsus:	1,65	1,55	1,6
Schwanz:	3,8	3,5	3,9

Schon Naumann hat mit Recht hervorgehoben, dass dieses Goldhähnchen ungemein in Körpergrösse, wie Schwanz- und Schnabellänge variirt. Ich habe bei unseren schlesischen Stücken stets ungewöhnlich lange Schwänze und Schnäbel gefunden, eine Erscheinung die auch bei ostpreussischen Exemplaren wiederkehrte, während die westdeutschen Goldhähnchen das umgekehrte Verhältnis zeigen. Auch sind die östlichen durchgängig stärker. Leider habe ich, durch missliche Umstände genötigt, einen nicht unbeträchtlichen Teil der von mir in Schlesien zusammengebrachten Vogelbälge veräussern müssen, wobei auch meine schöne Goldhähnchensuite zerrissen und in alle Welt zersplittert wurde, so dass ich jetzt keine nachträglichen Untersuchungen mehr vornehmen kann. Ich werde mich aber redlich bemühen, das Versäumte wieder nachzuholen. Uebergänge aller Art und Verbastardirungen scheinen übrigens sehr häufig zu sein und in Mitteldeutschland überhaupt zu überwiegen. Im Winter scheint die östliche Form auch z. T. westwärts zu verstreichen; ich habe sie z. B. schon hier in Hessen getroffen.

Als Brutvogel ist diese Art in ganz Schlesien gemein, noch häufiger zur Strichzeit. Besonders zahlreich ist sie in den grossen Nadelwaldungen der Lausitz, der Sudeten und Oberschlesiens vertreten. Im Gebirge geht *cristatus* nach Gloger bis zu 3800

Fuss Höhe empor. Kramer beobachtete ihn noch im Kniehoiz bei der Riesenbaude (1400 m).

Maasse von 6 schlesischen Eiern (aus einem Gelege) in mm:

	maximum	minimum	Durchschnitt
Länge:	14,0	13,0	13,5
Breite:	10	10	10

26. **Regulus ignicapillus** (Chr. Brehm, Tem.) 1820. Feuerköpfiges Goldhähnchen.

Synonyma: Sylvia ignicapilla Tem., Chr. Brehm; Regulus mystaceus Vieill.; Regulus pyrocephalus, brachyrhynchus, Nilsonii Chr. Brehm; Regulus ignicapillus Licht., Naum., Glog., Kays. und Blas., A. Brehm, Gieb., Fridr., v. Hom., Mewes, Hart., Gätke, Jäckel.

Kennzeichen der Art: Durch die Augen ein schwarzer, über denselben ein weisser Strich.

Durchschnittsmaasse von 2 schlesischen Exemplaren in cm: Länge = 8,2; Flugbreite = 14,1; Schwanz = 3,7; Schnabel = 1,0; Tarsus = 1,5 cm.

Dieses Goldhähnchen ist ein westlicher Vogel und in Schlesien sehr selten, worauf schon der Mangel an Trivialnamen hinweist. In Oberschlesien scheint es als Brutvogel ganz zu fehlen; ich beobachtete es nur einmal, am 17. April 1891, auf dem Zuge bei Kobier und erlegte zur zweifellosen Feststellung der Art zwei Exemplare. In Mittel- und Niederschlesien ist es dagegen schon mehrfach brütend gefunden worden, so von A. v. Homeyer bei Glogau, von Krezschmar in der Görlitzer Heide, von Tobias im Isergebirge und ganz neuerdings wieder von Kuauthe am Zobten. Das Breslauer Museum besitzt zwei in der Nähe der Stadt erlegte Exemplare. Da ich die Art in Oberschlesien auf dem Durchzuge beobachtete, möchte man vermuten, dass auch sie von Süden aus durch die March-Beczwa-Oder-Furche im Frühjahr nach Schlesien zieht. Uebrigens scheut sie sonst hohe Gebirge keineswegs. Auch *ignicapillus* bevorzugt die Nadel-waldungen. Im Gegensatz zu der vorigen Art ist sie aber Sommer-vogel. Der Hauptzug fällt in die Monate März-April und August-September. R. Tobias notirte 1832—38 als frühesten Ankunfts-termin den 31. März, als spätesten den 21. und als durchschnittlichen den 15. April. Im Jahre 1840 sah er am 4. April die ersten. Uebrigens scheint es öfters vorzukommen, dass einzelne Exemplare sich auf dem Herbstzug ungebührlich verspäten. So fing Richter noch am 15. Oktober ein Exemplar bei Breslau und R. Tobias schoss ein anderes am 6. November 1883. Baer vollends schreibt mir: „Am 2. und 4. December 1890 ein einzelnes Stück, ohne dass eine Meisenschar oder dergl. in der Nähe war. Sonst hier noch nicht beobachtet." Wahrscheinlich handelte es sich in diesem Falle um ein kräukliches Exemplar. — A. v. Homeyer sah auf der Tafelfichte am 20. September diese Art.

Gattung: **Phylloscopus** Boie 1826. — Laubsänger.

Von den 19 Schwingen sind die 3. und 5. am längsten. Auge klein, Füsse schwächlich; Schnabel dünn, aber hinten verbreitert. Ueber dem Auge ein heller Streifen.

Phylloscopus superciliosus (Gm.) 1788. — Goldhähnchen-Laubsänger.

Es ist zu verwundern, dass dieser asiatische Fremdling bei seinem relativ häufigen Vorkommen in Helgoland noch nicht öfters im Inneren Deutschlands nachgewiesen werden konnte [1]). Ich glaube sicher, ihn einmal 1889 in der Strachate auf 3 Schritt vor mir gehabt zu haben; leider konnte ich nicht schiessen und den Beweis für meine Vermutung liefern. Ein alter, sehr kundiger und wahrheitsliebender Vogelfänger in Breslau versicherte mir auf das bestimmteste, dass er 2 oder 3 Mal einen sonderbaren Vogel, halb Goldhähnchen, halb Laubsänger, gefangen habe. Nach vorgezeigten Abbildungen bezeichnete er sofort *superciliosus* als die in Frage stehende Art. Danach möchte man vermuten, dass auch der unbekannte *Regulus*, welchen Lübbert 1853 zwischen *cristatus* und *ignicapillus* beobachtete, *superciliosus* gewesen sein möchte. Künftig in Schlesien beobachtende Ornithologen möchte ich bitten, ihr Augenmerk überhaupt besonders mit auf die dortigen Laubsänger zu richten, welche in dieser Hinsicht mit die lohnendsten Vögel sind, aber gewöhnlich viel zu wenig beachtet werden.

27. **Phylloscopus rufus** (Behst.) 1802. — Weidenlaubsänger.

Synonyma: Phyllopueuste rufa Chr. Brehm, Degl., Gieb., A. Brehm, v. Hom.; Curruca rufa Briss.; Sylvia rufa Lath., Gould, Behst., Naum., Gätke; Motacilla rufa Gm.; Ficedula rufa Behst., Jäckel; Sylvia hippolais Leach; Sylvia collybita Vieill.; Sylvia ioquax Herb.; Sylvia abietina Nils., Glog.; Sylvia angusticauda Malh.; Phyllopueuste pinetorum, Ph. solitaria, Ph. mirabilis Chr. Brehm; Asilus rufus Gray; Ficedula acredula Kays. und Blas.; Muscipeta minima Frisch; Regulus cinereus L.; Motacilla acredula L., Gm., Behst., Pall.; Sylvia nemorosa Baldenst.; Phylloscopus collybita Mewes; Phylloscopus rufus Kaup, Radde, Hartert, Pleske.

Trivialnamen: Backöfel, Zilpzalp, Schilpschalp.

[1]) Am 29. September 1892 schoss ich ein Exemplar in Rossitten auf der Kurischen Nehrung.

Kennzeichen der Art: Füsse schwärzlich, die zweite Schwinge steht in ihrer Länge stets zwischen der 6. und 9., ist meist kürzer als die 7. und länger als die 8.

Mehrfach schon habe ich Laubsänger unter Händen gehabt, die ich trotz aller Mühe nicht bestimmen konnte, und die gewöhnlich in der Mitte zwischen *rufus* und *trochilus* standen. Meine Ansicht ist die, dass es sich hier um Bastarde zwischen beiden Arten handelt, und dass solche Verbastardirungen weit öfter vorkommen als man bisher anzunehmen geneigt ist. Auch hört man öfters Laubvögel, die dem geübten Ohr des Kundigen sofort durch ihren abweichenden Gesang auffallen. Es erscheint mir gar nicht unwahrscheinlich, dass sich bei genauerem Studium schliesslich doch noch der *Phylloscopus silvestris* Meisn. als eine gute, durch fortgesetzte Verbastardirung entstandene subspecies herausstellen dürfte. Der Gesang desselben soll aus dem der beiden feststehenden Arten zusammengesetzt sein und lautet nach F r i d e r i c h wie: „Dididi diediedie diü diü dea dia hoida dimldelm dimldelm dilm." Aus dem Erzgebirge erhielt ich kürzlich einen *Phylloscopus*, der die Charaktere von *rufus* mit denen von *trochilus* und der Grösse von *hypolais* vereinigte! Den R a d d e schen *obscurus* (Ornis caucasica, p. 233) dagegen habe ich noch nie zu Gesicht bekommen, und wird R a d d e wohl Recht haben, wenn er denselben nur als eine individuelle, zum Melanismus neigende Varietät ansieht. Es folgen einige Maasse in mm:

Maasse von 24 schlesischen Exemplaren:

	max.	min.	Durchschn.	Durchschnittm. westdeutsch. Exempl. (Friderich)	Do. von 27 russ. Expl. (Pleske)
Totallänge:	114,0	108,5	112,0	108,0	—
Flügelbreite:	200,0	180,0	192,1	170 - 190	—
Schnabel:	11,3	9,7	10,6	6,0 (9,0 Fr.)	11,8
Tarsus:	20,2	17,0	19,7	16,0	20,3
Schwanz:	53,9	49,0	52,8	45,0	54,7

Im allgemeinen schwanken die Grössenverhältnisse bei *rufus* wie überhaupt bei allen Laubsängern sehr. Doch sehen wir unverkennbar, dass die schlesischen Stücke den russischen und namentlich den polnischen Exemplaren näher stehen als den westdeutschen. Die östlichen Laubvögel sind durchgängig stärker und haben längere Schnäbel und Schwänze! Ausserdem ist das Gesamtcolorit der nordöstlichen Stücke viel lichter, was namentlich auf der Bauchseite hervortritt. Auf dem Durchzuge, aber auch nur dann, traf ich solche Exemplare auch in Hessen. Sie fallen dem Beobachter schon durch Stimme und Wesen auf. Ich glaube, dass eine solche nahe Verwandtschaft mit der polnischen Avifauna sich für unsere schlesische Ornis in dieser Weise bei den meisten als Brutvögel vorkommenden Arten wird nachweisen lassen. Schlesien zeigt darin nach meinen Erfahrungen mehr Verwandtschaft mit

Polen als selbst mit der benachbarten und uns durch die Forschungen Schalows schon gut bekannt gewordenen Mark; besonders deutlich tritt dies hervor, wenn wir bei solchen Vergleichen die mit Brandenburg sehr übereinstimmende Lausitz ausser acht lassen. Sehr auffallend erscheint in obiger Tabelle die kolossale Differenz in der Schnabellänge. Ich vermute indessen, dass hier ein Irrtum Friderichs vorliegt, welcher übrigens auch nicht angiebt, in welcher Weise seine Schnabelmessungen ausgeführt wurden. Da nun die Pleskeschen Angaben sich durchgängig auf Culmen-Maasse beziehen, so habe ich auch noch einige westdeutsche Exemplare analogen Schnabelmessungen unterworfen und die oben in Klammern beigefügte Zahl erhalten. Bei dieser Gelegenheit möchte ich noch bemerken, dass alle meine Messungen genau nach der Methode von Reichenow ausgeführt wurden (Cabanis Journal, 1891. p. 346 ff.)

Sollten weitere Untersuchungen bestätigen, dass wir es in der That auch hier mit einer östlichen und einer westlichen subspecies zu thun haben, so möchte ich für erstere den Namen *Ph. rufus Pleskei* vorschlagen, da wir erst durch Pleskes genaue Beschreibungen und exakte Messungen wieder auf die Varietäten der Laubsänger aufmerksam geworden sind. Es wäre von den Beobachtern künftig besonders auch auf Gesang, Brutgeschäft, Grösse, Form und Zeichnung der Eier zu achten, da sich wahrscheinlich auch hier nicht unbeträchtliche Differenzen herausstellen dürften. Die westliche Form, *Ph. rufus occidentalis* etwa, würde sich also zunächst besonders durch ihre geringere Grösse und namentlich durch ihren kürzeren Schnabel und Schwanz sowie durch dunklere Färbung charakterisiren. In Mittel-Deutschland herrschen voraussichtlich Uebergänge vor [1]).

Der Zilpzalp ist in den meisten Gegenden Schlesiens ein gemeiner Brutvogel. Bei Breslau war er z. B. ausserordentlich zahlreich. Stellenweise dagegen ist er aus mir unbekannt gebliebenen Gründen wieder recht sparsam, so nach Richter bei Strehlen und nach Knauthe am Zobten. Am häufigsten ist er im Mittelgebirge, so namentlich in der Grafschaft Glatz. Auch im Riesengebirge ist er gut vertreten. Gloger meint zwar, er ginge dort nicht hoch hinauf, aber neuere Beobachtungen widersprechen dem. So fand Capek ein Pärchen mit Jungen am Ziegenrücken im Knieholze (1420 m) und hörte 2 singende Männchen bei der

---

[1]) Auch Herr v. Berlepsch hat, wie ich soeben erfahre, die ihm sofort ins Auge fallende grosse Form auf dem Zuge in Hessen erlegt. Skandinavische Exemplare, die ich sah, gehörten ebenfalls derselben an.

Zugtabelle:

Ort:	Beobachter:	1839	1840	1841	1842	1849	1879	1886	1887	1888	1889	1890	1891
Görlitz	R. Tobias	7. IV.	4. X.	—	—	—	—	—	—	—	—	—	—
„	J. Tobias	—	—	1. IV.	6. IV.	—	—	—	—	—	—	—	—
„	Peck	—	—	—	—	7. IV.	—	—	—	—	—	—	—
Neustadt	Kollibay	—	—	—	—	—	15. IV.	—	—	—	—	—	—
Sprottau	Krezschmar	—	—	—	—	—	15. IV.	—	—	—	—	—	—
Breslau	Kern	—	—	—	—	—	—	9. IV.	5. IV.	—	—	—	—
Neurode	Einarich	—	—	—	—	—	—	—	—	—	—	12. X.	—
Niesky	Bär u. Kramer	—	—	—	—	—	—	—	—	10. IV.	—	28. III. / 13. X.	15. IV.
Breslau	Floericke	—	—	—	—	—	—	—	—	—	3. IV. / 8. X.	26. III.	—
Ratibor	„	—	—	—	—	—	—	—	—	—	—	—	9. IV.

Spindlerbaude, v. Tschusi entdeckte ein Nest in den Siebengründen
und Kramer beobachtete *rufus* überall im Knieholz bis zu einer
Höhe von 1400 m. Sonderbarer Weise hörte dagegen R. Blasius
1878 auf einer Riesengebirgstour keinen einzigen. Auf der rechten
Oderseite wird der Vogel nach der russischen Grenze zu immer
seltener. Am liebsten hat er gemischte Bestände, aber auch
Fichtenwaldungen oder Laubhölzer; nur im reinen trockenen
Kiefernwalde ist er wirklich selten. Auf dem Zuge kommt er
aber überall vor. Trotz seines zärtlichen Aussehens ist dieser
Laubsänger ein recht wetterhartes Vögelchen, das schon Ausgang
März oder in den ersten Tagen April bei uns ankommt und erst
spät im Jahre wieder an den Wegzug denkt.

Dieser fleissige Sänger lässt bisweilen auch noch im Herbste
sein einfaches Liedchen erschallen; so hörte ihn Emmrich noch
am 12. Oktober singen R. Tobias fand von 1832—38 als frühesten
Ankunftstermin den 30. März, als spätesten den 16. April, als
mittelsten den 2. April. *Rufus* macht in Schlesien 2 Bruten.
v. Tschusi fand das zweite Gelege am 9. Juni, R. Tobias flügge
Junge am 28. Mai, ich selbst volle Gelege am 28. und 29. April,
1. und 4. Mai und am 12. Juni.

Maasstabelle in mm :

	Maasse von 12 schles. Eiern			Durchschnittsm. märk.	Durchschnittsm. von 16 poln.
	max.	min.	Durchsch.	Eier (Schalow)	Eiern (Taczanowski)
Länge:	15,9	14,8	15,0	14,78	15,1
Breite:	12,8	11,6	12,05	11,55	12,2

Nach Seebohm (Brit. birds and their eggs. I, p. 439) ist
die Zeichnung der Eier nach einem doppelten Typus ausgeprägt.
Entweder sind dieselben mit feinen braunen Pünktchen besetzt,
die auf dem stumpfen Ende einen Kranz bilden oder über das
ganz Ei verteilt sind, oder aber die Eier haben verwaschene
dunkelbraune Flecken, zwischen welchen auch violett-graue Felder
zu Tage treten. Ich habe seither in Schlesien nur den ersten
Typus vertreten gefunden, und möchte deshalb die Herren Oologen
bitten, besonders auf diese Verhältnisse achten zu wollen, da sie
sich vielleicht zur Sonderung der subspecies verwerten lassen
könnten.

28. **Phylloscopus trochilus** (L.) 1758. — Fitislaubsänger.

Synonyma: Regulus noncristatus Aldr., Will., Ray., Alb.;
Motacilla trochilus L., Buff., Gm.; Ficedula asilus Briss.; Mota-
cilla fitis Behst.; Regulus fitis Cuv.; Phylloscopus fitis Chr. Brehm;
Sylvia trochilus Lath., Naum., Glog., Gätke; Sylvia fitis Behst.;
Trochilus medius Forst.; Sylvia melodia Blyth, Curruca viridua
Hmpl. und Ehrbg.; Phyllopneuste Eversmanni Bonap.; Phyllop-
neuste fitis Mayer; Ficedula fitis Koch; Sylvia flaviventris Vieill.;

Sylvia silvestris Meisn.; Sylvia Meisneri Paessl.; Phyllopneuste
maior Tristr.; Phyllopneuste icterina Bonap.; Sylvia angusticauda
Gerbe; Sylvia tamarixis Cresp.; Phylloscopus Gaetkii Seebohm;
Phyllopneuste citrina Menzbier; Asilus trochilus Gray; Phyllo-
pneuste trochilus Blas. und Kays., Fridr., Jäck.; Phyllopneuste
fitis, Ph. arborea, Ph. acredula, Ph. septentrionalis, Ph. gracilis
Chr. Brehm; Phylloscopus trochilus Boie, Mewes, Radde, Pleske,
Hartert.

Trivialnamen: Backöfel, Weidenzeisig, Weidenblatt.

Kennzeichen der Art: Füsse hell. Die 2. Schwinge
steht zwischen der 5. und 6., oder ist der 6. gleich.

Maasstabelle in mm:

	Durchschnittsm. westdeutsch. Ex. nach Friderich	Maasse von 45 schles. Ex.			Durchschnittsm. von 51 russ. Ex. nach Pleske
		max.	min.	Durchschn.	
Totallänge:	112	126	114	122,2	—
Flugbreite:	185	201	188	196	—
Schnabel:	9	12,5	9,5	11,0	12,1
Schwanz:	45	57	46	52,3	55,7
Tarsus:	18	20	18	18,8	19,6

Auch hier sehen wir wieder die interessante Erscheinung vor
uns, dass sowohl die Gesamtgrösse wie diejenige des Schnabels
und Schwanzes nach Osten hin zunehmen, und dass die schlesischen
trochili den russischen näher stehen als den westdeutschen. Sollten
künftige Forschungen auch sonstige biologische oder anatomische
Unterschiede zwischen den östlichen und westlichen Fitislaub-
sängern darlegen, so würde auch hier wohl eine subspecifische
Trennung am Platze sein. Schon Gloger weist darauf hin, dass
man bisweilen ganz abweichende Gesänge bei dieser Art vernimmt
und giebt uns damit einen wertvollen Fingerzeig.

Auch dieser niedliche Laubsänger belebt mit seinem anmutigen
Trillergesang die unterholzreichen Laub- und gemischten Waldungen, die Vorhölzer und Feldbüsche sowie die Gärten und
Anlagen von ganz Schlesien. Eine besondere Vorliebe scheint er
für Birken zu haben. An den Flussufern ist er weniger als die
vorhergehende Art. In Mittelschlesien ist er der gemeinste Laubsänger. Obwohl in der Ebene kein Freund vom Nadelholz, scheut
er dasselbe im Gebirge doch durchaus nicht und bewohnt namentlich die Knieholzwaldungen recht zahlreich. Nach Gloger geht
er bis zu 4400 Fuss Höhe empor, Kramer beobachtete ihn bis
1400 m überall im Knieholz. v. Tschusi sah ihn noch oberhalb der Petersbaude, Al. v. Homeyer am Elbfall im Birkenholz, Rud. Blasius an der neuen schlesischen Baude (1172)
und zahlreich am Elbfall, R. Tobias auf der Tafelfichte und
Kern auf dem Kamme des Altvater-Gebirges, Kollibay an
der Kirche Wang. Practorius fand das Gelege am 2., ich

selbst am 5., 7. und 11. Mai vollzählig. Ob *trochilus* in Schlesien eine oder zwei Bruten macht, ist mir unbekannt.

	Maasse schles. Nester	Maasse russ. Nester nach Pleske
Aeussere Breite:	90—115 mm	85—123 mm
Innere Breite:	60—80	43—67,5
Höhe:	—	48—82
Tiefe:	28—55	32—70

Leider habe ich die nicht zu entschuldigende Unterlassungssünde begangen, nur von wenigen Vogelarten die Nester zu messen. Doch ergiebt der Vergleich mit den Untersuchungen Pleskes, dass die deutschen Nester durchgängig dünnere Wände und geringere Tiefen haben, was in Westdeutschland noch mehr hervortritt und in der grösseren Rauhigkeit des russischen Klimas seine naturgemässe Erklärung finden dürfte.

Maasstabelle in mm:

	Durchschnittsm. märk. Eier nach Schalow	Maasse v. 35 schles. Eiern			Durchsch. v. 16 poln. Eiern (Taczan.)	Durchschn. v. 22 Eiern aus Petersburg (Bianchi)
		max.	min.	Durchschn.		
Länge:	15,4	16,5	14	15,6	15,6	16,1
Breite:	11,6	13	11,5	12,5	12,9	12,2

Also auch hier wieder eine geringe, aber regelmässige und unverkennbare Grössenzunahme nach Osten! Die Eier aus dem St. Petersburger Gouvernement erscheinen merkwürdig schlank. Die Hauptzugzeit fällt auf Anfang April und Anfang Oktober, worüber die folgende Tabelle nähere Aufschlüsse giebt.

Ort:	Beobachter:	1839	1840	1841	1842	1849	1879	1881	1882	1885	1887	1888	1889	1890	1891
Görlitz	R. Tobias	17. IV.	12. IV.	5. IV.	15. IV.	—	—	—	—	—	—	—	—	—	—
"	J. Tobias	—	—	—	—	—	—	—	—	—	—	—	—	—	—
"	Peck	—	—	—	—	—	—	—	—	—	—	—	—	—	—
"	Krezschmar	—	—	—	—	10. IV.	—	—	—	—	—	—	—	—	—
"	Richter	—	—	—	—	—	7. IV.	—	7. IV.	3. IV.	—	30. IX.	—	—	—
Strehlen	Krezschmar	—	—	—	—	—	—	—	—	—	8. IV.	—	—	—	—
Sprottau	Kutter	—	—	—	—	—	—	—	—	—	—	—	—	—	—
Neustadt	Knauthe	—	—	—	—	—	—	—	—	—	—	—	—	—	—
Zobten	Emmrich	—	—	—	—	—	—	22. IV.	—	—	—	—	—	25. IV.	13. IX.
Neurode		—	—	—	—	—	—	—	—	—	—	—	—	—	—
Niesky	Bär u. Kramer	—	—	—	—	—	—	—	—	—	10. IV. 30. III.	—	—	3. IV. 12. X.	7. IV.
Breslau	Floericke	—	—	—	—	—	—	—	—	—	—	—	8. IV. 13. X.	2. IV.	—
Falkenberg		—	—	—	—	—	—	—	—	—	—	—	—	—	18. IV.

R. Tobias fand von 1832—38 als frühesten Ankunftstag den 31. März, als spätesten den 14. und als mittelsten den 8. April. Auch der Fitis singt noch auf dem Wegzuge.

Phylloscopus Bonellii (Vieill.) 1819. — Berglaubsänger.

Gloger hörte im Jahre 1836 in einem Fichtenwäldchen des Riesengebirges einen ihm fremden Laubvogelgesang, hinter dem er Ph. Bonellii vermutet. Sonst liegen keinerlei Nachrichten über das Vorhandensein dieser Art im Riesengebirge vor. Dieselbe würde aber wohl dem sangeskundigen Ohr eines Al. v. Homeyer kaum entgangen sein. Ich selbst konnte das Riesengebirge leider nur im Spätsommer besuchen, als die Vogelgesänge bereits verstummt waren.

29. **Phylloscopus sibilator** (Bchst.) 1793. — Wald-Laubsänger.

Synonyma: Motacilla sibilatrix Bchst.; Asilus sibilatrix Bchst.; Sylvia flavicola Vieill.; Ficedula asilus maior Briss.; Motacilla sylvatica Turt.; Trochilus maior Forst.; Sylvia sibilans Blyth; Sylvia prasina Rouill.; Sylvia sylvicola Lath., Mont.; Phyllopneuste sylvicola Chr. Brehm, Cab., Gieb.; Sylvia sibilatrix Bchst., Naum., Br., Glog., Gätke; Ficedula sibilatrix Koch, Kays. und Blas., Fridr., Jäckel; Curruca sibilatrix Flem.; Sibilatrix sylvicola Kaup; Phyllopneuste megarhynchus Chr. Brehm; Phyllopneuste sibilatrix Chr. Brehm, Degl., A. Brehm, v. Hom.; Phylloscopus sibilatrix Blyth, Pleske; Phylloscopus sibilator Mewes, Hartert.

Auch dieser Laubvogel heisst beim schlesischen Volke nach der Bauart seines Nestes „Backöfchen."

Kennzeichen der Art: Bei *sibilator* ist im Gegensatze zu den bereits besprochenen *Phylloscopus*-Arten die 1. Schwinge kürzer als die Deckfedern der Primärschwingen. Die 2. Schwinge rangirt zwischen der 4. und 5. oder ist gleich der 4.

Diese Art scheint viel weniger zu variiren als *trochilus* und *rufus*, und auch die Grössenverhältnisse erweisen sich als ziemlich constante. Zwischen den Messungen von Friderich, Pleske u. a. und den meinigen vermochte ich keinerlei Abänderungen aufzufinden. Nur die Schnabellänge erscheint verschieden, indem die östlichen Vögel zumeist einen etwas längeren Schnabel besitzen als die westlichen und demnach vielleicht zu der Brehmschen subspecies *megarhynchus* zu rechnen sein möchten. Friderich giebt 9 mm, Pleske dagegen 13 mm als die gewöhnliche Schnabellänge an, während meine schlesischen Exemplare im Durchschnitt 12,5 mm messen.

Maasse von 13 schlesischen Stücken in mm:

	maximum	minimum	Durchschnitt
Länge:	125	115	120
Flügelbreite:	210	190	198
Schnabel:	12,0	14	12,5
Schwanz:	53	48	51
Tarsus:	20	17,5	18,6

Auch die Schwanzlänge erscheint in Uebereinstimmung mit Pleske (48,5—54 mm) ein wenig beträchtlicher als wie sie Friderich angiebt (48 mm).

Der Waldlaubsänger ist in Schlesien nicht gerade häufig, was besonders von den ebenen und waldarmen Teilen Mittel- und Niederschlesiens gilt. Am häufigsten findet er sich noch in den Waldungen der Vorberge. Hier liebt er ausgedehnte Nadelhölzer, besonders wenn dieselben aus Fichten und Kiefern gemischt sind und eingesprengte Buchen enthalten, wo er lichte Stellen und das Stangenholz aufsucht, das dichte Gebüsch dagegen nach Möglichkeit vermeidet. In reinen Laubwäldern ist er viel seltener und in den sumpfigen Auwaldungen fehlt er fast ganz. Auf dem Zuge dagegen findet man ihn auch in kleinen Feldhölzern, selbst in Gärten und einzeln stehenden Hecken und Gebüschen. Besonders häufig ist *sibilator* als Brutvogel im Hochwald und bei Glogau (A. v. Homeyer) sowie in der Grünberger Gegend (Baer, L. Tobias). Ins eigentliche Hochgebirge scheint er nicht hinaufzugehen; doch beobachtete A. v. Homeyer ihn noch einzeln am Elbfall und R. Tobias auf dem Iserkamm. Unter den echten Laubvögeln ist dieser der weichlichste, weshalb er erst in den letzten Tagen des April oder in den ersten des Mai auf den Brutplätzen eintrifft, worüber die Tabelle das Nähere angiebt.

Ort:	Beobachter:	1841	1879	1886	1887	1888	1889	1890	1891
Görlitz	R. Tobias	24. IV.	—	—	—	—	—	—	—
Canth	v. Meyerinck	—	29. IV.	—	—	—	—	—	—
Niesky	Bär u. Kramer	—	—	—	3. V.	2. V.	—	28. IV.	1. V.
Breslau	Kern	—	—	22. IV.	—	—	—	—	—
„	Floericke	—	—	—	—	29. IV.	27. IV.	—

R. Tobias notirte von 1832—38 als frühesten Ankunftstag den 24. April, als spätesten den 3. und als durchschnittlichen den 1. Mai. Das Datum des Wegzuges ist mir nicht näher bekannt geworden; doch dürfte derselbe zumeist schon Ende August erfolgen. In vielen Gegenden Schlesiens kommt *sibilator* überhaupt nur auf dem Durchzuge vor, so nach Knauthe am Zobten. Nur eine Brut. L. Tobias fand bei Sedczyn einige Pärchen, die im reinen Kiefernwalde auf kahlen Plätzen ohne Unterholz brüteten; ein von ihm entdecktes Nest stand ganz frei auf der Erde und war mit Nadelstreu bedeckt. R. Tobias fand am 16. Juni ein volles Gelege und am 18. schon nackte Junge.

Maasse von 12 schlesischen Eiern in mm:

	maximum	minimum	Durchschnitt
Länge:	17,5	15,0	16,1
Breite:	12,5	12,0	12,4

Gattung: **Hypolais** (Hipolais) Brehm 1828. — Gartensänger.

Schnabel breiter und länger als bei *Phylloscopus* und mit starken Borsten versehen. Bei der folgenden Art steht die 2. Schwinge ihrer Grösse nach zwischen der 4. und 5. Füsse ziemlich kräftig.

30. **Hypolais philomela** (L.) 1758. — Gartenlaubvogel.

Synonyma: Motacilla hypolais L., Buff., Gm., Behst., Fischer; Sylvia icterina Vieill., Giebel; Curruca arundinacea Briss., Sylvia hippolais Behst., Lath., Naum., Glog., Meyer, Gätke; Hypolais salicaria Chr. Brehm, v. Hom.; Ficedula septima Aldr., Ray; Ficedula hypolais Blas., Fridr., Jäckel; Ficedula hypolais fulvipes Schleg.; Sylvia obscura Smith; Hypolais familiaris Tacz.; Hypolais icterina Gerbe, Degl., Desm., A. Brehm, Rchw., Mewes, Pleske; Hypolais albiceps, H. media, H. planiceps, H. hortensis, H. vulgaris Chr. Brehm; Hypolais philomela Hart.

Trivialnamen: Gelber Sticherling, Ixlein, Sprachmeister, Spötterling. Oberschlesisch-polnisches Idiom: Zaganiacz.

Kennzeichen der Art: Siehe die Gattungsmerkmale, da nur diese eine Art in Deutschland. In Gesang, Grösse Nestbau und Eifärbung weicht *Hypolais* gleichfalls sehr von den *Phylloscopus*-Arten ab.

Maasstabelle in mm:

	Maasse von 58 schles. Ex.			Durchschnittsm. westdeutsch. Ex. (Friderich)	Durchschnittsm. v. 11 russ. Ex. nach Pleske
	max.	min.	Durchschn.		
Länge:	146	134	144,5	135	--
Flugbreite:	245	220	233	222	—
Schnabel:	17	14	15,4	12	16,8
Schwanz:	59	52	56	fast 50	57,1
Tarsus:	22	21	21,9	22	21,7

Auch hier wieder annähernd dieselben Maassverhältnisse, wenn auch nicht in besonders ausgeprägtem Grade. Auch die Farbe der Beine scheint zu variiren und im Westen im allgemeinen heller zu sein. Leider habe ich es unterlassen, darüber genaue Notizen zu machen und demgemässe Untersuchungen anzustellen.

Hypolais ist einer unserer häufigsten Vögel und so fabelhaft viel Bastardnachtigallen wie in den feuchten Auwäldern Mittelschlesiens habe ich noch in keiner anderen Gegend Deutschlands wieder gefunden. Bei Breslau kommen nach Mohr durchschnittlich etwa 12 Pärchen auf den Morgen. Wenn man den Berichten der alten schlesischen Autoren glauben darf, so ist der Vogel früher nicht so häufig gewesen, und auch jetzt ist noch eine fortdauernde Zunahme zu verzeichnen. In manchen Gegenden ist *Hypolais* überhaupt erst ganz neuerdings eingewandert, so nach Knauthe am Zobten und Geiersberge. Nach dem Gebirge zu wird der Bestand rasch dünner und in den Sudeten selbst gehen die Gartensänger als Brutvögel nach Kramer nicht leicht über eine Höhe von 700 m hinauf. Sie halten sich hier an die geschützten Thäler und finden sich besonders in dem des Zacken wie überhaupt im ganzen Hirschberger Kessel ziemlich häufig (A. v. Homeyer, Kollibay). Bekanntlich ist dieser geschätzte Sänger eine Zierde unserer Anlagen und grösseren Gärten. Sonst findet er sich namentlich in feuchten Laubwaldungen, kleinen Feldhölzern, auch auf Hutungen und dergl.

Zugtabelle:

Ort:	Beobachter:	1839	1840	1841	1849	1865	1876	1879	1882	1885	1886	1887	1888	1889	1890	1891
Görlitz	R. Tobias	10.V.	—	—	—	—	—	—	—	—	—	—	—	—	—	—
„	J. Tobias		6.V.	4.V.	—	—	—	—	—	—	—	—	—	—	—	—
„	Krezschmar			5.V.	—	—	—	—	—	—	—	—	—	—	—	—
Sprottau																
Hirschberg	A. v. Homeyer								7.V.			3.V.				
Strehlen	Richter					9.V.										
Neustadt	Kutter							14.V.		6.V.	11.V.	3.V. 3.V. 5.V.				
Ziegenhals	Thiemann									5.V. 2.IX.						
Neisse	Kollibay											8.V.				
Niesky	Bär u. Kramer											3.V. 5.V.				5.V.
Breslau	Mohr						30.IV.									
„	Floericke													1.V. 21.VIII	3.V. 25.VIII	

R. Tobias notirte von 1832—38 als frühesten Ankunftstermin den 4., als spätesten den 14. und als mittelsten den 9. Mai. Die Weibchen treffen ca. 8—10 Tage später ein als die Männchen. Entsprechend seinem kurzen Sommeraufenthalte macht *Hypolais*, sofern er nicht gestört wird, nur eine Brut. Doch fand Praetorius auffallender Weise einmal noch am 18. Juli frische Eier. Brutdauer 13 Tage. Das Nest steht gern auf jungen, dichten Fichten (Mohr); ich fand es mehrfach auch auf ausschlagende Kopfweiden aufgesetzt; Kollibay nennt Kopfrosen als den gewöhnlichsten Standort. Es ist bekanntlich ein hübscher Bau und bei uns in Schlesien fast immer mit Birkenrinde durchwirkt, worauf zuerst L. Tobias hingewiesen hat.

Maasse von 38 schlesischen Eiern in mm:

	maximum	minimum	Durchschnitt
Länge:	19	17	18
Breite:	14,5	12	13,5

A. v. Homeyer fand abweichend ammerartig gestrichelte Eier.

Volle Gelege entdeckten Kutter am 9. Juni und 30. Mai, Praetorius am 30. Mai, Kollibay am 11. und 16. Juni, ich selbst am 29. Mai, 2., 3., 6., 14. und 17. Juni; nackte Junge fand Kutter am 15. Juli.

Maasse von 6 schlesischen Nestern in mm:

Aeussere Breite: 85—95   Höhe: 55—75
Innere Breite: 45—60   Tiefe: 40—55

Gewöhnlich enthält das Gelege schlesischer Gartensänger 5, seltener 4 oder 6 Eier. Manche Imker behaupten, dass dieser Vogel den Bienenstöcken empfindlichen Abbruch thue, was ich aber nie wahrgenommen habe und auch nicht für wahrscheinlich halte.

Gattung: **Locustella** Kaup 1829. Heuschreckensänger.

Die mittelsten Schwanzfedern verlängert und sehr breit, Schwanzdeckfedern ganz ungewöhnlich lang. Zehen lang. Flügel kurz und rund, Schwingen nicht eingeschnürt, die 2. und 3. am längsten. Eigentümlicher Schwirrgesang.

31. **Locustella naevia** (Bodd.) 1783. — Heuschrecken-Rohrsänger.

Synonyma: Sylvia locustella Penn., Lath., Naum., Gätke; Curruca cinerea naevia Briss.; Motacilla naevia Bodd.; Locustella acicula Ray; Muscipeta locustella, M. olivacea Koch; Acrocephalus fluviatilis Naum.; Calamoherpe locustella Boie; Calamoherpe tenuirostris Chr. Brehm; Calamodyta locustella Gray, Gieb.; Salicaria locustella Selby; Locustella Rayi Gould; Locustella vera, L. anthirostris, L. tenuirostris Chr. Brehm; Locustella locustella Bon.; Degl.; Lusciniola lanceolata Gray; Acrocephalus locustella Rchw., Fridr.; Threnetria locustella Schauer; Locustella naevia Degl., A. Brehm, v. Hom., Mewes, Hartert.

Trivialnamen führen die so versteckt lebenden Locustella-Arten in Schlesien nicht und sind überhaupt daselbst trotz ihrer relativen Häufigkeit und des auffallenden Schwirrgesangs dem gemeinen Mann gänzlich unbekannt.

Kennzeichen der Art: Die 2. und 3. Schwinge sind gleich lang, der Rücken gefleckt. (Da infolge des vielen Herumkriechens in dem scharfen und schneidenden Rohr das Gefieder und namentlich auch die grossen, beim Hüpfen gelüfteten Schwungfedern der Rohrsänger häufig sehr abgenutzt und zerstossen sind, so verwischen sich bisweilen die Schwingenverhältnisse und erscheint es deshalb nicht angängig, nach diesen allein zu bestimmen.)

Maasse von 12 schlesischen Exemplaren in cm:

	maximum	minimum	Durchschnitt
Länge:	14,0	12,5	13,4
Flugbreite:	21,4	19,2	20,1
Schwanz:	5,9	5,0	5,5
Schnabel:	1,6	1,3	1,5
Tarsus:	2,1	1,9	2,0

Lokalvarietäten dieses Rohrsängers sind mir nicht bekannt geworden. Friderich giebt als Schnabellänge nur 1,0 cm an. Vielleicht haben wir es demnach in Schlesien mit der Brehmschen subspecies *tenuirostris* zu thun, was ich bei dem geringen Material, welches mir zur Verfügung stand, nicht entscheiden konnte.

Der Heuschreckensänger gehört zu denjenigen Vögeln, welche viel häufiger sind, als man gewöhnlich annimmt, und die sich nur der Beobachtung vielfach zu entziehen pflegen. In Schlesien ist er an manchen Oertlichkeiten durchaus nicht selten, und man darf behaupten, dass sein Bestand im Zunehmen begriffen und er überhaupt bestrebt ist, seinen Verbreitungsbezirk zu vergrössern. Dies könnte von einem an einen so bestimmten Aufenthaltsort gewöhnten Vogel wunderbar erscheinen, wenn ihm nicht sein ausserordentliches Anpassungsvermögen an veränderte Verhältnisse zu statten käme. Gloger fand 1826 unseren Vogel bei Neisse ziemlich häufig auf und gleich darauf auch bei Breslau, wo er an der Oder die Standplätze von 4 Pärchen in geringer Entfernung von einander constatirte. Namentlich zwischen Breslau und der Strachate und in der letzteren selbst hat sich der Bestand dieses

Rohrsängers seitdem stetig gehoben, was auch Tiemann 1865 betont. Deshalb konnte auch A. v. Homeyer 1867 schreiben: „Bei Breslau sehr häufig." Uebrigens schwankt der örtliche Bestand aller schwirrenden Rohrsänger von Jahr zu Jahr ganz ausserordentlich. Dies gilt namentlich auch von *fluviatilis*. Von *naevia* fand A. v. Homeyer 1862 bei Glogau ca. 20 Brutpärchen, 1866 dagegen nur 2. Derselbe Forscher constatirte *naevia* noch für Wilandsdorf und für Reindörfel in der Grafschaft Glatz. In der Gegend von Neusalz ist der Vogel nach L. Tobias nicht selten, häufiger noch im Primckenauer Bruch. Während *naevia* also im ganzen Oderthale eine regelmässige Erscheinung ist, ist er in der Lausitz anscheinend viel sparsamer vertreten. Nur R. Tobias erlegte ihn wiederholt im Herbste und einmal auch am 13. Mai 1831 abends 7 Uhr in einem Roggenfelde ein schwirrendes Männchen, ohne aber ein Nest zu entdecken. Nach A. v. Homeyer hat der Heuschreckensänger aber doch einmal in der Lausitz genistet und zwar auf ziemlich freiem Terrain. Ich weiss nicht, worauf sich diese Angabe bezieht. Die neueren Lausitzischen Forscher erwähnen den Heuschreckensänger überhaupt nicht mehr, und es scheint, als ob er sich auch auf dem Zuge ziemlich streng an das Oderthal hielte. Ich selbst fand ihn recht häufig bei Breslau und sparsamer in der Bartschniederung. Inbezug auf seinen Aufenthaltsort ist dieser Sänger nicht allzu wählerisch, zeigt aber häufig eine gewisse Launenhaftigkeit. In feuchten, sumpfigen Auwäldern mit Dornengestrüpp ist er gern und bevorzugt hier freie Wiesen und Plätze mit einzeln stehenden Gebüschen. Nach A. v. Homeyer liebt er „offene, mit hohem Gras bewachsene Stellen des grossen Waldes, Gehaue mit 2—3jähr. Nachwuchs, sumpfige Wiesen und Gebüsch." Stets muss das Terrain feucht sein. Dann findet man ihn aber auch in Getreide- und Kleefeldern und auf dem Zuge in Kraut- und Kartoffeläckern. Lübbert fand 1851 bei Breslau ein Nest in einem Kleefelde, in dessen Nähe es weder ein Gesträuch, noch ein Gewässer, noch überhaupt sumpfiges Terrain gab. Auf dem Zuge ist der Heuschreckensänger schon in den meisten Gegenden Schlesiens nachgewiesen worden, so von R. Tobias für Görlitz, von Thiemann für Ziegenhals, von v. Meyerinck für Canth, von Knauthe für den Zobten u. a. Bisweilen ist der Durchzug ein ziemlich starker. So schoss Gloger einmal bei Neisse 3 Stück nahe bei und gleich hinter einander. Die Ankunft erfolgt Anfang Mai, der Wegzug während des September. Bei Breslau notirte ich die Ankunft am 1. Mai 1889 und am 3. Mai 1890. Durchschnittsmaasse von 4 schlesischen Eiern = 16,9 + 12,8 mm. Fridr. giebt an, dass *naevia* 2 Bruten mache, was mir für Schlesien wenigstens ziemlich unwahrscheinlich vorkommt. Charakteristisch für den Vogel ist nach Fickert sein ausserordentlicher Speichel-

überfluss. Der höchst eigenartige Gesang der schwirrenden Rohrsänger, der dem, welcher ihn einmal gehört hat, stets im Ohre
liegen wird, ist schon oft genug geschildert worden, und besser,
als ich es zu thun vermöchte. Am bezeichnendsten und präg-
nantesten drückt sich meiner Ansicht nach A. v. Homeyer aus,
wenn er sagt: „*naevia* und *luscinioides* schwirren, resp. schnurren
in ir und ar einsilbig, und *fluviatilis* zittert in e und r zweisilbig.“

32. **Locustella luscinioides** (Savi) 1824. — Nachtigall-
Rohrsänger.

Synonyma: Sylvia luscinioides Savi, Naum., Blas.; Calamodyta luscinioides Gray, Gieb.; Pseudoluscinia Savii Bon.; Salicaria luscinioides Kays. und Blasius; Lusciniopsis Savii Bon.;
Potamoëdus luscinioides Bon., Mewes; Cettia luscinioides Gerb.;
Lusciniola Savii Bon.; Lusciniopsis luscinioides Degl.; Pseudoluscinia luscinioides Gray; Threnetria acheta Schauer; Acrocephalus
luscinioides Fridr.; Locustella luscinioides Kaup, A. Br., v. Hom.,
Hartert.

Kennzeichen der Art: Die 2. Schwinge am längten. Ober-
und Unterseite ungefleckt, nur an den Halsseiten wenige, unschein-
bare und sehr kleine Flecken.

Schon als ich als Obertertianer längere Zeit in Ostgalizien
weilte, hatte ich ein reges Interesse für und im Verhältnis zu
meinem Alter auch recht leidliche Kenntnisse in der Vogelwelt.
Damals hörte ich dort wiederholt den eigenartigen Schnurrgesang
eines Rohrsängers, den ich nach der Beschreibung in Brehms
Tierleben für *naevia* hielt, aber nicht erlegte. Die unvergesslichen
Töne blieben mir für immer im Ohr haften. Später kam ich dann
nach Thüringen, wo ich überhaupt keine Gelegenheit hatte, schwirrende Rohrsänger zu beobachten und von da nach Breslau, wo
sich mir dieselbe in reicherem Maasse bot. Mit Wohlgefallen
lauschte ich auch hier wieder den sonderbaren Liedern der
interessanten Vögel, aber dieselben kamen mir doch anders vor
als das Schnurren, welches mir immer noch von Ostgalizien her
im Ohre lag. Ich schoss und untersuchte nun einige dieser mich
in so hohem Grade fesselnden Rohrsänger, bestimmte sie als
naevia und *fluviatilis* und lernte beide Arten näher kennen. Da
höre ich am 5. Mai 1890 in der Strachate einen Vogel schwirren,
bei dessen Lauten ich mir sofort sage: Das ist der Rohrsänger,
den Du von Ostgalizien her kennst. Nach endlosen Bemühungen
bin ich so glücklich, ihn zu schiessen und den ersten schlesischen [1]
luscinioides in ihm zu constatiren. Am 27. Mai hörte ich dann
ein zweites Männchen bei Radziunz schwirren, opferte es der
Wissenschaft und entdeckte nachher auch noch das mit 4 weiss-
lichgrauen, dunkler gewölkten Eiern belegte, dicht über dem
Boden aus dürren Schilfblättern erbaute Nest. Seitdem habe ich

[1] und auch wohl deutschen!

den herrlichen Vogel nicht wieder beobachtet und auch keine weiteren Nachrichten über sein Vorkommen erhalten. Der Nachtigallenrohrsänger ist ein südeuropäischer Vogel, welcher aber noch in Galizien ziemlich häufig vorkommt und sich sogar in Holland angesiedelt hat. Im vorigen Herbst soll er auch in Ostpreussen erlegt worden sein. Sein Vorkommen in Schlesien kann eigentlich nicht allzusehr überraschen, zumal *luscinioides* bekanntlich zu den am schwierigsten zu beobachtenden Vogelarten gehört und deshalb häufig übersehen werden mag. Als ich von Thüringen nach Breslau übersiedelte, sagte mir mein verehrter ornithologischer Lehrer, Prof. L i e b e, noch beim Abschied: „Achten Sie besonders auf *luscinioides;* derselbe muss meiner Ueberzeugung nach in Schlesien vorkommen." Die Ereignisse zeigten, wie sehr dieser scharf blickende Forscher auch hier wieder Recht behalten hat. Man kann sich nun das Vorkommen des Vogels in Schlesien auf zweierlei Weise erklären. Entweder ist ein Trupp dieser Rohrsänger im Frühjahr 1890 auf dem Zuge durch irgend welche Einflüsse der Witterung nach Schlesien verschlagen worden und hat sich z. T. daselbst auch häuslich niedergelassen, oder aber *luscinioides* gehört zu denjenigen Arten, welche ständig und erfolgreich bestrebt sind, die Grenzen ihres Verbreitungsbezirkes weiter hinauszuschieben. Mir will die letztere Erklärung als die wahrscheinlichere erscheinen. Wie dem aber auch sein mag, so rechne ich jedenfalls den erstmaligen Nachweis des brütenden *luscinioides* in Schlesien und damit auch wohl zum ersten Male in Deutschland stets zu meinen schönsten ornithologischen Erinnerungen. Ich möchte übrigens fast vermuten, dass *luscinioides* auch schon an anderen Punkten über die deutschen Grenzen vorgedrungen ist und bisher nur durch seine so überaus versteckte Lebensweise der Aufmerksamkeit der ohnehin zu dünn gesäten Beobachter entgangen ist. Meine beiden schlesischen Exemplare zeigten folgende Maasse: Totallänge = 13,9 cm; Schwanz = 6,5 cm; Flugbreite = 22 cm; Flügellänge = 7 cm; Schnabel = 1,3 cm; Tarsus = 2,2 cm. Maasse von 4 schlesischen Eiern = 20 + 16 mm.

33. **Locustella fluviatilis** (W o l f.) 1810. — F l u s s r o h r - s ä n g e r.

S y n o n y m a: Sylvia fluviatilis Mayer und Wolf, Naum., Glog., Gätke; Acrocephalus stagnatilis Naum.; Acrocephalus fluviatilis Naum., Rchw., Fridr.; Calamodyta fluviatilis Gray, Gieb.; Calamoherpe fluviatilis Chr. Brehm; Salicaria fluviatilis Kays. und Blas.; Lusciniopsis fluviatilis Bon.; Potamoëdus fluviatilis Gray, Mewes; Threnetria gryllina Schauer; Locustella strepitans Chr. Brehm; Locustella cicada Hausm.; Locustella fluviatilis Gould, A. Brehm, v. Hom., Radde, Hartert.

Kennzeichen der Art: Rücken ungefleckt. Kehle und Kopf deutlich gefleckt. Die sehr verlängerten unteren Schwanzdeckfedern mit breiten weissen Enden. Die 2. Schwinge am längsten. Grösse über 14 cm.

Maasse von 6 schlesischen Exemplaren in cm:

	maximum	minimum	Durchschnitt
Länge:	14,8	14,1	14,4
Flugbreite:	24,2	23,0	23,6
Schwanz:	6,2	5,4	5,7
Schnabel:	1,7	1,5	1,6
Tarsus:	2,3	2,1	2,2

Die Strachate bei Breslau ist schon seit lange als einer der wenigen deutschen Brutplätze des Flussrohrsängers bekannt. Gloger erlegte hier im Frühjahr 1826 das erste schlesische Exemplar, ein Männchen von ausgezeichnet düsterer Farbe. 1831 hörte er mehrere schwirrende Männchen an der Oder und Glatzer Neisse. Dann fehlt es an Nachrichten über unseren Vogel bis zum Jahre 1865, wo ihn Arlt wieder in der Strachate auffand; 1866 und 1867 fehlten sie daselbst; dafür beobachtete Arlt im letzteren Jahre 2 Stück im Ottwitzer Holz. 1868 waren 2—3, 1869 dagegen wohl 10 Pärchen in der Strachate. Dieser Bestand hielt sich, und A. v. Homeyer schrieb 1871 „vielfach in der Strachate" und 1886 „ist in Schlesien recht häufig!" Ich selbst beobachtete 1889 in der Strachate nur 3—4, 1890 dagegen mindestens 12 Paare. Der Bestand scheint also auch bei dieser Art sehr zu schwanken. Ausser bei Breslau beobachtete A. v. Homeyer unseren Vogel auch noch 12 Meilen südwestlich davon bei Schweidnitz in dem nördlich davon gelegenen Walde von Königszelt und zwar auf einem Platze des Waldes in einem 2—3-jährigen Gehau. Es waren zwei singende Männchen, die derselbe dort, ohne das Nest zu finden, wochenlang fast täglich hörte. Kern bemerkte den Flussrohrsänger im Sommer 1885 an der Glatzer Neisse und deren Nebenarmen und Kollibay hörte ebendaselbst im Mai 1886 3—4 Stück und ebenso in den folgenden Jahren. Am 12. Mai 1891 erlegte er bei Neisse ein schwirrendes Männchen, welches leider im Sumpfe verloren ging. Sonst sind mir keine weiteren Brutplätze des Flussrohrsängers in Schlesien bekannt geworden, doch stimme ich durchaus A. v. Homeyer bei, wenn er sagt: „Scheint seinen Verbreitungsbezirk auszudehnen und ist viel häufiger als man gewöhnlich annimmt. Er gehört eben zu den Vögeln, welche häufig übersehen und überhört werden." Bei Breslau ist er übrigens nicht nur in der Strachate zu finden sondern auch vis à vis auf dem anderen Oderufer und ziemlich zahlreich bei Kl. Tschensch an der Ohle und deren Verzweigungen. Ueppig feuchte Anwaldungen bilden

den bevorzugten Aufenthaltsort des Flussrohrsängers während der Brutzeit, doch meidet er nach A. v. H o m e y e r den eigentlichen inneren Wald und namentlich die Stellen, welche durch alte Eichen beschattet werden, und bevorzugt die lichteren, dicht mit Untergebüsch durchwachsenen Saumpartien. Hier liebt er die Nachbarschaft von kleinen, offenen, nassen oder auch feuchten Plätzen und treibt im Busche selbst unfern des Saumes sein Wesen. Seinen absonderlichen Gesang trägt das Männchen gewöhnlich von einem bestimmten, dicht von Gestrüpp umsponnenen Lieblingsbaum, meist einer Birke oder Weide, aus vor und steigt dabei, wenn es sich ungestört glaubt, immer höher, so dass es sich bisweilen den Blicken in einer Höhe von 5—7, nach A. v. H o m e y e r selbst 15 Fuss ziemlich frei zeigt. Bei dem geringsten Anzeichen von Gefahr lässt es sich dann freilich wie ein Stein ins Dickicht herabfallen, entschlüpft hier mit wahrhaft mäuseartiger Behendigkeit und bleibt nun auf längere Zeit spurlos verschwunden. Dasselbe Manöver macht es auch nach einem fehl gegangenen Schusse, so dass der mit diesem Benehmen noch unbekannte Beobachter meint, sein Schuss habe den Vogel getötet und sich nun vergeblich in dem Dickicht müde sucht. Die Ankunft von *fluviatilis* erfolgte bei Breslau nach meinen Beobachtungen 1889 am 1. und 1890 am 5. Mai. Das Nest findet man selten in der Nähe des Flussufers sondern meist mehr binnenwärts. A r l t und Graf R o e d e r n versorgten von Breslau aus die Sammlungen der deutschen Oologen regelmässig mit den kostbaren Eiern von *fluviatilis*, leider aber haben beide fast gar nichts über ihre dabei gemachten Erfahrungen veröffentlicht. Ausführlicher äussert sich A. v. H o m e y e r über das Brutgeschäft: „Das tief unten im Gras oder im durchwachsenen Niedergestrüpp auf oder wenige Zoll über dem Boden stehende Nest ist sehr schwer zu finden. Die Eier kennzeichnen sich durchaus als Schwirrsänger-Eier mit ihren feinen, glasigen, rötlichen Tinten, variiren aber doch bedeutend." Wohl nur eine Brut von 5—6 Eiern. A r l t fand das volle Gelege schon am 11. Mai und am 12. Juni bereits flügge Junge. Trotzdem ich gerade bei *fluviatilis* unendliche Mühe auf die Nestersuche verwendet habe, war ich doch nur einmal, am 21. Juni 1890, so glücklich ein Nest mit fast flüggen Jungen zu entdecken, die, als ich Miene machte, sie zu ergreifen, aus dem Neste schlüpften und spurlos im Gestrüpp verschwanden. Wenn A r l t die Ansicht äussert, dass sich das Männchen gar nicht an der Aufzucht der Jungen beteiligt, so muss ich das stark in Zweifel ziehen, denn die Auffindung des eben erwähnten Nestes wurde mir gerade im Gegenteil nur dadurch möglich gemacht, dass ich das Männchen erst schwirren und dann mit Futter im Schnabel zum Neste fliegen sah. Durchschnittsmaasse von 5 schlesischen Eiern = 21,5 + 17,5 mm.

9*

Gattung: **Calamodus** Kaup. 1829. — Schilfsänger.

Hier vermag ich ausnahmsweise nicht, mich an Reichenow anzuschliessen, denn die Schilfsänger weichen von den echten Rohrsängern doch vielfach und namentlich auch in ihren biologischen Eigentümlichkeiten so wesentlich ab, dass ich sie nicht mit diesen unter einen Hut bringen möchte. Wollte man consequent sein, so müsste man entweder alle Rohrsängergruppen zu der einen Gattung *Acrocephalus* vereinigen, oder aber man muss sich eben der von mir durchgeführten Drei-Teilung anbequemen. Bei *Calamodus* ist die Oberseite gefleckt, die Unterseite ungefleckt, die Flügel lang, der Scheitel zweifarbig, der Schnabel verhältnismässig schlank und mit Borsten an der Basis versehen. Die 2. Schwinge länger als die 4.

34. Calamodus aquaticus (Gm.) 1788. — Binsenrohrsänger.

Synonyma: Motacilla aquatica L., Gm.; Sylvia aquatica Lath., Tem., Naum., Gätke; Sylvia schoenobaenus Scop.; Silvia salicaria Bechst.; Sylvia paludicola Vieill.; Sylvia striata Chr. Brehm; Sylvia cariceti Naum., Glog.; Muscipeta salicaria Koch; Calamodyta aquatica Gray, Giebel; Calamoherpe aquatica, C. cariceti, C. limicola, C. striata Chr. Brehm; Salicaria aquatica, S. cariceti Kays. und Blas., Jäckel; Arundinaceus aquaticus Less.; Acrocephalus salicarius Naum.; Acrocephalus aquaticus A. Brehm, Rchw., Fridr., Pleske; Calamodus aquaticus, C. salicarius Cab., Mewes, Hartert.

Kennzeichen der Art: Die oberen Schwanzdeckfedern haben dunkle Schaftflecken.

Ausser dem gewöhnlichen rötlichgelben Vogel kennt man noch ein mehr grauliches Kleid, welches Naumann unter dem Namen *C. cariceti* als eigene Art beschrieb und abbildete. Die meisten neueren Ornithologen unter Führung E. F. v. Homeyers sind indessen der Ansicht, dass man es hier nur mit verschiedenen Altersstadien ein und desselben Vogels zu thun habe. Wenn ich mir nach dem allerdings geringfügigen Material, welches durch meine Hände gegangen ist, ein Urteil erlauben darf, so möchte ich mich diesen Forschern anschliessen und dadurch mit in Gegensatz zu unserem grössten schlesischen Ornithologen, zu Gloger, treten, welcher *cariceti* für eine nördliche Lokalvarietät von *aquaticus* hält. Aus der Breslauer Gegend wenigstens habe ich beide Formen nebst Uebergangsstadien ganz regellos durch einander erhalten, ja *aquaticus* sogar in stark überwiegender Mehrzahl, während man doch sonst dort eigentlich nur *cariceti* erwarten müsste, da dieser Rohrsänger bekanntlich ein mehr südlicher Vogel ist und nicht sehr weit nach Norden und Nordosten geht. Auch in der Lausitz kommen nach R. Tobias beide Formen vor.

Welche derselben eigentlich das jüngere Kleid darstellt, vermag ich nicht genau zu sagen. Nach E. v. Homeyer ist die graue Form das Sommer- und die rötliche das Winterkleid.

Maasse von 7 schlesischen Exemplaren in cm:

	maximum	minimum	Durchschnitt
Länge:	12,8	12,5	12,7
Flügelbreite:	18,9	18,4	18,7
Schwanz:	4,6	4,3	4,4
Schnabellänge:	1,1	0,8	1,0
Tarsus:	2,0	1,7	1,9

Obgleich im allgemeinen in Schlesien selten, ist der Binsenrohrsänger stellenweise an geeigneten Oertlichkeiten verhältnismässig häufig; nach Art anderer Rohrsänger schwankt aber auch hier sein Bestand sehr beträchtlich. Auf dem Zuge erscheint er in manchen Jahren recht zahlreich, wird aber meist übersehen oder verkannt. So beobachtete Baer am 3. Oktober 1889 an einem Teiche bei Niesky 12 Stück in kurzer Zeit, wovon er 2 erlegte. Gloger erhielt 1819 mehrere Nester mit Eiern aus der Gegend von Neisse. Bei Breslau ist der Binsenrohrsänger im Riedgras der Sümpfe und Teiche gar nicht selten, und fand ich ihn z. B. bei Kl. Tschansch unerwartet zahlreich. In den grossen Brüchen und Morästen der Bartschniederung findet er sich gleichfalls und für die Gegend von Saabor hat ihn L. Tobias als seltenen Brutvogel nachgewiesen. In der Lausitz hat ihn R. Tobias zwar wiederholt zur Zugzeit (*aquaticus* = Winterkleid!) als auch 2mal im Mai (*cariceti* = Sommerkleid!) erlegt, doch fehlte noch bis auf die neueste Zeit ein vollkommen sicherer Beweis für das thatsächliche Brüten, bis denselben nunmehr Baer erbracht hat. Derselbe fing an den Uhyster Teichen einen jungen Vogel und bekam dabei den Alten so nahe zu Gesicht, dass bei der Geübtheit des Beobachters eine Verwechslung mit *phragmitis* vollkommen ausgeschlossen erscheint. Am 13. Mai 1891 stellten sich die Vögel wieder an den dortigen Teichen ein; bei Breslau erschienen sie 1889 am 1. Mai und 1890 am 26. April. Maasse von 5 schles. Eiern = 16 + 11 mm.

35. Calamodus schoenobaenus (L.) 1758. — Schilfrohrsänger.

Synonyma: Motacilla schoenobaenus L., Gm., Bchst.; Motacilla yvica Hass.; Motacilla salicaria Tunst., Don.; Sylvia phragmitis Bchst., Naum., Glog., Gätke; Sylvia schoenobaenus Vieill.; Sylvia salicaria Lath., Forst.; Curruca salicaria Flem.; Curruca silvestris Briss.; Calamodyta schoenobaenus Giebel; Calamodyta phragmitis Meyer u. Wolf, Degl.; Calamoherpe phragmitis Boie, v. Hom.; Calamoherpe tritici, C. subsphragmitis Chr. Brehm;

Caricicola brachyrhynchus, C. danubialis, C. phragmitis, C. schoenobaenus, C. subphragmitis, C. tritici Chr. Brehm; Muscipeta phragmitis Koch; Salicaria phragmitis Selby; Acrocephalus schoenobaenus Rchw., Radde, Fridr.; Calamodus phragmitis Kaup; Calamodus schoenobaenus Gray, Mewes, Hartert.

Trivialnamen: Kleiner Weidenzeisig.

Kennzeichen der Art: Die oberen Schwanzdeckfedern sind einfarbig (Pleske).

Trotz der vielen subspecies, die Brehm aufgestellt und trotz der Verschiedenheit der Eier, welche Seebohm betont hat, glaube ich doch, dass gerade bei *schoenobaenus* sich sehr schwer gültige Lokalformen werden auffinden lassen, da alles zu sehr durch einander geht, und diese Vögel auch individuell stark zu variiren scheinen. Auch die Vergleichungen der Maasse meiner schlesischen mit solchen westdeutscher und russischer Exemplare ergeben keine constanten Unterschiede.

Maasse von 19 schlesischen Exemplaren in cm:

	maximum	minimum	Durchschnitt
Länge:	14,0	12,8	13,3
Flügelbreite:	21,3	19,1	20,0
Schwanz:	5,4	4,9	5,1
Schnabellänge:	1,4	1,0	1,3
Tarsus:	2,0	2,2	2,1

Diese Art ist in Schlesien weit häufiger vertreten als die vorige und findet sich an allen Teichen, die nicht vollständig von Schilf- und Rohrdickichten oder Weidengestrüpp entblösst sind; so ist *schoenobaenus* nach Hosius selbst an den Giersdorfer Teichen bei Warmbrunn keine Seltenheit. An den weidenreichen Ufern der Ohle, Oder, Bartsch, Weistritz und anderer Flüsse Mittelschlesiens ist er überall zu finden, wo schilfige Uferstellen vorhanden sind. In den Schilf- und Erlenbrüchen von Primkenau, Trachenberg und Oberschlesien ist er einer der ersten Charaktervögel. Auch sein Bestand ist ein sehr schwankender. A. v. Homeyer constatirte ihn für Glogau, Baer für Niesky und Kutter für Neustadt als Brutvogel. Der Durchzug von *schoenobaenus* ist in manchen Gegenden Schlesiens, so namentlich auch bei Breslau und in der Bartschniederung, besonders im Herbste oft ein ausserordentlich starker. Den Gesang des Schilfrohrsängers habe ich sehr schätzen gelernt und seinem schon oft genug geschilderten Balzflug stets mit Vergnügen zugesehen. Sehr bemerkenswert dürfte es erscheinen, dass diese Rohrsänger in Schlesien bisweilen ganz nahe bei einander, ja oft in förmlichen Colonieen brüten, während Naumann und fast mit denselben Worten auch noch Fride-

rich in der neuesten Auflage seines Lehrbuchs besonders betonen,
dass sich diese Vögel einen relativ grossen Nistbezirk scharf abgrenzen
und eifersüchtig gegen andere Pärchen verwahren. Dieses colonieweise Brüten findet mit Vorliebe statt, wo die Vögel im jungen
Weidengestrüpp nisten, ohne dass ich einen völlig stichhaltigen
Grund dafür anzugeben wüsste. Bei Kl. Tschansch beobachtete
ich auf etwa $\frac{1}{2}$ Morgen allerdings sehr günstigen Terrains mindestens 20, wahrscheinlich ca. 25 Paare. R. Tobias zählte in
den 40er Jahren in einjährigen Weiden mehrfach 8 Paare auf
$\frac{1}{4}$ Morgen. Er fand die Art in der Lausitz, L. Tobias bei
Saabor brütend. Letzterer fand gleichfalls eine Colonie in einem
2jährigen Weidenwerder, wo die Nester ganz nahe zusammen
standen. Die Nester dieser Art sind übrigens oft auffallend schlecht
und liederlich gebaut. Da dieser Rohrsänger schon verhältnismässig früh im Jahre bei uns eintrifft, so wäre es möglich, dass
er 2 Bruten macht, worüber mir indessen keine Erfahrungen zu
Gebote stehen. Ich fand am 16. und 27. Mai volle Gelege.

Maasse von 21 schlesischen Eiern in mm:

	maximum	minimum	Durchschnitt
Länge:	19	17	18,2
Breite:	14	12	13,25

Maasse von 3 Nestern in mm:

Aeussere Breite: 100—130   Höhe: 50—90
Innere Breite: 60—75   Tiefe: 40—55

Ueber den Zug liegen nur sehr spärliche Daten vor:

Ort:	Beobachter:	1830	1842	1876	1879	1889	1890	1891
Görlitz	R. Tobias	26. IV.	23. IV.	—	—	—	—	—
Canth	v. Meyerinck	—	—	—	3. V.	—	—	—
Niesky	Bär u. Kramer	—	—	—	—	—	22. III. 8. X.	3. V.
Breslau	Mohr	—	—	19. IV.	—	—	—	—
„	Floericke	—	—	—	—	25. IV. 6. X.	19. IV.	—
Falkenberg	„	—	—	—	—	—	—	23. IV.

Gattung: **Acrocephalus** Naum. 1811. — Rohrsänger.

Schnabel verhältnismässig breit und an der Basis abgeflacht.
Rücken und Scheitel ungefleckt. Die 2. und 3. Schwinge am
längsten; die Schwingen bis höchstens zur 4. auf der Aussenfahne
verengt.

36. **Acrocephalus palustris** (Bchst.) 1802. — Sumpfrohrsänger.

36a. **Acrocephalus palustris horticolus** (Naum.) 1840.
— Gartenrohrsänger.

Synonyma: Sylvia palustris Bchst., Naum., Glog., Gätke;
Sylvia strepera Vieill.; Sylvia agricola, S. montana Jerd.; Sylvia
fruticola, S. horticula Naum.; Calamodyta palustris Gray, Gieb.,
Mewes; Calamodyta strepera Gray; Calamodyta agricola Gray;
Calamoherpe palustris, C. arbustorum Boie, Degl.; Calamoherpe
pratensis Jaub.; Calamoherpe agricola Blyth, Acrocephalus agricola
Blyth; Salicaria palustris Kays. und Blas., Jäckel; Acrocephalus
palustris Naum. sen., Cab., A. Brehm, v. Hom., Radde, Fridr.,
Hartert.

Trivialnamen: Sprachmeister, Schwarzblättel, Rohrzeisig.

Kennzeichen der Art: Flügellänge unter 72 mm. Die
2. Schwinge gleich der 3. Die 3. aussen nicht verengt. Unterleib mit ockergelbem Anflug. Die kleinen unteren Flügeldeckfedern blass gelblichweiss (Letzteres nach Friderich).

Maasse von 42 schlesischen Exemplaren in mm:

	maximum	minimum	Durchschnitt
Länge:	143	130	136
Flügelbreite:	202	184	193
Schwanz:	59	52	55,5
Schnabellänge:	16	13	14
Tarsus:	24	21	22,5
Flügellänge:	70	63	67

Naumann's *horticulus*, welcher sich hauptsächlich durch dunklere Färbung der Oberseite unterscheidet, kommt auch in Schlesien
vor. Leider habe ich nur wenige Stücke in Händen gehabt und diese
wenigen wieder fortgegeben, da dies zu Beginn meiner ornithologischen
Thätigkeit in Schlesien war und ich damals noch nicht hinreichend
auf dergleichen Feinheiten achtete. Doch möchte ich, obwohl ich
mich dadurch wahrscheinlich in Gegensatz zu der Mehrzahl der
heutigen Ornithologen stelle, die Vermutung aussprechen, dass
wir es hier mit einer guten subspecies zu thun haben, welche
eben durch die veränderte und einem neuen Aufenthalt angepasste
Lebensweise entstanden ist. Die Stimme z. B. ist anders; leider
habe ich es wie gesagt damals unterlassen, sofort Notizen zu
machen und aus der Erinnerung wage ich nicht, dergleichen feine
Unterschiede wiederzugeben. Künftige Beobachter werden ihr
Augenmerk namentlich auf biologische Eigentümlichkeiten beider
Formen zu lenken haben. Erfahrene Eiersammler behaupten, dass
auch die Eier verschieden seien u. s. w.

Dieser ausgezeichnete Spötter ist mit Ausnahme der Sudeten
und der Lausitz in ganz Schlesien ein gemeiner Brutvogel, oft
sogar ungemein häufig und in den üppig feuchten Auwaldungen
Mittelschlesiens mit der erste Charaktervogel. Dabei nimmt sein

Bestand immer noch zu und wandert er in stetig grösser werdender Zahl auch in Gegenden ein, denen er bisher ganz oder grossenteils fehlte. Im ganzen Oderthale und in der Bartschniederung ist *palustris* gemein, ebenso an fast allen Nebenflüssen der Oder, sobald sie das Gebirge verlassen haben, und ihr Lauf ein trägeres Gefälle annimmt. Besonders häufig scheint er, was schon Gloger hervorhebt und neuerdings wieder Kollibay bestätigt hat, an den Ufern der Glatzer Neisse zu sein. Bei Breslau schoss Gloger einmal im Frühjahr 1826 bis 6 Uhr morgens 4 Stück. Auch bei Neustadt ist die Art nach Kutter sehr gut vertreten. In den Vorbergen geht er für einen Rohrsänger recht hoch hinauf. Am Zobten ist *palustris* nach Knauthe ein zwar sparsamer, aber im Zunehmen begriffener Brutvogel. A. v. Homeyer fand ihn häufig an kleinen Feldteichen bei Glatz, Frankenstein und Reindörfel, ja als vereinzelten Brutvogel sogar auf feuchten Stellen des Hochwaldes. Relativ selten ist dieser Sangeskünstler dagegen in der Lausitz, wenngleich er auch dort jetzt vordringt und zunimmt. Von 1832—36 fand der eifrige R. Tobias nur 3 Nester, spricht aber bereits 1839 von einer deutlich erkennbaren Zunahme des Vogels in den ebenen Teilen der Lausitz. „Erst unterhalb Görlitz, wo die Ufer der Neisse flacher werden und auf den Wiesen mit Gesträuch umgebene Lachen sind, brütet er regelmässig." Bei Zittau ist er nach dem jüngeren Krezschmar noch jetzt eine Seltenheit, und für Niesky constatirte ihn erst Kramer 1891 als einen für die Gegend neuen Brutvogel. Auwälder, weidenreiche Flussufer, sumpfige, mit niederem Gebüsch bewachsenen Wiesenflächen bilden seinen Aufenthalt; ferner nach Kollibay mit besonderer Vorliebe „die mit Nesseln, Hopfen und Winden durchwachsenen Weiden der Ufer kleiner Bäche, die durch tiefer gelegenes Ackerland fliessen." Auf dem Herbstzuge findet man die Sumpfrohrsänger vielfach in Kartoffeläckern. Die Zugmonate sind Mai und August. Bei Breslau kam *palustris* 1889 am 1. und 1890 am 4. Mai an. Ich hörte dort vielfach ganz ausgezeichnete Spötter. Das Nest steht wohl stets noch über trockenem Boden, nie direkt über dem Wasserspiegel (R. Tobias). Doch werden diese Stellen häufig überschwemmt, und lieben die Vögel überhaupt Feuchtigkeit in der Nähe. Kutter und Kollibay fanden die Nester gewöhnlich in hohen Nesseln, ca. 1 m über dem Boden, L. Tobias dagegen in Weiden, wo sie meist auffallend schlecht befestigt waren. Gelege nach Kollibay stets nur zu 4 Stück, was ich bestätigen kann. Kutter fand am 4., Kollibay am 8. und 18., ich am 3., 12. und 14. Juni volle Gelege. Am 7. Juni stiess Kutter auf ein Nest, welches 1 Ei und 1 Sparei enthielt. Nur eine Brut.

Maasse von 44 schlesischen Eiern (wovon 14 durch Kollibay gemessen) in mm:

	maximum	minimum	Durchschnitt
Länge:	19,6	16,4	18,55
Breite:	14,3	12,4	13,4

Die Bauart der Nester ist übrigens, wie auch schon Pleske hervorgehoben hat, nach einem zweifachen Typus. Die in Weiden erbauten gleichen denen des Teichrohrsängers, die in Nesseln und Hopfen errichteten dagegen denen der Dorngrasmücke. Vielleicht ist uns damit ein neuer Fingerzeig für die subspecifische Sonderung von *palustris* und *horticulus* gegeben!

37. **Acrocephalus streperus** (Vieill.) 1817. — Teichrohrsänger.

Synonyma: Motacilla arundinacea Gm.; Motacilla salicaria L., Gm., Behst.; Sylvia arundinacea Lath., Behst., Naum., Glog., Gätke; Sylvia strepera, S. bacticata Vieill.; Sylvia affinis Hardy; Sylvia salicaria Lath., Behst.; Curruca fusca Hempr. u. Ehrbg., Salicaria Gessneri Wil. und Ray; Luscinia salicaria Klein; Salicaria arundinacea Selby, Jäckel; Calamodyta arundinacea Gray, Giebel; Calamodyta bacticula Gray; Calamodyta strepera Mewes; Calamoherpe arundinacea Boie, Degl., Blyth, Brehm; Calamoherpe salicaria, C. Brehmi, C. hydrophilus, C. piscinarum, C. alnorum, C. arbustorum, C. pinetorum, C. latirostris, C. crassirostris Chr. Brehm; Calamoherpe obscuricapilla Dub.; Acrocephalus arundinaceus Naum., Cab., A. Brehm, v. Hom.; Acrocephalus salicarius Fridr.; Acrocephalus streperus Radde, Pleske, Hartert.

Trivialnamen: Ixel, kleiner Rohrsperling, kleiner Rohrspatz.

Kennzeichen der Art: Flügellänge unter 72 mm. Die 2. Schwinge kürzer als die 3.; letztere aussen verengt. Unterleib mit hell rostgelblichem Anflug. Unterflügeldeckfedern licht rostbräunlich.

Maasse von 24 schlesischen Exemplaren in cm:

	maximum	minimum	Durchschnitt
Länge:	13,5	13,0	13,25
Flügelbreite:	19,6	18,9	19,2
Schwanz:	5,8	5,2	5,35
Schnabel:	1,8	1,6	1,7
Tarsus:	2,4	2,1	2,25

Auch der Teichrohrsänger ist für die meisten Gegenden Schlesiens ein gemeiner Vogel. Er findet sich in den Rohrpartien aller, auch der kleinsten Teiche, ferner im Weidicht und Röhricht der Flüsse und Auwälder, sowie auch an überwachsenen Gräben und feuchten Stellen der Anlagen und Parks. Er scheut dabei keineswegs die Nähe des Menschen; so hörte ich ihn wiederholt im botanischen Garten zu Breslau. Ueberhaupt weiss er sich in

veränderte Verhältnisse zu schicken und bringt sein Nestchen
auch gern auf einer wagerechten Astgabel an, wenn es an passenden Rohrstengeln fehlt (R. Tobias). Sehr häufig lebt er in
den Ausschachtungen zu Seiten der Bahndämme, wie dies nach
den schönen Untersuchungen von Liebe auch in Thüringen der
Fall ist. Auch auf den Teichen der Vorberge ist dieser Rohrsänger zu finden, so bei Hirschberg und nach A. v. Homeyer
auch bei Cudowa. Der Bestand schwankt übrigens wie bei allen
Rohrsängern sehr erheblich. Der Durchzug ist sehr lebhaft und
findet in den Monaten April und September statt. Viel bestimmte
Daten über die Ankunft liegen freilich nicht vor. R. Tobias
fand von 1832—38 als frühesten Ankunftstermin den 27. April,
als spätesten den 8. Mai und als mittelsten den 1. Mai. Ferner
notirt er den 26. April 1839 als Ankunftstermin für Görlitz,
Krezschmar den 10. April 1882 für ebendort, Kern den 14. April
1886 für Breslau und ich den 22. April 1889 und den 25. April
1890 für dieselbe Gegend. Zur Anlage seines Nestes wählt sich
streperus bekanntlich Rohrpartien, auch wenn dieselben von noch
so kleinem Umfange sind, und bringt hier seinen Bau an den
Stengeln über oder unmittelbar neben dem Wasser an. Doch erleidet auch diese Regel ihre Ausnahmen. So fand v. Boenigk
die Nester öfters neben dem Wasserspiegel, aber freilich meist
an solchen Orten, wo das Wasser noch kurz zuvor gestanden
hatte. Einmal aber stand das Nest in einem Weidenwerder, mindestens 20 Schritte vom Ufer eines toten Flussarmes entfernt, auf
einer Astgabel. Ich erhielt am 8. und 11. Juni frische Gelege.
Nach meinen Erfahrungen macht *streperus* in Schlesien regelmässig 2 Bruten, was schon der ältere Tobias im Gegensatze
zu Naumann hervorgehoben hat. Die Erklärung, welche der
Görlitzer Ornithologe hierfür giebt, will mir freilich weniger ein-
leuchten. Nach R. Tobias soll nämlich das Männchen allein
die ausgeflogenen Jungen füttern, während das Weibchen sich zu
einem bis dahin noch ungeparten Männchen gesellt und mit diesem
Ende Juli eine zweite Brut macht.

Maasse von 6 schlesischen Nestern in mm:

Aeussere Breite:	60—90	Höhe:	50—75
Innere Breite:	40—50	Tiefe:	35—40

Maasse von 32 schlesischen Eiern in mm:

	maximum	minimum	Durchschnitt
Länge:	20	16	18,1
Breite:	14	13	13,5

38. **Acrocephalus arundinaceus** (L). 1758. — Rohrdrossel.

Synonyma: Turdus arundinaceus L., Briss., Gm., Behst., Fisch.; Turdus junco Pall.; Turdus palustris Klein; Sylvia turdoides Meyer, Tem., Cuv., Tyz., Naum., Gätke; Sylvia turdella Raff.; Sylvia turdina Glog., Schleg.; Muscipeta lacustris Koch; Calamoherpe turdoides Boie, Bon., Degl., Tacz.; Calamoherpe media Hahn; Calamoherpe lacustris, C. stagnatilis, C. maior, C. longirostris Chr. Brehm; Arundinaceus turdoides Less.; Salicaria turdoides Kays. u. Blas., Meyer, Schwed., Jäckel; Salicaria turdina Schleg.; Acrocephalus arabicus Hengl.; Acrocephalus fulvolateralis Sharpe; Acrocephalus lacustris Naum.; Acrocephalus turdoides Cab., A. Br., v. Hom., Radde, Pleske; Acrocephalus arundinaceus Gray, Fridr., Hartert.

Trivialnamen: Rohrspatz, grosser Rohrsperling.

Kennzeichen der Art: Flügellänge über 85 mm. Die 2. Schwinge steht in ihrer Länge zwischen der 3. und 4.

Maasse von 40 schlesischen Exemplaren in cm:

	maximum	minimum	Durchschnitt
Länge:	22,2	19,8	21
Flügelbreite:	30,1	27,4	28,7
Schwanz:	8,8	7,9	8,4
Schnabel:	2,3	2,1	2,2
Tarsus:	3,0	2,8	2,9

Das sonderbar knarrende Lied der Rohrdrossel ist es, das auch dem Laien in den schlesischen Anwaldungen und Teichgebieten auffällt, das vor allem mit zur Staffage dieser Landschaften gehört, und das man dort wirklich bis zum Ueberdrusse zu hören bekommt. Der Vogel fehlt in solchen Gegenden wohl nirgends, ist in manchen, wie bei Breslau, Glogau, Neusalz und der Bartschniederung ausserordentlich gemein, in anderen aber auch in entschiedenem Rückgange oder gar im Aussterben begriffen. So ist er nach Knauthe seit 1883 bei Sprottau völlig ausgerottet und auch von den Schlaupitzer Teichen neuerdings ganz verschwunden. In der Lausitz scheint er nach den übereinstimmenden Berichten der dortigen Forscher überhaupt nicht so häufig zu sein wie in Mittel- und Oberschlesien, und in den Gebirgsgegenden fehlt er fast ganz, geht jedenfalls nicht so hoch wie *streperus*. Emmerich beobachtete ihn bei Neurode nur einmal, im Mai 1891. R. Tobias notirte von 1832-38 als frühesten Ankunftstermin den 27. April, als spätesten den 7. und als durchschnittlichen den 3. Mai.

Zugtabelle:

Ort:	Beobachter:	1840	1876	1882	1889	1890	1891
Görlitz	R. Tobias	29. IV.	—	—	—	—	—
„	Krezschmar	—	—	3. V.	—	—	—
Zobten	Knauthe	—	—	—	—	19. V.	—
Niesky	Kramer	—	—	—	—	—	3. V.
Breslau	Mohr	—	28. IV.	—	—	—	—
„	Floericke	—	—	—	1. V.	2. V.	—

Der Wegzug erfolgt schon im August. Man findet den Vogel dann nicht nur im Röhricht, sondern auch in allem möglichen Gesträuch, vorausgesetzt, dass Wasser in der Nähe ist. Nur eine Brut zu 4—5 Eiern, welche 15 Tage lang bebrütet werden. Bei Breslau benutzt der Kuckuck die Nester des dort sehr häufigen Drosselrohrsängers zum Ablegen seines Eies. Auch diese Art zeigt beim Nestbau mancherlei Abnormitäten. So nistete *arundinaceus* nach A. v. Homeyer bei Glogau ziemlich zahlreich, während das Wasser fast gänzlich fehlte und die Oder wohl 800—1000 Schritt entfernt war. L. Tobias fand, noch ehe das Rohr gewachsen war, ein nicht angeheftetes Nest auf einem abgehauenen Weidenstocke. H. Lübbert erhielt am 20. Mai 1854 ein Nest mit 5 Eiern, die abweichend gefärbt, hell weissgrau mit einem kaum bemerkbaren Stich ins Grünliche waren. Drei davon hatten nur sehr bleiche aschgraue, die beiden andern daneben auch noch wenige bleicholivenfarbene Flecke. L. Tobias fand das volle Gelege am 17., ich selbst am 10., 12., 13., 21., 22. und 27. Juni.

Maasse von 68 schlesischen Eiern in mm:

	maximum	minimum	Durchschnitt
Länge:	25	21	23,2
Breite:	17	15	16,3

Durchschnittsmaasse von 11 schlesischen Nestern in mm:

Aeussere Breite:	92	Höhe:	125
Innere Breite:	70	Tiefe:	70

Gattung: **Sylvia** Scop. 1769. — Grasmücke.

Schnabel ziemlich stark und pfriemförmig mit breiten, ritzenförmigen und von Borstenfederchen umkleideten Nasenlöchern. Der Schwanz ist ungebändert und kürzer als die Flügel. In diesen ist die 3. Schwinge am längsten, die 1. erreicht nie die Hälfte der 2.

39. **Sylvia atricapilla** (L.) 1758. — Mönchsgrasmücke.

Synonyma: Motacilla atricapilla L., Tengm., Gm., Buff., Bchst.; Motacilla moschita Gm.; Curruca atricapilla Briss., Curruca

Heineckeni var. Jard.; Curruca nigricapilla, C. pileata, C. ruficapilla Chr. Brehm; Monachus atricapillus Kaup; Philomela atricapilla Sws.; Epilais atricapilla Cab.; Sylvia moschita Lath.; Sylvia ruficapilla Naum.; Sylvia Naumanni v. Müll.; Sylvia rubicapilla Landb.; Sylvia atricapilla Klein, Penn., Lath., Behst., Naum., Glog., Gieb., Kays. und Blas., A. Br., v. Hom., Mewes, Fridr., Radde, Pleske, Hart., Gätke, Jäckel.

Trivialnamen: Schwarzplatte, Schwarzblättchen, Schwarzkopf, Grasespatz, Klostervogel, Klosterwenzel, Mönchlein. Polnisch heissen alle Grasmücken Piegsa.

Kennzeichen der Art: Die 1. Schwinge überragt die Deckfedern der Armschwingen, die 2. ist kürzer als die 5. Füsse blaugrau. Kopfplatte schwarz (Männchen) oder rostbraun (Weibchen und Junge).

Maasse von 57 schlesischen Exemplaren in cm:

	maximum	minimum	Durchschnitt
Länge:	14,7	14,0	14,5
Flügelbreite:	24,0	22,9	23,6
Schwanz:	6,7	6,0	6,5
Schnabel:	1,4	1,2	1,3
Tarsus:	2,2	2,0	2,1

Die Weibchen haben durchgängig kürzere Schnäbel. Die Schwarzplättchen im Gebirge sind ersichtlich stärker und pflegen sich auch durch besseren Gesang auszuzeichnen.

Der Plattmönch ist keineswegs in allen Teilen der Provinz in gleicher Häufigkeit vertreten. In der niederschlesischen Tiefebene und in den ebenen Teilen Mittelschlesiens sowie auf der ganzen rechten Oderseite ist er keineswegs häufig, und es scheint sogar Gegenden zu geben, wo er ganz fehlt. So hat ihn L. Tobias bei Grüneberg nie bemerkt. Bei Breslau, in der Lausitz und in ganz Oberschlesien ist dagegen der Plattmönch gemein, am allerhäufigsten aber in den Vorbergen und in der Grafschaft, wohin eigens die Berliner Vogelfänger und -Händler reisen, um ihren Bedarf an gut singenden Schwarzplättchen zu decken. Die guten Sänger unter denselben werden aber dadurch immer rarer, und der Liebhaber kann heutzutage schon lange herumlaufen, ehe er ein Schwarzplattel zu hören bekommt, welches sein verwöhntes Ohr zu befriedigen vermag. In den armen Weberdörfern des Eulengebirges und der Grafschaft ist der Mönch der beliebteste Stubenvogel. Trotz dieser Liebhaberei ist in seinem Bestande keine Abnahme zu spüren, sondern vielmehr in manchen Gegenden eine höchst erfreuliche Zunahme zu constatiren, so nach Knauthe am Zobten. Bei Flinsberg gab es nach Hosius 1874 nur 3—4 Brutpaare, 1885 deren bereits ca. 30. Der Vogel geht übrigens im Gebirge ziemlich hoch empor. Im Hirschberger Thal und bei Schreiberhau ist er sehr häufig und zieht sich von hier aus überall am Gebirge empor, wo geschütztere Stellen sich finden, soweit der Wald reicht. Ja, einzelne gehen sogar bis ins Knieholz. So fand Gloger diese Art an den Rändern des kleinen Teiches (3700 Fuss), wo *Pinus pumilio* mit verkrüppelten Stämmchen von *P. picea, Sorbus aucuparia, Prunus padus, Ribes petraeum, Betula carpathica, Salix silesiaca, S. arenaria, Lonicera nigra* etc. unter einander wachsen, und die Zwischenräume mit üppigen Farrenkräutern, *Veratrum Lobelianum, Lilium, Aconitum multifidum, Sonchus alpinus* und anderen wuchernden Pflanzen überzogen sind. Capek hörte ein singendes Männchen im Knieholz des „Kessels" (1350 m). Gemischte Waldungen, die reich an niederem Gebüsch sind, hat der Schwarzkopf am liebsten; doch ist er bezüglich seines Aufenthaltortes nicht allzu wählerisch und anspruchsvoll. Er findet sich auch in grossen Gärten und fast regelmässig in den Anlagen der schlesischen Städte. Nach den Beobachtungen von R. Tobias traf *atricapilla* bei Görlitz von 1832—38 frühestens am 17., spätestens am 29. und durchschnittlich am 20. April ein. Sonst liegen über den Zug nur noch folgende Daten vor:

Ort:	Beobachter:	1881	1882	1885	1887	1889	1890	1891
Görlitz	Richter	-	—	—	—	18. IX.	—	—
„	Krezschmar	—	23. IV.	—	—	—	—	—
Sprottau	„	—	—	—	23. IV.	—	—	—
Zobten	Knauthe	—	—	—	16. IV.	—	—	—
Neustadt	Kutter	21. IV.	—	—	—	—	—	—
Flinsberg	Hosius	—	—	—	28. V.	—	—	—
Breslau	Floericke	—	—	—	—	15. IV. 23. IX.	18. IV.	—
Falkenberg	„	—	—	—	—	—	—	21. IV.

Kutter hat beobachtet, dass der Plattmönch mit Vorliebe an Maulbeeren nascht. In der Ebene macht *atricapilla* regelmässig 2 Bruten, im Gebirge wohl nur eine. Das Nest legt er mit Vorliebe in Fichtenstrauchwerk an (Mohr). Es ist sorgfältiger gebaut als dies sonst bei den Nestern der Grasmücken der Fall zu sein pflegt und zwar besonders, wenn Moos als Baumaterial verwendet wurde. Das Männchen löst das Weibchen in den Mittagsstunden beim Brüten ab, und beide sitzen so fest auf den Eiern, dass mann sie mit Händen greifen kann. Als Kollibay einmal den Versuch machte, das brütende Weibchen zu ergreifen, stürzte sich dasselbe mit wütendem Geschrei auf seine Hand und biss ihn in den Daumen. Volle Gelege fanden Kollibay am 24. Mai, 1. und 9. Juni, Practorius am 16. Mai und 9. Juli, ich selbst am 15., 18., 23. Mai, sowie am 8. Juli.

Maasse von 47 schlesischen Eiern (davon 5 durch Kollibay gemessen) in mm:

	maximum	minimum	Durchschnitt
Länge:	22	18	19,5
Breite:	15	14	14,75

40. **Sylvia curruca** (L.) 1758. — Zaungrasmücke.

Synonyma: Curruca garrula Briss., Degl.; Motacilla curruca L., Buff., Gm., Behst.; Motacilla garrula Retz.; Motacilla dumetorum Gm.; Motacilla sylvia Pall.; Stoparula curruca Bon.; Sylvia dumetorum Lath.; Sylvia garrula Behst., A. Br.; Sylvia dumetorum, S. molaria, S. septentrionalis, S. superciliaris Chr. Brehm; Sylvia affinis Blyth; Sylvia curruca Lath., Naum., Glog., Kays. u. Blas., Gieb., Fridr., v. Hom., Radde, Pleske, Hartert, Gätke, Jäckel.

Trivialnamen: Weisskehlchen.

Kennzeichen der Art: Die 1. Schwinge überragt die Deckfedern der Armschwingen. Die 2. steht ihrer Länge nach zwischen der 5. und 6., seltener zwischen der 6. und 7. (= var. affinis Blyth). Die 3. bis 5. Schwinge aussen verengt. Die beiden äussersten Schwanzfedern grösstenteils weiss, die beiden nächsten mit einem weissen Endfleck. Füsse blaugrau. Kopf grau.

Die var. *affinis*, bei welcher die Schwingenverhältnisse etwas abweichen und die eine östliche Art oder subspecies darstellen soll, habe ich in Schlesien nie gefunden. Alle Stücke, welche ich unter Händen hatte, erwiesen sich als echte *curruca*. Uebrigens ist ja jetzt durch Pleske selbst der subspecifische Wert von *affinis* äusserst zweifelhaft geworden.

Maasse von 27 schlesischen Exemplaren in cm:

	maximum	minimum	Durchschnitt
Länge:	12,9	12,2	12,75
Flügelbreite:	20,0	18,9	19,4
Schwanz:	6,1	5,3	5,75
Schnabel:	1,3	1,1	1,25
Tarsus:	2,0	1,9	1,9

Ganz fehlt diese Grasmücke wohl nirgends in Schlesien, aber in manchen Gegenden ist sie nicht allzuhäufig (Bartschniederung), während sie in anderen wieder die gemeinste Art der ganzen Gattung ist. Dies gilt z. B. für den Zobten (Knauthe) und für einen grossen Teil von Oberschlesien. Dabei ist der Vogel daselbst noch in weiterem Zunehmen begriffen. In den Vorbergen ist *curruca* überall gemein, geht aber im eigentlichen Gebirge nicht so hoch empor wie der Schwarzkopf. Im Isergebirge lebt er überall in den Hausgärten (Menzel). Er liebt weitläufige Gärten und parkartige Gegenden mit viel Gebüsch, dichten Hecken und Zäunen, weshalb er auch in den städtischen Anlagen nirgends zu fehlen pflegt. Doch kommt er auch tief im Nadelwalde in den Fichtendickichten, in grossen Laub- und Auwäldern und im Gebirge auf reinen Fichten- und Tannenschlägen vor. In der grossen Görlitzer Heide ist *curruca* sogar nach dem jüngeren Krezschmar die einzige dort brütende Grasmücke. Eine ganz besondere Vorliebe scheint dieser Vogel für die Stachelbeerbüsche zu besitzen. Nach R. Tobias kam er von 1832—38 frühestens am 8., spätestens am 20. und durchschnittlich am 13. April bei Görlitz an.

Diese Grasmücke macht bei uns 2 Bruten zu je 4—6 Eiern, welche 13 Tage lang (nach Mohr) bebrütet werden. Das Nest steht mit Vorliebe in jungen Fichten. Richter beobachtete den Nestbau am 24. April und 1. Juni und ausgeflogene Junge am 29. Mai und 3. Juli; Kollibay am 12. Mai und 4. Juni, ich am 14. Mai.

Maasse von 26 schlesischen Eiern in mm:

	maximum	minimum	Durchschnitt
Länge:	18	15,5	17,3
Breite:	14	12	12,9

Zugtabelle:

Ort:	Beobachter:	1839	1840	1841	1842	1849	1879	1881	1882	1885	1886	1887	1888	1889	1890	1891
Görlitz	R. Tobias	21. IV.	15. IV.	15. IV.	22. IV.	—	—	—	—	—	—	—	—	—	—	—
„	J. Tobias															
„	Peck															
„	Krezschmar					10. IV.	15. IV.	—	23. IV.	—	—	—	—	—	—	—
Sprottau	Knauthe											25. IV.				
Zobten	"										5. V.	1. V.				
Strehlen	Richter									16. IV. 19. IV.	15. IV. 17. IV.					
										8. IX.						
Neustadt	Kutter															
Patschkau	Kollibay							11. IV.								
Neisse												24. IV.				24. IV.
Niesky	Bär u. Kramer											15. IV. 17. IV.	15. IV. 17. IV.	25. IV.	25. IV. 26. IV.	
Breslau	Floericke												22. IV. 23. IV.	22. IV. 23. IV.		

41. **Sylvia rufa** (Bodd.) 1783. — Dorngrasmücke.

Synonyma: Motacilla sylvia L., Buff., Gm., Bchst.; Motacilla cineraria L.; Motacilla dumetorum Gm.; Stoparola cinerea Bon.; Curruca cinerea Briss., Koch; Curruca sylvia Steph.; Curruca cineracea, C. fruticeti, C. caniceps Chr. Brehm; Sylvia fruticeti, S. cineraria Bchst.; Sylvia cinerea Lath., Naum., Glog., Bchst., Chr. Brehm, Kays. u. Blas., Gieb., A. Br., Rchw., Fridr., v. Hom., Radde, Pleske, Gätke, Jäckel; Sylvia sylvia Steph., Hart.; Sylvia rufa Bodd., Steph., Meves.

Trivialnamen: Fliegenstecher, Grasemische, Dornschmetzer.

Kennzeichen der Art: Die Bastardschwinge ist kürzer als die Flügeldeckfedern. Die Schwanzdeckfedern zeigen keine Spur von Querstreifung. Die grossen Flügeldeckfedern sind rostbraun gesäumt. Füsse gelblich fleischfarben.

Es scheint, als ob diese Grasmücke zum Variiren neige, worauf schon das Vorkommen einer constanten östlichen Form, *S. cinerea fuscipilea* Pleske, hinweist. Die letztere kommt in Schlesien auch auf dem Zuge nicht vor, da sie eine südliche Wanderrichtung hat und deshalb in Ostindien überwintert. Die grossen und je nach der Oertlichkeit constanten Unterschiede in Nestbau und Beschaffenheit der Eier lassen es rätlich erscheinen, dieser Art künftig ein besonderes Interesse zuzuwenden, da vielleicht noch besondere Lokalformen von ihr existiren. Leider bin ich zu spät auf diese Verhältnisse aufmerksam geworden und habe viel zu wenig Material durchgesehen, als dass ich auch nur Vermutungen darüber äussern könnte.

Maasse von 51 schlesischen Exemplaren in cm:

	maximum	minimum	Durchschnitt	Friderich	Pleske
Länge:	15,4	13,9	14,7	14,3	—
Flügelbreite:	23,6	22,1	22,7	22,1	—
Schwanz:	7,0	6,2	6,5	6,0	6,3—7,0
Schnabel:	1,4	1,2	1,3	1,0	1,2—1,5
Tarsus:	2,1	1,9	2,0	2,0	2,0—2,2

Einigermassen bestehen auch hier die schon mehrfach erwähnten Grössenunterschiede zwischen östlichen und westlichen Exemplaren, wenngleich nicht in sehr frappanter Weise.

Sylvia rufa ist gleichfalls einer der gemeinsten schlesischen Vögel und z. B. bei Breslau in den Auwäldern sowie in der Bartschniederung die bei weitem häufigste Grasmücke. Doch hört man neuerdings mehrfach Klagen, dass sie sehr merklich abnehme (Knauthe), was sich mit Rücksicht auf die Wahl ihrer Brutplätze ja auch leicht erklären lässt. Im ganzen Oderthal und in den Teichgegenden ist sie ausserordentlich häufig, weniger in dem trockenen Teil der schlesischen Ebene. Im Gebirge geht sie von allen Grasmücken am höchsten empor, ohne jedoch dort gerade besonders häufig zu sein. Capek hörte ein Männchen im Knieholz des „Kessels" (1350 m) singen, und Gloger traf 2—3 Pärchen am Rande des grossen Teiches (3800 Fuss) an einem wie bei *atricapilla* geschilderten Platze. Diese Grasmücke liebt stets freie, sonnige Lokalitäten (R. Tobias) und bewohnt demgemäss nie den tiefen Wald, sondern mehr einzeln liegende Strauchpartien, junge Schläge, Weissdornhecken, das Gebüsch an Flussufern, Bahndämmen u. dergl. und die Ränder der Feldgehölze. Nach R. Tobias hält sie sich auch in toten, von Gebüsch geflochtenen Zäunen, nach Fechner viel im Grase auf, und nach L. Tobias brütet sie bei Grüneberg sogar im Getreide. Was die Zugverhältnisse anbetrifft, so notirte R. Tobias von 1832—38 als frühesten Ankunftstermin den 20. April, als spätesten den 2. Mai und als mittleren den 27. April.

Das Nest findet man besonders in Weissdornhecken oder in Brombeerranken. Kutter fand das volle Gelege am 27. Mai, Kollibay am 17. Mai, 8. und 9. Juni, ich am 19., 23., 24. Mai und 3. Juni. Nackte Junge traf Kollibay in einem Neste am 7. Juni an. Sehr interessante Aufschlüsse über die Färbung der Eier giebt uns Graf Roedern: „Die bekanntlich sehr variirenden Eier sind nach dem Standort des Nestes verschieden, d. h. nach der Beschaffenheit der Lokalität. Die Nester mit Eiern von grünlicher Farbe habe ich stets nur in feuchtem, bruchigem Terrain und zwar nahe am Erdboden oder ganz auf der Erde, zuweilen tief unten in einem Binsengebüsch gefunden. Nester mit Eiern von gelblicher Färbung standen fast nur in Dornhecken, gewöhnlich an Feldwegen. Nester endlich mit Eiern von olivenbräunlicher Grundfärbung fanden sich meist in trockenem, ausgedehntem, gewöhnlich etwas hoch gelegenem Gebüsch und zwar besonders im Birkenholz."

Maasse von 57 schlesischen Eiern (davon 14 durch Kollibay gemessen) in mm:

	maximum	minimum	Durchschnitt
Länge:	20	16	17,9
Breite:	15	13	13,9

Kolllibay fand auch bei dieser Art Kuckuckseier im Neste.

Zugtabelle:

Ort:	Beobachter:	1839	1840	1841	1842	1876	1879	1882	1887	1889	1890	1891
Görlitz	R. Tobias	30. IV.		29. IV.								
"	Peck	25. IV.		23. IV.								
"	Kreзschmar						22. IV.	3. V.	5. V.			
Sprottau	Kollibay								24. IV.			
Patschkau	Bär u. Kramer					15. IV.					27. IV.	3. V.
Niesky	Mohr									23. IV.	25. IV.	
Breslau	Floericke									8. IX.	16. IX.	

42. Sylvia hortensis Bchst. 1802. — Gartengrasmücke.
Synonyma: Motacilla hortensis Gm., Bchst.; Motacilla salicaria L.; Curruca hortensis Koch; Curruca hortensis, C. brachyrhynchus, C. grisea Chr. Brehm; Epilais hortensis Kaup; Adornis hortensis Gray; Sylvia aedonia Vieill.; Sylvia hortensis Lath., Penn., Bchst., Naum., Glog., Gieb., Kays. und Blas., A. Brehm, v. Hom., Radde, Hart., Gätke, Jäckel, Pleske.

Trivialnamen: Grasemische, Graukehlchen.

Kennzeichen der Art: Die Bastardschwinge kürzer als die Deckfedern; Schwanzdeckfedern nicht quergestreift und Flügelfedern ohne rostbraune Säume. Die 2. Schwinge ist gleich der 4. und grösser als die 5.

Maasstabelle in mm:

	Durchschnittsm. westdeutsch. Ex. nach Friderich	Maasse von 29 schles. Ex.			Durchschnittsm. von 26 russ. Ex. nach Pleske
		max.	min.	Durchschn.	
Totallänge:	143	157	146	153	—
Flugbreite:	227	244	231	239	—
Schwanz:	54	64	57	60	63
Schnabel:	10	14	11	12,5	13,6
Tarsus:	22	22	20	21	20,9

Bei *hortensis* sehen wir wieder einmal die Grössenzunahme nach Osten hin recht deutlich, besonders auch an Flügel und Schwanz. Der Tarsus scheint sich daran nach allen von mir angestellten vergleichenden Messungen nicht zu beteiligen, sondern er pflegt im Gegenteil bei den östlichen Exemplaren um ein weniges kleiner zu sein.

Obwohl in einzelnen Gegenden (Glogau, Bolkenhayn) recht häufig, ist die Gartengrasmücke im allgemeinen in Schlesien doch bei weitem nicht so gemein wie im mittleren Deutschland, ja in manchen Strichen fast die seltenste Grasmücke (Bartschniederung). Dabei wird auch vielfach über rasche Abnahme ihres Bestandes geklagt (Knauthe-Zobten), ohne dass die Gründe dafür eigentlich recht ersichtlich wären. Am zahlreichsten und gleichmässigsten scheint sie den übereinstimmenden Berichten der dortigen Forscher zufolge noch in der Lausitz vertreten zu sein. R. Tobias nennt sie sogar die häufigste Grasmücke. Im Gebirge geht sie nicht sehr hoch aufwärts. Kramer giebt bereits 700 m (Schreiberhau) als die höchste von ihm beobachtete Höhenlage ihres Vorkommens an. Sie liebt Laubwald und lichte Feldhölzer mit einzelnen grossen Bäumen (R. Tobias) und bewohnt auch gern weitläuftige Obstgärten und Parkanlagen, worauf ja schon ihr Name hindeutet. Im Fichtenwalde ist sie sehr selten, fehlt aber doch nicht gänzlich (R. Tobias). Als frühesten Ankunftstermin notirte R. Tobias von 1832—38 den 2., als spätesten den 16. und als durchschnittlichen den 9. Mai.

Nach Emmrich singt *hortensis* bisweilen auch noch beim Wegzuge. Nur eine Brut Ende Mai zu 5—6 Eiern, welche 14 Tage lang bebrütet werden (Mohr). Bisweilen schmuggelt der Kuckuck seine Eier in die liederlich gebauten Nester ein (Kutter). Volle Gelege fanden Kutter am 25. Mai, 1. und 12. Juni, Praetorius am 30. Mai, Kollibay am 18. Mai, 7. und 9. Juni, ich selbst am 2. Juni. Flügge Junge traf Richter am 20. Juni und 30. Juli.

Zugtabelle:

Ort:	Beobachter:	1840	1841	1842	1849	1878	1881	1882	1887	1888	1889	1890	1891
Görlitz	R. Tobias	8.V.	5.V.	—	—	—	—	—	—	—	—	—	—
„	J. Tobias	—	—	5.V.	—	—	—	—	—	—	—	—	—
„	Richter	—	—	—	6.V.	—	—	7.V.	8.V.	6.V.	—	—	—
„	Krezschmar	—	—	—	—	—	—	—	11.V.	—	—	—	—
Sprottau	„	—	—	—	—	—	—	—	—	—	—	—	—
Goldberg	Emmrich	—	—	—	—	22.IV.	—	—	—	—	—	—	—
Neustadt	Kutter	—	—	—	—	—	23.IV.	—	—	—	—	—	—
Zobten	Knauthe	—	—	—	—	—	—	—	—	—	—	14.IV.	—
Niesky	Bär u. Kramer	—	—	—	—	—	—	—	—	6.V.	—	27.IV.	7.V.
Breslau	Floericke	—	—	—	—	—	—	—	—	—	25.IV.	26.IV.	—

Maasse von 43 schlesischen Eiern (davon 15 durch **Kollibay** gemessen) in mm:

	maximum	minimum	Durchschnitt
Länge:	22	19	20,1
Breite:	16	14	15,2

Märkische Eier messen nach **Schalow** im Durchschnitt 19,3 : 14 mm, polnische nach **Taczanowski** 20,1 + 15,3. Also auch hier die Eier im Osten grösser, also auch hier Schlesien näher an Polen als an West- und Mitteldeutschland angeschlossen.

43. **Sylvia nisoria** (Bchst.) 1795. — **Sperbergrasmücke.**

Synonyma: Motacilla nisoria Bchst.; Curruca nisoria Koch, Degl.; Curruca undata, C. undulata Chr. Brehm; Philacantha nisoria Glog., Heugl.; Adophanes nisorius Kaup; Nisoria undata Bon.; Sylvia nisoria Bchst., Naum., Glog., Kays. und Blas., Gieb., A. Br., v. Hom., Mewes, Fridr., Pleske, Hart., Gätke, Jäckel.

Kennzeichen der Art: Die Afterschwinge kürzer als die Deckfedern. Die Schwanzdeckfedern erscheinen quer gestreift. Die 3—4 äussersten Schwanzdeckfedern haben auf der Innenseite einen weissen Endfleck.

Maasse von 20 schlesischen Exemplaren in cm:

	maximum	minimum	Durchschnitt
Länge:	16,8	16,5	16,65
Flügelbreite:	27,0	26,1	26,3
Schnabel:	7,6	7,1	7,4
Schwanz:	1,7	1,4	1,55
Tarsus:	2,5	2,3	2,4

Dieser mehr östliche Vogel ist in Schlesien naturgemäss häufiger anzutreffen als im westlichen oder mittleren Deutschland, doch ist seine Verbreitung eine höchst unregelmässige, vielfach unterbrochene, ich möchte sagen inselartige. In einzelnen Gegenden ist sie sehr häufig, in anderen selten und in wieder anderen fehlt sie beinahe gänzlich. So kommt sie nach Kaiser bei Sagan und nach Knauthe am Zobten nur auf dem Durchzuge vor, und bei Kosel brütet sie nach Uttendörfer nur vereinzelt und nicht in allen Jahren. Bei Breslau und in der Bartschniederung gehört *nisoria* zwar zu den regelmässigen Brutvögeln, ist aber keineswegs häufig. Dies muss dagegen in der Umgebung von Ziegenhals in hohem Grade der Fall sein, von wo die Breslauer Vogelhändler den grössten Teil ihres Bedarfes beziehen. Im Nordwesten der Provinz scheint diese Art am besten vertreten zu sein. In der Lausitz ist sie nicht selten und an der Oder sogar sehr häufig, so z. B. nach L. Tobias bei Grüneberg. A. v. Homeyer fand bei Glogau allein 25 Nester. Derselbe Forscher constatirte die

Sperbergrasmücke vereinzelt bei Salzbrunn und zahlreich bei Münsterberg und Neisse, Kutter in der Grafschaft bei Lomnitz, Richter bei Strehlen, Kaiser bei Schweidnitz. Bei Neustadt ist sie nach Kutter die seltenste Grasmücke. Im allgemeinen lässt sich sagen, dass sie in erfreulicher Zunahme begriffen ist. Die Nähe des Menschen scheut auch diese Art keineswegs, und sie siedelt sich deshalb oft auf den ihr einen günstigen Aufenthalt bietenden Kirchhöfen selbst grösserer Städte (Breslau, Görlitz) an. Sonst liebt sie Hutungen mit viel Buschwerk und Dorngengestrüpp, dicht überwachsene Gräben und Dämme, feuchte Laubholzwaldungen mit lichten Beständen und viel Unterholz, auch das Weidicht der Flussufer. Dem Gebirge und dem Nadelwald scheint sie gänzlich zu fehlen. — In gesanglicher Beziehung wird diese Grasmücke vielfach unterschätzt. Ich habe wahrhafte Meistersänger unter ihnen gehört, denen man mit Entzücken lauschen konnte, und die z. T. auch ein gar nicht geringes Nachahmungstalent besassen. Die Zugmonate sind Mai und August. Volle Gelege fanden Kutter am 25. und Praetorius am 21. Mai, Kollibay am 5. und 9. Juni, ich selbst am 6. Juni (mit 1 Ei von *Cuculus*).

Maasse von 22 schlesischen Eiern (davon 4 durch Kollibay gemessen) in mm:

	maximum	minimum	Durchschnitt
Länge:	22,0	20,0	20,5
Breite:	16,5	14,0	15,3

Kollibay fand in einem Neste, welches die Jungen bereits verlassen hatten, ein taubes Ei von auffallender Grösse und länglicher Form mit am stumpfen Ende kranzförmig zusammentretenden Flecken; es war gewissen Eiern von *collurio* sehr ähnlich.

Gattung: **Accentor** Bchst. 1802. — Flüevogel.

Schnabel ziemlich stark, an der Wurzel sehr dick, mit länglich ritzenförmigen Nasenlöchern. Hinterzehe mit einem grossen, stark gekrümmten Nagel. Die 3. und 4. Schwinge am längsten. Hauptfarbe ein rostiges Braun. Der Magen ist sehr muskulös und erinnert mehr an den der Körnerfresser als an den der Sylvien. Aeussere und Mittelzehe am Grunde verbunden.

44. **Accentor modularis** (L.) 1758. — Heckenbraunelle.

Synonyma: Passer canus L., Sylvia gula plumbea Klein; Motacilla modularis L., Gm., Bchst.; Curruca fusca Frisch; Curruca sepiaria Briss.; Sylvia modularis Lath.; Tharraleus modularis Kaup; Accentor pinetorum Chr. Brehm; Accentor modularis Bchst., Naum., Gould, Koch, Glog., Kays. und Blas., Gieb., A. Br., v. Hom., Mewes, Fridr., Hart., Gätke, Jäckel.

Trivialnamen: Graukehlchen.

Kennzeichen der Art: Grösse unter 15 cm. Die 4. Schwinge am längsten.

Maasse von 14 schlesischen Exemplaren in cm:

	maximum	minimum	Durchschnitt
Länge:	14,8	14,1	14,6
Flugbreite:	22,1	21,2	21,8
Schwanz:	5,9	5,3	5,7
Schnabel:	1,3	1,1	1,2
Tarsus:	2,3	2,1	2,2

In den feuchten Auwaldungen Mittelschlesiens und in der sumpfigen Bartschniederung, wahrscheinlich auch an der oberschlesischen Teichplatte, gehört die Heckenbraunelle zu den grössten Seltenheiten. Ein alter und sonst sehr gut in der heimischen Vogelwelt bewanderter Breslauer Vogelfänger teilte mir einmal voller Freude mit, dass er einen seltenen und ihm gänzlich unbekannten Vogel gefangen habe. Als ich nun das Wundertier näher besichtigte, entpuppte es sich als einfache Braunelle. In Oberschlesien dagegen bieten ihr die grossen Nadelwaldungen und namentlich die von allem Raubzeug frei gehaltenen Fasanenremisen ganz ungestörte Brutplätze, so dass sie dort ziemlich häufig ist. Von meinen Mitarbeitern wird sie nur wenig erwähnt. Knauthe sagt, dass sie am Zobten keineswegs häufig sei und obendrein im Abnehmen begriffen. In der Lausitz ist sie zahlreicher, auf dem Durchzuge oft massenhaft vertreten. Das eigentliche Gebiet dieser Art aber bilden die Vorberge und ebenso auch das eigentliche Gebirge mit seinen Nadelwaldungen. Bei Flinsberg ist sie ungemein häufig, im Hochwald nach A. v. Homeyer ziemlich häufig. Sie liebt hier die an Unterholz reichen Nadelwaldungen und bevorzugt die Fichtendickungen beim Brutgeschäft. Im Riesengebirge kommt sie nach Gloger bis zu einem Höhengürtel von 4600 Fuss im Nadel- und gemischten Wald sowie im Knie- und Krummholz vor. „Man hört und sieht *modularis* im Knieholz ganz gewöhnlich. Er liebt besonders die zusammenhängenden Wälder desselben, mögen sie auch sehr sumpfig sein, fehlt aber auch da, wo auf den trockensten Bergen die Kiefer nur noch in einzelnen grossen Sträuchern gedeiht, nicht. Er trifft daher immer mit dem Fitis zusammen." A. v. Homeyer sah *modularis* zahlreich am Elb- und Kochelfall, v. Tschusi beobachtete ein Pärchen im Krummholz, Capek traf ein Weibchen im Fichtendickicht bei der Petersbaude und ein altes Männchen im Knieholz bei den Aupaquellen (1420 m); R. Tobias beobachtete den Vogel auf der Tafelfichte und im obersten Knieholz des Riesenkammes. Die Braunelle zeigt sich dort übrigens ziemlich scheu und lebt versteckt. A. v. Homeyer hörte ein singendes Männchen die Lieder des Distelfinken und Wasserpiepers nachahmen. Der Zug fällt in die Monate März und Oktober. Es bleiben aber auch sehr viele Vögel dieser Art regelmässig bei uns, selbst in den strengsten Wintern. Ueber das Brutgeschäft liegen mir leider gar keine Nachrichten aus Schlesien vor.

45. **Accentor collaris** (Scop.) 1769. — Alpenflüevogel.

Synonyma: Motacilla Kyburgensis Gesn.; Motacilla alpina Gm., Buff.; Sturnus moritanus Gm.; Sturnus collaris Scop., Gm.; Fringilla gularis Sprüngl., Storr; Fringilla collaris Lath.; Turdus minor Baldac.; Accentor maior, A. subalpinus Chr. Brehm; Accentor alpinus Bchst., Naum., Glog., Gould, Chr. Br., Kays. und Blas., Gieb., A. Br., Fridr., Rchw., v. Hom., Mewes, Radde, Gätk.; Accentor collaris Hartert.

Trivialnamen: Schnee- und Alpenlerche.

Kennzeichen der Art: Grösse über 16 cm. Die 3. Schwinge am längsten.

Durchschnitts-Maasse von 3 schlesischen Exemplaren: Länge = 16,8 cm; Flugbreite = 29,8 cm; Schwanz = 6,4 cm; Schnabel = 1,7 cm; Tarsus = 2,4 cm.

Der Alpenflüevogel bewohnt die Hochgebirge von Süd- und Mitteleuropa und ist eine der Hauptzierden unserer schlesischen Ornis. Das Riesengebirge ist der einzige Platz in Preussen, wo dieser interessante Alpenbewohner brütet. Im Anfange unsers Jahrhunderts scheint er dort übrigens nach Endler und R. Tobias häufiger gewesen zu sein als jetzt. Den gegenwärtigen Gesamtbestand des ganzen Riesengebirges glaube ich mit 10—12 Pärchen resp. Familien nicht zu gering zu schätzen. Dieselben verteilen sich ziemlich gleichmässig auf die Schneekoppe, die Schneegruben und das hohe Rad. Doch hören wir in zeitlicher Reihenfolge die Berichte derjenigen Autoren, welche das Glück hatten, persönlich mit *collaris* bekannt zu werden: Gloger schreibt 1826: „Findet sich auf der fast ganz mit Schollengeröll bedeckten Koppe, selbst auf den benachbarten Felspartien des Riesengrundes, diesem gegenüber an dem sehr steilen Abfall des Brunnenberges, an den obersten Rändern des kleinen Teiches, auf dem felsigen, nach Böhmen hinschauenden Teile des Ziegenrückens, dann vorzugsweise wieder in den Schneegruben, wahrscheinlich auch in der Nähe des Elbfalls am sog. Rochlitzer Ziegenrück, aber nirgends in bedeutender Anzahl, sondern höchstens in etwa 3 Pärchen oder Familien. Die trockensten, felsigsten, steinigsten, vom Holz entblössten Orte zieht er allen andern vor." Das Breslauer Museum besitzt ein junges Männchen, das wohl auch noch aus Glogers Zeiten stammt. R. Tobias fand unsern Vogel im Juni 1846 am grossen Teich, kleinen Teich und im Riesengrund, überall ziemlich zahlreich.

Heydrich erlegte 1869 ein Exemplar in den Schneegruben.
v. Tschusi beobachtete in den Schneegruben 2 Pärchen und am
Brunnenberge ein Weibchen. A. v. Homeyer fand 1865 an den
Schneegruben 5—8 Pärchen und beobachtete Ende August 1867
ein junges singendes Männchen am kleinen Teich. Den Gesang
nennt dieser Forscher „nicht sehr bedeutend". Nach meinen an
gefangen gehaltenen Exemplaren gemachten Beobachtungen muss
ich dem aber entschieden widersprechen und befinde mich dabei
im Einklang mit den meisten andern Beobachtern. Gloger sagt
ausdrücklich: „Sein herrlicher, lauter Gesang und die schönen
Locktöne hallen zwischen den hohen Felswänden und in den tiefen
Schluchten ganz vortrefflich wider". Am Koppenkegel sah v. Homeyer den Vogel auffälliger Weise gar nicht. Krezschmar
dagegen traf ihn an der Koppenbaude und Talsky sah ebendaselbst 1 altes und 3 junge Exemplare. Capek beobachtete bei
Sonnenaufgang auf dem Gipfel der Schneekoppe 9 sehr zutrauliche
Individuen, welche in Gesellschaft von *Ruticilla titis* und *Anthus
aquaticus* ihrer Nahrung nachgingen. Der zweite Ort, wo er die
Alpenbraunelle antraf, war der nordwestliche Abhang des mit
Steinblöcken bedeckten hohen Rades mit den oberen Partien der
anliegenden Schneegruben. „Hier bemerkte ich 3 alte Vögel, die
während der Mittagsstunden auf den Felsblöcken oder in einem
Versteck unter denselben ausruhten, dann ein Weibchen, welches
2 nachfliegende Junge fütterte. An diesen beiden Stellen haben
höchstens je 3 Paare genistet." A. E. Brehm bemerkte Alpen-
flüevögel am Koppenkegel, Hohen Rad und in den Schneegruben,
und R. Blasius entdeckte 1878 in letzteren ein Nest. Kollibay
sah 1887 ebenfalls bei Sonnenaufgang einen kleinen Flug auf dem
Gipfel der Schneekoppe, Kramer und ich 1891 je 15 resp. 8—9
Stück an den steilen Wänden der Schneegruben. Ich fand den
Vogel dort nicht so zutraulich wie die Besucher der Koppenbaude.
Nach Kollibay vertritt er daselbst vollständig die Stelle des
Haussperlings, sucht zwischen den Dachziegeln der Baute und
unter den Küchenabfällen seine Nahrung u. s. w. Wie aus dem
Vorhergehenden ersichtlich, ist der Alpenflüevogel im Riesengebirge
auf einen Höhengürtel von 4—5000 Fuss beschränkt. Im Winter
kommt er niedriger herab und streift auch in das benachbarte
Isergebirge hinüber, wo ihn R. Tobias auf der Tafelfichte beobachtete. Ganz vereinzelt kommt er nach Luchs ins Hirschberger
Thal. R. Blasius erbeutete am 19. Juni 1878 mit Lebensgefahr
an der Schneegrubenbaude ein Nest mit 2 ca. 10 Tage alten
Jungen. „Es stand nach Norden in einer kleinen Vertiefung
unter dem Felsen unmittelbar auf verwittertem Granitgrunde. Der
Vertiefung entsprechend ist die Form eine kurz-ovale, 17, resp.
14 cm breit, 6 cm hoch, 8, resp. 7 cm weit und 6 cm tief. Die
äussere, dicht dem Felsen aufsitzende Schicht besteht aus Moos,

trockenen Stengeln und Wurzelfasern, die innere Schicht aus feinen Grashalmen, die zuletzt mit einer dünnen Lage von Schweinsborsten und 4—5 kleinen Hühnerfederchen ausgekleidet ist. Die Jungen zeigen eine ganz charakteristische, dicke, kurz-konische Schnabelwurzel und starke, stämmige, kurze Läufe; an den eben vorsprossenden Mittelschwingen und deren Deckfedern sind die hellen Spitzen deutlich zu erkennen, ebenso die hervorspriessenden rostbräunlichen Enden der seitlichen Brustfedern."

Kennzeichen der Baumlaufer-u Wurger Subspecies

Versuch einer

Avifauna der Provinz Schlesien.

.

Von

Dr. Curt Floericke.
Assistenten am zoologischen Institut der Universität Marburg.

II. Lieferung.

MARBURG.

Universitäts-Buchdruckerei (C. L. Pfeil).

1893.

Versuch einer
Avifauna der Provinz Schlesien.

Von

Dr. Curt Floericke,

Assistenten am zoologischen Institut der Universität Marburg.

II. Lieferung.

MARBURG.

Universitäts-Buchdruckerei (C. L. Pfeil).

1893.

Familie: **Timeliidae,** Timalien.

Gattung: **Troglodytes** Vieill. 1807. — Zaunschlüpfer.

Kleine Vögel mit gebogenem, dünnem und pfriemförmigem Schnabel, welcher die Länge des Kopfes nicht erreicht. Nasenlöcher sehr schmal. Fusswurzel auf dem Spann mit 4 grossen Schildern. An den kurzen runden Flügeln sind die 4. und 5. Schwinge am längsten, die 1. halb so lang als diese, alle vorderen Schwingen säbelförmig. Der keilförmige Schwanz ist kurz abgerundet.

46. **Troglodytes parvulus** Koch 1816. — Zaunkönig.

Synonyma: Passer troglodytes alte Autoren; Regulus Briss.; Motacilla troglodytes L., Buff., Gm., Behst.; Sylvia troglodytes Lath., Behst.; Anorthura communis Renn., Reich.; Anorthura troglodytes Hart.; Troglodytes europaeus Vieill., Cuv.; Troglodytes regulus Meyer; Troglodytes punctatus Boie; Troglodytes vulgaris Tem.; Troglodytes troglodytes Schleg.; Troglodytes Naumanni, Tr. sylvestris, Tr. domesticus Chr. Brehm; Troglodytes nepalensis Hodgs., Gould, Blanf.; Troglodytes subhimalayanus Hodgs.; Troglodytes parvulus Koch, Naum., Glog., Kays. und Blas., Gieb., A. Brehm, v. Hom., Mewes, Radde, Fridr., Gätke, Jäckel.

Trivialnamen: Schnee-, Dorn-, Winter-, Mäuse- und Nesselkönig, Zaunschlipflein.

Muskauer Wendisch: Seischek.

Kennzeichen der Art: Siehe die Gattungsmerkmale, da nur diese eine Art in Deutschland.

Maasse von 15 schlesischen Exemplaren in cm:

	maximum	minimum	Durchschnitt
Länge:	9,9	9,1	9,5
Flügelbreite:	15,2	14,0	14,6
Schwanz:	3,2	2,9	3,0
Schnabel:	1,2	1,0	1,1
Tarsus:	2,0	1,6	1,8

Wie man sieht, variiren die Zaunkönige in der Grösse ziemlich bedeutend, ohne dass sich aber hierin irgend welche Gesetzmässigkeit nachweisen liesse. Vielmehr ist der individuellen Ausbildung der weiteste Spielraum gegeben. Nach Radde sind seine kaukasischen Exemplare um eine Kleinigkeit dunkler wie westdeutsche; in Schlesien habe ich davon noch nichts wahrnehmen können.

Am 8. III. 1890 beobachtete ich in der Strachate ein Exemplar, welches partiellen Albinismus zeigte, konnte es aber leider nicht erlegen.

In der schlesischen Ebene ist der Zaunkönig eine ziemlich seltene Erscheinung, wenigstens bei weitem nicht so häufig als in den meisten anderen Gegenden Deutschlands. Im Winter sieht man ihn zahlreicher, weil dann die Standvögel noch durch Zuzug aus dem Norden verstärkt werden. Ich habe einmal einen ganzen Trupp auf der Wanderschaft begriffener Zaunkönige in der Strachate gesehen. In Oberschlesien ist der Vogel schon zahlreicher vertreten, denn hier bieten ihm namentlich die vielen Fasanenremisen prächtige Brutplätze. Auch am Zobten ist der Zaunkönig nach Knauthe ziemlich häufig. In den grossen Brüchen Ostschlesiens ist er gemein und nistet auf den Erlenstöcken. In der Lausitz finden sich zwar im Winter viele Zaunkönige ein, aber als Brutvögel sind sie auch hier nicht allzu zahlreich. Die Wintergäste haben stets ihre bestimmten Lieblingsplätze, die sie jedes Jahr mit grosser Regelmässigkeit und oft in bedeutender Menge aufsuchen. Die meisten Zaunkönige Schlesiens aber beherbergen die Vorberge der Sudeten wie auch diese selbst. Alte, wüste Gebirgswaldungen mit recht sparrigem und verworrenem Unterholz scheint das muntere Vögelchen ganz besonders zu lieben. Wetterhart, wie der Zaunkönig ist, geht er auch vertikal ziemlich weit in die Höhe. Kramer traf ihn im Knieholz bis über 1400 m an und vermutet, dass er dort brüte. R. Blasius sah Zaunkönige an der neuen schlesischen Baude (1172 m) und Capek hörte am Elbufer oberhalb Spindelmühl ein singendes Männchen. R. Tobias beobachtete den *Troglodytes* auf dem Iserkamm, und bei Flinsberg ist das Vögelchen ausserordentlich gemein. Schattige Wälder mit vielem dichtem Gebüsch wählt er am liebsten zum Standquartier, aber auch ganz einzeln stehende lebende oder tote Hecken und Zäune, wenn sich dieselben in der Nähe von Gewässern befinden.

Der Zaunkönig vermehrt sich sehr stark. Er macht bei uns in Schlesien regelmässig 2 Bruten zu je 8 Eiern. Mohr giebt sogar 12 Eier für das erste Gelege an. Die in Schlesien gemachten Beobachtungen über das Brutgeschäft dieses Vogels sind im übrigen recht dürftig. L. Tobias beobachtete, dass Zaunkönige in Mauselöchern brüteten. Kutter fand am 20. Juli nackte Junge.

Maasse von 17 schlesischen Eiern in mm:

	maximum	minimum	Durchschnitt
Länge:	16	14	15,48
Breite:	12,5	11,5	12,0

Die alte Behauptung, dass der Zaunkönig im Herbste nochmals ein Nest baue (wohl zum Uebernachten für die kalten Wintermonate) erscheint mir gar nicht so unwahrscheinlich, denn mancherlei Beobachtungen weisen darauf hin. Jedenfalls bedürfen auch diese abgehärteten Vögelchen an recht rauhen Abenden eines wärmenden Nachtquartiers. So erzählt Knauthe, dass sich an einem Decemberabend des Jahres 1890 drei Zaunkönige vor der grimmen Kälte in ein Feldsperlingsnest flüchteten, aber nach hartem Kampfe von den rechtmässigen Inhabern wieder herausgebissen wurden. Manche schliefen auch auf dem Kornboden, wohin sie durch die sog. Luftessen gelangten. Ein andermal will derselbe Beobachter gesehen haben, wie sich ein vorwitziger Zaunkönig der Hauskatze auf den Kopf setzte.

Familie: **Paridae**, Meisen.

Schnabel gerade, kurz, hart, stark, kegelförmig, seitlich zusammengedrückt, mit scharfen Schneiden. Die kleinen, runden Nasenlöcher sind mit Borstenfederchen bedeckt. Zunge mit Borstenpinseln. Krallen sehr gekrümmt, Fusssohlen breit. Lauf vorn getäfelt, hinten über drei Viertel der Länge geschient. An den kurzen Flügeln ist die 1. Schwinge kürzer als die Hälfte der 2., die 4. und 5. am längsten. Gefieder zerschlissen.

Gattung: **Aegithalus** Boie 1822. — Beutelmeise.

Schnabel vorn sehr dünn und spitzig, da von der Mitte an zusammengedrückt. Schwanz kurz. Die 3., 4. und 5. Schwinge am längsten.

47. **Aegithalus pendulinus** (L.) 1758. — Beutelmeise.

Synonyma: Motacilla pendulina L.; Parus pendulinus L., Buff., Bchst., Gm., Naum., Glog., Gieb., Fridr.; Parus narbonensis Gm.; Parus polonicus Briss.; Paroides pendulinus Gray; Pendulinus polonicus, P. medius, P. macrurus Chr. Brehm; Aegithalus medius, Ae. macrurus, Chr. Brehm; Aegithalus pendulinus Vig., Jard. u. Selby, Boie, Degl., Kays. u. Blas., A. Brehm, v. Hom., Mewes, Jäckel, Radde, Hartert; Aegithalus pendulinus castaneus Sevz.; Aegithalus pendulinus caspius Poelz.

Kennzeichen der Art: Siehe die Gattungsmerkmale, da nur diese eine Art in Deutschland.

Früher hat die Beutelmeise in Schlesien gebrütet, jetzt ist dies wohl kaum noch der Fall. Insbesondere war der Vogel in der Bartschniederung nicht allzu selten, obschon er seines versteckten

Lebens halber auch dort wenig bekannt war. Im Breslauer Museum steht ein von dort stammendes Nest mit 4 Jungen und ein altes Exemplar. Auch in der Heydrichschen Sammlung befindet sich ein Stück, welches 1870 aus einem Fluge von drei Individuen geschossen wurde. Nach v. Hahn hat die Beutelmeise früher in den Rohrteichen Guhraus genistet, nach Kaluza auch bei Nimkau. Jetzt zeigt sie sich noch hin und wieder auf dem Durchzuge. Ich selbst beobachtete sie einmal in der Bartschniederung bei Craschnitz und Knauthe sah am 3. Februar 1890 6 Stück in seinem Garten am Zobten. Dagegen muss ich es als sehr übertrieben bezeichnen, wenn Mohr die Beutelmeise einen „unbedingten Wintervogel bei Breslau" nennt. In der Lausitz soll sie nur einmal, im Jahre 1823, vorgekommen sein.

Gattung: **Panurus** Koch 1816. — Schilfmeise.

Schnabel hell, Nasenlöcher länglich eiförmig. Die 1. Schwinge verkürzt, die 4. und 5. am längsten. Die äusseren Schwanzfedern halb so lang als die mittleren. Die Männchen besitzen einen sehr charakteristischen schwarzen Schnurrbart, welcher bei den Weibchen von den Kehlfedern überdeckt ist.

48. **Panurus biarmicus** (L.) 1758. — Bartmeise.

Synonyma: Parus biarmicus L., Behst., Vieill., Naum., Gieb., Fridr., Gätke; Parus russicus Gm.; Parus beardmanicus Albin; Lanius minimus Edw.; Paroides biarmicus Gray; Parus barbatus Briss., Scop., Glog.; Callimophilus biarmicus Selby; Calamophilus biarmicus Leach; Calamophilus barbatus Kays. u. Blas., Leach, Radde, Jäckel; Calamophilus russicus, C. arundinaceus, C. dentatus Chr. Brehm; Mystacinus biarmicus Boie; Mystacinus russicus, M. arundinaceus, M. dentatus Chr. Brehm; Aegithalus biarmicus Boie; Panurus barbatus Saund.; Panurus biarmicus Koch, Degl., A. Brehm, v. Hom., Mewes, Hartert.

Kennzeichen der Art: Siehe die Gattungsmerkmale, da nur diese eine Art in Deutschland.

Von der Bartmeise gilt im wesentlichen dasselbe wie von der vorigen Art. Während sie früher nach den übereinstimmenden Berichten der alten Autoren in der Bartschniederung sogar nistete, ist sie jetzt auch auf dem Zuge eine höchst seltene Erscheinung geworden. Knauthe war so glücklich, sie zweimal zu beobachten. Am 1. April 1887 sah er einige Exemplare in einem grösseren versumpften Gehölz. Ferner berichtet er: „Am 1. IX. 1890 kam bei ganz flauer Brise aus Süden ein kleiner Trupp von Westen her nach dem Dorfe gepilgert, verteilte sich in die verschiedenen Gärten (in unserem Gehöft zählte ich 5 Stück, in den Obstpflanzungen angrenzender Rusticalgüter 2, 3 und 4), weilten hier bis gegen 8 Uhr und zogen dann den „Schwarzen

Graben" entlang — an seinem Ufer stehen auf Schlaupitzer Gebiet noch dicht gedrängt Weiden und Erlen — gen Osten, der Lohe zu, weiter." Nach meinen Erfahrungen ziehen die Meisen (namentlich *Acredula caudata*) vielfach planlos kreuz und quer und berühren dabei Gegenden, in denen sie sonst nicht vorkommen. Einem solchen sich zigeunerartig herumtreibenden Trupp mögen auch die von Knauthe beobachteten Bartmeisen angehört haben.

Gattung: **Acredula** Koch 1816. — Schwanzmeise.

Schnabel sehr kurz und schwach. Nasenloch punktförmig. Der Schwanz ist sehr lang und sieht infolge verschiedener Länge der einzelnen Federpaare stufenförmig aus.

49. **Acredula caudata** (L.) 1758. — Weissköpfige Schwanzmeise.

49a. **Acredula caudata rosea** (Blyth.) 1836. — Westliche Schwanzmeise.

Synonyma: Parus caudatus L., Gm., Behst., Buff., Naum., Glog., Gieb., Kays. u. Blas., Fridr., Gätke; Parus longicaudus Briss.; Orites caudata Möhr., Sund., Degl.; Orites caudatus Rchw., Mewes; Orites roseus Gray; Mecistura vagans Lesch; Mecistura caudata Bon., v. Schrenck, Jaub., Leach, Kays. u. Blas., Jäckel; Mecistura longicaudata Macg.; Mecistura longicauda, M. pinetorum Chr. Brehm; Mecistura rosea Blyth; Paroides caudatus, P. pinetorum Chr. Brehm; Acredula caudata Koch, Sharpe, A. Brehm, v. Hom., Radde, Hartert.

Trivialnamen: Zahl- und Bergmeislein, Pfannenstiel, -stieglitz, -stösser.

Kennzeichen der Art: Siehe die Gattungsmerkmale, da nur diese eine Art in Deutschland.

Wohl allgemein unterscheidet man jetzt bei der Schwanzmeise zwei subspecies, nämlich die rein weissköpfige östliche Form und die westliche *rosea* mit breiten schwarzen Kopfstreifen, Andeutung einer Querbinde am Halse und stärkerer Ausprägung des rosenrötlichen Tones. Ueber den Wert von subspecies aber kommen diese beiden Formen nicht hinaus, und ich vermag mich deshalb hier nicht an Reichenow anzuschliessen, welcher *rosea* als selbstständige Art mit aufzählt. Denn in Mitteldeutschland finden sich alle nur denkbaren Uebergänge, und Verbastardirungen zwischen beiden Formen sind hier an der Tagesordnung. Dazu kommt, dass gerade die Schwanzmeisen sehr weit und regellos verstreichen, wobei dann wohl das eine oder andere Exemplar einmal aus irgend welchen Gründen im Gebiete der anderen subspecies zurückbleibt und hier auch zur Fortpflanzung schreitet. So schickte mir Graf Recke am 24. Juni 1890 ein typisch schwarz gestreiftes Eexemplar, das sich als ein altes Männchen erwies,

aus Craschnitz. Der Fall ist zweifellos, da ich, um ganz sicher
zu gehen, das Geschlecht sogar auf histologischen Querschnitten
mikroskopisch untersuchte. Zur Brutzeit haben wir in Schlesien
sonst nur die echte *caudata*, aber auf dem Zuge scheint auch
rosea bisweilen vorzukommen; wenigstens habe ich sie schon einmal
in Schleibitz bei Hundsfeld geschossen.

Maasse von 36 schlesischen Exemplaren (alles echte *caudata*) in cm:

	maximum	minimum	Durchschnitt	Nach Friderich
Länge:	15,9	14,8	15,1	14,5
Flügelspannung:	20,2	18,5	19,0	18,5
Schwanz:	10,6	9,3	9,6	8,7
Schnabel:	0,5	0,5	0,5	0,5
Tarsus:	1,7	1,5	1,6	1,6

Hieraus ist ersichtlich, dass der Vogel nach Osten zu an
Grösse zunimmt, zumal auch Radde viel beträchtlichere Maasse
als Friderich angiebt.

In den Laubwäldern der schlesischen Ebene ist die Schwanzmeise überall ein gemeiner Brutvogel; so fand ich sie bei Breslau
sehr häufig. Doch wird an manchen Orten über ihre Abnahme
geklagt, so z. B. von L. Tobias für die Gegenden von Görlitz
und Grüneberg. Im Gebirge findet sie sich nur spärlich, weil
dort meist Nadelholz vorhanden ist, welches sie nach Möglichkeit
vermeidet. Deshalb muss sie für das Glatzer- und Isergebirge
nach Emmrich und Michel als die seltenste Meise bezeichnet
werden, und auch in Oberschlesien ist sie aus demselben Grunde
nicht eben häufig. Im Riesengebirge fand sie Kollibay öfter
in der Thal- und Waldregion. Am Zobten ist sie nach Knauthe
selten. Laubhölzer, Parks und auch grosse, zusammenhängende
Obstgärten bilden die bevorzugten Aufenthaltsplätze der Schwanzmeise. Den Menschen scheut das zutrauliche Vögelchen ganz
und gar nicht. Knauthe constatirte sie als Brutvogel auf der
Promenade von Schweidnitz, und auch ich habe sie wiederholt
auf den schönen Promenaden von Breslau gesehen, vermag aber
nicht mit Sicherheit anzugeben, ob sie dort auch brütet. Volle
Gelege fanden Emmrich am 28. April, Thiemann am 3. und
ich am 4. Mai. v. Boenigk erbeutete einmal ein Nest mit ganz
weissen Eiern. Nach Kollibay fängt sich die Schwanzmeise
auch bisweilen im Dohnenstieg.

Maasse von 14 schlesischen Eiern in mm:

	maximum	minimum	Durchschnitt
Länge:	14,5	13	13,65
Breite:	11	10	10,45

Gattung: **Parus** L. 1758. — Waldmeise.

Typische Meisen mit mittellangem Schwanze und starkem kegelförmigem Schnabel. Die 2. Schwinge ist kürzer als die 6. Höhlenbrüter und gelegentliche Samenfresser.

50. **Parus cristatus** L. 1758. — Haubenmeise.

Synonyma: Lophophanes cristatus Kaup, Mewes, Radde; Lophophanes mitratus, L. capistriatus, L. rufescens Chr. Brehm; Parus mitratus Chr. Brehm; Parus cristatus L., Buff., Gm., Bchst., Naum., Glog., Gieb., Kays. und Blas., A. Br., v. Hom., Gätke, Hartert, Jäckel.

Trivialnamen: Strauss-, Kobel-, Heubel- und Heidemeise, Koppmeese. Im oberschlesisch-polnischen Idiom heissen alle Waldmeisen Siekora.

Kennzeichen der Art: Auf dem Kopfe eine deutliche Federhaube.

Maasse von 31 schlesischen Exemplaren in cm:

	maximum	minimum	Durchschnitt
Länge:	12,7	11,7	12,1
Flügelbreite:	20,8	19,3	19,9
Schwanz:	4,5	4,2	4,4
Schnabel:	0,8	0,8	0,8
Tarsus:	1,5	1,4	1,4

Die Brehmsche subspecies *rufescens*, welche sich durch rostgrauen Oberkörper und rostgraue Seiten auszeichnet, kommt auch in Schlesien vor. Da sich aber daneben eben so zahlreich die gewöhnliche *cristatus* findet, so ist nicht ersichtlich, ob *rufescens* eine constante Lokalvarietät oder nur eine individuelle Abweichung darstellt.

In all den zahlreichen Nadelwäldern Schlesiens, so insbesondere in der Lausitz, im Gebiete der Sudeten und in Oberschlesien, ist die Haubenmeise eine gewöhnliche Erscheinung. Da, wo sich der Nadelwald ohne Unterbrechung meilenweit ausdehnt, darf man sie wohl als die gewöhnlichste Meise bezeichnen; das gilt z. B. für die Görlitzer Heide. Freilich verringert unsere moderne Forstwirtschaft die Brutbäume immer mehr, und die Klagen über das Abnehmen dieser und anderer Meisenarten sind daher fast allgemein. Am Zobten ist *cristatus* nach Knauthe nur spärlich vorhanden. Als vertikale Verbreitungsgrenze giebt Gloger eine Höhe von 3800 Fuss an. Die Haubenmeise bewohnt die ganze Waldregion des Riesengebirges bis zum Knieholzgürtel. A. v. Homeyer traf sie im Aupathal und bei Schreiberhau, Kollibay auf dem Cavalierberge, R. Blasius am Zackenfall und R. Tobias auf dem Iserkamm. Fechner bemerkte eine auf-

fallende Vorliebe des Vogels für Wachholdersträucher. Praetorius fand am 16. Mai das volle Gelege. Kollibay beobachtete
am 19. Mai ein Pärchen, welches Nestjunge fütterte. „Als sie
mich zuerst bemerkten, thaten sie sehr ängstlich und legten sich
zeitweise in eigentümlicher Weise der Länge nach mit gespreizten
Flügeln auf einen Zweig."

Maasse von 12 schlesischen Eiern in mm:

	maximum	minimum	Durchschnitt
Länge:	17	15	16,5
Breite:	12,5	11,5	12,0

51. Parus caeruleus L. 1758. — Blaumeise.

Synonyma: Cyanistes caeruleus Kaup, Mewes, Radde;
Cyanistes caerulescens, C. salicarius, C. violaceus Chr. Brehm;
Parus coerulescens Chr. Brehm; Parus coeruleus L., Gm., Behst.,
Naum., Glog., Giebel, Fridr., Kays. und Blas., A. Brehm, v. Hom.,
Hart., Jäckel, Gätke.

Trivialnamen: Bloomeese, Mehl-, Bien- und Pimpelmeise.

Kennzeichen der Art: Scheitel blau, bei jungen Vögeln
grünlich. Unterkörper gelb.

Maasse von 64 schlesischen Exemplaren in cm:

	maximum	minimum	Durchschnitt
Länge:	12,1	11,7	11,8
Flügelbreite:	20,6	19,7	20,1
Schwanz:	5,4	5,1	5,3
Schnabel:	0,8	0,6	0,7
Tarsus:	1,8	1,8	1,8

Die Blaumeise ist in Schlesien nirgends selten und fehlt nur
dem reinen Kieferwald. In Gegenden, wo das Nadelholz sehr
überwiegt, trifft man sie weniger häufig, so z. B. in der Grafschaft Glatz; auch in der Görlitzer Heide brütet sie nur spärlich.
In Anlagen und grossen Gärten gehört sie zu den regelmässigen
Brutvögeln, und im Winter kommt sie zutraulich auch in die
belebtesten Städte und holt sich die für sie hingestreuten Hanf-
körner von den Fensterbrettern. Das Abnehmen der Meisen
kann man leider gerade bei dieser bunten und hübschen Art am
deutlichsten beobachten. Mohr beobachtete eine eigentümliche
Vorliebe der Blaumeisen für blühende Pappeln, an denen sie sich
oft zu hunderten ansammeln sollen. *Caeruleus* macht in Schlesien
regelmässig 2 Bruten, so dass man die Eier in 2 Perioden zu
Mitte Mai und Ende Juni finden kann. Ich sah einmal schon
am 5. April in der Strachate ein brütendes Weibchen, welches
von seinem Männchen fleissig gefüttert wurde. Practorius fand

volle Gelege am 16. Mai und 10. Juli, sowie am 2. Juni ein Nest mit nackten Jungen. Kutter beobachtete die Blaumeise am 16. April beim Nestbau. Am 22. Mai entdeckte er zwischen 2 fast parallel laufenden Aesten einer *Abies alba* in Höhe von 3 m ein Nest mit zwei Eiern und am 15. Juni ein anderes mit 4 Eiern 5 m hoch auf einer Eiche. Brutdauer 13 Tage (Mohr).

Maasse von 19 schlesischen Eiern (davon 5 durch Kutter gemessen) in mm:

	maximum	minimum	Durchschnitt
Länge:	15	13	13,9
Breite:	11,5	10	10,9

Die Eier sind etwas kleiner als märkische Stücke, welche nach Schalow 14,77 — 11,46 mm messen.

52. **Parus cyanus** Pall. 1770. — Lasurmeise.

Synonyma: Cyanistes cyanus Kaup, Mewes; Cyanistes elegans Chr. Brehm; Parus indicus Aldr.; Parus cyaneus Falk; Parus elegans Chr. Brehm; Parus coeruleus maior Briss.; Parus saebyensis Sparrm., Bchst.; Parus kujaescik; Parus cyanus Pall., Gm., Bchst., Chr. Brehm, Glog., Gieb., Kays. u. Blas., A. Brehm, v. Hom., Hartert.

Kennzeichen der Art: Scheitel und Unterleib weiss.

Diese prachtvolle Meise kommt nur als seltener Gast in strengen Wintern zu uns. Gloger, Kaluza und Endler erwähnen, dass sie früher wiederholt bei Breslau erlegt worden sei. Weiss schoss im Winter 1879/80 bei grosser Kälte ein Exemplar in dem Wachower Forst bei Rosenberg. Ich selbst beobachtete am 22. Februar 1890 ein Stück unter einem Schwarm Kohlmeisen bei Schleibitz. Der Vogel war nicht gerade scheu, aber sehr flüchtig. Leider war der Park gerade sehr von Menschen belebt, so dass ich nicht gleich schiessen konnte, und währenddem empfahl sich der herrliche Vogel auf Nimmerwiedersehen. Mehrfach lernte ich auf der rechten Oderseite kundige und aufmerksame Forstbeamte kennen, welche die Lasurmeise als besondere Seltenheit strenger Winter recht wohl kannten.

53. **Parus fruticeti** Wallgr. 1854. — Sumpfmeise.

Synonyma: Parus palustris L., Gm., Bchst., Naum., Chr. Brehm, Gloger, Gieb., Kays. u. Blas., A. Br., Fridr., Gätke, Hart., Jäckel; Poecile subpalustris, P. sordida, P. stagnatilis, P. salicarius Chr. Brehm; Parus cinereus communis Bald.; Poecile communis Degl.; Poecile palustris Kaup, v. Hom., Mewes, Radde.

Trivialnamen: Mur-, Asch-, Kot- und Rindmeise.

Kennzeichen der Art: Kopfplatte schwarz ohne weissen Nackenfleck. Untere Seite rostweisslich.

Meinen systematischen Anschauungen nach müsste man die
deutsche Sumpfmeise eigentlich als subspecies zu der schwedischen
palustris ziehen, welche der Beschreibung Linne's zu grunde
lag, und demgemäss trinär *P. palustris fruticeti* benennen. Im
Winter ist die Sumpfmeise in Schlesien entschieden häufiger als
im Sommer, was durch den Zuzug nördlicherer Vögel bewirkt
wird. Es ist sehr leicht möglich, dass auch die echte *palustris*
sich zuweilen bis nach Schlesien verstreicht, doch ist mir noch
kein Belegexemplar dafür unter die Hände gekommen.

Maasse von 52 schlesischen Exemplaren in cm:

	maximum	minimum	Durchschnitt
Länge:	12,5	11,4	11,75
Flügelbreite:	20,2	19,0	19,4
Schwanz:	5,0	4,8	4,9
Schnabel:	0,85	0,8	0,8
Tarsus:	1,7	1,7	1,7

Ob auf dem Riesengebirge die Alpenmeise (*P. alpestris* Baill.),
welche ich ebenfalls nur als subspecies auffassen und trinär benennen möchte, vorkommt, ist leider noch nicht genügend festgestellt. Ich möchte es aber beinahe vermuten. Einmal schoss
ich in der Nähe der Schneegruben ein Stück, welches ich beim
ersten Anblick für *alpestris* hielt; leider aber ging das interessante
Exemplar verloren, ehe ich es präparieren konnte. Neuerdings
schreibt Michel, dass er die alpine Varietät im Isergebirge angetroffen habe. Künftigen Beobachtern empfehle ich, den Sumpfmeisen der Sudeten ihre ganz besondere Aufmerksamkeit zuzuwenden.

Die Sumpfmeise ist in Schlesien keineswegs gleichmässig
verbreitet; stellenweise ist sie vielmehr ziemlich selten, ohne dass
ich einen stichhaltigen Grund dafür anzugeben wüsste. Dies
ist z. B. bei Breslau und nach Perrin auch bei Ruhland der
Fall. In anderen Gegenden ist sie wieder sehr gemein. Reinen
Kieferwald liebt sie nicht. Laubhölzer mit feuchtem Boden, in
deren Nähe sich Gewässer befinden, beherbergen sie dagegen
sehr regelmässig. Im Gebirge ist sie häufig und in allen Fichtenwäldern bis zu deren oberer Grenze anzutreffen.

Bei der herrschenden Wohnungsnot nehmen die brütlustigen
Sumpfmeisen vielfach zu Mäuselöchern ihre Zuflucht. Hartert
fand bei Breslau ein Nest in dem durchbrochenen Boden eines
Singdrosselnestes, in den die Sumpfmeisen eine Menge von Nist-
stoffen eingetragen hatten. Kollibay berichtet: „Am 19. Mai
wurde ein frisches Ei auf dem Rasen in der Nähe einer mit vielen
Astlöchern versehenen starken Birke aufgefunden. Der Vogel,

welcher es nicht in die durch Regen gefüllten Nisthöhlen legen konnte, hatte es wahrscheinlich auf dem Rasen abgelegt."

Maasse von 16 schlesischen Eiern in mm:

	maximum	minimum	Durchschnitt
Länge:	16	15,5	15,75
Breite:	12,5	11,5	12,1

54. Parus ater L. 1758. — Tannenmeise.

Synonyma: Poecile atra Kaup; Parus brittanicus Sharpe; Parus atricapillus Briss.; Parus carbonarius Pall.; Parus abietinum, P. pinetorum Chr. Brehm; Parus ater L., Shaw, Gm., Bchst., Naum., Glog., Kays. u. Blas., Gieb., Fridr., A. Brehm, v. Hom., Mewes, Hartert, Gätke, Jäckel.

Trivialnamen: Busch-, Hunds- und Tschätschmeise, Sichelschmied.

Kennzeichen der Art: Kopfplatte schwarz mit weissen Nackenstreifen. Unterleib weisslich.

Maasse von 31 schlesischen Exemplaren in cm:

	maximum	minimum	Durchschnitt
Länge:	11,2	10,6	10,9
Flügelbreite:	18,7	17,5	18,1
Schwanz:	5,0	4,7	4,8
Schnabel:	0,9	0,9	0,9
Tarsus:	1,8	1,8	1,8

Die Tannenmeise fehlt keinem Nadelwalde Schlesiens und ist in der Ebene wie im Gebirge in gleicher Häufigkeit anzutreffen. In den grossen Forsten Oberschlesiens, der Sudeten und der Lausitz ist sie sogar ausserordentlich gemein. Krezschmar nennt sie geradezu „den häufigsten Vogel im waldigen Teile des Riesengebirges." Sie geht dort nach Gloger bis zu einer Höhe von 3800 Fuss empor. A. v. Homeyer traf sogar noch an den Schneegruben Tannenmeisen. Auf dem Iserkamme findet sie sich nach R. Tobias und auf der Heuscheuer (2800) nach Kutter ebenfalls sehr zahlreich. Schon im August beginnt der Strich, dessen Lebhaftigkeit bald durch zuziehende nordische Schwärme erhöht wird. Die Vögel (namentlich die nordischen) kommen dann auch in die Laubhölzer, Anlagen und Gärten, selbst in die der grossen Städte. Auch diese Meise nistet vielfach in Mäuselöchern, selbst ohne Not, da ihr jede Nisthöhle recht ist.

Maasse von 8 schlesischen Eiern in mm:

	maximum	minimum	Durchschnitt
Länge:	15,5	14,5	14,9
Breite:	12	11	11,6

55. **Parus maior** L. 1758. — Kohlmeise.

Synonyma: Parus fringillago Pall; Parus robustus Brehm; Parus perniciosus, P. cyanotus, P. intercedens Chr. Brehm; Parus maior L., Gm., Bchst., Buff., Naum., Glog., Gieb., Kays. u. Blas., A. Brehm, Fridr., v. Hom., Mewes, Radde, Hart., Gätke, Jäckel.

Trivialnamen: Spiegel-, Brand- und Schlossermeise, Feilschmidt.

Kennzeichen der Art: Scheitel schwarz, Unterseite gelb mit einem schwarzen Mittelstreifen.

Maasse von 70 schlesischen Exemplaren in cm:

	maximum	minimum	Durchschnitt
Länge:	14,0	13,5	13,7
Flügelbreite:	22,5	21,2	21,7
Schwanz:	6,2	5,9	6,0
Schnabel:	1,0	1,0	1,0
Tarsus:	2,0	2,0	2,0

Die Kohlmeisen sind in der Grösse ausserordentlich constant. Bei vielen ostdeutschen Stücken ist das Gelb der Unterseite ein wenig intensiver und der schwarze Bruststreifen etwas breiter und weiter herabreichend, aber auch diese geringfügigen Unterschiede zeigten sich nicht durchgängig.

In den meisten Gegenden Schlesiens zählt die Kohlmeise zu den gemeinsten Vögeln, doch ist auch sie unverkennbar im Abnehmen begriffen. In Mittelschlesien ist sie nach Richter stellenweise sogar schon recht spärlich geworden, weil es ihr eben zu sehr an geeigneten Brutstätten fehlt. Auch in der Görlitzer Heide ist sie nach Krezschmar nur wenig vertreten. Laubholz zieht sie den Nadelwaldungen vor, ohne aber die letzteren gänzlich zu meiden. So findet sie sich nach v. Tschusi in allen Fichten·waldungen des Riesengebirges. A. v. Homeyer traf sie noch in der Nähe der Schneegruben. In den Anlagen und Gärten ist sie ebenfalls eine allbekannte Erscheinung. Im September und Oktober stellen sich auch zahlreiche nordische Schwärme ein, um bei uns zu überwintern. In der Grafschaft Glatz werden nach Emmrich immer noch alle Meisenarten massenhaft auf den Meisenhütten gefangen. Knauthe hörte zweimal Kohlmeisen, welche täuschend Stücke aus dem Gesange von *Emberiza citrinella* nachahmten. In Schlesien werden regelmässig zwei Bruten gemacht, Richter beobachtete den Nestbau 1887 am 25. April und 1888 am 24. desselben Monats; die Jungen flogen am 8. bezgl. 10. Juni aus. Auch sah er, wie Blaumeisen durch Kohlmeisen aus ihrem Nistloch vertrieben wurden. Praetorius fand am 2. Mai und 5. Juli volle Gelege, ich selbst am 30. April und 28. Juni.

Maasse von 27 schlesischen Eiern in mm:

	maximum	minimum	Durchschnitt
Länge:	18	16,5	17,42
Breite:	13,5	12,5	13,08

Familie: **Sittidae**, Spechtmeisen.

Ich mag die Spechtmeisen nicht nach dem Vorgange Reichenows mit den *Certhiidae* in eine Familie vereinigen, sondern ziehe es vor, sie von diesen völlig zu sondern, weil beide Vogelgruppen in ihrem Leibesbau und der Ausrüstung zu dem von beiden geübten Klettergewerbe doch gar zu wenig Gemeinsames haben. Die *Sittidae* charakterisiren sich durch den geraden, harten, pfriemförmigen und spitzigen Schnabel, durch die vorn in 4 Fasern zerschlissene Zunge und die kurzen, kräftigen und breitsohligen Füsse, an denen die Hinterzehe durch ihre Grösse hervorragt. Die Mittel- und Aussenzehe sind fast bis zum ersten Gelenk, die Mittel- und Innenzehe dagegen nur wenig verwachsen. Die 1. Schwinge ist sehr klein, die 2. kürzer als die 3., die 4. am längsten. Der 12federige Schwanz ist kurz und weich und kann beim Klettern nicht als Stütze benützt werden.

Gattung: **Sitta** L. 1758. — Kleiber. Siehe die Familienmerkmale, da nur diese eine Gattung.

56. **Sitta europaea** L. 1758. — Nordischer Kleiber.

56a. **Sitta europaea caesia** Wolf 1810. — Mitteleuropäischer Kleiber.

Synonyma: Picus cinereus Gesn.; Sitta sericea Tem.; Sitta asiatica Bon.; Sitta uralensis Glog., Pall.; Sitta affinis Blyth; Sitta sibirica Pall.; Sitta roseitia Blak.; Sitta advena, S. pinetorum, S. foliorum, S. succica, S. septentrionalis Chr. Brehm; Sitta caesia Meyer, Degl., Gieb., Radde, Hart.; Sitta europaea L., Gm., Behst., Lath., Buff., Chr. Br., Naum., Glog., Gieb., Kays. u. Blas., v. Hom., Fridr., Jäckel; Sitta europaea uralensis Hart.

Trivialnamen: Schwarzplättel, Blauspecht, Maispecht.

Kennzeichen der Art: Siehe die Gattungsmerkmale, da nur diese eine Art in Deutschland.

Der Kleiber ist für den Systematiker einer der interessantesten und lehrreichsten Vögel, da er nach der geographischen Lage wie nach der natürlichen Beschaffenheit seines Aufenthaltortes sehr bedeutend variirt. Was den letzteren Punkt anbelangt, so kommt namentlich die verschiedene Länge, Stärke und Ausbildung des Schnabels inbetracht, welche je nach der Holzbeschaffenheit der von dem Vogel bewohnten Wälder abändert. Meine Untersuchungen über diesen Punkt sind noch nicht abgeschlossen, und muss ich mir deshalb einen eingehenden Bericht über diese interessanten Verhältnisse für später vorbehalten. Sonst sind die Kleiber noch in ihrer Grösse und dem helleren oder dunkleren Colorit der Unterseite verschieden. Die grossen hellen Vögel gehören dem Norden an, lagen der Beschreibung Linne's zugrunde und stellen deshalb die typische *europaea* dar. Die dunkleren und kleineren Kleiber Deutschlands sind derselben meiner Auffassung nach subspecifisch unterzuordnen und trinär als *S. europaea caesia* zu benennen. Nur diese subspecies brütet in Schlesien. Im Winter dagegen kommen auch die hellbäuchigen Nordkleiber zu uns, aber nicht allzu häufig, da diese Vögel überhaupt nur ungern weitere Wanderungen auszuführen pflegen. Von den im Winter gesammelten Stücken gehörten etwa 90% zu *caesia* und nur 10% zu *europaea*. Die subspecies *uralensis* hat sich meines Wissens noch nicht nach Schlesien verstrichen.

Maasse von 41 schlesischen Exemplaren (lauter *caesia*) in cm:

	maximum	minimum	Durchschnitt
Länge:	14,1	12,9	13,6
Flügelbreite:	27,9	26,4	27,3
Schwanz:	4,6	4,5	4,55
Schnabel:	2,1	1,5	1,8
Tarsus:	2,1	1,6	1,8

Leider geht es auch dem hübschen Kleiber wie den meisten anderen Höhlenbrütern: er ist in anhaltender und sehr merklicher Abnahme begriffen. Alle alten schlesischen Faunisten bezeichnen ihn als sehr gemein, während er heute in vielen Gegenden bereits zu den seltenen Brutvögeln gehört und in anderen überhaupt nur noch auf dem Zuge vorkommt. Das Letztere ist nach Knauthe am Zobten der Fall. Nach Perrin ist er bei Ruhland, nach Krezschmar bei Görlitz, nach Emmrich bei Neurode und nach Sylender bei Bolkenhayn bereits ziemlich selten geworden. In den Oderwaldungen der Breslauer Gegend aber traf ich ihn zu meiner Freude noch recht zahlreich an. Der Kleiber fehlt zwar dem Nadelholze auch zur Brutzeit nicht ganz, zieht aber Laub- und gemischte Waldungen mit möglichst alten Beständen entschieden vor. Doch geht Krezschmar zu weit, wenn er sagt: „an Laubbäume gebunden." Auf dem Zuge kommen die Spechtmeisen auch in die Gärten und rutschen selbst an günstig gelegenen Häusern herum. Als vertikale Verbreitungsgrenze des Vogels giebt Gloger für das Riesengebirge eine Höhe von 3800 Fuss an. Kollibay erhielt einmal ein Exemplar lebend aus dem Dohnenstiege. Ich schoss im Januar 1890 ein Männchen mit verkümmertem Schnabel, welches von seinem Weibchen gefüttert wurde. Volle Gelege fanden Practorius am 30. April und ich am 9. Mai.

Maasse von 18 schlesischen Eiern in mm:

	maximum	minimum	Durchschnitt
Länge:	19,5	18,5	19,1
Breite:	14,5	13,5	14,0

Familie: **Certhiidae**, Baumläufer.

Der lange, dünne Schnabel ist sanft gebogen, besitzt einen kantigen Rücken und eine scharfe Spitze. Die Zehen sind lang und tragen sehr grosse Krallen. Von den 10 Handschwingen ist die 1. sehr verkürzt, die 4. und 5. am längsten. Die Zunge ist lang, schmal und spitzig. Der Singmuskelapparat ist nur schwach entwickelt.

Gattung: **Certhia** L. 1758. — Baumläufer.

Die Zunge läuft vorn in einen unmerklichen Fortsatz aus und besitzt keine um den Hirnschädel herumlaufende Zugbänder, ist deshalb auch nicht vorschnellbar. Der Lauf ist etwas kürzer als die Mittelzehe, vorn schwach getäfelt und hinten mit einer Hornplatte bedeckt. Die Hinterzehen der schwächlichen Füsse tragen besonders grosse und krumme Krallen. Der schmale, keilförmige Schwanz läuft in zwei Spitzen aus; er hat sehr starre Federschäfte und wird deshalb beim Klettern als Stützorgan benutzt. Die 4. Schwinge ist am längsten.

57. **Certhia familiaris** L. 1758. — Baumläufer.

57a. **Certhia familiaris brachydactyla** Chr. L. Brehm. 1831. — Kurzzehiger Baumläufer.

Synonyma: Certhia Turneri Gessn.; Motacilla scolopacina Norske; Certhia scandulaca Pall.; Certhia minor, C. maior Frisch; Certhia brachydactyla, C. macrodactyla, C. septentrionalis, C. megalorhynchus, C. rufidorsalis, C. brachyrhynchus, C. paradoxus Chr. Brehm; Certhia Costae Bailly; Certhia Nattereri Bon.; Certhia longicauda Brandt; Certhia brachydactyla v. Hom.; Certhia familiaris L., Gm., Bchst., Naum., Glog., Gieb., Kays. und Blas., A. Brehm, Fridr., v. Hom., Mewes, Radde, Hart., Jäckel, Gätke.

Trivialnamen: Kleiner Baumhacker, -rutscher, -kletterer, -kletterlin, -heckel, Hirngrille, Sichelschnäbler, Rindenkleber, Kletter-spechtel. Oberschlesisch-polnisches Idiom: Bargel.

Kennzeichen der Art: Siehe Gattungsmerkmale, da nur diese eine Art in Deutschland.

Die graurückigen Baumläufer mit längerem Schnabel und kürzeren Zehen stellen eine ständige Abänderung dar, welche Vater Brehm als *brachydactyla* bezeichnete. (Tafel I, 1 und 1b). Fast wäre man versucht, diese Form als selbstständige Art aufzufassen, zumal sie ein geübter Beobachter namentlich an der

Stimme auch in freier Natur mit Sicherheit zu unterscheiden vermag. Doch habe ich schon Uebergänge zwischen beiden gefunden, wenn auch nur selten und undeutlich und glaube deshalb nicht, dass die kurzzehige Form über den Wert einer subspecies hinauskommt. Die typische *familiaris* (Tafel I, 2 und 2b) charakterisirt sich im Gegenteil durch kürzeren Schnabel, längeren Zehen und gelben Rücken. Die bei beiden Arten abweichende Schädelform, welche B r e h m angiebt, ist im allgemeinen für dieselben constant und deshalb auch auf unserer Tafel wiedergegeben worden. Augenscheinlich hat sie sich in Anpassung an die Schnabellänge und die dadurch bedingte verschiedene Haltung des Kopfes herausgebildet. *Brachydactyla* dominirt im allgemeinen in Westeuropa.

Auf Grund der sorgfältigsten Untersuchungen, welche ich gerade den Baumläufern in sehr eingehender Weise widmete, kann ich mit Bestimmtheit behaupten, dass beide Formen in Schlesien brütend neben einander vorkommen, und zwar bewohnt *familiaris* hauptsächlich den Nadelwald, *brachydactyla* dagegen Laubgehölze, Parks, Gärten, Alleen und dergl. Auch die Eier beider Formen sollen nach L. T o b i a s verschieden sein.

M a a s s e von 44 schlesischen *familiaris* in cm:

	maximum	minimum	Durchschnitt
Länge:	12,8	12,2	12,6
Flugbreite:	20,0	19,0	19,4
Schnabel:	1,9	1,6	1,8
Schwanz:	6,3	6,0	6,2
Tarsus:	1,6	1,5	1,55

M a a s s e von 19 schlesischen *brachydactyla* in cm:

	maximum	minimum	Durchschnitt
Länge:	12,3	11,9	12,2
Flugbreite:	19,6	18,6	19,1
Schnabel:	1,4	1,2	1,3
Schwanz:	6,2	5,9	6,0
Tarsus:	1,5	1,4	1,5

Im allgemeinen wiegt *familiaris* in Schlesien vor und die grossen Nadelwaldungen der Lausitz, der Sudeten und Oberschlesiens bewohnt sie wohl ausschliesslich. In einigen Gegenden fehlen die Baumläufer ganz; so sollen sie nach K n a u t h e am Zobten nur auf dem Striche vorkommen. Sonst finden sie sich wohl überall, wenn auch nirgends häufig. Bei Breslau sah ich ihrer im Winter viele, darunter öfters auch *brachydactyla*. Die harmlosen Vögel kamen auch in die Anlagen und Gärten der Stadt. Im Gebirge sind die Baumläufer überall zu Hause und gehen nach G l o g e r bis zu einer Höhe von 3800 Fuss empor.

Ich fand bei Breslau am 8. April das volle Gelege; J. Tobias traf schon am 26. April flügge Junge an. Zwei Bruten.

Maasse von 14 schlesischen Eiern in mm:

	maximum	minimum	Durchschnitt
Länge:	16,5	15	15,6
Breite:	12	11,5	11,7

Gattung: **Tichodroma** Ill. 1811. — Mauerläufer.

Die sehr lange Zunge besitzt zwei um den Hirnschädel herumlaufende Zugbänder; sie ist mit Widerhaken besetzt und kann in einer inneren Rinne des Schnabels hin- und hergeschoben werden. Die Aussenzehe ist zum Teil mit der Mittelzehe verwachsen. Läufe ringsum gestiefelt. Die breiten und kurzen Schwanzfedern sind weich und dienen deshalb beim Klettern nicht zur Stütze.

58. **Tichodroma muraria** (L.) 1766. — Mauerläufer.

Synonyma: Picus murarius alte Aut.; Certhia muraria L., Gm., Bchst.; Certhia muralis Briss.; Petrodroma muraria Vieill.; Tichodroma alpina Koch; Tichodroma phoenicoptera Tem., Glog.; Tichodroma europaea Steph.; Tichodroma subhimalayana Hodgs.; Tichodroma nepalensis Bon.; Tichodroma brachyrhynchus, T. megarhynchus Chr. Brehm; Tichodroma muraria Ill., Naum., Kays. u. Blas., Gieb., A. Brehm, v. Hom., Mewes, Fridr., Radde, Hart., Jäckel.

Trivialnamen: *Mur-* und *Klettenspecht.*

Kennzeichen der Art: Siehe die Gattungsmerkmale, da nur diese eine Art in Deutschland.

Wenn man Schwenckfeld Glauben schenken darf, so ist der Mauerläufer in früheren Jahrhunderten in den schlesischen Gebirgen keine allzu grosse Seltenheit gewesen. Auch Gloger, Kaluza und Weigler führen ihn als seltenen Irrgast mit auf. Endler erwähnt ein an den Felsen der Grafschaft Glatz geschossenes Exemplar. In neuerer Zeit aber ist der prächtige Alpenvogel in Schlesien meines Wissens nicht wieder nachgewiesen worden, und man wird gut daran thun, ihn gänzlich aus der Liste schlesischer Vögel zu streichen, falls nicht noch in dem Reste unsres Jahrhunderts wieder ein Stück erlegt werden sollte. Ausgeschlossen ist dies freilich keineswegs, da der Mauerläufer in der sächsischen Schweiz noch öfters vorkommt.

Familie: **Alaudidae**, Lerchen.

Schnabel schmal und walzenartig, aber ziemlich kräftig. Die 1. Schwinge ist verkümmert, die 16. viel kürzer als die 17., die 3. und 4. am längsten. Die Hinterschwingen sind von beträchtlicher Länge. Die Läufe sind auf der Hinterseite getäfelt. Der lange

Nagel der Hinterzehe ist gerade. Das Gefieder zeigt in der Hauptsache ein erdfarbiges „Lerchengrau.“ Die Geschlechter sind äusserlich nicht verschieden.

Gattung: **Otocorys** Bp. 1839. — Ohreulerche.

Am Hinterkopfe zwei deutliche Federohren. Der Kropf mit bunter Zeichnung.

59. **Otocorys alpestris** (L.) 1758. — Alpenlerche.

Synonyma: Alauda nivalis, Pall, Frisch; Alauda flava Gmel.; Alauda hiemalis Frisch; Alauda virginiana Briss; Alauda cornuta Wils.; Alauda alpestris L., Gm., Behst., Chr. Brehm, Naum., Glog., Gieb., Gould, Fridr., Gätke; Alauda albigula Brandt; Phileremos alpestris Chr. Brehm; Kays. und Blas., A. Brehm, v. Hom., Jäckel; Phileremos rufescens, Ph. striatus Chr. Brehm; Otocorys alpestris Gray, Swinhoe, Mewes, Hart., Radde.

Trivialnamen: Schneelerche, Priestergürtel.

Kennzeichen der Art: Siehe die Gattungsmerkmale, da nur diese eine Art in Deutschland.

Maasse von 4 schlesischen Exemplaren in cm:

	maximum	minimum	Durchschnitt
Länge:	17,6	16,8	17,1
Flugbreite:	33,4	32,5	32,8
Schwanz:	7,8	7,2	7,5
Schnabel:	1,2	1,1	1,1
Tarsus:	2,2	2,2	2,2

Welcher der vielen aufgestellten Alpenlerchensubspecies, von denen ich übrigens nach Raddes Vorgang wenig halte, die in Schlesien vorkommenden Vögel angehören, vermag ich nicht zu sagen, da ich zu wenig Material unter den Händen gehabt habe.

Die Alpenlerche gehört zu denjenigen nordischen Wintergästen, welche in Schlesien nur unregelmässig und im ganzen ziemlich selten erscheinen. In manchen Jahren ist sie verhältnismässig häufig und kommt dann in kleinen Scharen mit den Sperlingen auf die Gehöfte, um dort Futter zu suchen. Im Winter 1838/39 und dann wieder 1841/42 war sie nach R. Tobias besonders häufig. Kaluza sah sie mehrere Herbste hinter einander bei Neisse vielfach und erlegte daselbst einige Exemplare. Gloger sagt, dass die Alpenlerche namentlich im Gesenke vorkomme und überhaupt auf dem Zuge in den Vorbergen nicht gerade selten sei. Brahts erwähnt, dass 1824 einige bei Herrnhut geschossen wurden. R. Tobias erbeutete die Alpenlerche am 3. und 7. Januar 1828 bei Görlitz, L. Tobias 1842 zwischen Görlitz und Ebersbach und v. Loebenstein 1847 ebendaselbst. Ausnehmend tiefer Schneefall ist augenscheinlich auf das Erscheinen dieser Vögel von Einfluss, da die betreffenden Jahre stets sehr schneereich waren. Wichtiger noch sind für uns die Beobachtungen aus der neueren Zeit. Das Breslauer Museum besitzt 5 schlesische Exemplare (leider ohne alle näheren Daten!) und in Görlitz steht ein am 10. Juni (!) 1866 erlegtes Stück. Bei Görlitz selbst wurde nach A. v. Homeyer am 26. Januar 1868 eine Alpenlerche geschossen. Nach Dr. Luchs erscheint dieselbe alljährlich bei Hirschberg, ist aber im allgemeinen sehr selten. Heydrich erlegte im August 1866 ein anscheinend gepaartes Pärchen zwischen der Koppe und der Spindlerbaude. Am 10. Januar 1868 wurde ein Männchen bei Gr. Briesnitz am Fuss der Landskrone von Baron Bodenhausen erbeutet. R. Blasius beobachtete am 19. Juni 1878 am Koppenkegel flüchtig zwei Vögel, in denen er *alpestris* vermutete. Ich selbst sah im Winter 1889/90 wiederholt bei Breslau Alpenlerchen unter den Schwärmen der Schneeammern und Bergfinken und war auch so glücklich, ein Belegexemplar zu schiessen. In demselben Winter erhielt ich 3 weitere Stücke aus der Gegend von Ziegenhals zugeschickt. — Noch jetzt steht die Frage offen, ob die Alpenlerche bisweilen auf dem Riesengebirge brütet oder nicht. Wie wir oben sahen, sind wiederholt daselbst Alpenlerchen auch im Sommer beobachtet oder erlegt worden. Auch der Umstand, dass in jedem Winter Alpenlerchen bei Hirschberg erscheinen, legt die Vermutung nahe, dass wir es hier mit riesengebirgischen Exemplaren zu thun haben, welche vor den Unbilden des winterlichen Hochgebirges in den geschützten Thalkesseln Zuflucht suchen. Einen wertvollen Beitrag zu der strittigen Angelegenheit lieferte mir mein Mitarbeiter Simon, der in früheren Jahren ein sehr eifriger Eiersammler war und 30 Jahre lang regelmässig oologische Excursionen ins Riesengebirge gemacht hat. Derselbe schrieb mir: „Von der „Alpenlerche" (ich meine aber die richtige *Alauda alpestris* und nicht etwa den von den Baudenbewohnern ebenfalls „Alpenlerche" genannten *Anthus aquaticus*) erbeutete ich nur einmal Eier; sie ist jedenfalls als Brutvogel sehr selten. In demselben Jahre fing ich ein eben flügge gewordenes Junges. Ferner fand ich im Juni 1847, als der Kamm teilweise noch mit grossen Schneelagern bedeckt war, in der Gegend der Altschlesischen Baude unter einem Wachholderstrauche ein Nest mit 4 jungen Alpenlerchen." Die Simonsche Eiersammlung, in der sich viele für die Ornis Schlesiens wertvolle Stücke befunden haben sollen, wurde leider später aufgelöst und in alle Winde zerstreut, wie das ja das Schicksal vieler derartiger Sammlungen zu sein pflegt, wenn ihre Besitzer keine Zeit mehr haben, sich ihnen zu widmen. Ich schrieb sofort an Herrn Oberlehrer Simon, ob er sich nicht mehr erinnern könne, wo die Alpenlercheneier hingeraten seien. Der Brief blieb zunächst unbeantwortet, und bald darauf erhielt ich die traurige Nachricht, dass mein alter, lieber Lehrer in die besseren Jagdgründe hinübergewandelt sei. Somit bin auch ich leider nicht in der Lage, den vollgültigen Beweis für das oft behauptete Brüten der Alpenlerche auf dem Riesengebirge zu erbringen. Es wäre aber eine der dankenswertesten Aufgaben für späterhin die Gefilde Rübezahls besuchende Ornithologen, dieser Angelegenheit ihre ganz besondere Aufmerksamkeit zu widmen.

Gattung: **Alauda** L. 1758. — Feldlerche.

Lerchen mit dem oben geschilderten Familiencharakter, aber ohne Federohren und ohne lebhafte Kehlfärbung.

60. **Alauda arvensis** L. 1758. — Feldlerche.

Synonyma: Galerita arenicola Tristr.; Alauda vulgaris Ol., Will.; Alauda canora Aldr.; Alauda arvorum Frisch; Alauda italica Gmel., Buff.; Alauda candida Briss.; Alauda coelipeta Pall., Klein; Alauda longipes Lath.; Alauda dulcivox Hodgs.; Alauda moreotica v. d. Mühle; Alauda Duponti Vierth.; Alauda segetum, A. montana, A. agrestis, A. campestris, A. crassirostris, A. robusta, A. galeritana, A. bugiensis, A. pratorum, A. albigularis, A. tenuirostris, A. minor Chr. Brehm; Alauda arvensis L., Gm., Lath., Behst., Naum., Gould, Chr. Brehm, Glog., Gieb., Kays. und Blas., A. Br., v. Hom., Mewes, Fridr., Radde, Hart., Gätke, Jäckel.

Trivialnamen: Himmels-, Korn-, Saat- und Singlerche, Lirche, Lärke. Oberschlesisch-polnisches Idiom: Skowronek. Muskauer Wendisch: Skrobränk, Schkorentschk.

Kennzeichen der Art: Deckfedern des Unterflügels rötlich-grauweiss. Auf dem Kopfe kein Federhäubchen. Die 1. Schwinge kürzer als die unteren Deckfedern. Die äusserste Schwanzfeder jederseits bis auf einen schmalen braunen Längsstreif der Innenfahne weiss, ebenso die Aussenfahne der 2. und der Saum der 3. Schnabel oben schwärzlich, unten hell.

Im Breslauer Museum stehen folgende Farbenvarietäten:

a. Grundton ein fahles Gelbweiss mit lichter, aber ziemlich deutlicher Zeichnung.

b. Aehnlich, aber fast ganz ohne Zeichnung.

c. Ohne Zeichnung, das Gesamtcolorit mehr ins Rostfarbene spielend.

d. Wie a. Mit sehr deutlicher Zeichnung. Rückenfedern weiss gerändert.

e. und f. iuv. Rein weiss.

Heydrich besitzt ein Exemplar mit ausgesprochenem Albinismus und ein anderes mit ausgesprochenem Melanismus in seiner Sammlung. Endler berichtet von einem 1819 bei Breslau gefangenen Männchen, welches an den äusseren Schwung- und Steuerfedern sowie an der Kehle weisse Farben zeigte.

Maasse von 72 schlesischen Exemplaren in cm:

	maximum	minimum	Durchschnitt
Länge:	18,0	16,5	17,3
Flugbreite:	35,7	34,5	35,1
Schwanz:	7,4	6,9	7,1
Schnabel:	1,4	1,2	1,3
Tarsus:	2,5	2,4	2,4

Die Lerchen variiren bekanntlich sehr in der Grösse. Meine schlesischen Vögel sind im Verhältnis zu anderen deutschen Feldlerchen ziemlich stark, reichen in dieser Hinsicht aber doch nicht an die Kaukasier Raddes heran. Wie bei den letzteren sind die Flecken auf der Brust schmal und scharf abgegrenzt.

Die Feldlerche ist einer der ersten Charaktervögel der schlesischen Ebenen, soweit in denselben nicht der Nadelwald dominirt. Im Mittelgebirge wird sie grösstenteils durch die Heidelerche ersetzt, aber im Hochgebirge geht sie weiter hinauf und ist auch entschieden häufiger als diese. Die fruchtbaren Ackerländereien der niederschlesischen Ebene sind für unseren Vogel wie geschaffen. Während man im allgemeinen die Beobachtung macht, dass die Gebirgsvögel bessere Sänger sind als die der Ebene, verhält es sich bei den Feldlerchen nach meinen Erfahrungen geradezu umgekehrt. Auch von Tschusi nennt die Feldlerchen des Riesengebirges, die er sehr scheu fand, ausnehmend schlechte Sänger. In der Görlitzer Heide ist *arvensis* nach Krezschmar nur sparsam vertreten. Im Gebirge geht sie bis zur oberen Grenze des Knieholzes. Gloger giebt eine Höhe von 4600 Fuss als oberste Verbreitungszone für sie an. Er sagt: „Nur diese Lerche geht so weit, dass sie den Namen eines Alpenvogels noch verdient. Sie ist auf den unter einem Niveau von 4400 Fuss liegenden höchsten Wiesen sehr gewöhnlich; ich habe sie aber auch auf 4600 Fuss hohen kahlen, grasigen und steinigen Bergen noch nistend gefunden." R. Tobias traf sie als zahlreichen Brutvogel im Isergebirge, A. v. Homeyer nicht selten am Elbfall, den Elbquellen und Schneegruben und ziemlich häufig auf dem Koppenplan, v. Tschusi ebenso auf der weissen Wiese und dem Brunnenberg. R. Blasius und Capek hörten singende Männchen an den Elbwiesen. Noch viel häufiger als während der Brutzeit ist aber die Feldlerche in Schlesien auf ihren Wanderungen, und der Durchzug dieser Vögel durch unsere Provinz muss ein ausserordentlich starker sein. Derselbe hält im Herbste mehrere Wochen hindurch an und erstreckt sich bis tief in den Winter hinein, da immer noch Nachzügler durchpassiren. In milden Wintern bleiben einzelne Trupps auch ganz bei uns. So harrten nach Peck 1879 bei Görlitz viele den ganzen Winter durch aus; am 11. Januar wurden in der Nähe der Stadt zwei Züge von 12 und 8 Stück

beobachtet, ebenso 2 einzelne Exemplare am 2. December. Auch
Knauthe sah wiederholt im December noch diese Lerche. Im
Frühjahr treffen die Feldlerchen meist sehr zeitig ein und werden
dann oft vom Nachwinter überrascht, wobei sie viel Not aus-
zustehen haben. Gewöhnlich treffen erst einzelne Vorläufer ein,
welche sich bei eintretendem Schneewetter wieder zurückziehen,
noch ehe die Hauptmasse erschienen ist. Dies konnte ich z. B.
im Winter 1889/90 sehr schön bei Breslau constatiren. Dort
fand ich auch mehrfach Exemplare, welche sich zum Uebernachten
in Fahrgeleise gedrückt hatten und dabei eingefroren waren.
Krähen und Sperber wussten das bald für sich auszunützen.
Dieselbe Beobachtung hat Klopfer bei Primkenau gemacht.
v. Meyerinck schreibt: „Vom 24.—28. Februar 1879 lag 1
Zoll hoch Schnee. Da erschienen plötzlich Lerchen in solcher
Menge, dass sie die ganzen Felder bedeckten. Auch einige
Haubenlerchen waren dazwischen. Bisweilen sassen die Lerchen
so dicht, dass man 4—5 Stück mit einem Schuss hätte erlegen
können. Sie flatterten fortwährend sehr eifrig niedrig über dem
Erdboden hin, natürlich keine singend, sondern blos nach Nahrung
suchend. Es war in den Tagen vorher im Süden Deutschlands,
im Königreich Sachsen, Provinz Sachsen und der Mark viel
hoher Schnee gefallen und wahrscheinlich waren die Lerchen
von dort abgezogen, weil sie dort gar keine Nahrung finden
konnten, und hier in Schlesien nur wenig Schnee lag. Ich beobachtete diese Massen von Lerchen, welche man nur nach Hundert-
tausenden ansprechen konnte, auf einem Raum von ca. 1½ Quadrat-
meilen. Am meisten sassen sie auf Kleestoppeln." R. Tobias
fand von 1832—38 als frühesten Ankunftstermin den 26. Januar,
als spätesten den 24. und als durchschnittlichen den 12. Februar.
Die übrigen Zugdaten finden sich in der nebenstehenden Tabelle.

Die Feldlerche macht in Schlesien regelmässig zwei Bruten
zu Anfang April und Ende Juni. Die 1. enthält 4—5, die 2.
gewöhnlich nur 3 Eier, welche 14 Tage lang bebrütet werden.
(Mohr.) Volle Gelege fanden Practorius am 15. Mai, Kutter
am 1. Juli, ich selbst am 29. April und 26. Juni.

Maasse von 24 schlesischen Eiern in mm:

	maximum	minimum	Durchschnitt
Länge:	23	21,5	22,55
Breite:	16	15	15,45

61. **Alauda brachydactyla** Leisl. 1814. — Isabell-Lerche.
Synonyma: Alauda calandrella Bonell., Bon.; Alauda
testacea Pall., Glog.; Alauda arenaria Steph.; Alauda dukhunensis
Sykes; Alauda pispoletta Pall.; Alauda Kollyi Tem.; Melanocorypha moreotica v. d. Murs; Melanocorypha brachydactyla,

Ort:	Beobachter:	1891	1890	1889	1888	1887	1886	1885	1884	1881	1880	1879	1877	1876	1849	1843	1842	1841	1840	1839
Görlitz	R. Tobias	—	—	—	—	—	—	—	—	—	—	—	—	—	—	—	5. II.	18. II.	26. I.	13. II.
"	J. Tobias	—	—	—	—	—	—	—	—	—	—	—	—	—	—	24. II.	—	—	—	—
"	Fechner	—	—	—	—	—	—	—	—	—	—	—	—	—	30. I.	—	—	—	—	—
"	Peck	—	—	—	—	—	—	—	—	—	—	9. II.	—	—	—	—	—	—	—	—
"	Richter	—	—	—	8. III.	25. II. / 26. X.	3. X.	—	—	—	—	—	—	—	—	—	—	—	—	—
Sprottau	Krezschmar	—	—	—	—	—	—	—	—	—	—	—	—	—	—	—	—	—	—	—
Kl. Briesen	Forstpersonal	—	—	6. III.	10. III.	25. II.	3. III.	22. II.	—	—	—	—	—	—	—	—	—	—	—	—
Friedrichsthal	"	—	—	—	13. III.	1. III.	21. III.	—	—	—	—	—	—	—	—	—	—	—	—	—
Kottwitz	"	—	—	10. III.	13. III.	24. II.	20. III.	—	—	—	—	—	—	—	—	—	—	—	—	—
Moselwie	"	—	—	—	—	27. II.	15. III.	29. II.	—	—	—	—	—	—	—	—	—	—	—	—
Nesselgrund	"	—	—	—	—	30. III.	24. III.	16. II.	—	—	—	—	—	—	—	—	—	—	—	—
Paruschowitz	"	—	—	10. III.	11. III.	25. II.	10. III.	22. II.	—	—	—	—	—	—	—	—	—	—	—	—
Proskau	"	—	—	11. III.	10. III.	27. II.	20. III.	6. II.	—	—	—	—	—	—	—	—	—	—	—	—
Rogelwitz	"	—	—	15. III.	15. III.	5. II.	26. III.	17. II.	—	—	—	—	—	—	—	—	—	—	—	—
Ullersdorf	"	—	—	25. III.	27. II.	2. II.	1. IV.	17. II.	—	—	—	—	—	—	—	—	—	—	—	—
Karlsberg	"	21. II.	15. III.	18. III.	11. III.	5. III.	23. III.	—	—	—	—	—	—	—	—	—	—	—	—	—
Alt-Hammer	"	—	—	11. III.	19. III.	—	—	—	—	—	—	—	—	—	—	—	—	—	—	—
Zobten	Knauthe	—	9. III.	—	—	25. II.	1. II.	—	—	—	—	—	—	—	—	—	—	—	—	—
Goldberg	Emmrich	—	—	—	—	—	—	—	—	—	—	—	24. II.	—	—	—	—	—	—	—
Neustadt	Kutter	—	—	—	—	—	—	—	—	22. II. 2. III.	—	—	—	—	—	—	—	—	—	—
Rauden	Willimek	—	—	—	—	—	—	—	15. II.	—	—	—	—	—	—	—	—	—	—	—
Patschkau	Kollibay	—	—	—	—	6. III.	—	—	—	—	—	—	—	—	—	—	—	—	—	—
Niesky	Bär u. Kramer	13. II.	21. II.	3. III.	11. III.	3. XI.	—	—	—	—	—	—	—	17. II.	—	—	—	—	—	—
Breslau	Mohr	—	5. XI.	—	—	—	—	—	—	—	—	—	—	—	—	—	—	—	—	—
"	Floericke	—	1. III.	—	—	—	—	—	—	—	—	—	—	—	—	—	—	—	—	—

M. itala, M. graeca Chr. Brehm; Melanocorypha arenaria Bon.; Baggeyra lark Lath.; Emberiza bagheira Frankl., Emberiza olivacea Tick.; Corypha bagheira Blyth; Coryphidea bagheira Blyth; Coryphidea calandrella Horsf.; Calandrella brachydactyla Blyth, Kaup, v. Hom., Radde, Hart.; Calandrella arenaria, C. bagu*eira* Bon.; Phileremos brachydactyla Kays. u. Blas., A. Br.; Phileremos morcotica v. d. Mühle; Calandritis brachydactyla Cab., A. Br., Mewes; Alauda brachydactyla Leisl., Naum., Fridr., Gätke.

Kennzeichen der Art: Zehen kurz. Die längste Hinterschwinge reicht bis ans Ende der 4. Schwinge.

Diese Lerche bewohnt Südeuropa und kommt nur als grosse Seltenheit in Deutschland vor. In Schlesien ist sie bis jetzt erst zweimal erlegt worden, nämlich 1811 nach Gloger bei Breslau und 1838 nach R. Tobias bei Görlitz. Vielleicht kommt sie öfters vor, wird aber ihres unscheinbaren Gefieders wegen keiner Beachtung gewürdigt.

Alauda yeltoniensis Forst. 1767. — Mohrenlerche.

Im Frühjahr 1829 wurde nach R. Tobias eine Mohrenlerche auf dem Görlitzer Markte verkauft. E. v. Homeyer bezweifelt das und meint, dass es sich wohl um einen Melanismus der Feldlerche gehandelt habe. Da sonst weiter keine Nachrichten über das Vorkommen dieser schönen Lerche vorliegen, und ich nicht in Erfahrung bringen konnte, was aus dem Exemplar von Tobias geworden ist, so habe ich sie einstweilen aus der Liste der schlesischen Vögel gestrichen.

Im Gegensatz zu Reichenow trenne ich die Heide- und Haubenlerche nicht als besondere Gattung *Galerita* ab, sondern ziehe sie mit zu *Alauda*. Das Reichenowsche Verfahren erscheint mir inkonsequent, denn entweder muss man wie ich alle deutschen Lerchen zu einer Gattung vereinigen oder aber, wenn man sich für die Zersplitterung entscheidet, drei Gruppen, *Alauda*, *Lulula* und *Galerita* bilden, da die Hauben- und Heidelerche ebenso sehr von einander abweichen, wie die Feldlerchen von diesen beiden.

62. **Alauda arborea** L. 1758. — Heidelerche.

Synonyma: Chorys arborea Reichb.; Galerita anthirostris Landb.; Galerita arborea Boie, Rchw., Mewes; Galerita nemorosa, G. musica, G. arborea Chr. Brehm; Lullula arborea Bon., Kaup, v. Hom., Radde, Hart.; Alauda nemorosa Gm., Briss.; Alauda cristata minor Ray; Alauda cristata Pall.; Alauda cristatella Lath.; Alauda arborea L., Gm., Behst., Naum., Gould, Chr. Br., Kays. u. Blas., Gieb., A. Br., Fridr., Jäckel.

Trivialnamen: Mittel-, Wald-, Busch- und Steinlerche. Oberschlesisch-polnisches Idiom: Lesne Skowronek. Wendisch: Schkorentschk.

Kennzeichen der Art: Auf dem Kopfe eine sehr kleine, abgerundete Federhaube. Alle Schwanzfedern besitzen einen weissen Endfleck.

Maasse von 16 schlesischen Exemplaren in cm:

	maximum	minimum	Durchschnitt
Länge:	15,2	14,8	15,04
Flugbreite:	30,5	29,7	30,2
Schwanz:	5,4	5,1	5,2
Schnabel:	1,1	1,0	1,06
Tarsus:	2,1	2,1	2,1

Die Heidelerchen sind in den Maassen und besonders in der Schattirung des Gefieders viel constanter als *arvensis* und *cristata*.

Die Heidelerche gehört den grossen Nadelholzwaldungen an, besonders wenn dieselben reich an mit Heidekraut bedeckten Blössen sind. Demgemäss finden wir sie nirgends häufiger als in Oberschlesien, wo sie mit ihrem süssen lullenden Gesang dem öden Landschaftsbilde zur grössten Zierde gereicht. Auch in den sandigen Kieferheiden der Lausitz ist sie stellenweise sehr zahlreich und auf manchen trockenen, unfruchtbaren Waldblössen neben dem Triel der einzige Vogel. Ihr drittes Verbreitungs-gebiet in Schlesien endlich bilden die Sudeten, in denen sie aber nur bis zu einer Höhe von 3200 Fuss hinaufsteigt. In den ge-schützten Thälern siedelt sie sich am liebsten an und ist auch hier wegen ihres Gesanges der Liebling der Gebirgsbewohner. L. Tobias hat sie aber auch noch bei Johannisbad in einer Höhe von 4000 Fuss beobachtet. Sonst kommt *arborea* in Schlesien nur vereinzelt und nirgends sehr häufig vor. L. Tobias fand sie bei Grünberg, meine Mitarbeiter an vielen Punkten auf der rechten Oderseite. Knauthe beobachtete den ganzen Sommer über Heidelerchen am Zobten, vermochte aber ihr Brüten nicht mit Sicherheit zu constatiren. Vielfach wird auch über ein sicht-liches Abnehmen des lieblichen Vogels geklagt, so von Krez-schmar für die Gegend von Sprottau. Der Durchzug der Heidelerchen durch Schlesien pflegt ein sehr starker zu sein und vollzieht sich besonders in den Monaten März und Oktober. R. Tobias notirte in 7 Jahren als frühestes Datum der Ankunft den 4., als spätestes den 17. und als durchschnittliches den 15. März.

Ort:	Beobachter:	1840	1842	1884	1886	1890	1891
Görlitz	R. Tobias	27. IX. 11. X.	—	—	—	—	
Rauden	Willimek	-	-	26. II.	—	—	—
Hermsdorf	Hosius	—	—	—	21. III. 28. IX.	—	
Niesky	Bär u. Kramer	—	—	—	—	17. III. 15. X.	4. III.

Auch diese Lerche macht bei uns stets 2 Bruten; nur im Gebirge erleidet diese Regel vielleicht eine Ausnahme. Wolf fand das Gelege am 21. April, Hosius am 15. Mai.

Maasse von 11 schlesischen Eiern in mm:

	maximum	minimum	Durchschnitt
Länge:	21,5	20	20,5
Breite:	15,5	15	15,2

63. **Alauda cristata** L. 1758. — Haubenlerche.

Synonyma: Heterops cristatus Hodgs.; Certhilauda chendula Blyth; Mirafra Hayi Jerd., Bon.; Spizalauda Hayi Blyth; Spizalauda deva Horsf.; Lullula cristata Kaup; Galerita cristata Boie, A. Br., Rchw., v. Hom., Mewes, Radde, Hart.; Galerita abyssinica, G. chendula, G. Boysi, G. isabellina Bon.; Galerita maior, G. viarum, G. altirostris, G. carinthiaca, G. abyssinica, G. rufescens, G. flava, G. lutea, G. Theklae Chr. Brehm; Alauda undata Gm.; Alauda galerita Pall., Frisch; Alauda matutina Bodd.; Alauda chendula Frankl.; Alauda gulgula Sykes; Alauda deva Jerd.; Alauda cristata L., Briss., Scop., Gm., Behst., Naum., Pall., Br., Glog., Gieb., Kays. und Blas., Fridr., Gätke, Jäckel.

Trivialnamen: Kupp-, Kopp-, Heubel-, Kobel-, Wege-, Schopf-, Mist- und Kotlerche, Lärle, Lürle, Lärke. Oberschlesisch-polnisches Idiom: Swigotuschka. Wendisch: Schkorentschk.

Kennzeichen der Art: Auf dem Kopfe eine grosse spitze Federhaube.

Maasse von 48 schlesischen Exemplaren in cm:

	maximum	minimum	Durchschnitt
Länge:	17,7	15,6	17,2
Flugbreite:	35,4	31,6	34,5
Schwanz:	7,2	5,9	6,8
Schnabel:	2,0	1,6	1,7
Tarsus:	2,6	2,3	2,5

Die Haubenlerchen variiren in der Grösse und Schnabel-länge sowie im Grundton des Gefieders ganz ausserordentlich; ich vermochte aber an meinen schlesischen Stücken keine besonderen Lokalformen an der Hand dieser Merkmale nachzuweisen. Im allgemeinen war der Grundton ein erdiges Hellbraun ohne Neigung zum Gelblichen oder Rötlichen, und die Fleckung auf demselben eine wenig scharf ausgesprochene. Einige der von mir unter-suchten Stücke gehörten der Schnabellänge nach zu der subspecies *macrorhyncha*, ohne aber deren charakteristische Färbung im Ge-fieder zu zeigen. Im Breslauer Museum stehen zwei Farbenvarietäten. Bei dem ersten Exemplare ist die Grundfarbe weissgrau mit deutlicher Zeichnung, der Schwanz braun, aber mit breiten weissen Rändern an den äussersten Federn. Bei dem anderen Exemplar ist die Grundfarbe hell isabellfarben und die Zeichnung darauf kaum bemerklich.

Die Haubenlerche gehört zu denjenigen Vögeln, deren Verbreitung durch das Vorwärtsdringen der menschlichen Cultur stetig gefördert wird. Zu Anfang unseres Jahrhunderts war sie in Schlesien noch verhältnismässig selten. So sagt Brahts: „als Standvogel ziemlich selten“ und Fechner: „im Winter auf den Strassen, im Sommer nur vereinzelt vorkommend.“ Aber bereits Gloger nennt sie „gewöhnlich.“ Immerhin giebt es auch heute noch Gegenden in Schlesien, wo die Haubenlerche keineswegs zu den gewöhnlichen Vögeln gehört. So schreibt mir Emmrich: „Bei Neurode als Standvogel sehr selten, in mehreren Jahren nur einmal beobachtet.“ Noch ängstlicher fast als Wälder und Gebirge meidet die Haubenlerche tief gelegene feuchte Landstriche. Aus diesem Grunde traf ich sie auch in der Bartschniederung nur spärlich an; sie findet sich hier nur an breiten Sandwegen oder bei den Ziegeleien, dort dann gewöhnlich in der Gesellschaft des Hausrotschwanzes. In die grossen Waldungen dringt sie längs der Fahrstrassen ein und bleibt auch auf deren nächste Umgebung beschränkt. Chausseen- und Eisenbahnbauten fördern ihre Vermehrung, und an hoch gelegenen, unfruchtbaren und trockenen Plätzen ist ihr liebster Aufenthalt. Die Nähe des Menschen scheint ihr geradezu angenehm zu sein; sie kommt nicht nur im Winter aus Hunger auf die Strassen der Städte, sondern nähert sich auch im Sommer zutraulich dem Menschen, wenn sie hier einen geeigneten Brutplatz ausfindig machen kann. Ich fand sie z. B. auf grossen Bauplätzen mitten in Breslau nistend. Nach Willimek übernachten die Haubenlerchen gern gesellschaftsweise in den Fahrgeleisen oder am Fusse der Strassenbäume. 2 Bruten zu 5 und 4 Eiern. Gelege, die ich entdeckte, waren am 27. und 30. April vollständig.

Maasse von 14 schlesischen Eiern in mm:

	maximum	minimum	Durchschnitt
Länge:	23	22	22,5
Breite:	17	16	16,4

Familie: **Motacillidae,** Stelzen.

Der längliche Spitzkopf hat eine flache Stirn und trägt einen dünnen und gestreckten Schnabel. Der ausgespannte Flügel hat zwei Spitzen, was dadurch entsteht, dass die drittletzte Armschwinge (Schulterschwinge) sehr beträchtlich verlängert ist. Die Abortivschwinge fehlt vollständig.

Gattung: **Budytes** Cuv. 1817. — Kuhstelze.

Der Schwanz ist kürzer als die Hälfte der Gesamtlänge, aber immer noch von beträchtlicher Länge. Die 2 mittelsten Federn sind etwas grösser als die übrigen. Der lange Nagel der Hinterzehe ist nur sehr wenig gekrümmt.

64. **Budytes flavus** (L.) 1753. — Kuhstelze.

Synonyma: Parus luteus Gm.; Sylvia flava Klein; Motacilla flava L., Gm., Behst., Naum., Glog., Gieb., v. Heugl., Sund., Kays. u. Blas., A. Br., Fridr., Gätke; Motacilla verna Briss.; Motacilla chrysogastra Behst.; Motacilla boarula L.; Motacilla flaveola Pall.; Motacilla neglecta Gould; Budytes atricapilla, B. paradoxa, B. pygmaea, B. fasciata, B. cinereicapilla, B. caniceps, B. neglecta Chr. Brehm; Budytes flava A. Br., v. Hom., Jäckel; Budytes flavus Radde, Hartert.

Trivialnamen: Geele Bachstelze, Kuhscheisse, Kuh- und Viehbachstelze.

Kennzeichen der Art: Kopf grau. Die 2 äussersten Schwanzfedern grösstenteils weiss. Keine weissen Flügelbinden.

Maasse von 53 schlesischen Exemplaren in cm:

	maximum	minimum	Durchschnitt
Länge:	16,2	15,3	15,75
Flugbreite:	26,4	25,1	25,9
Schwanz:	7,3	7,0	7,1
Schnabel:	1,2	1,1	1,1
Tarsus:	2,5	2,3	2,4

Bekanntlich hat die Kuhstelze den Systematikern schon die grössten Schwierigkeiten gemacht und bildet von jeher für die Kampfhähne unter denselben ein beliebtes Streitobjekt. Wir haben in Schlesien nur die typische *flavus;* ich habe eifrig nach *cinereocapillus* gefahndet, denselben aber auch auf dem Zuge niemals erhalten. Ich kann es mir deshalb ersparen, hier näher auf die verschiedenen Formen des Vogels einzugehen. Nach meiner Ueberzeugung hat keine derselben Artberechtigung, sondern sie stellen alle (auch *melanocephalus*) sehr gute subspecies ein und derselben Art dar. Das Breslauer Museum besitzt ein männliches Exemplar, bei dem Schnabel und Füsse gelb, Kopf, Rücken, Flügel und Schwanz trüb weiss und die Kehle rein weiss gefärbt ist. Die Brust ist schwach, Bauch und Bürzel lebhaft schwefelgelb überflogen.

Die Kuhstelze ist in den schlesischen Ebenen noch immer recht häufig, soweit dieselben wasserreich sind und schweren Boden haben, aber ihr Bestand ist doch gegen früher sehr zurückgegangen und auch noch weiter im Abnehmen begriffen. Sie ist an ganz bestimmtes Terrain gebunden und meidet z. B. leichten

Sandboden nach Möglichkeit; so kommt sie nach Willimek bei Rauden auf Sandboden nicht vor, wohl aber ½ Meile weiter östlich, wo Lehm beginnt. Die Gebirgsthäler scheint sie ordentlich zu scheuen und fehlt z. B. an den ansehnlichen Sümpfen bei Warmbrunn gänzlich (Gloger), während sie bei Breslau auf viel beschränkterem Terrain recht häufig ist. Die feuchten und sumpfigen Wiesen des Oderthals bewohnt sie auch heute noch zahlreich: ferner findet sie sich vorzüglich auf Viehweiden zwischen Rindern und Schafen, auch an den Rändern der Bäche, Teiche und Wassergräben. In der Bartschniederung ist sie gemein, in Oberschlesien weniger und in der Lausitz stellenweise nur spärlich vorhanden. Allerorts hört man lebhafte Klagen über das Abnehmen dieser zierlichen und schmucken Vögel. So schreibt L. Tobias für die Umgegend von Grünberg: „War bis 1860 sehr häufig und brütete fast auf jeder Wiese, nahm von da an auffallend ab und ist jetzt als Brutvogel beinahe gänzlich verschwunden. Krezschmar nennt *flavus* für die Gegend von Sprottau die seltenste Stelze. Andrerseits constatirte erfreulicher Weise Knauthe für sein Beobachtungsgebiet, dass die Kuhstelze erst 1887 als Brutvogel am Südrande des Geiersberges eingewandert ist. Auf dem Zuge kommt die Kuhstelze abgesehen von den Gebirgsgegenden überall sehr häufig vor und treibt sich dann namentlich auf den Kraut- und Kartoffeläckern sowie zwischen den Schafherden in grossen Schwärmen umher. Der Hauptzug vollzieht sich im April und September und scheint der grossen Zugstrasse der Wasservögel (Bartsch-Oder-Falkenberger Teichplatte-Lücke zwischen Sudeten und Karpathen) zu folgen. R. Tobias fand von 1832—38 als frühesten Ankunftstermin den 9., als spätesten den 20. und als mittelsten den 16. April.

Siehe umstehende Tabelle!

Knauthe beobachtete, wie sich Schafstelzen an einem abgeschlemmten Graben werthlose Fischchen fingen. Praetorius fand das volle Gelege am 16., ich selbst am 20. und 25. Mai. Dagegen traf Kollibay schon am 11. Mai eben ausgekrochene Junge an. Walter meinte, dass es sich wohl um Junge der *Motacilla alba* gehandelt habe, indessen hat Kollibay diese Angriffe zurückgewiesen.

Maasse von 31 schlesischen Eiern in mm:

	maximum	minimum	Durchschnitt
Länge:	18	17	17,6
Breite:	14	13	13,55

65. **Budytes citreolus** (Pall.) 1776. — Zitronen-Stelze.

Synonyma: Motacilla scheltobriusk Lep.; Motacilla citrinella Pall.; Motacilla aurocapilla Less.; Motacilla citreola Pall.,

Ort:	Beobachter:	1839	1840	1841	1876	1879	1880	1881	1885	1887	1889	1890	1891
Görlitz	R. Tobias	15. IV.	28. IV.	15. IV.	—	—	—	—	—	—	—	—	—
»	Peck	—	—	—	—	—	—	—	—	—	—	—	—
Sprottau	Krezschmar	—	—	—	—	—	—	—	—	—	—	—	—
Zobten	Knauthe	—	—	—	—	10. IX.	—	—	—	1. V. 6. V.	—	18. IV.	—
Canth	v. Meyerinck	—	—	—	—	—	—	12. IV.	12. IV.	—	—	—	—
Neustadt	Kollibay	—	—	—	—	—	24. III. 29.VIII	—	—	—	—	—	—
Niesky	Bär u. Kramer	—	—	—	—	—	—	—	—	—	23. IV.	30. IV. 14. IX.	18. IV.
Breslau	Mohr	—	—	—	19. IV.	—	—	—	—	—	—	—	—
»	Floericke	—	—	—	—	—	—	—	—	—	—	21. IV. 26. IV.	—

Kays. u. Blas., A. Br., Fridr., Gätke; Budytes calcaratus, B. citreoloides Hodgs.; Budytes citreola Blyth, Degl., Cuv., Brehm, Rchw., Mewes, Hart.; Budytes citreolus Radde.

Kennzeichen der Art: Kopf gelb. Zwei weisse Flügelbinden.

Diese in Ostasien heimische und für Deutschland sehr seltene Bachstelze kann ich zu meiner Freude auch für Schlesien mit anführen, da Knauthe vom 21.—23. März 1887 zwei zu dieser Art gehörige Stelzen an seinem Teiche bei Schlaupitz eingehend beobachtete.

Gattung: **Motacilla** L. 1758. — Bachstelze.

Der lange Schwanz nimmt die Hälfte der Gesamtlänge ein. Der kurze Nagel der Hinterzehe ist stark gekrümmt. Die zwei mittelsten Schwanzfedern sind etwas verlängert.

66. **Motacilla melanope** Pall. 1776. — Gebirgsstelze.

Synonyma: Calobates sulphurea Kaup; Pallenura sulphurea Bon.; Motacilla sulphurea Bchst., Naum., Chr. Br., Glog., Gieb., Landb., A. Br., v. Hom., Fridr., Gätke; Motacilla flava, M. javensis Briss.; Motacilla boarula Pen., Bchst., Kays. u. Blas., Radde, Hart., Jäck.; Motacilla grisea Müll.; Motacilla tschutschensis Gmel.; Motacilla moutium Chr. Br.; Motacilla melanope Pall., Gray, Mewes.

Trivialnamen: Wedelschwanz.

Kennzeichen der Art: Bürzel gelbgrün.

Maasse von 12 schlesischen Exemplaren in cm:

	maximum	minimum	Durchschnitt
Länge:	19,6	17,8	18,9
Flugbreite:	27,1	26,1	26,6
Schwanz:	10,6	10,0	10,4
Schnabel:	1,2	1,2	1,2
Tarsus:	2,1	2,1	2,1

Im Gegensatz zu den Schafstelzen sind die Gebirgsbachstelzen sehr constant; nur die Länge des Schwanzes ist mehr oder minder grossen Schwankungen unterworfen.

Die Gebirgsstelze liebt die gebüschreichen Ufer der Bäche und kleinen Flüsse in gebirgigen und hügeligen Gegenden. In grosser Höhe ist sie nicht so gewöhnlich als *alba*, weil sie kahle Gegenden meidet und nur an mit Wald bekränzten Bächen sich gern und dauernd aufhält. Gerade an den Gewässern des Hochgebirges wird sie durch das Vergiften derselben mehr und mehr vertrieben und zieht sich deshalb neuerdings in die hügeligen Vorlandschaften der Sudeten, während sie der eigentlichen Ebene fehlt oder nur im Winter sich einstellt. Als oberste Grenze ihrer Verbreitung giebt Gloger eine Höhe von 4300 Fuss an. Die weitaus meisten Pärchen aber findet man in einer Meereshöhe von 7—800 Meter. In den Thälern des Kochel, Queis, Zacken, der Elbe, Neisse, Aupa und anderer Bergwässer ist sie noch immer ziemlich häufig, obschon stellenweise unverkennbar im Abnehmen begriffen. Zacharias beobachtete sie sogar öfters am grossen Teich (1217 m). Die Grafschaft Glatz entspricht so recht den Anforderungen des Vogels, welcher deshalb mit zu ihren ersten Charaktervögeln zählt. In den Vorbergen mehrt sich die Zahl der Gebirgsstelzen, welche auch mehrfach an Oertlichkeiten einwandern, wo sie früher noch nicht ansässig waren. So erschienen nach Knauthe 1886 die ersten am Geiersberge, wo sie rasch zunahmen; 1890 brüteten zwei Pärchen bei Schlaupitz selbst. Auch bei Sprottau constatirte Krezschmar eine Zunahme. Die Gebirgsstelze ist ein harter Vogel, der in milden Wintern vielfach bei uns bleibt und dann in die geschützten Thäler sich zurückzieht oder nach der Ebene verstreicht. Diejenigen, welche fortgezogen waren, stellen sich auch schon im März wieder auf ihren Brutplätzen ein, worüber die folgende Tabelle Auskunft giebt.

Ort:	Beobachter:	1886	1887	1888	1890
Zobten	Knauthe	24. III.	7. III.	—	27. III.
Strehlen	Richter	—	8. III.	25. III.	—
Hermsdorf	Hosius	24. III.	—	—	—

R. Tobias notirte von 1832—1838 als frühesten Ankunftstermin den 19. Februar, als spätesten den 7. und als durchschnittlichen den 4. März. Thiemann traf am 14. und Kollibay am 24. Mai flügge Junge. Ferner beobachtete der letztere am 18. Juli eine Familie mit Jungen in einem Garten mitten in Schmiedeberg. Sonst sind die riesengebirgischen Graustelzen ziemlich scheu. Am 30. April fand Kollibay im Festungsgraben von Neisse ein Nest in einem Mauerloch über dem Wasser mit 3—4 Tage alten Dunenjungen.

67. Motacilla alba L. 1758. Weisse Bachstelze.

Synonyma: Muscicapa alba Sparrm.; Motacilla cinerea Briss., Buff.; Motacilla albeola Pall.; Motacilla albida Gm., Jacqu.; Motacilla lugubris Vieill., Tem.; Motacilla melanura Vieill.; Motacilla dukhunensis Sykes; Motacilla septentrionalis, M. brachyrhynchus, M. fasciata, M. cervicalis, M. silvestris Chr. Brehm; Motacilla personata Gould; Motacilla alba L., Gm., Lath., Bchst., Naum., Chr. Br., Glog., Gieb., Kays. u. Blas., v. Heugl., A. Br., v. Hom., Mewes, Radde, Hart., Gätke, Jäckel..

Trivialnamen: Wasserstelze, schwarzkehlige Bachstelze, Quecksterze, Klosterfräulein. Oberschlesisch-polnisches Idiom: Ptuskwa. Wendisch: Schüraplischka.

Kennzeichen der Art: Bürzel schwarzgrau.

Maasse von 32 schlesischen Exemplaren in cm:

	maximum	minimum	Durchschnitt
Länge:	18,5	17,7	18,2
Flugbreite:	29,7	28,6	29,1
Schwanz:	8,6	8,4	8,5
Schnabel:	1,2	1,1	1,1
Tarsus:	2,5	2,3	2,45

Wir haben in Schlesien nur die typische *alba*. Nicht einmal Anklänge an andere Formen vermochte ich festzustellen, auch nicht bei den Zugexemplaren. Nur sind die schlesischen Bachstelzen um eine Kleinigkeit stärker als westdeutsche.

Die weisse Bachstelze ist in ganz Schlesien ein allbekannter Vogel und im Gebirge wie in der Ebene, auch in den Walddistrikten, in gleicher Häufigkeit anzutreffen. So sehr das zierliche Vögelchen sonst auch die Nähe des Menschen liebt, scheinen ihr doch Fabrikanlagen, Grubenwasser und Kohlenstaub nicht zu behagen, weshalb sie sich aus den grossen Industriebezirken immer mehr zurückzieht. Auch an anderen Orten ist sie im Schwinden begriffen, ohne dass man einen stichhaltigen Grund dafür anzugeben wüsste; so brütete im Beobachtungsgebiet Knauthes 1890 nur noch ein einziges Pärchen. Im Riesengebirge geht die Bachstelze nach Gloger so weit hinauf, als es menschliche Ansiedlungen giebt, überfliegt während ihrer täglichen Streifereien oft die höchsten Gipfel und erscheint sogar zuweilen auf der Koppe. Im allgemeinen giebt Gloger eine Höhe von 4300 Fuss, Kollibay 4000 Fuss und Kramer 1400 m als obere Verbreitungsgrenze an. v. Tschusi sah zwei Pärchen an der Spindelmühle, ein Männchen bei der Schneegrubenbaude und fand bei St. Peter 4 Eier. Simon und Zacharias trafen alljährlich Bachstelzen bei der Wiesenbaude (1084 m). Kollibay beobachtete *alba* im Juni 1887 am kleinen Teiche unter der Hampelbaude, wo ihr die von den Baudenbewohnern aus Geröllsteinen errichteten Steinmauern als Brutplätze zu dienen schienen. A. v. Homeyer sah den Vogel auf dem Koppenplan. Auch diese Art beobachtete Knauthe beim Fange kleiner Fischchen. Der Zug geht hauptsächlich in den Monaten März und Okt. von statten, indessen kommt es öfters vor, dass vereinzelte Exempl. den Winter über bei uns ausharren. Dies war z. B. nach L. Tobias im Winter 1873/74 bei Grüneberg der Fall. Auch A. v. Homeyer sah noch den 22. November 1862 ein altes Männchen an einer Quelle bei Glogau. Immerhin geschieht dieses Ueberwintern weder so häufig noch so regelmässig wie bei der Gebirgsbachstelze, sondern ist stets als eine Ausnahme zu betrachten und kommt gewöhnlich nur in milden Jahren vor. Nach

R. Tobias war von 1832—38 für Görlitz der früheste Aukunftstermin der 28. Februar, der späteste der 9. und der durchschnittliche der 3. März.

Siehe nebenstehende Zugtabelle!

Auch die weisse Bachstelze scheint der bei *Budytes* angegebenen Zugstrasse längs der schlesischen Gewässer zu folgen und nicht durch die Pässe der Sudeten einzubrechen. Denn sonst müsste sie z. B. bei Ullersdorf (Landeshuter Pass) mit zuerst auftreten, während sie in Wirklichkeit nach unserer Tabelle dort gewöhnlich sehr spät erscheint, weil die Bachstelzen eben erst langsam von der Ebene aus in die Gebirgslandschaften einrücken, sobald dort der Winter nachzulassen beginnt. — Es finden jährlich 2 Bruten statt, zu Mitte April und Mitte Juni. Die erste enthält 6, die zweite 4—6 Eier, welche 13 Tage lang bebrütet werden (Mohr). Die Paarung findet noch im März statt (Kutter). Den Bau des ersten Nestes beobachtete Richter am 20. Mai, den des zweiten am 5. Juli; die Jungen wurden aus denselben am 24. Juni und 8. August flügge. Praetorius fand ein Gelege am 2. Mai, aus dem die Jungen am 6. Juni flügge wurden; am 21. enthielt das Nest wieder frische Eier. Ich selbst fand volle Gelege am 1. Mai, 24. und 28. Juni.

Maasse von 44 schlesischen Eiern in mm:

	maximum	minimum	Durchschnitt
Länge:	19,5	18,5	19,2
Breite:	15	14	14,2

Gattung: **Anthus** Bchst. 1807. — Pieper.

Der pfriemförmig gestreckte Schnabel ist an der Spitze ein wenig abwärts gebogen und seicht ausgeschnitten. Die Zehen sind schlank; die Hinterzehen haben verschiedenartig gekrümmte spornartige Nägel. Der nur mittellange Schwanz ist schwach ausgeschnitten. Das Gefieder zeigt einfache lerchenartige Farben.

68. **Anthus pratensis** (L.) 1758. — Wiesenpieper.

Synonyma: Alauda pratensis L., Ol., Frisch., Alb., Briss., Gm., Bchst.; Alauda minor Gm.; Alauda Stromei Lath.; Alauda sepiaria Briss.; Alauda brumalis Scop.; Leimoniptera pratensis Kaup; Parus ignotus Ströme; Spipola pratensis Gray; Anthus sepiarius Vieill.; Anthus tristis Baill.; Anthus palustris Meisn.; Anthus Bertheloti Bolle; Anthus stagnatilis, A. danicus, A. pratorum, A. palustris, A. alticeps, A. tenuirostris, A. musicus, A. virescens, A. Lichtensteini, A. desertorum, A. montanellus, A. hydrophilus, A. rufigularis Chr. Brehm; Anthus pratensis Bchst., Naum., Chr. Br., Glog., Gieb., Kays. und Blas., A. Br., v. Hom., Mewes, Radde, Gätke, Hart., Jäckel.

Ort:	Beobachter:	1839	1840	1841	1842	1840	1876	1879	1880	1881	1882	1884	1885	1886	1887	1888	1889	1890	1891
Görlitz	R. Tobias	9.III. 9.XI.	11.III. 9.XI.	12.III. 11.III.															
„	J. Tobias																		
„	Krezschmar					25.II.													
„	Peck							18.III.							12.III. 26.X.				
„	Richter										19.III.					12.III.			
Strehlen													7.III. 19.X.						
Friedrichsthal	Forstpersonal																		
Kl. Briesen	„													21.III.	7.III.	21.III.	19.III.		
Kottwitz	„													20.IV. 18.III.	18.III.	10.III.	8.III.		
Moselarhe	„													18.III.	1.III.	1.III.	16.III.		
Nesselgrund	„												17.III.	21.III.	2.III.	2.III.	21.III.		
Paruschowitz	„												24.III.	22.III.	28.III.	21.III.	5.III.		
Proskau	„												1.III.	6.III.	8.III.	8.III.	13.III.		
Rogelwitz	„												3.III.	20.III.	4.III.	13.III.	21.III.		
Uhlersdorf	„													16.III.	4.III.	21.III.	20.III.		
Karlsberg	„												20.III.	2.IV.	25.III.	24.IV. 14.IV.	20.III. 18.IV.		
Alt-Hammer													25.III.	8.III.	14.III.	21.IV.	21.III. 18.III.		
Sprottau	Krezschmar									8.III.	10.III.			13.III.	13.III.			11.III.	
Zobten	Knauthe									9.III.		11.III.			9.III.			19.III.	
Canth	v. Meyerinck								17.III. 31.X.										
Neustadt	Kutter											11.III.							
Rauden	Willimek														21.III.			14.III.	
Patschkau	Kollibay														12.III. 12.III.			5.XI.	
Niesky	Bär u. Kramer						10.III.								25.X.				
Breslau	Mohr																12.III.		
„	Floericke																11.III.	11.III.	8.III.

Trivialnamen: Grienvögelin, Greinerlein, Gückerlin, Hiester, Spiesslerche, Stoppelvogel, Stöpling, Wiesen- und Pieplerche.

Kennzeichen der Art: Der Nagel der Hinterzehe ist länger als diese und nur sehr wenig gebogen. Die vier ersten Schwingen sind ziemlich gleich. Füsse bräunlich.

Maasse von 16 schlesischen Exemplaren in cm:

	maximum	minimum	Durchschnitt
Länge:	14,3	13,8	14,0
Flugbreite:	25,9	24,7	25,2
Schwanz:	6,2	5,9	6,0
Schnabel:	1,1	1,1	1,1
Tarsus:	2,2	2,2	2,2

In den Maassen sind die Wiesenpieper sehr constant, bezüglich der Zeichnung aber kommen die mannigfaltigsten Abweichungen vor, namentlich inbezug auf die weissen Keilflecken der äussersten Schwanzfedern und auf die Fleckung der Kehle und Unterseite. Daher rühren auch die vielen subspecies des alten Brehm. Von denselben hat wohl *montanellus* die meiste Berechtigung, und auch die im Riesen und Isergebirge so zahlreich vorkommenden Wiesenpieper scheinen dieser Gebirgsform anzugehören. R. Tobias constatirte diese gut ausgeprägte subspecies als Brutvogel auf dem Gipfel der Tafelfichte (3483 Fuss) und dem in das Iserthal sich senkenden Abhang derselben sowie am grossen Teich. Ueberhaupt ist der Wiesenpieper in den Sudeten sehr zahlreich vertreten. Er findet sich hier insbesondere an moorigen Wiesen und feuchten Waldstellen, namentlich zwischen dem Höhengürtel von 2500 und 4000 Fuss, wo man ihn wohl den gemeinsten Vogel des Riesengebirges nennen kann. Ueber 4000 Fuss geht er nur an besonders günstig gelegenen Stellen hinaus und mit 4300 Fuss erreicht seine Verbreitung als Brutvogel im allgemeinen ihre äusserste Grenze. Krezschmar traf ihn häufig auf den Elb-, L. Tobias und Michel auf den Iserwiesen, A. v. Homeyer auf dem Koppenplan, A. Brehm an der Riesenbaude, R. Blasius „ungeheuer häufig" in der ganzen Krummholzregion. Hosius klagt darüber, dass die Zahl der Wiesenpieper im Riesengebirge neuerdings rasch abnehme. Auch in den übrigen Teilen der Sudeten sowie in den Vorbergen findet sich der Vogel vielfach, so nach Kutter sehr zahlreich auf den Bergwiesen des Glatzer Schneeberges (4400 Fuss). In der Ebene liebt er moorige Heidegegenden, wie sie sich in der Lausitz finden, Sümpfe und Brücher, auch die Wiesen der Auwaldungen. Im Primkenauer Bruch und in der Bartschniederung ist er sehr gemein. Im übrigen fehlt er, vorausgesetzt dass die Gegend nicht zu trocken ist, fast nirgends völlig, ist aber doch in der Ebene nicht so gleichmässig und zahlreich verbreitet wie im Gebirge. Auf dem Zuge ist er viel häufiger und treibt sich dann in grossen Trupps, die aber nicht eng zusammenhalten (R. Tobias), auf den Feldern herum. In milden Wintern bleiben auch einzelne dieser wetterharten Vögelchen bei uns. Nach R. Tobias kamen die Wiesenpieper bei Görlitz von 1832—38 frühestens am 9. März, spätestens am 17. April und durchschnittlich am 20. März an.

Zugtabelle:

Ort:	Beobachter:	1839	1840	1841	1842	1849	1880	1886	1889	1890	1891
Görlitz	R. Tobias	25.III.	20.III. 16.IX.	14.III. 20.IX.	13.III. 11. X.	—	—	—	—	—	—
„	J. Tobias	..	—	—	—	25.III.	—	—	—	—	—
Neustadt	Kutter	—	—	—	—	—	25.IX.	—	—	—	—
Niesky	Bär u. Kramer	—	—	—	—	—	—	—	—	25.III. 2.XI.	19.III.
Breslau	Kern	—	—	—	—	—	—	28.III.	—	—	—
„	Floericke	—	—	—	—	—	—	—	31.III.	24.III. 7.XI.	—

R. Blasius fing am 19. Juni im Riesengebirge flügge gewordene Junge. Volle Gelege fand ich am 27. April und 6. Mai.

Maasse von 22 schlesischen Eiern in mm:

	maximum	minimum	Durchschnitt
Länge:	19	18	18,5
Breite:	14,5	13	13,8

Wenig bekannt dürfte es sein, dass auch bei den Piepern ähnlich wie bei Drosseln, Finken und Grasmücken sich die Bewohner der Ebene gesanglich ganz beträchtlich zu ihrem Nachteile von denen des Gebirges unterscheiden. Bei *pratensis* und *trivialis* tritt dies am deutlichsten hervor, und vielleicht ist uns damit ein weiterer Hinweis zur subspecifischen Sonderung von *montanellus* gegeben.

69. **Anthus cervinus** (Pall.) 1811. — Rotkehliger Pieper.

Synonyma: Motacilla cervina Pall.; Alauda cervina Gould; Spipola cervinus, S. rosaceus, S. japonicus Gray; Anthus Caecilii Aud.; Anthus ruficollis Vieill.; Anthus rufigularis Chr. Brehm, v. Midd.; Anthus pratensis rufigularis Schleg.; Anthus pratensis var. Ev.; Anthus japonicus Tem.; Anthus axillaris Gould; Anthus aquaticus Blyth; Anthus rosaceus, A. pelopus Hodgs.; Anthus cervinus Kays. u. Blas., Gieb., v. Midd., A. Br., v. Hom., Mewes, Fridr., Radde, Hart., Gätke.

Kennzeichen der Art: Länge unter 15 cm. Der Nagel der Hinterzehe ist länger als diese und nur sehr wenig gekrümmt.

Die 4. Schwinge ist beträchtlich kleiner als die 1., die 2.—4. aussen verengt.

Dieser nordische Pieper ist für Schlesien eine Seltenheit, mag aber auf dem Zuge auch öfters übersehen werden, da er sich für den Laien nur schwer im Jugendkleide von dem ihm dann sehr ähnlichen Wiesenpieper unterscheiden lässt. In der Lokalsammlung Heydrich's in Flinsberg steht ein Stück, welches auf den Steiner Feldern geschossen wurde. R. Tobias traf ein Pärchen im Knieholze auf einer Torfwiese des Isergebirges, verlor zwar das krank geschossene Weibchen, erhielt aber das Männchen. Er meint, dass der Vogel im Isergebirge brüte. Michel bemerkt hierzu: „Falls bei Tobias nicht ein Irrtum vorliegt (das ist bei den gediegenen ornithologischen Kenntnissen dieses höchst verdienstlichen Forschers wohl gänzlich ausgeschlossen C. F.), ist es sicher nur ein merkwürdiger Einzelfall." Ich selbst habe bei meinem Aufenthalt im Isergebirge auch nichts mehr von dem rotkehligen Pieper zu entdecken vermocht.

70. Anthus trivialis (L.) 1758. — Baumpieper.

Synonyma: Alauda trivialis L., Gm., Buff.; Alauda minor Lath.; Alauda arborea, A. pratensis, A. sepiaria Briss.; Alauda minima Will., Ray, Frisch; Alauda arborea Bchst.; Alauda brumalis, A. turdina Scop.; Cichlops thermophilus Hodgs.; Dendronanthus trivialis Blyth; Motacilla spipola Pall.; Pipastes arboreus Kaup; Pipastes trivialis Mewes; Anthus arboreus Bchst., Naum., Glog., Gieb., Kays. und Blas., A. Br., v. Hom., Radde, Gätke, Jäckel; Anthus foliorum, A. juncorum, A. herbarum, A. luteogularis, A. saxorum Chr. Brehm; Anthus trivialis Blyth, Webb u. Berth., Licht., Hartert.

Trivialnamen: Spitz- und Baumlerche.

Kennzeichen der Art: Nagel der Hinterzehe kürzer als diese und halbmondförmig gebogen. Füsse fleischfarben.

Maasse von 35 schlesischen Exemplaren in cm:

	maximum	minimum	Durchschnitt
Länge:	16,0	15,3	15,6
Flugbreite:	27,7	26,5	27,0
Schwanz:	6,8	6,5	6,65
Schnabel:	1,2	1,1	1,1
Tarsus:	2,2	2,1	2,1

Im Tone des Gesamtcolorits ist der Baumpieper Abänderungen unterworfen, sonst aber doch viel constanter als der Wiesenpieper. Im Breslauer Museum befindet sich ein reiner Albino mit gelblichem Zügel und gelbem Schnabel und Füssen.

Der Baumpieper ist in Schlesien wohl die häufigste Art seiner Gattung. Nur im Riesengebirge steht sein Bestand entschieden hinter dem von *spipoletta* und *pratensis* zurück und auch in den übrigen Teilen der Sudeten sowie in den Vorbergen pflegt der Wiesenpieper meist häufiger zu sein als er. Nach Kramer nehmen die Baumpieper schon bei 400 m Meereshöhe merklich an Zahl ab. Gloger giebt 4100 Fuss als oberste Verbreitungsgrenze an. Nach ihm geht der Baumpieper „eben so weit, auch wohl noch 100 Fuss weiter aufwärts als der Buchfink und findet sich also bis zu den unteren Grenzen der Knieholzregion, doch nie innerhalb dieser; vielmehr verlässt er die lichten Wälder verkrüppelter Fichten niemals". v. Tschusi beobachtete den Baumpieper zahlreich am Tannstein, Capek hörte ein singendes Männchen an der Petersbaude (1200 m). Thiemann giebt an, Baumpieper regelmässig bis zu 1400 m Meereshöhe gesehen zu haben. R. Tobias traf viele Baumpieper auf der Tafelfichte (3483 Fuss). In der Ebene bevorzugt unser in manchen Gegenden ausserordentlich gemeiner Pieper die lichten Waldungen. In dichten Forsten siedelt er sich regelmässig auf den Schlägen an, zumal wenn noch Birkengesträuch und einzelne hohe Bäume dazwischen stehen und sich Wasser in der Nähe befindet. Sandigen Boden meidet er und wird in Gegenden, die an solchem sehr reich sind, durch den Brachpieper vertreten.

Zugtabelle:

Ort:	Beobachter:	1839	1849	1886	1887	1889	1890	1891
Görlitz	R. Tobias	20. IV.	—	—	—	—	—	—
„	J. Tobias	—	10. IV.	—	—	—	—	—
Niesky	Bär u. Kramer	—	—	—	24. IV.	—	26. III.	22. IV.
Breslau	Kern	—	—	22. IV.	—	—	—	—
„	Floericke	—	—	—	—	18. IV.	5. IV.	—

Nach R. Tobias erfolgte die Ankunft bei Görlitz von 1832—38 frühestens am 5., spätestens am 23. und im Durchschnitt am 15. April. Fechner notirte stets die Zeit vom 8.—16. April als Ankunftstermin. April und September sind die Hauptzugmonate. Kutter fand volle Gelege am 19. Mai und 23. Juni, ich selbst am 14., 19., 22., 23. und 27. Mai, alle in der Strachate, wo der Baumpieper ungemein häufig ist.

Maasse von 62 schlesischen Eiern in mm (davon 10 durch Kollibay gemessen):

	maximum	minimum	Durchschnitt
Länge:	23	18	20,8
Breite:	17	14,5	16,0

Schalow giebt als Maasse märkischer Eier 18,76 | 14,8 mm im Durchschnitt an, wonach die schlesischen Eier von *arboreus* im allgemeinen etwas grösser zu sein scheinen.

71. Anthus campestris (L.) 1758. — Brachpieper.

Synonyma: Alauda campestris L., Gm., Bechst., Briss.; Alauda novalium Frisch; Alauda grandior Pall.; Corydalla arenaria Brehm; Agrodroma campestris Swains., Hartl., v. Hom.; Anthus rufescens Tem.; Anthus rufus Vieill.; Anthus striatus Blyth; Anthus gracilis, A. arvensis, A. septentrionalis, A. striatus, A. agrorum, A. subarcuatus, A. flavescens Chr. Brehm; Anthus campestris Bchst., Naum., Gieb., Kays. u. Blas., A. Br., Mewes, Fridr., Radde, Hart., Gätke, Jäckel.

Kennzeichen der Art: Länge über 15 cm. Der Nagel der Hinterzehe ist länger als diese und flach gebogen. Die 4. Schwinge ist merklich kleiner als die 1.

Trivialnamen: Brachlerche, Feldpieper.

Maasse von 9 schlesischen Exemplaren in cm:

	maximum	minimum	Durchschnitt
Länge:	16,7	16,0	16,4
Flugbreite:	28,3	26,5	27,6
Schwanz:	7,3	6,9	7,1
Schnabel:	2,0	2,0	2,0
Tarsus:	2,6	2,6	2,6

Als Durchzugsvogel ist der Brachpieper in Schlesien fast überall ziemlich häufig, als Brutvogel aber kommt er nur vereinzelt vor. Am zahlreichsten findet er sich noch als solcher in den Odergegenden Niederschlesiens. Bei Glogau z. B. ist er nach A. v. Homeyer „sehr häufig vertreten, so auf den Schiessständen und den sandigen Gehauen des Stadtwaldes". Nach L. Tobias ist er in den Sandgegenden bei Neusalz und Grüneberg sogar der gemeinste Vogel. Seit dem Aufhören der Brachfelderwirtschaft hat sein Bestand aber auch dort sehr abgenommen. A. v. Homeyer fand ihn ferner bei Kreisau, dem Sitze Moltkes, sowie bei Kohlfurt nistend. Nach Baer brütet er auch bei Niesky, nach R. Tobias überhaupt in allen niederen Sandgegenden der Lausitz. Sandboden ist ihm ein Bedürfnis, und er findet sich deshalb hauptsächlich auf trockenen Feldern und Triften, an Brachen, Waldrändern und öden Plätzen mit Sandboden. Das Gebirge meidet er gänzlich. Der Zug geht in den Monaten April und September von statten.

72. Anthus spinoletta (L.) 1758. — Wasserpieper.

Synonyma: Spinoletta florentinis Will., Ray; Alauda spinoletta L., Gm.; Alauda testacea Pall.; Alauda Coutelli And.; Anthus aquaticus Bechst., Naum., Tem., Glog., A. Br., v. Hom., Gätke;

Anthus montanus Koch; Anthus nigripes Hempr. u. Ehrbg.; Anthus aquaticus, A. hiemalis, A. alpinus Chr. Br.; Anthus spinoletta Bon., Zand., Degl., Kays. u. Blas., Gieb., Mewes, Fridr., Radde, Jäckel, Hartert.

Trivialnamen: Schneevogel, Schneelerche, Alpenlerche.

Kennzeichen der Art: Nagel der Hinterzehe länger als diese und ziemlich stark und weit gebogen. Länge über 15 cm. Füsse dunkelbraun bis schwarz.

Maasse von 10 schlesischen Exemplaren:

	maximum	minimum	Durchschnitt
Länge:	16,7	15,5	16,2
Flugbreite:	28,6	27,5	28,1
Schwanz:	7,4	6,9	7,2
Schnabel:	1,4	1,3	1,3
Tarsus:	2,6	2,4	2,5

Vielleicht darf man den Wasserpieper mit Zacharias als „den ersten Charaktervogel des Riesengebirges" bezeichnen, sicherlich aber gilt dies wenigstens für die Knieholzregion. Im allgemeinen deckt sich seine Verbreitung mit der des Knieholzes, obschon er sich an einzelnen Stellen auch auf dem noch höher gelegenen Geröllgürtel der höchsten Berge angesiedelt hat, wie z. B. auf dem Koppenkegel und in den Schneegruben. Gloger sagt hierüber: „Er bewohnt nur das Knieholz und lebt nirgends wo dieses ganz fehlt. Er geht so weit hinauf, als es irgend gedeiht, und steigt ebenso da tiefer mit hinab, wo es sich auch 3—400 Fuss unter seinem eigentlichen Standorte vorfindet." Die Verbreitung des Vogels wird im grossen und ganzen durch den Höhengürtel von 1000—1500 m begrenzt. Innerhalb dieser Höhe aber ist er ungemein häufig und findet sich an all den schon oft genannten und den Touristen wohlbekannten Plätzen. Auf dem Kamme zwischen den Schneegruben und der alten schlesischen Baude sah ich den Wasserpieper geradezu massenhaft. Merkwürdig muss es erscheinen, dass der Vogel so wenig in das benachbarte Isergebirge hinüber geht, welches ihm doch stellenweise sehr passende Aufenthaltsplätze bietet. Ich habe den Wasserpieper dort nie gesehen und Michel bezweifelt stark, dass er überhaupt im Isergebirge vorkommt. Dagegen beobachtete ihn R. Tobias Ende Juni 1846 auf der Tafelfichte und traf auf einem ausgedehnten 3jährigen Schlage des angrenzenden hohen Iserkammes ein Pärchen, welches Junge fütterte. Auch auf den Bergwiesen des Glatzer Schneeberges und besonders an und auf den Gebäuden daselbst kommt der Wasserpieper nach Kutter ziemlich häufig vor. Im Winter verstreicht sich der Vogel in die Ebene, kehrt aber stets so bald als möglich zu seinen geliebten Bergen zurück.

v. Meyerinck will ihn noch am 29. April bei Canth beobachtet haben. Als kluger Vogel weiss sich der Wasserpieper recht wohl in die Umstände zu schicken. Während er sich im Knieholze, falls man nicht etwa seinem Neste zu nahe kommt, recht scheu zeigt, beweist er an den Bauden grosse Zutraulichkeit, weil er erfahrungsgemäss von den dort sich aufhaltenden Menschen nichts zu fürchten hat und im Gegenteil auf manchen Leckerbissen rechnen kann. Jeder Tourist wird den munteren Pieper ohnehin bald lieb gewinnen, denn er belebt auch die ödesten Stellen mit seinem anmutigen Wesen. In seinem Benehmen ähnelt er nach R. Blasius sehr dem *arboreus*; nur ist der Gesang nicht so melodisch, sondern etwas härter und schrillender. Oft lässt er denselben von den Dächern der Bauden herunter ertönen oder von den Steindämmen, mit denen die Hochgebirgsbewohner ihr Anwesen eingefriedigt haben. Kollibay sagt bezüglich des Gesanges: „Der Gesang, welcher häufig im Sitzen begonnen, sodann fliegend fortgesetzt und nach dem Niederlassen vollendet wird, gehört zu den einfachen; besonders deutlich treten in demselben ein mehrmals schnell hinter einander hervor gestossenes „Schirr, schirr, schirr" sowie ein klagendes „Swid, swid" hervor." In freier Natur habe ich den Gesang des Wasserpiepers leider noch nicht gehört; derjenige meiner gefangen gehaltenen Exemplare aber vermochte mich nicht zu begeistern und stand jedenfalls weit hinter dem von *arboreus* zurück. In geschlechtlicher Ekstase geberdet sich der Wasserpieper nach A. v. Homeyer wie ein Blaukehlchen, stellt den Schwanz senkrecht, legt den Kopf zurück, lässt die Flügel hängen, tanzt, springt und singt. Trotz der Kürze des Hochgebirgssommers macht unser Vögelchen nach den übereinstimmenden Berichten aller Beobachter regelmässig zwei Bruten. „Die Nester findet man am Rande der Knieholzsträucher und unter deren Wurzeln, auch zwischen Steinen, im Grase und an abhängigen Bachufern so in Höhlungen gebaut, dass sie von oben eine sichere und vollkommene Decke gegen Regen und Schnee haben." (Gloger.) Die Eier sind in ihrem Colorit mannigfaltigen Abweichungen unterworfen. Durchschnittsmaasse von 4 schles. Eiern = 20 | 15 mm. Ausnahmsweise scheint der Wasserpieper auch bisweilen in den Vorbergen zu bleiben und dort zu brüten, wo er überwinterte. So fand Wolf bei Muskau in der Nähe der Görlitzer Neisse ein Nest von *spinoletta* mit einem Gelege von 3 Stück, welches nicht vervollständigt wurde. Die „Naturforschende Gesellschaft" in Görlitz erklärte die Eier für zweifellos echt.

Familie: **Fringillidae**, Finkenvögel.

Schnabel stark, dick und kegelförmig. Nasenlöcher rundlich und von Borstenfederchen bedeckt. Die 1. Handschwinge ist vollständig verkümmert, so dass der Flügel deren nur 9 enthält. Magen muskulös und zum Zerreiben von Körnernahrung geeignet.

Gattung: **Emberiza** L. 1758. — Ammer.

Der kleine, kurz kegelförmige, spitze Schnabel ist an der Wurzel dick und mit einem knochigen Gaumenhöcker versehen.

Die runden Nasenlöcher liegen am Schnabelgrunde. Die 2. und 3. Schwinge sind am längsten und nebst der 4. und teilweise auch der 5. aussen verengt. Flug bogenförmig. Eier charakteristisch geädert.

73. **Emberiza schoeniclus** (L.) 1758. — Rohrammer.

Synonyma: Fringilla schoeniclus L.; Passer arundinaceus Briss.; Buscarla arundinacea Bp.; Schoenicola arundinacea Bp.; Schoenicola schoeniclus Bp., v. Hom.; Cynchramus schoeniclus Boie, Cab., Mewes, Radde; Cynchramus stagnatilis, C. alnorum, C. septentrionalis, C. lacustris, C. lapponicus, C. limicola, C. microrhynchus, C. phragmitis, C. riparius Chr. Brehm; Emberiza arundinacea Gmel.; Emberiza passerina Pall.; Emberiza palustris Chr. Br.; Emberiza schoeniclus L., Gm., Behst., Buff., Naum., Chr. Br., Glog., Gieb., A. Br., Fridr., Hart., Gätke, Jäckel.

Trivialnamen: Rohrsperling, Rohrspatz, Rohrspar, Schiebchen.

Kennzeichen der Art: Die 1. Schwinge kürzer als die 5. Schnabel dunkelgrau. Bürzel grau mit schwärzlichen Stricheln. Ein weisslicher Streifen zieht vom unteren Schnabelwinkel neben der Kehle entlang.

Maasse von 15 schlesischen Exemplaren in cm:

	maximum	minimum	Durchschnitt
Länge:	14,5	13,0	13,5
Flugbreite:	25	23,5	24
Schwanz:	6,8	6,0	6,2
Schnabel:	0,9	0,8	0,8
Tarsus:	1,0	1,0	1,0

Die Rohrammern variiren bekanntlich in ihrer Grösse sowie in den Schnabelverhältnissen sehr bedeutend. Leider habe ich den Abweichungen dieses Vogels in Schlesien zu wenig Aufmerksamkeit geschenkt. Soviel aber glaube ich mit Bestimmtheit versichern zu können, dass alle von mir untersuchten schlesischen Exemplare die typische kleinwüchsige Stammform darstellten, wenngleich einige schon ziemlich grosse Maasse zeigten.

An Teichen und sumpfigen Wiesen ist der Rohrammer in Schlesien eine gewöhnliche Erscheinung, obschon er nur an wenigen besonders günstigen Oertlichkeiten geradezu als gemein bezeichnet werden kann. Niederes Gesträuch ist durchaus Bedingung, wenn er sich fest ansiedeln kann. Rohr entbehrt er schon eher, obgleich er es sehr liebt und sich gern an den Rändern der Rohrdickichte herumtreibt. In den Vorbergen kommt er auch vor, ins eigentliche Gebirge aber geht er meines Wissens nicht hinauf. Im März kommen die Rohrammern bei uns an, um im Oktober wieder zu verschwinden. In milden Wintern bleiben aber die alten Vögel oft auch bei uns, so nach A. v. Homeyer 1868/69 am Leopoldshainer Teich bei Görlitz, 1872/73 bei Schweidnitz und nach meinen eigenen Beobachtungen 1889/90 bei Breslau. Es folgen einige Ankunftstermine: 24. III. 1839 bei Görlitz (R. Tobias), 6. IV. 1876 (bezgl. 13. X.) bei Breslau (Kern), 10. IV. 1882 bei Görlitz (Krezschmar), 23. III. 1891 bei Niesky (Baer und Floericke), 31. III. 1889 und 21. III. 1890 bei Breslau (Floericke). Praetorius fand das volle Gelege am 11. Mai und am 30. nackte Junge.

Maasse von 12 schlesischen Eiern in mm:

	maximum	minimum	Durchschnitt
Länge:	19,5	18,5	19,0
Breite:	15	14,5	14,75

Emberiza pusilla Pall. 1776. — Zwergammer.

Zu den Zeiten von Weigler und Endler soll der Zwergammer in Schlesien vorgekommen sein, wie beide Autoren übereinstimmend berichten. Leider fehlen aber alle näheren Daten, so dass man gut thun wird, diesen Ammer vorläufig nicht mit in das Verzeichnis der schlesischen Vögel aufzunehmen.

74. **Emberiza cia** L. 1766. Zippammer.

Synonyma: Cirlus stultus Aldr.; Buscarla cia Bp.; Hylaespiza cia Blas.; Euspiza cia Blyth; Cia cia, C. meridionalis Gray; Emberiza pratensis Briss.; Emberiza notata Müll.; Emberiza barbata Scop.; Emberiza lotharingica Gm.; Emberiza cioides Tem.; Emberiza ciopsis Bp.; Emberiza meridionalis Cab.; Emberiza hordei, E. canigularis Chr. Brehm; Emberiza cia L., Gm., Bchst., Naum., Chr. Brehm, Glog., Gieb., Kays. u. Blas., A. Br., Fridr., v. Hom., Mewes, Radde, Hart., Gätke, Jäckel.

Kennzeichen der Art: Die 1. Schwinge ist kürzer als die 5. Die Schwingen an der Aussenfahne bis zur 5. verengt. Schnabel bläulich. Bürzel rostrot.

Gloger vermutet bereits, dass der Zippammer bisweilen in Schlesien vorkomme, sagt aber nur in seiner unbestimmten Weise „vielleicht an der mährischen Grenze", weiss also jedenfalls nichts Bestimmtes. Zu meiner grossen Freude war ich selbst so glücklich, den thatsächlichen Beweis für das Vorkommen dieses hübschen Vogels zu erbringen, indem ich im Frühling (März) bei Breslau ein Männchen erlegte, welches sich jetzt in meiner Sammlung befindet. Es scheint, als ob im Frühjahr junge und ungepaarte Männchen auf der Suche nach einer Lebensgefährtin sich bisweilen weit nach Osten und Norden verstrichen. Auch auf Helgoland ist diese Art schon zweimal nachgewiesen worden. Immerhin ist ihr Vorkommen in Schlesien als ein durchaus ungewöhnliches und sehr seltenes zu betrachten, und jedenfalls schreitet sie bei uns nie zur Brut. Im südwestlichen Deutschland ist dies dagegen der Fall.

Emberiza leucocephala Gm. 1770. — Fichtenammer.

Eben lese ich in einem Aufsatze Michels in der „Schwalbe“, dass im Isergebirge ein Fichtenammer gefangen worden und durch meinen vor wenigen Tagen leider verstorbenen Mitarbeiter Kirchner der Gräfl. Schaffgotsch'schen Sammlung in Warmbrunn einverleibt worden ist. Da aus dem Artikel Michels nicht zur genüge hervorgeht, ob diese rara avis auf preussischem oder böhmischem Gebiete erbeutet wurde, so muss ich sie hier vorläufig noch ohne Nummer aufführen. Sollte ersteres der Fall sein, so würde damit nicht nur Schlesien, sondern meines Wissens auch das deutsche Festland (in Helgoland ist *leucocephala* schon vorgekommen) um eine neue Art bereichert werden.

75. Emberiza hortulana L. 1758. — Ortolan.

Synonyma: Citrinella hortulana Kaup; Euspiza hortulana Blyth; Glycospiza hortulana Cab., Mewes; Emberiza Tunstallii Lath.; Emberiza maelbeyensis Sparrm.; Emberiza badensis, E. chlorocephala Gmel.; Emberiza pinguescens, E. delicata, E. antiquorum, E. intercedens Chr. Brehm; Emberiza hortulana L., Buff., Gmel., Behst., Naum., Chr. Br., Glog., Gieb., Kays. u. Blas., A. Br., v. Hom., Fridr., Radde, Hart., Gätke, Jäckel.

Trivialnamen: Urtlan, Utlan, Klitscher, Windsche, Wendische Goldammer, Korufinke.

Kennzeichen der Art: Schnabel fleischfarben. Bürzel braungrau mit dunklen Schaftstrichen. Der Keilfleck auf den 2 äussersten Schwanzfedern geht nicht bis zur Mitte derselben.

Maasse von 8 schlesischen Exemplaren in cm:

	maximum	minimum	Durchschnitt
Länge:	16,0	15,4	15,7
Flugbreite:	26,8	25,9	26,4
Schwanz:	6,2	6,0	6,1
Schnabel:	1,0	1,0	1,0
Tarsus:	1,8	1,8	1,8

Die schlesischen Ortolane erscheinen in der Färbung etwas verwaschener und schmutziger als aus südlichen Ländern stammende Stücke. Die Verbreitung des Gartenammers in Deutsch-

land ist eine sehr eigentümliche, vielfach unterbrochene und unregelmässige, ich möchte sagen, inselartige. Das gilt auch für
Schlesien. Uebrigens ist der Vogel dem gewöhnlichen Manne
wenig bekannt und mag sich deshalb auch vielfach der Beobachtung entziehen. „Die eigentliche Heimat", sagt A. v. Homeyer,
„dürfte der Südosten sein. Von hier verbreitete er sich nordwärts
bis zur Nord- und Ostsee, doch auch mit der Eigentümlichkeit
des Girlitz, dass einige Distrikte gesucht, andere gemieden wurden. In Schlesien ist er stellenweise recht häufig." Und R. Tobias
bemerkt geradezu: „Bei uns vielleicht häufiger als in jeder anderen
Provinz Deutschlands." Sehr treffend charakterisirt A. v. Homeyer
die Lieblingsplätze des Vogels: „Lange Strassen mit alten Bäumen,
welche durch üppiges Fruchtland, namentlich durch Klee-, Raps-
und Rübenfelder führen, woran üppige, aber nicht nasse Weideplätze mit wenig Gebüsch und einzelnen Bäumen sich anschliessen,
sind die Lieblingsplätze. Der Boden darf nicht feucht und auch
nicht allzu schwer sein; ein milder warmer Lehm- oder Frucht-
boden, mit Sand durchschoben, sind ihm am liebsten." Auch in
buschreichen Flussniederungen siedelt er sich an, und selbst öde
Gegenden meidet er nicht völlig. Immer aber ist es die Ebene,
welche er bewohnt; im Gebirge kommt er nur in seltenen Ausnahmefällen vor, von denen ich weiter unten einige anführen
werde. Im ganzen haben wir in Schlesien 7 verschiedene Verbreitungsbezirke zu unterscheiden, nämlich 1. der ebene und sandige Teil der Lausitz, speciell die Umgebung von Daubitz (Bär),
Sprottau (Krezschmar), Niesky (Bär und Kramer) und Hoyerswerda (Fechner). Bei Görlitz wird der Vogel nach R. Tobias
schon seltener, und weiter nach dem Gebirge zu kommt er gar
nicht mehr vor. 2. Der nördliche Zipfel von Niederschlesien. Hier
ist der Ortolan wirklich gemein und muss mit zu den ersten Charaktervögeln gezählt werden. Speciell gilt dies für die Gegenden
von Glogau (A. v. Homeyer), Grüneberg, wo er nach L. Tobias
sehr häufig in den Weinbergen getroffen wird, Sagan (Kaiser),
Carolath (Sachse) und Neusalz. 3. Die trockenen Teile der
Bartschniederung, soweit auf denselben der intensive Ackerbau
reicht. Selten. 4. Das Hügelland und die Ebene westlich von
Breslau, also namentlich der Kreis Neumarkt. Doch ist der
Ortolan daselbst jetzt überall in raschem Abnehmen begriffen;
so constatirte z. B. v. Meyerinck für Canth den stetigen Rückgang des Vogels und schliesslich sein völliges Verschwinden. 5.
Das Hügelland südwestlich von Breslau. Hier kommt der Vogel
nach Richter bei Strehlen vor und ist nach Kern bei Ottmachau häufig. 6. Einige gut angebaute Distrikte Oberschlesiens,
wie die Gegenden von Kosel (Uttendörfer) und Nendza (Deditius). 7. Der grosse rings von Gebirgen eingeschlossene Thal-
kessel der Grafschaft Glatz, wo A. v. Homeyer den Ortolan

bei Glatz und Camenz auffand. Emmerich nennt ihn für Neurode sehr selten und hat ihn daselbst nur einmal, im Mai 1887, beobachtet. Das führt uns zu den seltenen Ausnahmefällen, wo der Ortolan in ausgesprochenen Gebirgsgegenden brütend gefunden wurde. Das ist in Schlesien meines Wissens bisher erst zweimal der Fall gewesen. Nach Michel brütete 1850 ein Paar im Steinbacher Thal bei Flinsberg, während sonst dort nie Ortolane vorkommen. Ein Stück davon befindet sich in Heydrichs Sammlung. Den anderen Fall constatirte A. v. Homeyer, welcher ein brütendes Pärchen auf den Bleichen von Polsnitz unweit des Fürstensteiner Grundes antraf. Der Zug scheint eben so sehr seine Eigentümlichkeiten und Unregelmässigkeiten zu haben als die Verbreitung. Denn während die meisten schlesischen Ankunftsdaten erst auf den Mai entfallen, wurden mehrfach schon im April brütende Ortolane gefunden. Einzelne bleiben auch den Winter über bei uns. So schoss R. Tobias 1841 ein überwinterndes Männchen. Der Herbstzug vollzieht sich hauptsächlich während des September; doch beginnt das Streichen schon im August. Das Nest ist schwer zu finden, weil es der Vogel gewöhnlich mitten in die Fruchtfelder baut. Perrin fand ein solches im Roggen am 25. April mit vollem Gelege. Durchschnittsmaasse von 6 schlesischen Eiern: $19 + 15$ mm.

76. Emberiza cirlus L. 1766. — Zaunammer.

Synonyma: Cirlus cirlus Gray, Kaup; Emberiza sepiaria Briss., Buff.; Emberiza elaeothorax Behst.; Emberiza cirlus L., Gm., Behst., Naum., Glog., Gieb., Kays. u. Blas., A. Br., v. Hom., Mewes, Radde, Hart., Gätke, Jäckel.

Kennzeichen der Art: Die 1. Schwinge steht der 5. näher als der 4. Die Schwingen sind bis zur 5. aussen verengt. Bürzel graugrün. Der Keilfleck auf der Innenfahne der 1. Schwanzfeder geht bis über die Mitte derselben.

Von dieser Art gilt ganz genau dasselbe, was ich oben über *cia* gesagt habe. Auch hier dürfte mein im Frühjahr bei Breslau erlegtes und in meiner Sammlung aufbewahrtes Exemplar das einzige sein, welches bisher mit Sicherheit in Schlesien nachgewiesen wurde. Auch der Zaunammer brütet vereinzelt im südwestlichen Deutschland.

77. Emberiza citrinella L. 1758. — Goldammer.

Synonyma: Citrinella citrinella Gray; Emberiza flava Briss., Buff.; Emberiza maior, E. longirostris, E. brachyrhynchus, E. septentrionalis, E. planorum, E. silvestris, E. erythrogenys Chr. Brehm; Emberiza citrinella L., Gm., Behst., Naum., Glog., Gieb., Kays. u. Blas., A. Brehm, v. Hom., Mewes, Radde, Hart., Gätke, Jäckel.

14

Trivialnamen: Goldalmer, Goldutsche, Golditsche, Embritz, Emmeritz, Amritz, Gelbling, Grünschling, Gaulammer, Gaalammer, Geelgerst, Golitschke. Polnisch: Sternadel.

Kennzeichen der Art: Die 1. Schwinge ist gleich der 4. Die 1. Schwinge ist weiss, die übrigen gelb gesäumt.

Maasse von 73 schlesischen Exemplaren in cm:

	maximum	minimum	Durchschnitt
Länge:	17,9	16,0	17,5
Flugbreite:	28,2	25,9	27,7
Schwanz:	7,6	7,0	7,4
Schnabel:	1,3	0,8	1,1
Tarsus:	2,2	2,0	2,1

Wie man sieht, schwanken die Grössenverhältnisse ausserordentlich. Wahrscheinlich kommt dies daher, dass wir in Schlesien zwei ziemlich heterogene Subspecies dieses Vogels vertreten haben, eine im Gebirge und eine in der Ebene. Die letztere ist ebenso geartet wie meine aus Posen und Ostpreussen stammenden Goldammern und zeichnet sich vor den westlichen aus durch auffallend grosse Maasse, eine eigentümlich bleich-grünlichgelbe Grundfärbung und teilweise auch durch einen etwas verkürzten Unterschnabel. Bei den im Winter hinzukommenden Goldammern treten alle diese Merkmale deutlicher hervor, während sie sich bei den Standvögeln viel mehr verwischen. Die Goldammern aus dem schlesischen Gebirge hingegen sind sehr lebhaft gelb, kleinwüchsig und langschnäblig. Ob diese meine Vermutungen richtig sind oder nicht, müssen erst spätere Untersuchungen beweisen, zu denen ich hiermit angeregt haben möchte. Im Breslauer Museum stehen 2 abnorme Exemplare, deren Körper sehr licht graugelb mit schwach angedeuteter rostfarbener Zeichnung ist. Schwingen und Schwanz sind fast weiss, Schnabel und Füsse gelb.

Ich brauche wohl kaum zu sagen, dass auch in Schlesien der Goldammer ein gemeiner und allbekannter Vogel ist. Er folgt überall den Spuren und Ansiedlungen des Menschen oder richtiger vielleicht noch den Pferden, weshalb der Trivialname „Gaulammer" sehr berechtigt erscheinen muss. Auf Gr. Iser z. B. hat er sich nach Kirchner erst seit 15 Jahren angesiedelt, nachdem Pferde statt der Ochsen daselbst als Zugtiere eingeführt wurden, und ist jetzt in raschem Zunehmen begriffen. In der Görlitzer Heide ist er nach Krezschmar der einzige dort brütende Ammer. Während seine Gattungsverwandten mit Recht als Charaktervögel der Ebene gelten, übersteigt er allein die Grenzen des Mittelgebirges, aber auch nur um kaum 200 Fuss. Ueber 3200 Fuss Meereshöhe geht er nach Gloger nicht empor. Ausnahmsweise wird der Goldammer auch zum Höhlenbrüter. Knauthe traf ihn 1886 in einem Mauerloche brütend und fand 1890 am „Schwarzen Graben" nicht weniger als ein halbes Dutzend Wohnungen in ausgehöhlten Weidenstämmen, obwohl passendere Nistplätze rings vorhanden waren. Der brütende Vogel sitzt sehr fest, wovon Kollibay ein hübsches Beispiel berichtet: „Am 5. Juni 1888 ging ich in einem Weidicht über eine kleine nur mit Hopfen überzogene Fläche, als plötzlich dicht hinter mir ein Vogel aufschwirrte. Ich blickte mich um und bemerkte am Boden eine grosse Menge von Rückenfedern der Goldammer. Bei weiterem Suchen entdeckte ich das Nest, dessen aus 4 Eiern bestehender Inhalt vollständig zerdrückt war. Ich war also direkt auf den brütenden Vogel getreten." Richter beobachtete den Nestbau am 23. April und 12. Juni. Kollibay fand einmal ein Nest auffallend hoch (3 m) in einer Tanne; sonst baut der Vogel niedriger. Aus den zahlreichen Daten, welche mir meine Mitarbeiter über gefundene Gelege zusandten, aus der Litteratur und aus eigenen Beobachtungen geht in Verbindung mit der Richterschen Notiz hervor, dass der Goldammer bei uns in Schlesien regelmässig 2 Mal, gestört 3 Mal im Jahre brütet.

Maasse von 69 schlesischen Eiern (davon 19 durch Kollibay gemessen) in mm:

	maximum	minimum	Durchschnitt
Länge:	23,5	19,5	21,6
Breite:	17,5	15,0	16,5

Die gemessenen Eier stammten fast alle aus der Ebene. Da Friderich nur 1,9 + 1,4 mm angiebt, so scheint es, als ob auch die Eier der grossen und bleichen östlichen Form constant grösser wären.

78. Emberiza calandra L. 1758. — Grauammer.

Synonyma: Miliaria cana Frisch; Miliaria cana, M. germanica, M. valida, M. septentrionalis, M. peregrina, M. meridionalis, M. minor Chr. Brehm; Miliaria europaea Swains., v. Hom.; Cynchramus miliaria Bp.; Spinus miliarius Gray; Crithophaga miliaria Cab., Mewes, Radde (et var. minor); Emberiza caspia Mén.; Emberiza miliaria L., Gm., Bchst., Chr. Br., Naum., Glog., Gieb., Kays. u. Blas., A. Brehm, Fridr., Hart., Gätke, Jäckel; Emberiza calandra L.

Trivialnamen: Klitscher, Gerstling, Gerstvogel, Gersthammer, welscher Ammer.

Kennzeichen der Art: Grösse über 18 cm. Schnabel schmutzig gelb. Seitenfedern des Schwanzes ohne weissen Keilfleck.

14*

Maasse von 18 schlesischen Exemplaren in cm:

	maximum	minimum	Durchschnitt
Länge:	19,2	18,5	18,8
Flugbreite:	30,3	29,8	29,9
Schwanz:	8,8	7,5	8,1
Schnabel:	1,4	1,3	1,35
Tarsus:	2,7	2,5	2,6

Am meisten scheint bei den typischen Grauammern die Schwanzlänge zu variiren. Der Grundton im Gefieder meiner schlesischen Exemplare ist stets ein trübes Graubraun, nie mit einem Stich ins Roströtliche. Die Subspecies *minor*, welche Radde beschreibt, und die nur 14,6 — 16,5 cm Totallänge erreicht, kommt in Schlesien wohl nicht vor. Die Priorität inbezug auf die Auffindung dieser Form gebührt übrigens dem alten Brehm.

Das Breslauer Museum besitzt folgende Farbenvarietäten:

a. Kopf schmutzig weiss mit sparsamer Zeichnung; Rücken, Flügeldecken und Steiss weiss ohne Zeichnung. Die Schwanz- und Schwungfedern teils ganz weiss, teils weiss gekantet. Vorderseite rein weiss mit spärlicher Zeichnung.

b. Rein weiss mit einigen vereinzelten Streifen auf dem Bauche.

c. Ganz weiss.

In den fruchtbaren Teilen der schlesischen Ebene ist der Grauammer sehr gemein, in weniger bebauten Gegenden aber nur spärlich anzutreffen. Sandgegenden und das Gebirge meidet er gänzlich, doch ist er nach Kollibay noch im Hirschberger Thal und nach Emmrich noch bei Neurode als vereinzelter Brutvogel anzutreffen, und nach A. v. Homeyer bei Frankenstein. Der Grauammer liebt tief liegende Ebenen mit recht fettem Boden, Getreidefelder, Wiesen und Bruchränder; eine ausgesprochene Vorliebe zeigt er nach Brahts für Rapsfelder. Ungeheuer häufig traf ich diesen Vogel bei Hundsfeld, östlich von Breslau, welche Gegend für ihn wie geschaffen erscheint. Im Winter kommen auch noch nordische Grauammern zu uns. Die bei uns nistenden bleiben entweder auch die rauhe Jahreszeit hindurch da oder verstreichen nur wenig. Mehrmals fiel mir an diesem Vogel seine grosse Lebenszähigkeit auf. Practorius fand am 21. April das Gelege vervollständigt.

Maasse von 11 schlesischen Eiern in mm:

	maximum	minimum	Durchschnitt
Länge:	23	22	22,7
Breite:	17,5	16,5	17,1

Gattung: **Calcarius** Behst. 1802. — Spornammer.

Der spornartige Nagel der Hinterzehe ist grösser als diese
und nur wenig gebogen. In dem langen spitzen Flügel sind die
1. und 2. Schwinge am längsten. Im übrigen Ammercharakter.

79. Calcarius lapponicus (L.) 1758. — Spornammer.

Synonyma: Fringilla lapponica L., Gm., Bchst.; Fringilla
calcarata Pall.; Fringilla montana Briss.; Carduelis lapponica Rudb.;
Emberiza lapponica Bp., Swains., Aud., Naum., Gieb., Nils., Fridr.,
Gätke: Emberiza calcarata Tem., Glog.; Plectrophanes calcaratus
Meyer; Plectrophanes lapponicus Selby, Kays. u. Blas., A. Br.,
v. Hom., Jäckel; Plectrophanes groenlandicus Chr. Br.; Passerina
lapponica, P. montana Vieill.; Centrophanes lapponica Kaup., Mew.;
Centrophanes calcaratus Gray; Calcarius lapponicus Hartert.

Trivialnamen: *Lerchenfink.*

Kennzeichen der Art: Die unteren Flügeldeckfedern
sind grau mit weissen Rändern, die am Flügelbug aufliegenden
oberen Deckfedern graubraun mit fahlen Säumen.

Der Lerchenammer gehört zu unseren seltensten Wintergästen;
nach Gloger mischt er sich gewöhnlich unter die Schwärme der
Feldlerchen und mag deshalb auch öfters übersehen werden. Im
Februar 1811 trieb sich nach Endler eine Gesellschaft Sporn-
ammern bei Breslau herum, und wurde ein Stück aus derselben
erlegt. R. Tobias erwähnt ein bei Herrenhut vorgekommenes
Exemplar. Nach Krezschmar wurde 1830 ein weiteres auf
dem Felde bei Gr. Schönau geschossen.

80. Calcarius nivalis (L.) 1758. — Schneeammer.

Synonyma: Emberiza nivalis L., Gm., Bchst., Wils., Naum.,
Glog., Gieb., Fridr., Gätke; Emberiza mustelina, E. montana Gmel.;
Emberiza glacialis Lath.; Emberiza borealis Vieill.; Avis nivis
Mart.; Hortulanus nivalis Briss., Leach; Hortulanus glacialis Leach;
Passerina nivalis, P. glacialis Vieill.; Plectrophanes nivalis Meyer,
Aud., Chr. Br., Kays. u. Blas., A. Br., v. Hom., Mewes, Radde,
Hart., Jäckel; Plectrophanes borealis, P. montanus, P. mustelinus,
P. hiemalis Chr. Brehm.

Trivialnamen: Schneevogel, Winterling, Neuvogel, ge-
scheckter Emmerling.

Kennzeichen der Art: Die unteren Flügeldeckfedern
weiss, die am Flügelbug aufliegenden oberen Deckfedern schwarz.

Der Schneeammer fehlt wohl in keinem Jahre gänzlich, ist
aber nur in strengen und schneereichen Wintern wirklich häufig,
wo er dann in grossen Flügen hoch gelegene und von Wald und
Gebüsch möglichst entfernte Felder aufsucht. Sonst finden sich
diese nordischen Gäste nur in kleinen Trupps oder auch einzeln
und unter den Schwärmen verwandter Vögel ein. Bei grosser

Not kommen sie auch bis in die Dörfer, sonst aber nicht. Das Breslauer Museum besitzt 7 ausgestopfte Exemplare, und jede grössere Privatsammlung enthält deren einige. Sie erscheinen gewöhnlich Ende November und ziehen zu Anfang des Februar wieder fort, kehren aber bisweilen im März wieder zurück, wenn ein Nachwinter eintritt. Besonders häufig waren sie 1838/39, 1840/41, 1841/42, 1875/76, 1880/81, 1884/85 und 1888/89. Im März 1889 beobachtete ich noch grosse Schwärme auf den Feldern südlich von Breslau.

Gattung: **Loxia** L. 1758. — Kreuzschnabel.

Die Spitzen des starken und dicken Schnabels sind kreuzförmig über einander weg gebogen. Die 1. Schwinge ist am längsten. Die Federn des kurzen und gabelförmig ausgeschnittenen Schwanzes sind nach aussen schief zugestutzt.

81. **Loxia bifasciata** (Chr. Brehm) 1827. — Bindenkreuzschnabel.

Synonyma: Crucirostra bifasciata et leucoptera Chr. Br.; Loxia falcirostra Lath.; Loxia taenioptera Glog.; Loxia leucoptera Nils., v. Schrenck, Gmel., Mew., Fridr., Jäckel; Loxia bifasciata de Sel., Bp., Schleg., Degl., Gieb., A. Br., v. Hom., Mewes, Hartert, Gätke.

Trivialnamen: Finkenflügel.

Kennzeichen der Art: Flügel mit zwei weissen Querbinden.

Wir haben in diesem Jahrhundert zwei Jahrgänge gehabt, in welchen die sonst sehr seltenen Bindenkreuzschnäbel plötzlich in grosser Menge in Schlesien auftraten, nämlich 1826 und 1889. Letztere Invasion habe ich selbst mit erlebt, dabei den Vogel mehrfach in freier Natur gesehen und viele Exemplare monatelang im Käfig gehalten und hier auf das eingehendste beobachtet. Trotzdem vermag ich der vorzüglichen Schilderung Glogers kaum etwas neues hinzuzufügen, da derselbe schon alle Gewohnheiten und Eigentümlichkeiten des interessanten Vogels sehr genau behandelt hat. Nur möchte ich hier die Vermutung aussprechen, dass es für einen geübten Vogelpfleger und -züchter nicht allzu schwer sein wird, den Bindenkreuzschnabel in einer entsprechend ausgestatteten Vogelstube zur Brut zu bringen, was vom höchsten wissenschaftlichen Werte sein würde. Die Vögel zeigen sich, wenn man erst einmal richtige Paare herausgefunden und zusammengesetzt hat, äusserst anhänglich und liebenswürdig zu einander. Ein Weibchen ging mir leider während meiner Abwesenheit an einem legereifen Ei zu grunde. — Schon im Jahre 1816 erhielt Klöber ein grünes Weibchen zugeschickt. 1826 wurden bei Carlsruhe bei Oppeln mehrere auf Leimruten gefangen, darunter auch ein ganz schwarzes Exemplar mit weissen Binden. Gloger vermutet, dass dasselbe der Gefangenschaft entflohen ist. Der letztgenannte Forscher erhielt seinen ersten Bindenkreuzschnabel im Herbst 1826 lebend, gleich darauf noch 3 tote und von mindestens 15 anderen sichere Nachricht. In der Lausitz erschienen die Bindenkreuzschnäbel um dieselbe Zeit nach den übereinstimmenden Berichten der dortigen Forscher massenhaft, und wurden ihrer viele gefangen. Die Vögel blieben auch noch den ganzen Sommer 1827 im östlichen Deutschland zahlreich, um dann erst wieder zu verschwinden. So konnte Gloger noch viel lebendes und totes Material sammeln und seine berühmte Monographie des Bindenkreuzschnabels schreiben. Dann liegen mir keinerlei Nachrichten über das Vorkommen dieses Kreuzschnabels in Schlesien mehr vor bis zum Jahre 1889. Im September dieses Jahres sah und erlegte ich in der Bartschniederung die ersten. Als ich von Craschnitz nach Breslau zurückkehrte, fand ich eine ganze Reihe von Nachrichten über das Vorkommen der Bindenkreuzschnäbel vor und ersah daraus zu meiner Freude, dass wieder eine grössere Invasion derselben im Gange sei. In den Breslauer Vogelhandlungen erschienen die „Finkenflügel" von da an massenhaft. Meist stammten dieselben aus Oberschlesien und insbesondere aus der Gegend von Ziegenhals, wo sie in ganzen Schwärmen von den dortigen Vogelfängern erbeutet wurden. Bei Beginn des Winters verschwanden diese Massen, während vereinzelte und versprengte kleine Gesellschaften noch in den Gebirgswaldungen zurückblieben. So kam es, dass auch während des Winters sowie im Sommer 1890 immer noch ab und zu einige gefangen wurden und auf den Breslauer Vogelmarkt kamen. Ja höchst wahrscheinlich hat der Bindenkreuzschnabel 1890 sogar in der Gegend von Ziegenhals gebrütet. Wenigstens sah ich in einer Breslauer Vogelhandlung mehrere von dort stammende junge Exemplare, die ihrer Befiederung nach kaum seit 8 Tagen das Nest verlassen und jedenfalls noch nicht die weite Reise aus ihrer nordischen Heimat zu uns zurückgelegt haben konnten. Sehr gern hätte ich diesen hochinteressanten Fall näher untersucht, aber die Verhältnisse machten es mir damals leider unmöglich, nach Ziegenhals zu reisen. Im Herbst 1890 und im Winter 1890/91 hörte ich nichts mehr von den „Finkenflügeln", aber am 17. April 1891 traf ich wieder 2 Stück im Nadelwalde bei Kobier und erlegte das eine. Im Breslauer Museum stehen 2, in der Sammlung Heydrichs 4 Stück.

82. **Loxia curvirostra** L. 1758. — Fichtenkreuzschnabel.

Synonyma: Loxia conifera Klein; Loxia crucirostra Pall., Buff.; Crucirostra abietum Meyer, Nils.; Crucirostra maior et pinetorum Chr. Br.; Loxia curvirostra L., Gm., Behst., Naum., Bp.,

Schleg., Glog., Gieb., Kays. u. Blas., A. Br., v. Hom., Mew., Fridr., Radde, Hart., Gätke, Jäckel.

Trivialnamen: Kreuzvogel, Krummschnabel, Krimass, Krienitz, Griens. Oberschlesisch-polnisches Idiom: Krziwenos.

Kennzeichen der Art: Ohne weisse Flügelbinden. Grösse unter 18 cm. Schnabel verhältnismässig dünn und schwach.

Maasse von 80 schlesischen Exemplaren in cm:

	maximum	minimum	Durchschnitt
Länge:	17,9	17,2	17,5
Flugbreite:	28,6	27,8	28,2
Schwanz:	5,7	5,3	5,5
Schnabel:	1,3	1,2	1,23
Tarsus:	1,9	1,7	1,8

Fast wäre man versucht, *curvirostra* und *pityopsittacus* sub-specifisch neben einander zu stellen. Aber diese beiden Formen sind im Laufe der Zeit doch schon zu sehr aus einander geraten und stellen jetzt bereits verschiedene Arten dar, ebenso wie *corone* und *cornix*. Sie sind also schon über den Wert der subspecies hinaus gekommen, welchen die Formen der Kleiber, Baumläufer, Sumpfmeisen und Dompfaffen eben erreicht haben, während die der Raubwürger (*major* und *Homeyeri*) und anderer noch im Ent-stehen begriffen sind und sich ihm erst nähern.

Der Bestand der Kreuzschnäbel wechselt auch in Schlesien sehr, was mit dem unruhigen zigeunerartigen Naturell der Vögel zusammenhängt. Ganz fehlen sie unserer Provinz aber wohl nie. In den südwestlichen Gebirgen und wahrscheinlich auch in der Waldregion des Riesengebirges sind die Kreuzschnäbel Brutvögel, wennschon sich die vollgültigen Beweise dafür sehr schwer er-bringen lassen. A. v. Homeyer beobachtete brütende Kreuz-schnäbel bei Görlitz und Glogau und vermutet, dass sie auch im Hochwalde nistet. L. Tobias erhielt in der Grüneberger Gegend ein eben ausgeflogenes Junges, und Heydrich fand im Januar 1847 ein Nest mit 4 ziemlich ausgefiederten Jungen bei Gr. Iser. Emmrich schreibt mir: „Brütet in den Waldungen des Eulen-gebirges und streicht von hier aus in die Grafschaft." Ferner führen folgende meiner Mitarbeiter noch den Fichtenkreuzschnabel als Brutvogel auf: Asmus, Raake, Gericke, Mally und Brotke. Eier freilich hat wohl keiner von ihnen gefunden. In den Tannenwäldern unserer Gebirge trifft man Kreuzschnäbel den ganzen Sommer über. Nirgends aber sind sie so massenhaft ver-treten wie in der Gegend von Ziegenhals, von wo aus ein grosser Teil der deutschen Vogelhandlungen seinen Bedarf an Kreuz-schnäbeln zu decken pflegt.

83. **Loxia pityopsittacus** Behst. 1802. — Kiefernkreuz-schnabel.

Synonyma: Crucirostra pinetorum Meyer, Nils.; Crucirosta pityopsittacus, C. subpityopsittacus Chr. Brehm; Loxia curvirostra maior Gmel.; Loxia pityopsittacus Behst., Naum., Bp., Schleg., Glog., Gieb., Kays. u. Blas., A. Br., v. Hom., Mew., Fridr., Radde, Hart., Gätke, Jäckel.

Kennzeichen der Art: Grösse über 18,5 cm. Schnabel sehr dick, hoch gewölbt und kräftig. Kopf auffallend breit. Ohne weisse Flügelbinden.

Maasse von 5 schlesischen Exemplaren in cm:

	maximum	minimum	Durchschnitt
Länge:	19,3	18,7	19,1
Flugbreite:	29,4	28,7	29,2
Schwanz:	6,7	6,4	6,5
Schnabel:	1,4	1,4	1,4
Tarsus:	2,2	2,0	2,1

Der Bestand der Kiefernkreuzschnäbel ist noch grösseren Schwankungen unterworfen als wie derjenige der vorigen Art. In manchen Jahren sind sie recht häufig, und dann sieht man wieder jahrelang keinen einzigen. Doch lässt sich im allgemeinen sagen, dass *pityopsittacus* weit seltener ist als *curvirostra*. Ueber das Brutgeschäft gilt dasselbe, was ich schon bei *curvirostra* gesagt habe. A. v. Homeyer hat auch den Kiefernkreuzschnabel bei Glogau und Görlitz brütend beobachtet, sonst aber liegen nur wenige bestimmte Nachrichten darüber vor. Im Breslauer Museum stehen 3 aus Schlesien stammende und zu dieser Art gehörige Kreuzschnäbel.

Gattung: **Pyrrhula** Briss. 1760. — Gimpel.

Schnabel kurz und dick, oben mit einem kleinen Haken. Nasenlöcher von den Stirnfedern verborgen. Schwanz gerade. Die Geschlechter sind ungleich gefärbt. 2.—4. Schwinge am längsten.

84. **Pyrrhula europaea** Vieill. 1816. — Mitteleuropäischer Gimpel.

84a. **Pyrrhula europaea rubicilla** Pall. 1811. — Grosser Gimpel.

Synonyma: Fringilla sanguinea Schwenckf.; Fringilla rubecula Frisch; Fringilla pyrrhula Meyer, Gloger; Emberiza coccinea Sand.; Loxia pyrrhula L., Buff., Gm., Behst., Fridr.; Pyrrhula rubicilla Pall., Kays. u. Blas., Gieb., Radde, Jäckel; Pyrrhula rufa Koch; Pyrrhula europaea Vieill., A. Br., v. Hom., Hart.;

Pyrrhula vulgaris Naum., Bp., Degl., Briss., Tem., Chr. Br., A.
Br., Gätke; Pyrrhula pileata Macg.; Pyrrhula germanica, P.
peregrina Chr. Br.; Pyrrhula minor Chr. Br., Schleg.; Pyrrhula
coccinea Selys; Pyrrhula maior Chr. Br., A. Br., v. Hom., Mew.,
Hart., Gätke; Pyrrhula Cassini Baird, Cab., Dyb., Radde.

Trivialnamen: Gümpel, gelehriger Kernbeisser, Blut-,
Luh- und Lohfinke, Rotvogel, Bollenbeisser, Thumherr, Thum-
pfaffe. Polnisch: Gil.

Kennzeichen der Art: Siehe die Gattungsmerkmale, da
nur diese eine Art in Deutschland.

Die nordöstlichen Gimpel sind ständig grösser und haben
auch lebhaftere und reinere Farben, weshalb man sie mit Recht
als besondere subspecies aufgestellt hat. Schon im Freien sind
sie leicht von den beträchtlich kleineren mitteleuropäischen Vögeln
zu unterscheiden. Auch im Schnabel kommen Differenzirungen
vor und ebenso in den weissen Flügelspiegeln, welch letztere aber
keineswegs constant sind. Die meisten neueren Autoren machen
aus diesen beiden Formen zwei verschiedene Arten. Ich kann
dem nicht beistimmen, da schon Radde im Kaukasus Uebergänge zwischen beiden gefunden hat, und mir in Schlesien ebenfalls solche aufgestossen sind. Ueber den Wert von guten subspecies kommen beide Formen entschieden nicht hinaus. *P. Cassini* vollends kann ich nicht einmal als subspecies anerkennen,
denn die weissen Streifen und Keilflecken auf der Innenseite der
ersten Schwanzfeder finden sich sowohl bei *europaea* wie bei *rubicilla* und zwar in der allerverschiedensten Ausdehnung aber
keineswegs bei allen Individuen. Irgend welche Gesetzmässigkeit
ist dabei absolut nicht zu erkennen. Ganz dieselben Beobachtungen hat schon vor mir Radde gemacht. Es geht aus alledem
wohl zur Genüge hervor, dass der Cassinische Streifen etwas
rein individuelles und zufälliges ist. Verhältnismässig häufig kommt
Melanismus, seltener Albinismus vor. Im vorigen Sommer erhielt
ich durch Emmrich ein Exemplar, welches in seltsamer Weise
beide Aberrationen vereinigte. Der sonst am ganzen Körper
gleichmässig kohlschwarze Vogel hatte blendend weisse Flügelspiegel, welche weit über das gewöhnliche Maass ausgedehnt
waren. Das Breslauer Museum besitzt 3 Farbenvarietäten. Bei
a., einem Weibchen, sind die Stirn-, Scheitel- und Flügeldeckfedern
mit breiten weissen Kanten versehen und die ersten Schwungfedern hellbraun gefärbt. Die Unterseite ist weiss, schwach rosa
angehaucht. Bei b., einem Männchen, ist der ganze Körper
gleichmässig schwarz gefärbt. Die Vorderseite weist hier und
da zerschlissene rote Federkanten auf. Am linken Flügel befinden
sich 2 und am rechten 4 weisse Schwungfedern. Exemplar c.
ist gleichfalls ein Männchen und gleichfalls ganz schwarz; nur

einige Schwanz- und Schwungfedern sind an der Wurzel weiss. Schon Schwenckfeld beschreibt eine var. alba: „colore prorsus candido paucis in dorso nigriusculis plumulis elucentibus."

Maasse von 65 schlesischen Exemplaren (lauter *europaea*) in cm:

	maximum	minimum	Durchschnitt
Länge:	15,1	13,8	14,5
Flugbreite:	25,8	24,9	25,2
Schwanz:	7,3	6,1	6,8
Schnabel:	0,9	0,8	0,85
Tarsus:	1,7	1,5	1,59

Rubicilla kommt nur als Wintergast nach Schlesien, ist aber dann mitunter recht häufig und wird namentlich in den Vorbergen massenhaft für die Vogelhandlungen gefangen. Als Brutvogel haben wir bei uns nur *europaea*, aber auch diese Form ist auf dem Striche weit zahlreicher wie während der Brutzeit. Die grossen Gimpel kommen zu Ende des Oktober und verschwinden dann wieder während des Februar. Die Brutgimpel liegen dem Nistgeschäfte hauptsächlich in den Waldungen der Vorberge ob, sind aber auch hier nur in wenigen Gegenden eigentlich häufig, sondern meist nur ziemlich dünn gesäet. Dies ist z. B. nach A. v. Homeyer im Hochwalde der Fall. Am liebsten suchen die Dompfaffen bergige Buchenwälder auf, sind auch gern im Nadelwald, meiden aber den reinen Kieferhochwald. Nach Knauthe sind die Dompfaffen in den Bögenbergen bei Schweidnitz sehr gemein und nisten dort massenhaft. Bei Breslau fand ich den schönen Vogel während der Brutzeit nur sehr vereinzelt. Von meinen Mitarbeitern führen ihn folgende als Brutvogel auf: Baer, Bormann, Kirchner, Asmus, Schmidt, Raake, Gericke, Hänel, Sylaender, Walikhoff, Jaenisch und Brotke, die meisten von ihnen aber mit dem Zusatze „selten." Sonst wird er stets nur als Wintergast aufgezählt. In der Waldregion des Riesengebirges ist der Gimpel gemein und geht nach Kramer bis zu 1100 m Meereshöhe hinauf. A. v. Homeyer beobachtete einmal im Herbste ein Pärchen auf dem Koppenplane. Praetorius fand in einem Garten bei Scheitnig am 14. Mai 1872 ein Nest mit 4 frischen Eiern.

Maasse von 9 schlesischen Eiern in mm:

	maximum	minimum	Durchschnitt
Länge:	22	20,5	21
Breite:	15	15	15

Gattung: **Pinicola** Vieill. 1807. — Rosengimpel.

Schnabel kurz und dick mit hakig übergebogenem Oberschnabel. Schwanz ziemlich lang und etwas ausgeschnitten.

85. **Pinicola erythrinus** (Pall.) 1770. — Karmingimpel.

Synonyma: Fringilla flammea L.; Fringilla cristata Briss.;
Fringilla erythrina Meyer, Naum.; Fringilla incerta Riss.; Loxia
erythrina Pall., Gm., Fridr.; Loxia obscura Gm.; Loxia cardi-
nalis Bes.; Loxia rosea Vieill.; Loxia erythraea Endl. u. Scholz;
Coccothraustes erythrina Vieill.; Linaria erythrina Boie; Ery-
throthorax rubrifrons Chr. Br.; Erythrospiza rosea Blyth; Erythrospiza erythrina Bp.; Haemorrhous roseus Jerd.; Pyrrhulinota
rosacea Hodgs.; Erythrinus roseus A. Br.; Pyrrhula erythrina
Tem., Naum., Kays. und Blas., Gätke; Carpodacus erythrinus
Kaup, Schleg., Gieb., v. Hom., Mewes, Radde, Hartert.

Kennzeichen der Art: Länge unter 18 cm. Keine
weissen Flügelbinden.

Der Karmingimpel wurde zuerst 1790 durch Endler im
Mai bei Breslau erlegt. 1809 schoss Drescher ein Pärchen ebenfalls bei Breslau, und 1810 nistete daselbst der Vogel nach Gloger
im sumpfigen Gebüsch. 1836 erhielt R. Tobias ein Nest aus
dem Queissthale. Dasselbe stand am Ufer des Flusses in einem
Eichenstrauche etwa 3 Fuss über dem Erdboden; von aussen
war es dem Neste des Bluthänflings ähnlich, doch loser und
weniger kunstvoll, innen mit Haaren und Wolle ausgefüttert, und
enthielt 4 Eier. Das erste, prächtig ausgefärbte Männchen wurde
erlegt, worauf sich ein zweites jüngeres zu dem verlassenen Weibchen
gesellte. 1827 und 1836 wurde der Karmingimpel auch bei
Hirschfelde durch den älteren Krezschmar nachgewiesen. Auch
Heydrich hat den Vogel bei Flinsberg mehrfach beobachtet
und ein Männchen für seine Sammlung erlegt. 1850 wurde bei
Flinsberg ein Nest gefunden, welches unweit des Queissflüsschens
auf einer Gartenmauer in einem dichten Weidenstrauche stand.
R. Tobias schrieb damals: „Vielleicht gar nicht selten, wird
aber nicht erkannt." Seitdem müssen sich die Karmingimpel
ziemlich rasch aus Schlesien zurückgezogen haben. Schon A.
v. Homeyer fand im Queissthal keine mehr vor, und heutzutage brütet wohl kaum ein Karmingimpelpärchen innerhalb der
Provinz, weshalb auch die Bemerkung Friderichs „Brütet bei
Breslau" sehr cum grano salis zu nehmen ist.

86. **Pinicola enucleator** (L.) 1758. — Hakengimpel.

Synonyma: Fringilla enucleator Meyer, Glog.; Strobilo-
phaga enucleator Vieill.; Pyrrhula enucleator Tem., Naum., Chr.
Br., Kays. und Blas., Gätke; Loxia enucleator L., Gm., Bchst.,
Fridr.; Loxia flamengo Sparrm.; Loxia psittacea Pall.; Corythus
enucleator Cuv., Bp. und Schleg., Degl., Kays. u. Blas., v. Hom.,

Hart., Jäckel; Corythus angustirostris et minor Chr. Brehm; Pinicola enucleator Cab., Gieb., A. Br., Mewes.

Kennzeichen der Art: Länge über 18 cm. Zwei weisse Flügelbinden.

Erst in einem einzigen Falle hat man den Hakengimpel in Schlesien nistend angetroffen. Chr. Brehm berichtet uns, dass im Jahre 1832 bei Breslau ein Nest dieses nordischen Vogels gefunden wurde. Sonst ist der Hakengimpel nur Wintergast und zwar ein höchst unregelmässiger. Gloger behauptet zwar, dass er in den meisten Jahren zu uns käme, aber ich möchte das doch stark in Zweifel ziehen. In der zweiten Hälfte unseres Jahrhunderts haben sich die Hakengimpel vielmehr nur in den allerwenigsten Jahren bis nach Schlesien verstrichen, dann aber allerdings massenhaft. Man kann bei diesem Vogel ebenso wie beim Steppenhuhn von förmlichen Einwanderungen reden. Die Hakengimpel zeigen sich dabei höchst vertraut, ja förmlich dummdreist und geraten deshalb zahlreich in die Hände der Vogelfänger und -händler. Uebrigens pflegen die schönen roten Männchen den unansehnlichen Weibchen gegenüber stets bedeutend in der Minderzahl zu sein. Mit Vorliebe halten sich die bei uns einrückenden Hakengimpel in den Gebirgsgegenden auf. 1797 fand nach Endler eine grosse Einwanderung statt. Dann sind die Jahre 1821—23 als besonders reich an Hakengimpeln zu bezeichnen. 1828 durchzogen nach Heydrich tausende das Iser- und Riesengebirge. 1876 erschienen sie nach Peck an der Landskrone. 1880 erbeutete Heydrich ein Weibchen bei Neuwiese am Südkamme des Gebirges, und im Februar 1890 beobachtete ich ein singendes Männchen bei Schleibitz. Eine grosse Invasion der Hakengimpel aber brachte uns ganz neuerdings der strenge Winter 1892/93, wo ihrer viele in den verschiedensten Gegenden der Provinz im Dohnenstiege gefangen und unter den Krammetsvögeln mit auf den Markt gebracht wurden. Heydrich besitzt 2, das Breslauer Museum 5 Belegexemplare.

Gattung: **Serinus** Koch 1816. — Girlitz.

Schnabel sehr kurz und dick. Die 1. Schwinge grösser als die 4., aber kleiner als die 2. und 3. Alle 4 verengt. Die äussere und mittlere Zehe hinten zusammengewachsen.

87. **Serinus hortulanus** Koch 1816. — Girlitz.

Synonyma: Loxia serinus Scop.; Pyrrhula serinus Degl., Kays. u. Blas.; Fringilla serinus L., Gm., Bchst., Briss., Buff., Sand., Naum., Glog., Fridr., Gätke; Fringilla islandica Fabr.; Crithagra serinus Sws.; Dryospiza serinus Cab., Kays. u. Blas., Jäckel; Serinus serinus Hart.; Serinus luteolus Landb.; Serinus flavescens Gould; Serinus brumalis Strickl.; Serinus meridionalis,

S. islandicus, S. orientalis Chr. Brehm; Serinus hortulanus Koch, Gieb., A. Brehm, v. Hom., Mewes.

Trivialnamen: Niesel-, Meer- und Rübenzeisig, Goldhahn, Hirngritterl, Görlitzer Würgengel.

Kennzeichen der Art: Siehe die Gattungsmerkmale, da nur diese eine Art in Deutschland.

Maasse von 52 schlesischen Exemplaren in cm:

	maximum	minimum	Durchschnitt
Länge:	12,3	11,4	11,9
Flugbreite:	20,8	20,1	20,5
Schwanz:	5,2	4,8	5,0
Schnabel:	0,9	0,8	0,8
Tarsus:	1,3	1,1	1,2

Die Girlitze sind im allgemeinen sehr constante Vögel.

A. v. Homeyer hat das Verdienst, zuerst darauf aufmerksam gemacht zu haben, dass der Girlitz seinen Verbreitungsbezirk in nordöstlicher Richtung auszudehnen bestrebt sei. Kürzlich (Orn. Monatsberichte 1, 1.) hat W. Hartwig gezeigt, dass sich das Vögelchen dazu dreier Ausfallpforten bediente, von denen die für Schlesien inbetracht kommende die March-Beczwa-Oderfurche ist. Als die ursprüngliche Heimat des Girlitz haben wir Nordwestafrika und das südwestliche Europa anzusehen. Am besten werden wir uns das allmähliche Vordringen des Girlitz veranschaulichen, wenn wir ebenso wie bei *Turdus pilaris* die Berichte der einzelnen Forscher in chronologischer Reihenfolge überblicken.

1828. Neumann erwähnt den Girlitz noch gar nicht.

1830. Gloger: Brütet sehr selten.

1837. Uttendörfer: Ein alter Vogelfänger bei Kosel will den Girlitz seit diesem Jahre kennen.

1840. Rohnert: Zwischen Oder und Oppa noch nicht vorhanden.

1842. Moeschler: Die ersten bei Herrnhut beobachtet.

1846. A. v. Homeyer: Fehlt bei Breslau.

1851. Fechner: Selten in der Gegend von Zittau.

1851. R. Tobias: Wohl nur sehr einzeln, doch scheint er die Vorberge alljährlich zu bewohnen. Da er im Mai oft paarweise gefangen wurde, mag er wohl brüten.

1857. Luchs: Zahlreich bei Hirschberg, Hermsdorf u. Petersdorf.

1857. Peck: Fehlt bei Görlitz. Dasselbe berichten Müller für Liegnitz und v. Hahn für Guhrau.

1858. Rohnert: Tritt bei Ustron a. d. Weichsel auf.

1858. Heydrich findet bei Flinsberg die ersten Eier.

1862. Auras: Von jetzt ab in der Gegend von Gutmannsdorf Brutvogel.

1863. A. v. Homeyer: Die ersten Vorläufer zeigen sich bei Glogau.

1864. Rohnert: In jedem Dorfe des südöstlichen Oberschlesien. An der nördlichen Abdachung des Riesengebirges selten.

1864. L. Tobias: Zum ersten Male in Saabor.

1865. A. v. Homeyer: Zahlreicher Brutvogel in der Grafschaft Glatz und im Eulengebirge. Bei Reinerz häufiger, nach Glatz zu seltener, bei Salzbrunn vereinzelt. Fehlt bei Reichenbach und Liegnitz. Bei Löwenberg und nach Hirschberg zu wird er immer häufiger. Bei Glogau nur auf dem Striche. Bei Frankenstein, Neisse und Münsterberg ziemlich häufig. In Ober- und Mittelschlesien überhaupt und namentlich um das Riesengebirge herum, in dessen Vorbergen überall recht zahlreich. Von hier dehnt er sich immer weiter nach Norden aus.

1866. A. v. Homeyer: Bei Breslau ziemlich häufiger Brutvogel, bei Liegnitz einzelne Paare, bei Glogau bisweilen ein singendes Männchen.

1866. v. Hahn: Bei Militsch und Köben einzeln nistend.

1867. L. Tobias: Brütet in grossen Mengen in allen Obstgärten am Fusse des Riesengebirges. Bei Grüneberg erst seit kurzem heimisch und nicht häufig.

1868. Peck: In kleiner Anzahl regelmässiger Brutvogel bei Görlitz. Dasselbe berichten Müller für Liegnitz und v. Hahn für Guhrau.

1869. v. Tschusi: Auf Spindelmühl drei und bei St. Peter zwei Paare.

1870. E. F. v. Homeyer: Bei Görlitz und am Fusse des Riesengebirges häufig.

1870. Michel: Der Girlitz soll in diesem Jahre zuerst im Isergebirge aufgetreten sein.

1875. A. E. Brehm: Im Gebirge im Abnehmen. Kommt hoch oben gar nicht vor.

1875. A. v. Homeyer: In der Lausitz wird er von Jahr zu Jahr häufiger.

1877. Emmrich: Bei Goldberg nur selten durchziehend.

1877. Lincke: Bei Neisse häufiger Brutvogel.

1878. R. Blasius: Bei Hirschberg häufiger Brutvogel.

1880. Kutter: Bei Neustadt sehr gemein.

1881. L. Tobias: Hat sich in den letzten Jahren bei Grüneberg sehr gemehrt.

1882. Krezschmar jun.: In den Anlagen von Sprottau ein nicht häufiger Brutvogel.

1885. Richter und Wolf: Bei Muskau sparsamer Brutvogel.

1885. Weiss: Bei Lipine häufig, desgl. nach Mohr bei Breslau.

1885. Richter: Brutvogel in den Gärten von Strehlen.

1886. Kollibay: Bei Neisse gemein, auch im Gebirge.

1887. **Kollibay**: Bei Patschkau, Hirschberg und Schmiedeberg sehr häufig.

1888. **Deditius**: In Nendza gemein, selbst auf dem Marktplatz.

1890. **Knauthe**: In diesem Jahre sehr sparsam; nicht ein einziges Nest gefunden.

1890. **Michel**: In den Vorbergen des Isergebirges sehr häufig; in geringer Menge auch im Gebirge selbst.

1891. **Floericke**: Brutvogel bei Breslau und in der Bartschniederung. Von meinen Mitarbeitern führen die meisten den Girlitz als Brutvogel an. Besonders interessant erscheinen in dieser Hinsicht die Angaben für Niesky (**Baer**), Oppeln (**v. Ehrenstein**), Bolkenhayn (**Sylender**), Sagan (**Raake**), Löwenberg (**Haenel**), Carolath (**Abukir**) und Lüben (**Hellmich**).

Aus alledem geht wohl zur genüge hervor, dass der Girlitz während der 40er und 50er Jahre durch die March-Beczwa-Oderfurche in Schlesien eingerückt ist, und dass diese Einwanderung zu Beginn der 60er Jahre ihren Höhepunkt erreichte. Die Vögel fluteten nicht auf einmal in die sich vor ihnen ausbreitende schlesische Ebene, sondern hielten sich vielmehr anfangs streng an den Rand und die Vorberge der Sudeten, in denen sie rasch bis zur Lausitz vordrangen, um dann erst ganz langsam und allmählig in die Tiefebene des Oderthals hinabzusteigen und dann auch dieses selbst zu überschreiten und sich noch weiter nordöstlich in dem Flachlande auszubreiten. Jetzt ist die Invasion in ihren Hauptzügen vorüber, und es darf uns deshalb nicht Wunder nehmen, wenn der Bestand der Girlitze hier und da bereits wieder abzunehmen beginnt. „Grosse weite Ebenen" liebt der Girlitz nach A. v. Homeyer „ebenso wenig wie das hohe Gebirge oder den geschlossenen Wald. Das Hügelterrain, namentlich das sich dem Mittelgebirge vorlagernde, ist besonders bevorzugt." Nach den übereinstimmenden Berichten von A. E. Brehm, R. Blasius und Kollibay ist der Girlitz im eigentlichen Hochgebirge nicht mehr anzutreffen; Kollibay fand schon bei Brückenberg in 2500 Fuss Meereshöhe keine mehr vor. Für Anlagen, Obstgärten, Alleen und Parks hat das harmlose Vögelchen eine grosse Vorliebe, namentlich die Birnbäume sucht es sehr gern auf. Der Girlitz ist für unsere Gegenden ein Zugvogel, der im April ankommt und im Oktober wieder verschwindet.

Zugtabelle:

Ort:	Beobachter:	1881	1885	1886	1887	1888	1889	1890	1891
Sprottau	Krezschmar	3. X.	—	—	—	—	—	—	—
Streblen	Richter	—	9. IV. 5. X.	6. IV.	15. IV. 4. X.	18. IV.	—	—	—
Hermsdorf	Hosius	—	—	21. IV.	—	—	—	—	—
Zobten	Knautbe	—	—	—	—	—	—	8. IV.	—
Niesky	Bär u. Kramer	—	—	—	15. IV.	18. IV. 4. X.	—	29. III. 8. X.	9. IV.
Patschkau	Kollibay	—	—	—	7. IV.	—	—	—	—
Neurode	Emmrich	—	—	—	—	—	—	—	16. X.
Breslau	Thiemann	—	21. III. 10. XI.	—	—	—	—	—	—
„	Kern	—	—	3. IV.	—	—	—	—	—
„	Floericke	—	—	—	—	—	10. IV.	29. III.	—
Stubendorf	„	—	—	—	—	—	—	—	3. IV.

Ihre Nahrung nehmen die Girlitze gewöhnlich vom Boden auf. Kollibay sah auch das Weibchen auf einer Mauer sitzen und dem Kalk derselben eifrig zusprechen. Derselbe Forscher hat den Vogel beim Balzen beobachtet: „Der Paarungsflug des Girlitz ist ein so eigentümlicher, dass der Vogel dem Nichtkenner zunächst ganz fremd erscheint. Während sonst der Girlitz in schwachen Bogenlinien mit ziemlicher Schnelligkeit dahineilt, erhebt er sich zur Paarungszeit von einem frei gelegenen Sitzpunkte aus mit kurzem Aufschwunge in die Luft empor und beschreibt mit flatternden, gaukelnden, fledermausartigen Schlägen der weit ge- spreizten Flügel unter eifrigem Gesang einige mehr oder minder regelmässige Kreise, um nach kurzer Zeit auf seinen ursprüng- lichen Platz zurückzukehren oder zu dem irgendwo in der Nähe anscheinend emsig beschäftigten Weibchen zu eilen.“ Nach Kolli- bay besorgt das Weibchen allein den Nestbau. A. Richter behauptet freilich gerade das Gegenteil. Nach den Erfahrungen Wolfs wird fast stets Schafwolle zur inneren Ausfütterung des Nestes benutzt. Ein Nest, welches Kutter erbeutete, bestand ausser den üblichen Hälmchen z. T. auch aus starken Fäden und Streifen von Leinewand; im Innern war es mit Pferdehaaren und Federn recht warm ausgefüttert. Kollibay machte die Beob- achtung, dass der Girlitz besonders gern am Wasser auf Ross- kastanien brütet. Das Nest ist nach ihm nicht eben schwer zu finden, weil das Weibchen selbst unter den Augen des Beobachters darauf geht, obwohl unruhig mit dem vollen Lockton des Kanarien- vogels rufend. Einmal, am 8. Juni 1889, fand er bei Patschkau ein Nest mit 4 frischen Eiern 7 Fuss hoch über dem Boden in einer sog. Kopfweide, sonst aber nie an einem solchen Orte. Die eben angegebene Höhe scheint die gewöhnlichste zu sein. Auch ein am 26. Mai 1888 von Kollibay gefundenes Nest stand 6 Fuss hoch auf einem Lebensbaum und enthielt 4 frische Eier. Praetorius dagegen sammelte am 25. April 1872 bei Breslau ein Gelege, welches sich in einem nur 6 Zoll über der Erde auf einem Kirschbaum befindlichen Nest befand. Der Nestbau vollzieht sich nach Kollibay in 4—5 Tagen; er beobachtete einen solchen vom 14.—17. Mai, dem vom 21.—25. das Legen der Eier folgte. Volle Gelege fand er ferner noch am 20. und 24. Mai, sowie am 11. Juni; ich selbst am 15. Mai. R. Blasius beobachtete am 18. Juni eben ausgeflogene Junge. Kollibay entdeckte am 22. Mai auf einer Linde ein Nest mit noch nackten Jungen, die das Weibchen vor seinen Augen fütterte; am 30. fand er 2 Nester 4 Fuss hoch auf Cypressen; das eine enthielt zerschlagene Eier, das andere 3 eben ausgeschlüpfte Junge und 1 Ei, welches am anderen Tage auch noch ausfiel. Kutter fand am 12. Juni nackte Junge. Es werden regelmässig 2 Bruten gemacht, zu denen der Vogel nach A. Richter ein und dasselbe Nest benutzt.

Maasse von 27 schlesischen Eiern in mm:

	maximum	minimum	Durchschnitt
Länge:	17	15	16
Breite:	13	10	12

Gattung: **Carduelis** Briss. 1760. — Stieglitz.

Den schwarzen Flügel ziert ein hochgelbes Feld, die schwarzen Schwanzfedern besitzen weisse Spitzen. Schnabel echt kegelförmig, aber schlank.

88. **Carduelis elegans** Steph. 1826. — Stieglitz.

(Carduelis elegans albigularis Mad. 1882. — Weisskehliger Stieglitz.)

Synonyma: Fringilla carduelis L., Gm., Bechst., Naum., Glog., Chr. Br., Gieb., Kays. u. Blas., Fridr., Gätke; Fringilla ochracea Gm.; Linaria carduelis Boie; Chrysomitris carduelis Rchw.; Passer carduelis Pall.; Spinus carduelis Koch; Acanthis carduelis Kays. u. Blas., Jäck.; Carduelis vulgaris L.; Carduelis carduelis Less.; Hart.; Carduelis nobilis Alb. Magnus; Carduelis albida, C. candida, C. nigra Briss.; Carduelis alboochracea Jacqu., Carduelis auratus Eyt.; Carduelis germanicus, C. septentrionalis, C. ascendens, C. aurantiipennis, C. meridionalis Chr. Br.; Carduelis elegans Degl., A. Br., v. Hom., Mewes, Radde.

Trivialnamen: Stieglitz, Stieglitzke, Distelvogel, Rottkogel. Polnisch: Sezygiol. Wendisch: Stieglitza.

Kennzeichen der Art: Siehe die Gattungsmerkmale, da nur diese eine Art in Deutschland.

Die Liebhaber unterscheiden Garten-, Wald- und Alpenstieglitze und haben darin vollkommen recht. Diese 3 Formen sind nicht geographisch scharf von einander abgegrenzt, sondern

kommen vielfach neben einander vor, bewohnen aber dann stets
für sich die ihnen schon durch den Namen vorgeschriebenen
Oertlichkeiten. Der Alpenstieglitz scheint allerdings mehr dem
Südosten anzugehören und kommt hauptsächlich in den Gebirgen
des Karpathensystems vor; in dem flachen oder hügeligen Teil
Nord-, Mittel- und Ostdeutschlands fehlt er anscheinend vollständig;
ob er in Skandinavien vorkommt, weiss ich nicht. Es erscheint
auffallend, dass noch kein Ornithologe die obige Dreiteilung der
Vogelliebhaber näher und wissenschaftlich untersucht hat. Russ
gebührt das Verdienst, zuerst 1892 in der neuesten Auflage seines
„Handbuch" diese 3 Formen richtig auseinander gehalten und
ihre wichtigsten Kennzeichen angegeben zu haben. Ich habe
mich gerade mit der Stieglitzfrage viel beschäftigt und ein ziemlich
reiches Material unter den Händen gehabt. Nunmehr bin ich zu
der Ueberzeugung gekommen, dass wir es in der That hier mit
guten Subspecies zu thun haben. Im Norden prävalirt im allgemeinen der Wald-, im Westen und Südwesten der Garten- und
im Südosten der Alpenstieglitz. In Schlesien kommen alle 3 Formen
vor; *alpestris* im Riesengebirge und vielleicht auch noch in anderen
Teilen der Sudeten, *silvestris* in der Lausitz, Oberschlesien und der
Bartschniederung, *hortensis* hauptsächlich in der Ebene und dem
Hügellande von Nieder- und Mittelschlesien. Ich stelle im folgenden
die hauptsächlichsten Maasse und Kennzeichen zusammen. Im
ganzen habe ich 130 schlesische Exemplare untersucht. Bei den
Maassen führe ich nur den jedesmaligen Durchschnitt in cm an.

	Carduelis elegans hortensis	C. elegans silvestris	C. elegans alpestris
Totallänge:	12,35	14,12	14,04
Flügelspannung:	23,74	25,07	25,04
Schwanz:	4,97	5,29	5,25
Schnabel:	1,09	1,16	1,15
Tarsus:	1,48	1,56	1,52
Flügelspiegel:	hellgelb	tiefgelb	tiefgelb mit einem Stich ins Orangefarb.
Rot des Kopfes:	ohne seidenartigen Glanz	ohne seidenartigen Glanz	mit seidenartigem Glanz
Von den Schwanzfedern haben weisse Spiegelflecke:	2 (4)	2—4 (6)	(2) 4—8
Spitzen der Schwung- und Steuerfedern:	schmutzig weiss, bisweilen fehlend	rein weiss, stets vorhanden	rein weiss, stets vorhanden
Unterleib:	schmutzig weiss	rein weiss	blendend weiss
Brustflecke:	gross und nicht scharf begrenzt, dunkelbraun mit schwach gelblichem Grund	klein und scharf begrenzt, sehr dunkel mit lebhaft gelblich-grünem Grund	klein und scharf begrenzt, dunkel, mit lebhaft gelbl.-grünem Grund und ebenso schwach gesäumt
Schwingen u. Schwanz:	schwarz	tief schwarz	sammetartig schwarz
Gesang:	nicht sehr laut, hastig, zwitschernd	laut, langsam, schmetternd	sehr laut, glockenhell, trillernd

An Uebergängen aller Art fehlt es natürlich nicht; dieselben finden sich aber mehr inbezug auf die Farbentöne als inbezug auf Stimme und Grössenverhältnisse. *Silvestris* und *alpestris* stehen sich viel näher als *hortensis* diesen beiden. Doch ist die letztere die bei uns bei weitem am häufigsten vorkommende Form. Madarasz hat endlich noch einen weisskehligen Stieglitz, *C. elegans albigularis*, aufgestellt, welcher eine rein weisse Kehle und 6 weisse Schwanzspiegel hat. Ich bin mir über diesen Vogel noch nicht recht klar, glaube aber, dass die weisse Kehle nur ein Zeichen hohen Alters ist und deshalb keine subspecies, sondern lediglich eine individuelle Abänderung darstellt. Auf die weissen Spiegelflecke der Schwanzfedern, welche sehr schwanken, gebe ich ohnehin nicht viel. Sie sind auch von den oben angeführten Kennzeichen die bei weitem unsichersten. Die weisskehlige Form ist nach zuverlässigen Berichten schon mehrfach im nordwestlichen Teile der Provinz, im Hügellande der Oder und Bober gefangen worden. Auch die Berichte Schalows aus der Mark stimmen damit überein. In Heydrichs Sammlung befindet sich ein schwarzer Stieglitz. Nach Mohr wurde 1875 bei Breslau ein Exemplar gefangen, dessen „ganzer Kopf schwarz war, welche Farbe auf Hals und Rücken in ein dunkles Braun überging. Das Hochgelb der Flügel war mit kleinen, feinen, aber dichten braunen Punkten übersäet, die Brust gelblichbraun, die Weichen ebenso, der Schnabel blei- oder silberweiss mit umfangreicher schwarzer Spitze. Vor Jahren wurde schon ein ähnlicher gefangen, der aber ganz braunschwarz war, bis auf den normalen Schwanz."

Der Stieglitz ist in ganz Schlesien ein gewöhnlicher und von jedermann gern gesehener Brutvogel. Er liebt namentlich park- und auenartige Gegenden, Vor- und Feldhölzer, Alleen und Baumgärten. Die Nähe des Menschen scheut er so wenig, dass er sich bisweilen sogar in belebten Gesellschafts- oder Restaurationsgärten der Städte niederlässt, wovon mir u. a. Emmrich ein Beispiel mitteilte. In der Lausitz scheint der schöne Vogel verhältnismässig am seltensten zu sein. R. Tobias sagt: „Ausser der Zugzeit keineswegs gemein und nur zu wenigen Paaren in der Nähe von Görlitz brütend." Seitdem haben sie zwar mit der Vermehrung der Chausseen und Anlagen entschieden zugenommen, sind aber auch heute noch nicht allzu häufig. Bei Breslau ist der Stieglitz sehr zahlreich, und ebenso ist dies nach den übereinstimmenden Berichten der dortigen Beobachter in ganz Oberschlesien der Fall. Bei Neusalz brütet er nach L. Tobias in jeder Allee. Vereinzelt wird über seine Abnahme geklagt; so schreibt Knauthe: „War früher ungemein zahlreich. In unserem 1 Morgen grossen Obstgarten standen 6 Nester. 1890 dagegen fehlte er in Schlanpitz ganz und war auch in der Umgegend selten." Im Spätherbst sieht man die Stieglitze oft in sehr grossen

Flügen von 800—1000 Stück umherstreichen. Im März pflegen sie sich wieder auf ihren Brutplätzen einzustellen. Sehr gern baut der Stieglitz auf Rosskastanien. Wohl 2 Bruten. Praetorius fand das volle Gelege am 16. Mai und 6. Juli, ich am 12. Mai. Kollibay beobachtete am 30. Mai die Fütterung der Nestjungen, und Emmrich fing am 22. Juli eben flügge gewordene Junge. Ueber die Verbreitung des Stieglitz im Riesengebirge habe ich leider gar nichts erfahren können. Ob sich auch bei den Eiern lokale Abweichungen geltend machen, weiss ich nicht. Doch sind sie in Form nnd Grösse oft ziemlich verschieden.

Maasse von 18 schlesischen Eiern in mm:

	maximum	minimum	Durchschnitt
Länge:	18,5	15	17
Breite:	13,5	11	12,5

Gattung: Chrysomitris Boie 1828. — Zeisig.

Schnabel sehr schlank kegelförmig und fein zugespitzt. Die langen, spitzen Flügel reichen bis über die Mitte des Schwanzes hinab. Die 2. Schwinge am längsten. Der kurze Schwanz ist leicht ausgeschnitten. Die Daumenkralle ist an Länge gleich der vorderen Mittelkralle und die Innenzehe gleich der Aussenzehe.

89. Chrysomitris spinus (L.) 1758. — Erlenzeisig.

Synonyma: Passer spinus Pall.; Fringilla spinus L., Gm., Bchst., Chr. Br., Naum., Glog., Fridr., Gätke; Fringilla spinoides Tem.; Fringilla fasciata Müll.; Spinus viridis Koch; Spinus alnorum, S. medius, S. betularum, S. obscurus Chr. Brehm; Carduelis spinus Steph., Macg.; Linaria viridis Frisch; Linaria spinus Leach; Acanthis avicula Gessn.; Acanthis spinus Kays. u. Blas., Jäckel; Chrysomitris spinus Boie, Gieb., A. Br., v. Hom., Mewes, Radde, Hartert.

Trivialnamen: Zeis, Zeisel, Zeisker, Zeischen, Zissle, Zenske, Erlfink. Wendisch: Zeisk. Polnisch: Czieza.

Kennzeichen der Art: Die 1. Schwinge nur wenig kleiner als die 2., die 1.—3. verengt; am Flügel eine gelbe Querbinde.

Auch beim Zeisig giebt es ganz entschieden eine östliche und westliche Varietät, die weniger durch plastische Verhältnisse als durch verschiedene Verteilung, Nuancirung und Intensität der Färbung von einander abweichen. Leider muss ich bestimmte Angaben darüber auf später verschieben, weil ich durch die Umstände gezwungen war, meine Zeisigsuiten wegzugeben und dieselben noch nicht wieder genügend ersetzen konnte. Schwenckfeld erwähnt einen Fall von Melanismus. Im Breslauer Museum befinden sich 3 Bastarde zwischen Zeisig und Girlitz.

Maasse von 66 schlesischen Exemplaren in cm:

	maximum	minimum	Durchschnitt
Länge:	12,0	11,2	11,8
Flügelbreite:	21,9	20,6	21,5
Schwanz:	4,6	4,2	4,4
Schnabel:	0,9	0,8	0,8
Tarsus:	1,5	1,3	1,4

Auf dem Zuge ist der Zeisig in ganz Schlesien eine sehr gewöhnliche Erscheinung, als Brutvogel dagegen nur stellenweise häufig. Am zahlreichsten findet er sich in den Schwarzwäldern der Vorberge wie auch in der Waldregion des eigentlichen Gebirges. Auch bei uns ist er der Liebling der armen Gebirgsbevölkerung, und fast in jeder Weberhütte findet man einen Zeisig im Käfig. In das Knieholz kommt er wohl nur auf dem Striche. Kramer hat ihn bis zu 1400 m Meereshöhe beobachtet, v. Tschusi traf ihn bei Spindelmühl, Capek an der Petersbaude, an der weissen Wiese und auf dem Ziegenrücken, L. Tobias an der neuen schlesischen Baude und R. Tobias auf der Tafelfichte. Sylaender führt ihn als sicheren Brutvogel für Bolkenhayn, Emmrich für Goldberg und Knauthe für die Umgebung des Zobten auf. In der Ebene wählt sich der Zeisig grosse Kiefern- und Fichtenwälder zum Aufenthalte aus; so nistet er nach A. v. Homeyer im Görlitzer und im Glogauer Forst. Im Winter wird der Bestand der einheimischen Vögel noch durch grosse Schwärme aus dem Norden verstärkt. Kollibay traf Ende Juli in den Gärten von Schmiedeberg junge Vögel an. Wolf beobachtete bei Muskau den Bau eines Nestes im höchsten Gipfel einer schwanken Kiefer. Viermal bestieg er es mit Lebensgefahr, doch wurden keine Eier hineingelegt. Nach seiner Ansicht war es ein Spiegelnest.

Gattung: **Acanthis** Bchst. 1802. — Hänfling.

Schnabel kurz, gerade, zugespitzt, von der Basis aus zusammengedrückt. Zehen und Nägel kurz. Schwanz und Flügel lang und spitz.

90. **Acanthis cannabina** (L.) 1758. — Bluthänfling.

Synonyma: Fringilla cannabina L., Gm., Bchst., Naum., Glog., Gieb., Kays. u. Blas., Fridr., Gätke; Fringilla linota, F. argentoratensis Gm.; Fringilla fusca Müller; Fringilla minima Bodd.; Linaria rubra maior Briss.; Linaria cannabina Boie; Passer cannabina, P. papaverina Pall.; Ligurinus cannabinus Koch; Cannabina maior, C. minor, C. pinetorum, C. arbustorum Chr. Brehm; Cannabina linota Gray, v. Heugl., Degl., Chr. Br., A. Br.; Cannabina sanguinea Landb., v. Hom.; Linota cannabina, L. fringillirostris Bp. u. Schleg.; Linota cannabina Mewes, Radde, Jäckel; Chrysomitris cannabina Rchw.; Aegiothus fringillirostris Gray; Acanthis cannabina Blyth, Hartert.

Trivialnamen: Hanferle, Hänflick, Krauthänfling, Ruthänflich.

Kennzeichen der Art: Schnabel grau, Füsse fleischfarbig. Die 9 grossen Schwingen mit weissem Aussensaum. Keine weissen Flügelbinden. Die Schwanzfedern sind mit Ausnahme der mittleren am Schafte entlang schwarz, zu beiden Seiten weiss.

Maasse von 53 schlesischen Exemplaren in cm:

	maximum	minimum	Durchschnitt
Länge:	14,9	13,3	14,4
Flugbreite:	26,1	23,9	25,4
Schwanz:	6,0	5,4	5,8
Schnabel:	1,0	0,8	0,9
Tarsus:	1,7	1,5	1,6

Die Hänflinge variiren in der Grösse sehr, und zwar gehören die schlesischen Stücke durchgängig zu den grosswüchsigen. Friderich giebt nur 13,5 cm als durchschnittliche Totallänge an.

Auch der Hänfling ist in den Vorbergen besonders häufig, geht aber im eigentlichen Gebirge höher hinauf als der Zeisig, da er im Knieholz noch ziemlich gewöhnlich nistet. Gloger giebt 4700 Fuss als vertikale Verbreitungsgrenze an. v. Tschusi fand bei Spindelmühl ein brütendes Pärchen, Krezschmar ihrer viele an den Bibersteinen. In der Ebene ist der Hänfling zwar auch ein allbekannter Vogel, aber keineswegs überall gemein; bei Breslau z. B. ist er ziemlich selten. Dazu kommt, dass sein Bestand grossen Schwankungen unterworfen, dass er an ein und demselben Orte in dem einen Jahr ungeheuer häufig, in dem nächsten aber plötzlich nur höchst sparsam vertreten ist. Veränderungen, die an seinen Brutplätzen vorgenommen werden, sind stets auf ihn von Einfluss, sei es nun anziehend oder abstossend. Knauthe hat ihn z. B. erst durch Anpflanzen von Nadelholz in das Dorf Schlaupitz gelockt. Nach Richter fehlen die Hänflinge in Strehlen ganz. Dieser geschätzte Sänger lebt sowohl im Laub- wie im Nadelwald, bevorzugt aber kleine Feld- und Vorhölzer und kommt auch gern in die Anlagen und Gärten. Er trifft im März bei uns ein und zieht im Oktober wieder ab; häufig überwintern die Hänflinge aber auch. Practorius fand am 14. April 1872 ein Nest am Rande eines Fussweges in einem Busch der Strachate nur 6 Zoll über dem Boden. Am 12. Juni wurden die Jungen flügge und am 1. Juli war das zweite Gelege vollständig. Kollibay entdeckte am 1. Mai 1888 ein Nest mit 5 Eiern 6 Fuss hoch in einer Fichte. 4 der Eier waren mehrere Tage bebrütet, während das 5. nur wenig Blutstreifen zeigte. Ein anderes Gelege aus der Sammlung Kollibays stammt vom 16. Juni. Kutter traf am 16. Mai auf nackte, Richter am 20. Juni auf eben flügge gewordene Junge.

Maasse von 22 schlesischen Eiern in mm:

	maximum	minimum	Durchschnitt
Länge:	18	16,5	17,5
Breite:	13,5	12	13

91. **Acanthis flavirostris** (L.) 1758. — Berghänfling.

Synonyma: Fringilla fusca Rudb.; Fringilla flavirostris L., Gm., Bchst., Glog., Gieb., Kays. u. Blas., Fridr.; Fringilla montium Gmel., Naum., Gätke; Linaria montana Briss., Will.; Linaria montium Leach; Cannabina flavirostris, C. montium, C. media Chr. Brehm; Cannabina flavirostris A. Brehm, v. Hom; Linota montium Bp.; Linota flavirostris Kays. u. Blas., Mewes, Radde, Jäckel; Chrysomitris flavirostris Rchw.; Acanthis montium Blyth.; Acanthis flavirostris Hartert.

Trivialnamen: Rotbürzel.

Kennzeichen der Art: Schnabel gelb, Füsse schwarz. Keine weissen Flügelbinden. Die 4 ersten Schwingen schmutzig weiss, die 4 nächsten hellweiss gesäumt. Die 3. ragt bis zur Flügelspitze.

Der Berghänfling erscheint keineswegs in allen Wintern bei uns und auch nie in sehr grosser Zahl, so dass er mit zu den selteneren unter den nordischen Gästen gehört. Gewöhnlich mischt er sich dann unter die Schwärme der Leinzeisige und treibt sich mit diesen auf den kahlen Feldern umher. In der Lausitz scheint er noch seltener zu sein. Der ältere Krezschmar erhielt nur 1 Stück. R. Tobias erlegte ihn zweimal, am 12. December 1830 bei Görlitz und dann wieder 1836 an einem verlassenen Steinbruch. Wald und Gebirge meidet er im Winter. Das Breslauer Museum besitzt 2 von Rotermund stammende Belegexemplare. Im Winter 1889/90 war der Berghänfling ziemlich zahlreich. Ich traf einmal zwischen Breslau und der Strachate 3 ziemlich ermattete Exempl., erhielt mehrere lebend und tot zugeschickt und sah ihrer viele in den Breslauer Vogelhandlungen. Im nächsten Jahre waren keine da, und ich habe den Vogel auch von meinen Correspondenten seitdem nicht wieder erhalten.

92. **Acanthis linaria** (L.) 1758. — Birkenzeisig.

92a. **Acanthis linaria Holboelli** (Brehm) 1831. — Grosser Birkenzeisig.

Synonyma: Fringilla linaria L., Gm., Bchst., Buff., Naum., Glog., Gieb., Fridr., Gätke; Fringilla vitis Müller; Fringilla borealis Vieill.; Linaria rubra Briss., A. Brehm; Linaria borealis Degl.; Linaria alnorum v. Hom.; Linaria Holboelli, L. alnorum, L. betularum Chr. Brehm; Passer linarius Pall.; Spinus linarius Koch; Cannabina linaria Rüpp.; Chrysomitris linaria Rchw.; Linota linaria Bp., Radde; Aegiothus linarius et Holboelli Cab.; Acanthis linaria Bp. u. Schleg., Kays. u. Blas., Hart., Jäckel.

T r i v i a l n a m e n : Tschätscher, Zötscherlin, Tschätscherling, Schösserle, Mäusevogel, Totenvogel, Stockhänfling, Bergzeisig.

K e n n z e i c h e n d e r A r t : Ueber den Flügel, dessen Schwingen schmal hellbraun gesäumt sind, verlaufen 2 weissliche Streifen. Kehle braunschwarz.

Der niedliche Birkenzeisig tritt in manchen Wintern in ungeheuren Schwärmen auf, in andern zeigt er sich nur vereinzelt, und in manchen Jahrgängen scheint er ganz zu fehlen. Wiederholt sind Birkenzeisige auch schon im Sommer vorgekommen, ja sie haben sogar vereinzelt in Schlesien gebrütet. G l o g e r berichtet, dass auf dem Breslauer Markte ein junger Vogel verkauft wurde, welcher augenscheinlich in der Nähe ausgebrütet worden war. L ü b b e r t traf Birkenzeisige während des ganzen Sommers pärchenweise im Riesen- und Glatzer Gebirge an und erhielt 1854 von da 2 Eier, die B a l d a m u s für zweifellos echt erklärte. R. T o b i a s erwähnt das Jahr 1839 als besonders reich an Birkenzeisigen. Nach v. L o e b e n s t e i n waren sie in dem gelinden Winter 1852/53 äusserst zahlreich. K r e z s c h m a r beobachtete sie 1881/82 bei Görlitz, ebenda P e c k 1879 und K u t t e r 1881 bei Neustadt. U t t e n d ö r f e r erhielt 1889/90 2 und 1890/91 5 Exemplare. K n a u t h e und E m m r i c h verzeichnen *linaria* ebenfalls für den letzten Jahrgang. Ich selbst habe namentlich 1889/90 zahlreiche Birkenzeisige bei Breslau gesehen, und die dortigen Vogelhandlungen waren monatelang förmlich überfüllt mit ihnen. *Holboelli*, welcher sich durch bedeutendere Grösse und einen stärkeren orangegelben Schnabel auszeichnet, ist nach M i c h e l 1860 in 2 Exemplaren bei Flinsberg gefangen worden.

G a t t u n g : **Chloris** Cuv. 1800. — G r ü n l i n g .

Unterschnabel an der Wurzel breiter wie der Oberschnabel. In den bis zur Hälfte des ziemlich kurzen und schwach ausgeschnittenen Schwanzes reichenden Flügeln ist die 1. Schwinge kleiner als die 3., die 2.—4. deutlich verengt. Hauptfarbe gelbgrün.

93. **Chloris hortensis** Chr. Brehm 1831. — G r ü n f i n k .

S y n o n y m a : Fringilla chloris L., Tem., Meyer, Naum., Glog., Gieb., Gätke; Loxia chloris L., Gm., Bchst., Fridr.; Coccothraustes chloris Pall.; Ligurinus chloris Koch, Degl., A. Brehm, Rchw., v. Hom., Mewes; Serinus chloris Boie; Linaria chloris,

L. pinetorum, L. hortensis, L. septentrionalis Chr. Brehm.; Chloris
flavigaster Swains.; Chloris chrysoptera Landb.; Chloris vulgaris
Cab.; Chloris chloris Gray, Hart.; Chlorospiza chloris Bp., Kays.
u. Blas., Radde, Jäckel.

Trivialnamen: Grünvogel, Grünhanferl, Grünhänfling,
grüner Kernbeisser, Grünitz, welscher Hänfling, Hirschvogel,
Hirschfink. Wendisch: Konopatschk.

Kennzeichen der Art: Siehe die Gattungsmerkmale, da
nur diese eine Art in Deutschland.

Maasse von 30 schlesischen Exemplaren in cm:

	maximum	minimum	Durchschnitt
Länge:	15,9	15,1	15,6
Flugbreite:	27,8	26,5	27,2
Schwanz:	6,0	5,7	5,9
Schnabel:	1,2	1,2	1,2
Tarsus:	1,9	1,7	1,8

In systematischer Hinsicht giebt mir der Grünling keine
Veranlassung zu irgend welcher Bemerkung.

Für die ganze Provinz ist der Grünling einer der gemeinsten
Vögel, obschon er in manchen Jahren in bestimmten Gegenden
auch nur spärlich auftritt. Vor allem muss das Terrain reich
an Gebüsch sein und darf auch nicht zu trocken liegen, wenn es
ihn in grösserer Zahl beherbergen soll. Kleine Feldhölzer, Parkanlagen, Promenaden, Alleen, Kirchhöfe und weitläufige Obstgärten
pflegen besonders reich an Grünfinken zu sein. In den Vorbergen
ist der Vogel überall häufig, aber im eigentlichen Gebirge scheint
er nicht eben hoch hinauf zu gehen; merkwürdigerweise fehlt es
bezüglich seiner vertikalen Verbreitung fast gänzlich an positiven
Nachrichten. R. Tobias beobachtete kleine Züge auf der Tafelfichte, allerdings zur Strichzeit. Nirgends ist der Grünfink aber
so massenhaft vorhanden wie in den schönen Auwaldungen des
Oderthales. Die Nähe des Menschen scheut er nirgends und ist
auch im Winter auf den Futterplätzen unter den Finkenvögeln
mit der dreisteste. Knauthe fand z. B. 1890 ein Nest, welches
nur einen Schritt von einem Bahnwärterhäuschen sich in einer
Coniferengruppe befand, an der ein sehr belebter Weg vorüber
führte. Die Grünfinken sind für Schlesien teils vollständig Stand-,
teils aber auch Strichvögel. Die letzteren stellen sich aber schon
in den ersten Tagen des März wieder auf ihren Brutplätzen ein.
Die Nester werden mit Vorliebe auf Pappeln, Cypressen, Lebens-
bäumen und Fichten angelegt. Sehr eingehend hat Kollibay
den Nestbau beobachtet. Derselbe vollzieht sich zu den verschiedensten Tageszeiten, am eifrigsten und anhaltendsten aber

frühmorgens. Das Männchen beteiligt sich nicht an der Arbeit, begleitet und umfliegt aber fortwährend unter verliebten Geberden das Baustoffe suchende Weibchen. Am ersten Tage (10. IV.) wurden nur Grashalme und Moos, am zweiten feine Wurzeln und am dritten dargebotene Wollfäden eingetragen. Am 30. April war das Gelege mit 5 Eiern vollzählig. Ein anderes Nest mit ebenfalls 5 frischen Eiern erbeutete Kollibay am 16. Mai. Einige Tage vorher hatte er, da er sich anders von dem Inhalt nicht überzeugen konnte, das Nest herunter genommen und hierauf wieder an seinen Platz gestellt, weil es erst ein Ei enthielt. Der Vogel hatte sich aber dadurch nicht stören lassen, sondern ruhig weiter gelegt. Gewöhnlich stehen die Nester in Mannshöhe oder etwas niedriger; in grossen dichten Waldungen erblickt man sie viel seltener als an den oben geschilderten Lokalitäten. Es finden 2 Bruten statt, von denen die erste zu Anfang Mai vor sich geht.

Maasse von 33 schlesischen Eiern in mm:

	maximum	minimum	Durchschnitt
Länge:	20	19	19,65
Breite:	15	14	14,6

Gattung: **Fringilla** L. 1758. — Edelfink.

Die 2. und 3. Schwinge am längsten. Die äussere und mittlere Zehe sind hinten etwas verwachsen und tragen schön gekrümmte spitzige Nägel.

94. **Fringilla coelebs** L. 1758. — Buchfink.

Synonyma: Passer spiza Pall.; Struthus coelebs Boie Coelebs coelebs Less.; Fringilla sylvia Scop.; Fringilla nobilis Schrank; Fringilla hortensis, F. silvestris, F. nobilis, F. alpestris F. minor, F. maior Chr. Brehm; Fringilla coelebs L., Gm., Behst., Buff., Naum., Chr. Brehm, Glog., Gieb., Kays. u. Blas., A. Brehm, v. Hom., Mewes, Radde, Fridr., Hart., Gätke, Jäckel.

Trivialnamen: Rothe Finke, Busch- und Gartenfink. Wendisch: Säba.

Kennzeichen der Art: Der Schwanz ist gabelig ausgeschnitten und hat schwärzliche Federn, von denen die zwei äussersten Paare einen weissen Keilfleck tragen. Die 1. Schwinge ist kürzer als die 4.

Von den Brehm'schen Varietäten hat meines Erachtens *minor* die meiste Berechtigung und zwar stellt diese kleinere subspecies die nordische Form der Buchfinken dar. Von den in strengen Wintern in Schlesien erhaltenen Buchfinken gehörten etwa 25% zu *minor*, von den in Ostpreussen von mir erbeuteten aber wohl 80%. Die bei uns brütenden Buchfinken sind ständig und erheblich grösser und stellen deshalb vielleicht die Brehm'sche

subspecies *maior* vor. In Schlesien wenigstens habe ich zur Brutzeit die kleinwüchsige Form niemals erhalten.

Maasse von 75 schlesischen Exemplaren (alle zu *maior* gehörig) in cm:

	maximum	minimum	Durschschitt	Maasse von *minor*
Länge:	16,3	15,2	15,85	13,8—14,0
Flugbreite:	27,1	25,8	26,5	24,5—25
Schwanz:	7,2	6,8	7,0	6,5—6,6
Schnabel:	1,1	0,9	1,0	0,9
Tarsus:	1,9	1,6	1,7	1,5

In milden Wintern kommt *minor* viel seltener oder gar
nicht bis zu uns herab. Die nordische Natur dieser Vögel er-
kennt man auch daran, dass sie gegen die Kälte und andere
Unbilden des Winters ausserordentlich widerstandsfähig sind und
in dieser Hinsicht weit über den bei uns brütenden Buchfinken
und selbst über den gleichfalls aus dem hohen Norden stammenden
Bergfinken stehen. Die Liebhaber unterscheiden ferner unter
unseren Brutvögeln noch Garten- und Waldfinken. Ich habe
nicht ermitteln können, ob dieselben subspecifischen Wert haben,
möchte aber hiermit zu diesbezüglichen Untersuchungen anregen.
In Heydrich's Sammlung befindet sich ein Albino; auch
Schwenckfeld erwähnt bereits einen solchen.

Gute Schläger findet man unter den schlesischen Buchfinken
jetzt leider nur noch höchst selten. Früher war das anders, und
namentlich die riesengebirgischen Reitzugfinken wurden von den
Liebhabern sehr geschätzt. Aber bereits v. Tschusi und A.
v. Homeyer hoben ausdrücklich hervor, dass sie im Riesengebirge nur schlechte Schläger gehört hätten. Das systematische
und schonungslose Wegfangen der guten alten Vorschläger hat
sich also auch hier empfindlich gerächt. Der Buchfink ist in
Schlesien überall häufig und auch ziemlich gleichmässig verteilt,
wennschon der Bestand der verschiedenen Gegenden zeitweise
starken Schwankungen unterworfen ist. Als vertikale Verbreitungsgrenze giebt Gloger eine Meereshöhe von 4000 Fuss an. Im
Riesengebirge lässt sich der Buchfink nach Gloger auch noch
in den letzten Fichtenwäldern sehr zahlreich antreffen, ohne dass
man ihn das anstossende Knieholz jemals berühren sähe; dagegen
zieht er sich bei schlechtem Wetter mit den Bachstelzen, dem
Wiesen- und Wasserpieper und der Ringdrossel bis dicht an die
Häuser auf die Miststätten zurück. Neuerdings scheint übrigens
sein Bestand im Riesengebirge erheblich abgenommen zu haben.
A. v. Homeyer sah ihn am Ziegenrücken, im Elb- und Aupa-
thale, auf der Tafelfichte, an den Schneegruben und selbst am
Koppenkegel, Capek am Brunnenberge, Krezschmar an der
Spindelbaude.

Zugtabelle:

Ort:	Beobachter:	1839	1840	1841	1842	1849	1879	1880	1885	1886	1887	1888	1889	1890
Görlitz	R. Tobias	24. III.	4. X.	7. III.	7. III.	—	—	—	—	—	—	—	—	—
"	J. Tobias	—	—	—	5. X.	—	—	—	—	—	—	—	—	—
"	Peck	—	—	—	—	15. II.	8. III.	—	—	—	11. III.	9. III.	—	—
"	Richter	—	—	—	—	—	—	—	22. III.	24. III.	4. X.	—	—	7. III.
Strehlen		—	—	—	—	—	—	—	—	—	—	—	—	—
Zobten	Knauthe	—	—	—	—	—	—	7. III.	—	—	11. III.	—	—	—
Neustadt	Kutter	—	—	—	—	—	—	7. III.	—	—	—	—	—	—
Patschkau	Kollibay	—	—	—	—	—	—	—	—	23. III.	6. III.	—	—	—
Hermsdorf	Hosius	—	—	—	—	—	3. IV.	—	—	—	—	—	—	—
Cauth	v. Meyerinck	—	—	—	—	—	—	—	—	—	—	—	—	—
Althammer	Forstpersonal	—	—	—	—	—	—	—	—	—	—	—	25. III.	—
Carlsberg	"	—	—	—	—	—	—	—	—	—	—	—	21. III.	—
Friedrichsthal	"	—	—	—	—	—	—	—	—	—	—	—	26. III.	—
Kl. Briesen	"	—	—	—	—	—	—	—	—	—	—	—	2. III.	—
Kottwitz	"	—	—	—	—	—	—	—	—	—	—	—	20. III.	—
Nesselgrund	"	—	—	—	—	—	—	—	—	—	—	—	25. III.	—
Paruschowitz	"	—	—	—	—	—	—	—	—	—	—	—	20. III.	—
Rogelwitz	"	—	—	—	—	—	—	—	—	—	—	—	11. III.	—
Proskau	"	—	—	—	—	—	—	—	—	—	—	—	21. III.	—
Ullersdorf	"	—	—	—	—	—	—	—	—	—	—	—	22. III.	16. III.
Niesky	Baer	—	—	—	—	—	—	—	—	—	9. III.	—	9. III.	5. III.

Viele Buchfinken überwintern auch bei uns, namentlich diejenigen, welche in den Gärten und öffentlichen Anlagen heimisch sind. Es sind zwar überwiegend Männchen, aber auch zahlreiche Weibchen finden sich darunter. Es gewinnt den Anschein, als ob auch der Buchfink sich mehr und mehr zum Standvogel ausbilden wolle, wie ich dies in ähnlicher Weise bei der Amsel und dem Star beobachten konnte. Meiner Ansicht nach hat Junghans sehr recht, wenn er mit Bezug hierauf (Ornithol. Monatsschrift, Bd. XVIII, Nr. 1, p. 13) sagt: „Jedenfalls vollzieht sich hier vor unseren Augen der bemerkenswerte Vorgang, dass gewisse Vogelarten den Wandertrieb mehr und mehr unterdrücken, und vielleicht ist dies der Anfang einer langsamen aber schliesslich vollständigen Ausbildung der betreff. Vogelart zum Standvogel. Umgekehrt hat sich derselbe Vogel gewiss vor Jahrtausenden nach und nach zum Zugvogel ausgebildet." Es ist sehr wahrscheinlich, dass der gesteigerte Tierschutz unserer Zeit und die immer allgemeiner werdende Fütterung der Vögel im Winter hierbei eine treibende Rolle spielt, da es sich um lauter in der Nähe des Menschen lebende Vogelarten handelt. Der Buchfink ist ohnehin einer der zutraulichsten Vögel. Göller hatte bei Waldenburg ein Exemplar förmlich „in Freiheit dressirt". Die Buchfinken gehören zu denjenigen Arten, welche auf dem Zuge das schlesische Gebirge ohne weiteres überfliegen. A. v. Homeyer hat dies direkt beobachtet: „Am 26. IX. war es an der Koppe klar, kalt und starker Nordwest. Dabei Buchfinken in grossen Scharen ziehend. Der Flug kam aus der Richtung Hirschberg, ging über den Koppenplan, also westlich der Koppe und am Ostabhange des Brunnenberges vorbei, das Aupathal entlang. Die Flüge folgten sich ziemlich rasch, immer aus 50—100—150 Stück bestehend, und zogen mit dem Winde, d. h. derselbe kam schräg von hinten. Am 27. IX. waren vor Schmiedeberg auf den Aeckern viele tausende. Ich habe nie so viele gesehen." Auch Kutter beobachtete in der zweiten Hälfte des August bei Neustadt „Züge von ungeheurer Grösse". Ueber das Brutgeschäft liegen mir aus Schlesien sehr zahlreiche Nachrichten vor, die aber nur selten von dem allgemein Bekannten abweichen und wenig Bemerkenswertes enthalten. In den letzten Tagen des April oder in den ersten des Mai pflegt das erste Gelege vollständig zu sein. Für das Jahr 1880 berichtet Kutter aus Neustadt: „Während die gewöhnliche Eierzahl 5, in seltenen Fällen 6 ist, wurden in diesem Jahre in vielen Nestern, die oft nahe bei einander standen, nur 3, noch dazu oft unbefruchtete Eier gefunden, manchmal auch ganze Nester voll toter Jungen." A. v. Homeyer fand Ende Mai 1867 bei Breslau ein Nest, welches innerhalb eines Hauses auf dem oberen Querbalken dicht unter dem Holzdache ganz so angebracht war, wie es *Muscicapa grisola* so gern zu thun pflegt. Kollibay erzählt von einem Neste, welches sich nur 1 m hoch am Ende eines schwanken Fichtenastes befand, der so weit über einen Feldweg hinwegragte, dass jeder vorüberfahrende Wagen daranstossen musste.

Maasse von 58 schlesischen Eiern in mm:

	maximum	minimum	Durchschnitt
Länge:	19	17	17,5
Breite:	15	12,5	13,5

Die Farbe und Zeichnung der Eier variirt bekanntlich sehr; doch sind mir keine constanten Gesetze bekannt, auf welche sich diese Abweichungen zurückführen liessen.

95. **Fringilla montifringilla** L. 1758. — Bergfink.

Synonyma: Fringilla lulensis L.; Struthus montifringilla Boie; Coelebs montifringilla Less.; Fringilla media Jaub.; Fringilla flammea Bes.; Fringilla septentrionalis et borealis Chr. Br.; Fringilla montifringilla L., Gm., Buff., Behst., Chr. Br., Naum., Glog., Gieb., Kays. u. Blas., A. Br., v. Hom., Mewes, Fridr., Radde, Hartert, Gätke, Jäckel.

Trivialnamen: Wald-, Winter-, Tannen-, Gold-, Quetsch- und Laubfink, Gogler, Böhmer, Quäker, Queck, Quiecker, Finkenquäcker.

Kennzeichen der Art: Der gabelig ausgeschnittene Schwanz hat schwärzliche Federn von denen jederseits die erste einen weissen Keilfleck besitzt. Die 1. Schwinge ist grösser als die 4.

Heydrich besitzt einen Albino von *montifringilla* in seiner Sammlung.

Brütend ist der Bergfink in Schlesien bisher noch nicht aufgefunden worden, obschon ich nicht zweifele, dass dies im Laufe der Jahre noch geschehen wird, da fast von allen nordischen Wintergästen vereinzelte Exemplare den Sommer über aus irgend welchen Gründen bei uns zurückgehalten werden und dann auch wohl unter günstigen Umständen ausnahmsweise einmal zur Fortpflanzung schreiten mögen. Seidenschwänze und Leinzeisige sind bereits in Schlesien, Bergfinken in Sachsen, Weindrosseln in Thüringen mit Sicherheit beim Brutgeschäfte beobachtet worden, und ich möchte die Vermutung aussprechen, dass sich diese Fälle sehr bald mehren werden. Gewöhnlich erscheinen die Bergfinken im September und ziehen im April wieder ab, aber bereits R. Tobias hat noch im Juni einzelne innerhalb tiefer Wälder angetroffen. Von allen nordischen Vögeln, welche den Winter bei uns verbringen, erscheint der Bergfink wohl am regelmässigsten, wenn auch keineswegs immer am zahlreichsten. Doch fehlt er in keinem Jahre gänzlich und ist in den meisten massenhaft vertreten.

96. **Fringilla nivalis** L. 1766. — Schneefink.

Synonyma: Plectrophanes fringilloides Boie; Montifringilla nivalis Chr. Br., A. Br., v. Hom; Leucosticte nivails Desm.; Orites nivalis Kays. u. Blas., Jäckel; Chionospiza nivalis Mewes; Montifringilla glacialis Chr. Brehm; Fringilla nivalis L., Gm., Bchst., Briss., Naum., Glog., Gieb., Fridr., Hart., Gätke.

Kennzeichen der Art: Schwanz ziemlich gerade abgestutzt mit viel Weiss. Der spornartige Nagel der Hinterzehe ist nur wenig gebogen.

Schwenckfeld beschreibt den Schneefink kurz aber kenntlich mit dem Zusatz: „in montibus versatur." R. Tobias berichtet: „Wenn sich dieser Vogel auf Bäume setzt, so könnte ein Vogel, den ich im Winter 1827/28 in einem kleinen Feldholze unter Bergfinken sah, hierher gehören." Die Tobias'sche Notiz dürfte wohl auf eine Verwechslung hinauslaufen. Dagegen schreibt neuerdings Luchs, dass *nivalis* bisweilen im Hirschberger Thal erscheine. Jedenfalls ist der Vogel aber auch hier eine höchst seltene und ausnahmsweise Erscheinung. Auch Gericke führt den Schneefink als grosse Seltenheit mit auf, welche Angabe Kollibay (in litt.) wohl mit Recht bezweifelt.

Gattung: **Coccothraustes** Briss. 1760. — Kernbeisser.
Der kreiselförmige Schnabel ist auffallend dick, plump und stark. Am Gaumen verlaufen 3 fein gerippte Längsriefen; dahinter befindet sich eine knollige Erhöhung und derselben entsprechend im Unterkiefer eine grubenartige Vertiefung. Die 2. Schwinge (bei der deutschen Art) am längsten. Die 5.—9. Schwinge mit stumpfwinklig zugeschnittener Spitze; jede Aussenfahne besitzt eine spitzwinklige Erweiterung, jede Innenfahne eine stumpfe Ausbuchtung. Schwanz kurz und seicht ausgeschnitten. Gefieder weich und seidenartig.

97. **Coccothraustes vulgaris** Pall. 1811. — Kirschkernbeisser.

Synonyma: Fringilla coccothraustes Ill., Tem., Naum., Glog., Gätke; Loxia coccothraustes L., Scop., Buff., Gm., Bchst., Fridr.; Coccothraustes deformis Koch; Coccothraustes europaeus et atrigularis Selby; Coccothraustes alpinus Parz.; Coccothraustes fagorum, C. cerasorum, C. planiceps, C. flaviceps, C. minor Chr. Br.; Coccothraustes coccothraustes Bp., Hart.; Coccothraustes vulgaris Pall., Kays. u. Blas., Gieb., A. Br., v. Hom., Mewes, Radde, Jäckel.

Trivialnamen: Brauner Kernbeisser, Dickschnabel, Kirschfink, Kirschschneller, Bollenbeisser, Laske, Leske, Lysklicker.

Kennzeichen der Art: Siehe die Gattungsmerkmale, da nur diese eine Art in Deutschland.

Maasse von 11 schlesischen Exemplaren in cm:

	maximum	minimum	Durchschnitt
Länge:	17,6	17,3	17,4
Flugbreite:	32,4	31,7	32,0
Schwanz:	5,8	5,6	5,65
Schnabel:	2,0	2,0	2,0
Tarsus:	2,2	2,2	2,2

Die Kernbeisser sind ausserordentlich constante Vögel, welche mir in systematischer Hinsicht zu keinerlei Bemerkungen Veranlassung geben.

Der Kernbeisser bewohnt vorzugsweise die Laubholzwaldungen der Hügellandschaften und der Vorberge. In der Ebene ist er weit seltener und fehlt manchen Strichen ganz, und über sein Vorkommen im eigentlichen Gebirge habe ich gar keine Nachrichten. Eichenwaldungen giebt er den Vorzug vor allen anderen. Eigentlich häufig ist er nur an den wenigsten Oertlichkeiten, so nach Sylaender bei Bolkenhayn. Obst- und Baumgärten besucht er nicht nur der Kirschen wegen, sondern er brütet auch gern in ihnen sowie auf Promenaden und Anlagen. So nistet der Kernbeisser nach Knauthe auf der Schweidnitzer Promenade und nach Kollibay vereinzelt in den Vorstädten von Neisse. Im Herbste wird der Bestand der einheimischen Brutvögel noch bedeutend verstärkt durch nordische Zuzügler, die sich aber in nichts von jenen unterscheiden. Kutter fand bei Neustadt am 25. Mai 1881 3 fertige Nester. Dieselben bestehen aus dünnen Ruten, sind schlecht gebaut und den Taubennestern ähnlich.

Maasse von 9 schlesischen Eiern in mm:

	maximum	minimum	Durchschnitt
Länge:	24,5	23,5	23,75
Breite:	18	16,5	17,0

Gattung: **Passer** Briss. 1760. — Sperling.

Schnabel ziemlich stark, kolbig und spitz. An den kurzen Flügeln sind die 2.—4. Schwinge am längsten. Schwanz nur wenig ausgeschnitten. Kopf dick und flachstirnig. Gestalt und Wesen plump. Ein eigentlicher Gesang fehlt.

98. **Passer petronius** (L.) 1766. — Steinsperling.

Synonyma: Fringilla petronia L., Behst., Naum., Glog., Fridr.; Fringilla stulta, F. bononiensis, F. leucura Gm.; Fringilla diadema Müll.; Petronia marina Will. u. Ray; Petronia rupestris

16

Bp., Boie; Petronia stulta Blyth, Mewes, A. Br.; Petronia saxorum, P. brachyrhynchus, P. macrorhynchus Chr. Br.; Petronia petronia Gray; Pyrgita rupestris, P. petronia Chr. Br.; Pyrgita petronia Kays. u. Blas., A. Br., v. Hom., Radde, Jäckel; Coccothraustes petronia Cuv.; Passer silvestris Buff., Briss.; Passer petronius Koch, Degl., Gieb., Hartert.

Kennzeichen der Art: Schnabel sehr kräftig, Flügel ziemlich spitz. Die 2. Schwinge am längsten, die 2. und 3. auf der Aussenfahne deutlich, die 4. schwach verengt.

Gloger führt den Steinsperling als „sehr selten" mit auf. In der Lausitz ist er einmal mit Sicherheit nachgewiesen worden (Krezschmar) und soll wiederholt daselbst beobachtet worden sein, namentlich in der Zittauer Gegend, wo er nach R. Tobias gebrütet haben dürfte. Kaluza nennt ihn einen „seltenen Zugvogel". Aus der neueren Zeit liegen gar keine Nachrichten über sein Vorkommen mehr vor. Nur zieht sich durch die ganze Litteratur die Angabe, dass der Steinsperling auf dem Kynast brüte. Ich muss dies auf das bestimmteste in Abrede stellen und behaupte, dass eine Verwechslung mit *Saxicola oenanthe* vorliegt, welche im schlesischen Gebirge vielfach „Steinsperling" genannt wird. Dieser Fall zeigt uns so recht eklatant, wie wichtig das planmässige Sammeln von Trivialnamen aus allen deutschen Gauen auch für die Wissenschaft Ornithologie ist!

99. Passer montanus (L.) 1758. — Feldsperling.

Synonyma: Fringilla montana L., Gm., Bechst., Naum., Fridr., Gätke; Fringilla campestris Schranck, Glog.; Pyrgita montana Boie; Pyrgita campestris et septentrionalis Chr. Br.; Passer campestris Briss.; Passer Hausmanni Bolle; Passer montaninus Pall.; Passer hamburgensis Leach; Passer montanus Briss., Buff., Degl., Blyth, Koch, Gieb., Kays. u. Blas., A. Br., v. Hom., Mewes, Radde, Hartert, Jäckel.

Trivialnamen: Wald-, Baum- und Weidensperling, Ringelfink. Polnisch: Wrubel. Wendisch: Polsky Robel.

Kennzeichen der Art: Schnabel mittelstark. Flügel ziemlich stumpf. Schwingen nicht verengt. Oberkopf und Nacken matt kupferrot. 2 weisse Flügelbinden.

Maasse von 35 schlesischen Exemplaren in cm:

	maximum	minimum	Durchschnitt
Länge:	14,9	13,1	14,2
Flugbreite:	23,4	21,5	22,4
Schwanz:	6,2	5,8	6,1
Schnabel:	1,2	1,0	1,15
Tarsus:	2,0	1,8	1,9

Die Feldsperlinge variiren in der Grösse ziemlich; im allgemeinen pflegen die aus südlicheren Ländern constant etwas kleiner zu sein. Doch machen auch enge Lokalverhältnisse schon einen ziemlichen Unterschied je nach der Fruchtbarkeit und den landwirtschaftlichen Verhältnissen einer Gegend. — Im Breslauer Museum steht ein reiner Albino und noch ein zweites abnormes Exemplar, bei dem der ganze Körper weiss gefärbt ist, nur Stirn und Scheitel kastanienbraun; Kehle, Flügel und Rücken sind deutlich rostgelb gezeichnet.

Ich brauche wohl kaum zu erwähnen, dass auch in Schlesien der Feldsperling einer der allergemeinsten Vögel ist, das Gebirge natürlich ausgenommen. Im Sommer steht sein Bestand dem von *domesticus* zwar nach, aber im Winter erhält er aus dem Norden noch so viel Zuzug, dass er alsdann prävalirt. Kollibay notirte den Feldsperling auch noch im Hirschberger Thal als überall häufigen Brutvogel; er hält sich dort namentlich an die Chausseen.

Kopfweidenpflanzungen, Obstgärten, Feldhölzer und Auwälder mit hohlen Bäumen bilden während der Brutzeit die Heimat der Feldsperlinge. Wohnungsnot macht auch diese Art oft zum grausamen Nesterplünderer. Ich beobachtete selbst, wie Feldsperlinge junge Kohl- und Blaumeisen aus dem Neste warfen. Ueberhaupt nimmt der Feldsperling bei uns immer mehr die unangenehmen Eigenschaften seines Vetters an und brandschatzt eben so erbarmungslos wie dieser die Hirsefelder, Kirschbäume und Weinberge. Aehnliches gilt auch von den Nistgewohnheiten. So berichtet Knauthe: „1890 brütete der Feldsperling mehrfach mitten im Dorfe, treibt sich auf den Misthaufen und Futterplätzen der Hühner herum und schläft z. T. im Stroh der Scheunen. Ein Männchen schlief ständig in einem alten Finkenneste. Sobald es anfing, kälter zu werden, demolierte unser Held mit seiner Gemahlin dieses Bett und polsterte mit dessen Material ein Loch im Baum aus. Wieder andere haben sich die Kugelnester, die früher ihr Vetter auf den Bäumen errichtete, zurechtgestutzt und nächtigen darin." Ferner pflegen sie im Gebälk der Ställe, in Scheunen, Hundehütten, Reisighaufen etc. zu schlafen. Im Winter 1890 erbaute sich Knauthe ein Pärchen sein Winternest am Thor einer Scheune, in der täglich gearbeitet wurde. Das Brutgeschäft ist allbekannt. Kollibay fand einmal ein erbsengrosses Spulei.

Maasse von 25 schlesischen Eiern in mm:

	maximum	minimum	Durchschnitt
Länge:	20	18,5	19,25
Breite:	14,5	13	13,75

100. **Passer domesticus** (L.) 1758. — Haussperling.

16*

Synonyma: Fringilla domestica L., Buff., Gm., Bechst., Naum., Glog., Fridr., Gätke; Fringilla candida Sparrm.; Fringilla indica Licht.; Pyrgita domestica Boie, Chr. Br.; Pyrgita indica Hutt.; Passer nigripes Ehrbg.; Passer indicus Jord. und Selby; Passer cisalpinus Tem.; Passer Italiae Bp.; Passer caucasicus Bogd.; Passer cahirinus, P. pectoralis, P. castaneus, P. melanorhynchus Würt.; Passer validus, P. minor, P. pagorum, P. rusticus P. intercedens, P. brachyrhynchus, P. rufidorsalis Chr. Brehm; Passer domesticus Briss., Degl., Pall., Koch, Gieb., Kays. u. Blas., A. Br., v. Hom., Mewes, Radde, Hart., Jäckel; Passer domesticus indicus Hartert.

Trivialnamen: Spatz, Spatzker, Sparg, Sperg, Sperlich, Dachsperling. Polnisch: Wrubel. Wendisch: Domjazy Robel.

Kennzeichen der Art: Schnabel mässig stark, Flügel ziemlich stumpf. Scheitel düster aschgrau oder braungrau. Eine gelblich-weisse Querbinde.

Maasse von 32 schlesischen Exemplaren in cm:

	maximum	minimum	Durchschnitt
Länge:	17,0	15,5	16,4
Flugbreite:	26,1	24,1	25,0
Schwanz:	6,5	5,8	6,15
Schnabel:	1,3	1,1	1,2
Tarsus:	2,2	1,9	2,0

In systematischer Hinsicht gilt von *domesticus* ganz dasselbe wie von der vorigen Art, nur dass die betreffenden Verhältnisse hier in noch gesteigertem Maasse einwirken. Irgend welche Anklänge an die ausserdeutschen Formen habe ich bei den durch meine Hände gegangenen schlesischen Sperlingen nicht finden können. Verhältnismässig häufig kommen Farbenvarietäten vor. Im Breslauer Museum befinden sich folgende Stücke:

a. Unterseite weiss, Kehle und Teile der Brust licht braunschwarz, ganze Oberseite fahl lichtbraun, Schnabel und Füsse gelb.

b. Gesamtfärbung sehr hell, auf jeder Seite 5 weisse Schwungfedern.

c. Ein Teil der Stirn- und Flügeldeckfedern weiss.

d. Unterseite ganz weiss, Oberseite licht rostfarben, auf Flügeln und Schwanz am hellsten.

e. Ueberall rein weiss. Rückenzeichnung kaum merklich braungrau angedeutet.

f. Weiss, aber mit deutlicher Zeichnung in Braun auf Rücken, Flügel und Stirn.

g. h. i. juv. Reine Albinos.

Auch in Heydrich's Sammlung steht ein reiner Albino. Kollibay beobachtete bei Neisse im Herbst 1891 ein junges Exemplar, an dem die Schwingen bis auf die mittelsten Federn weiss waren. In Breslau hielt sich einer Mitteilung Mohr's zufolge von 1875—77 ein Weibchen auf, welches jeden Winter ganz weisse Schwungfedern bekam, während dieselben im Sommer nur eine Nuance heller waren als normale. Dieses Weibchen hatte sich einer ganz aussergewöhnlichen Aufmerksamkeit seitens der verliebten Männchen zu erfreuen: eine positive Beobachtung, die für den Darwinisten von hohem Werte sein dürfte.

Wo es menschliche Ackerwirtschaft giebt, da giebt es auch Spatzen in Unmassen. Nur in einsamen Walddörfern, die keinen Ackerbau treiben und wenig Verkehr nach aussen hin unterhalten, pflegt dieser Allerweltsvogel zu fehlen. Im Gebirge geht er bis zur Getreidegrenze hinauf und siedelt sich in den über derselben gelegenen Dörfern nur ausnahmsweise an, falls dieselben etwa weitläuftige Gärten besitzen oder einen grösseren Viehstand halten. Wenn sich die Verhältnisse irgendwo zu seinen Gunsten ändern, so stellt er sich sehr bald auch in Gegenden ein, die er bisher mied und macht sich hier gewöhnlich sehr rasch breit, denn er besitzt „Ellbogen", um einen menschlichen Ausdruck auf den Vogel zu übertragen. „Vor einigen Jahren", so erzählt Knauthe, wurde mitten im Walde des Zobten, weitab von den Ortschaften, eine Försterei errichtet. Im Herbst 1886 bezog sie der Weidmann, frühzeitig 1887 fand sich auch der Spatz dort ein." Gewöhnlich vertreibt er dann sehr bald andere lieblichere und nützlichere Singvögel; der Spatz ist bei eintretender Wohnungsnot einer der rücksichtslosesten Nesterplünderer, welchen ich kenne. Meines Erachtens wird dieser Umstand bei den zahllosen Debatten über Nutzen und Schaden des Sperlings noch viel zu wenig berücksichtigt. Knauthe sah, wie sie Mehlschwalben aus ihren halb fertigen Nestern vertrieben und selbst deren Eier hinauswarfen; ferner demolirten sie in seinem Garten Nester des grauen Fliegenschnäppers und des Hausrotschwanzes. Aehnliches beobachtete ich bei Blaumeisen. Ihr zänkisches Naturell tritt selbst viel grösseren Vögeln gegenüber zu Tage. Ein Trupp Sperlinge trieb in Knauthe's Garten einen Grünspecht von Baum zu Baum, bis er endlich flüchtend das Gehöft verlassen musste. In das Loblied, welches extreme Vogelschützler auf den Sperling zu singen pflegen, vermag ich durchaus nicht einzustimmen. Vielmehr wird der Vogel überall da, wo er sich übermässig vermehrt, zu einer wahren Landplage. Die Landleute sollten sich die fetten jungen Vögel im Spätsommer gut schmecken lassen; dann hätten sie die beste Gelegenheit, den Bestand der Sperlinge auf eine angenehme Weise in wohlthätigen Grenzen zu halten, ohne dass die Vögel deshalb ausgerottet oder auch nur zu sehr vermindert würden; denn dahin lässt es die Schlauheit des gefiederten Schelmes doch nicht kommen. Knauthe beobachtete ihn auch beim Fange kleiner Fischchen (Elritzen) und Müller bemerkte, wie die Sperlinge in seinem Garten in Liegnitz massenhaft Crocus-Blüten zerzupften, um zu dem Honig zu gelangen. Anfangs machten sie dies recht tölpelhaft, später aber sehr geschickt. Seit dem Abnehmen der Schindeldächer bequemt sich der in allen Sätteln gerechte und veränderten Verhältnissen sich rasch anpassende Vogel vielfach dazu, sein lüderliches Nest frei auf Fichten oder andere astreiche Bäume zu bauen. „In einem 1 Morgen grossen Erlen- und Fichtengebüsch, wo die Fasanen gefüttert wurden, war den ganzen Winter hindurch ein Trupp Haussperlinge, die schliesslich auch dort heckten und z. T. offene Nester bauten" (Knauthe). Diese freien Nester stehen meist colonieweise dicht bei einander. Bei Breslau dagegen brüten die Sperlinge noch fast ausschliesslich in Höhlungen. Freie Nester fanden insbesondere Knauthe bei Zobten, Kollibay bei Neisse, L. Tobias bei Neusalz und Grüneberg und R. Tobias bei Görlitz. Ausserdem errichten sich die Vögel noch besondere Nester als Winterwohnungen und die Männchen auch im Sommer öfters eigene Spiel- und Schlafnester. Nach Knauthe polstern sich viele Sperlinge zu Beginn des Winters die Schwalbennester mit Stroh und Federn zu warmen Betten aus. Bisweilen haben die Winternester vollständig Kugelform. Die kolossale Vermehrungsfähigkeit des „Proletariers unter den Vögeln" ist bekannt. In allen Monaten der warmen Jahreszeit findet man fertige und im Bau begriffene Nester, frische und bebrütete Eier, nackte oder bereits befiederte Junge. Kollibay berichtet, dass aus ein und derselben Nisthöhle unter einem Kirchendach in einer Woche dreimal Eier genommen wurden, zusammen 10 Stück. Der Spatz lässt sich durch solche Plünderungen oft herzlich wenig in seinem Vergnügen stören, sondern hält vielmehr mit grosser Zähigkeit an dem einmal erwählten Brutplatz fest. Gar nicht selten findet man auch unter den Eiern allerlei Abnormitäten. In der ersten Woche nach dem Ausschlüpfen der Jungen füttern beide Eltern mit gleichem Eifer gemeinschaftlich, in der zweiten hingegen das Weibchen fast allein (R. Tobias). Das Männchen sieht sich inzwischen bereits nach einer anderen Lebensgefährtin um. Die Singvögel bleiben also keineswegs alle lebenslänglich gepaart, wie man dies oft behauptet hat.

Maasse von 40 schlesischen Eiern in mm:

	maximum	minimum	Durchschnitt
Länge:	24,5	19,5	22,5
Breite:	16,5	15	15,75

Familie: **Sturnidae**, Stare.

Mittelgrosse Vögel mit kopflangem, geradem und spitzigem Schnabel, mässig langem Schwanz und grossen, kräftigen, starkklauigen Füssen. In den ziemlich langen und spitzigen Flügeln ist die 1. Schwinge sehr kurz, die 2. und 3. am längsten.

Gattung: Sturnus L. 1758. — Star.

Schnabel mindestens so lang als der Kopf, gerade, konisch zugespitzt und nach vorn etwas niedergedrückt. An der Schnabelwurzel keine Borstenfederchen. Die ovalen Nasenlöcher sind durch eine Hornhaut halb verschlossen. Läufe vorn getäfelt. Die Federn der erwachsenen Vögel sind in eigentümlicher Weise zugespitzt, hart und z. T. metallisch glänzend. Die 2. Schwinge am längsten.

101. Sturnus vulgaris L. 1758. — Star.

Synonyma: Sturnus varius Meyer; Sturnus indicus Hodgs.; Sturnus unicolor Tem., Lamarm., Chr. Br.; Sturnus purpurascens Gould; Sturnus nitens Hume, Chr. Brehm.; Sturnus Humei Brooks; Sturnus Poltoratzkyi Finsch; Sturnus domesticus, St. septentrionalis, St. silvestris, St. longirostris, St. tenuirostris Chr. Br.; Sturnus vulgaris Johnst., L., Gm., Bchst., Naum., Chr. Br., Glog., Gieb., Kays. u. Blas., Koch, A. Br., v. Hom., Mewes, Radde, Hart., Gätke, Jäckel.

Trivialnamen: Rinderstar, Spreche, Spreche, Sprihn. Wendisch: Skurtz, Skortz.

Kennzeichen der Art: Siehe die Gattungsmerkmale, da nur diese eine Art in Deutschland.

Bereits früher (Ornithol. Jahrbuch III, p. 182) habe ich mich über die durch Sharpe angeregte Starenfrage ausgesprochen. Seitdem bin ich aber durch fortgesetzte Studien über diesen Gegenstand wesentlich anderer Meinung geworden und neige mich jetzt mehr und mehr der Ansicht von Radde zu, welcher nur eine Starenart annimmt, „mit verschieden schillerndem oder seltener glanzlosem Grundton des Gefieders, die nur nach der Jahreszeit ihr Kleid verändert und zwar vornehmlich durch Abreiben der Flecken und z. T. auch durch ein lebhafteres Colorit im Frühlinge". Speciell von dem systematischen Wert des Metallschimmers im Vogelgefieder, welches Sharpe bei der Starenfrage besonders betont hat, halte ich nicht mehr allzuviel, weil derselbe unter verschiedenen Verhältnissen doch gar zu veränderlich ist. Man hat neuerdings mit Recht darauf aufmerksam gemacht, dass es zunächst einer allgemein gültigen Norm bedürfe, nach der die metallisch glänzenden Vogelfedern aus einer ganz bestimmten Entfernung und unter einem ganz bestimmten Schwinkel betrachtet werden müssten, wenn man allgemein gültige Resultate erzielen wolle. Das ist durchaus richtig und dringend zu beherzigen; es

kommt hier aber noch ein anderer Faktor sehr schwerwiegend
inbetracht, nämlich die Temperatur. Kleinschmidt und ich
haben in dieser Hinsicht neuerdings ganz überraschende Ent-
deckungen gemacht. Im allgemeinen lässt sich sagen, dass metallisch
glänzende Vogelfedern bei niedriger Temperatur mehr zur Purpur-
farbe hinneigen, bei hoher Temperatur aber grünlich oder bläulich
schimmern. Daraus erklärt es sich auch sehr einfach, dass die
hierher gehörigen d e u t s c h e n Vogelarten im Osten unseres Vaterlandes (also auch in Schlesien) viel mehr ins Purpurne spielen
als im Westen, wo ein stahlgrüner oder bläulicher Metallglanz
die Regel ist. Dies gilt nicht nur von den Staren, sondern auch
von den Kiebitzen, den Erpeln der Stockente u. s. w. Ein Enten-
kopf z. B., den K l e i n s c h m i d t mehrere Tage im Winter vor's
Fenster hing, schimmerte stark purpurn, und wenn er dann auf
einige Zeit in der warmen Stube gelassen wurde, erglänzte er
wieder im reinsten Grün! Schon diese eine Beobachtung zeigt
doch wohl hinlänglich, wie sehr auch die Temperatur bei der
Beurteilung des Metallschimmers im Vogelgefieder berücksichtigt
werden muss, und wie gering der systematische Wert dieses so
äusserst hinfälligen und leicht veränderlichen Glanzes ist. Die
schlesischen Stare kann ich in keine der beiden S h a r p e'schen
Arten einreihen, sondern sie stellen ebenso wie allen anderen
von mir untersuchten ostdeutschen Exemplare die intermediäre
Zwischenform dar. Rücken und Bauch sind stahlgrün oder blau,
Kopf und Kehle purpurn-violett, die Ohrdecken sehr verschieden.

M a a s s e von 44 schlesischen Exemplaren in cm:

	maximum	minimum	Durchschnitt
Länge:	19,8	18,7	19,4
Flugbreite:	38,1	36,5	37,6
Schwanz:	6,2	5,9	6,1
Schnabel:	2,8	2,6	2,7
Tarsus:	2,5	2,4	2,45

Im Sommer 1890 beobachtete ich bei Breslau wiederholt ein
Exemplar mit ganz weissem Schwanze. Im Breslauer Museum
befindet sich ein reiner Albino, ebenso in der Sammlung H e y d -
r i c h s.

Der Bestand der Stare hat sich in Schlesien in den letzten
Jahrzehnten ganz ausserordentlich gehoben, woran nicht zum
mindesten das immer allgemeiner werdende Aushängen von Nistkästen Schuld haben mag. In der Lausitz und in Niederschlesien
zwar war der Star von jeher häufig, in gewissen Distrikten Mittelschlesiens aber und in fast ganz Oberschlesien noch vor 20 Jahren
selten; ja grossen Landstrichen fehlte er gänzlich. Jetzt ist das
anders geworden. Der Vogel hat sich auch in solchen Gegenden,

die er früher kaum auf dem Zuge einmal aufsuchte, neuerdings fest angesiedelt und rasch vermehrt, vielfach sogar zu sich bereits unangenehm bemerkbar machenden Mengen. Uttendörfer schreibt mir aus Gnadenfeld bei Kosel: „War 1874 in einem Umkreis von etwa 2 Stunden noch nicht Brutvogel, hat sich aber seit 1888 immer mehr in der unmittelbaren Nähe angesiedelt." Am Zobten ist der Star nach Knauthe erst seit 1887 Brutvogel. Ferner berichtet Richter aus Strehlen: „Selten; dürfte bis vor wenigen Jahren überhaupt gefehlt haben wegen Mangels an hohlen Bäumen und infolge der Gleichgültigkeit der Menschen. Nistkästen lockten ihn bald an. In meinem ca. 1 Quadratmeile grossen Gebiet nicht mehr als 10 Paare." Und im folgenden Jahre (1885) schreibt derselbe Beobachter: „Noch selten und erst eingewandert, vermehrt sich aber zusehends." Auch bei Breslau waren die Stare keineswegs besonders zahlreich, aber gleichfalls in rascher Zunahme begriffen. Sehr gemein ist der Vogel dagegen im niederschlesischen Oderthal, in der Lausitz, in den Vorbergen und in der Bartschniederung. In Oberschlesien scheint er dagegen stellenweise noch immer zu fehlen. Im Gebirge geht er so weit empor als sich Dörfer finden und ihm dort Nistkästen ausgehängt werden, also nach Kollibay bis zu einer Höhe von etwa 3000 Fuss. v. Tschusi traf 6 Paare in Brutkästen bei Spindelmühl. Wohl keinen Vogel vermag man durch ausgehängte Nistgelegenheiten, und seien sie auch noch so roh und scheinbar unpraktisch, so leicht anzulocken als den Star. Häufig genug ergreift derselbe auch von einem ihm geeignet erscheinenden Brutplatz Besitz, welcher ihm gar nicht zugedacht war. Die Frage über Nutzen und Schaden der Stare ist neuerdings von Koepert sehr ausführlich erörtert worden. Dass der Star für den Landmann ein recht nützlicher und deshalb zu schützender Vogel ist, unterliegt wohl keinem Zweifel. Wo er sich aber zu sehr vermehrt, vermag er stellenweise doch recht lästig zu werden, und erscheint es mir dann durchaus nicht unrecht, wenn die Landleute den Bestand durch Schiessen im Herbste in gewissen Grenzen halten. Dem Grüneberger Weinbau fügen die Stare durch ihre übergrosse Menge in der That empfindlichen Schaden zu (L. Tobias), ebenso dem für die Besitzer eine wertvolle Einnahmequelle bildenden Rohr der Teiche der Bartschniederung, in dem sie im Spätsommer und Herbst zu tausenden und abertausenden zu übernachten pflegen, und endlich auch den Getreidefeldern der fruchtbaren niederschlesischen Ebene, von ihren kleinen Näschereien in den Obstgärten etc. ganz zu geschweigen. Wo sich dagegen die Stare nur in mässiger Zahl vorfinden, vermögen sie in keiner Weise wirklich lästig zu werden und sind deshalb dort sorgfältigster Schonung und Beschützung zu empfehlen, zumal die munteren Burschen im März ja so viel dazu beitragen, unser Herz mit

Ort:	Beobachter:	1839	1840	1841	1842	1849	1876
Görlitz	R. Tobias	15. II.	24. II.	20. II.	19. II. 11. X.	—	—
„	J. Tobias	—	—	—	—	30. I.	—
„	Peck	—	—	—	—	—	—
„	Richter	—	—	—	—	—	—
Strehlen	„		—	—	—	—	—
Sprottau	Krezschmar	—	—	—	—	—	—
Neustadt	Kutter	—	—	—	—	—	—
„	Kollibay	—	—	—	—	—	—
Rauden	Willimek	—	—	—	—	—	—
Cauth	v. Meyerinck	—	—	—	—	—	—
Goldberg	Emmrich	—	—	—	—	—	24. II.
Neurode	„	—	—	—	—	—	—
Alt-Hammer	Forstpersonal	—	—	—	—	—	—
Friedrichsthal	„	—	—	—	—	—	—
Kl. Briesen	„	—	—	—	—	—	—
Kottwitz	„	—	—	—	—	—	—
Moselache	„	—	—	—	—	—	—
Nesselgrund	„	—	—	—	—	—	—
Paruschowitz	„	—	—	—	—	—	—
Proskau	„	—	—	—	—	—	—
Rogelwitz	„	—	—	—	—	—	—
Ullersdorf	„	—	—	—	—	—	—
Karlsberg	„	—	—	—	—	—	—
Zobten	Knauthe	—	—	—	—	—	—
Niesky	Bär u. Kramer	—	—	—	—	—	—
Breslau	Floericke	—	—	—	—	—	—

1 e.

1880	1881	1882	1884	1885	1886	1887	1888	1889	1890	1891
—	—	—	—	—	—	—	—	—	—	—
—	—	—	—	—	—	—	—	—	—	—
—	—	—	—	—	—	—	—	—	—	—
—	—	—	—	—	—	25. II. 27. X.	14. II.	—	—	—
—	—	—	—	20. II. 15. X.	6. III.	—	—	—	—	—
15. II. 16. X.	—	12. II.	—	20. X.	14. X.	6. III.	—	—	—	—
—	23. II.	—	—	—	—	28. II.	—	—	—	—
—	—	—	17. II.	—	—	—	—	—	—	—
—	—	—	—	—	—	—	—	—	—	—
—	—	—	—	—	—	—	—	—	15. III.	1. III. 18. X.
—	—	—	—	—	—	—	23. III.	12. III. 20. IX.	—	—
—	—	—	—	—	17. III.	—	—	—	—	—
—	—	—	—	15. II. 18. X.	6. III. 15. X.	25. II. 21. X.	8. III. 20. X.	9. III. 14. X.	—	—
—	—	—	—	19. IX.	19. III. 20. IX.	13. II. 1. X.	9. III. 1. IX.	10. III.	—	—
—	—	—	—	15. III.	12. III. 6. IX.	1. III.	—	—	—	—
—	—	—	—	17. II.	15. II.	27. II. 26. II.	10. III. 13. II.	12. III. 10. III.	—	—
—	—	—	—	1. III.	13. III.	14. IX.	12. IX.	2. XI.	—	—
—	—	—	—	—	10. III. 1. IX.	25. II. 22. IX.	9. III. 15. IX.	28. II. 27. IX.	—	—
—	—	—	—	—	16. III.	3. III.	12. III. 7. IX.	—	—	—
—	—	—	—	28. III.	28. III.	5. III. 25. IX.	11. III. 28. IX.	15. III. 22. IX.	26. II.
—	—	—	—	24. III.	6. III. 10. X.	12. III. 7. X.	20. III. 11. IX.	—	—
—	—	—	—	20. III.	26. II.	—	—	24. II.	—
—	—	—	—	—	25. II. 27. X.	9. II.	9. III. 19. X.	20. II.	25. II.
—	—	—	—	—	—	—	10. III.	11. III.	—

Jubel über die Ankunft des Frühlings zu erfüllen. Der Star ist für Schlesien ein Zugvogel, welcher schon im Februar eintrifft und uns im Oktober wieder verlässt. R. Tobias notirte von 1832—38 für Görlitz als frühesten Ankunftstermin den 14. Februar, als spätesten den 6. März und als durchschnittlichen den 18. Februar.

Näheres siehe auf der vorstehenden Zugtabelle!

Oefters bleibt ein kleiner Teil der alten Stare auch den Winter über bei uns und erhält dann wohl auch noch Zuzug aus nördlicheren Gegenden. So beobachtete ich den ganzen Winter 1889/90 einen Flug von etwa 30 Stück in der Strachate. Aehnliche Nachrichten erhielt ich vielfach auch aus anderen Gegenden der Provinz, und es scheint, als ob ein solches Ueberwintern jetzt viel häufiger und in ausgedehnterem Maasse stattfinde als früher. Aehnliche Beobachtungen machte Junghans für die Umgebung von Cassel. Vergl. das hierüber beim Buchfink Gesagte. Tritt nach der Ankunft im Frühjahr nochmals winterliches Wetter ein, so entschliessen sich die Stare bisweilen zu einem Rückzug. Dies hat beispielsweise Richter 1886 für die Umgegend von Strehlen festgestellt. Es werden regelmässig 2 Bruten gemacht, von denen die erste Ende Mai, die zweite Mitte Juli ausfliegt. Beide Gatten brüten. Der Nestbau beginnt schon Mitte April, und Ende dieses Monats findet man die ersten Eier. Ausser in die für ihn oder andere Höhlenbrüter aufgehängten Nistkästen baut der Star in Astlöcher, Spechthöhlen und Lücken im Gemäuer grösserer Gebäude.

Maasse von 28 schlesischen Eiern in mm:

	maximum	minimum	Durchschnitt
Länge:	29	27,7	28,5
Breite:	21	19	20,25

Gattung: **Pastor** Tem. 1815. — Amselstar.

Der zusammengedrückte und an der Spitze abwärts gebogene Schnabel ist von einzelnen Bartborsten umgeben. Nasenlöcher eiförmig. Schwanz mittellang und seicht ausgeschnitten. Die alten Vögel tragen auf dem Kopfe einen spitzen Federschopf.

102. **Pastor roseus** (L.) 1758. — Rosenstar.

Synonyma: Turdus roseus L., Buff., Levaill., Klein, Bchst.; Turdus seleucis et suratensis Gm.; Sturnus roseus Pall., Scop., Rchw., Gätke; Merula rosea Briss., Koch, Naum., Jäckel; Acridotheres roseus Ranz.; Gracula rosea Cuv., Glog.; Boscis roseus Chr. Brehm; Thremmophilus roseus Macg.; Pastor peguanus Less.; Pastor roseus Tem., Gieb., A. Br., v. Hom., Mewes, Radde, Fridr., Hartert.

Trivialnamen: Rosendrossel.

Kennzeichen der Art: Siehe die Gattungsmerkmale, da nur diese eine Art in Deutschland.

Dieser durch die Vertilgung der gefrässigen Heuschrecken so überaus nützliche und in seiner Heimat deshalb für heilig gehaltene schöne Vogel bewohnt hauptsächlich Südosteuropa und das südwestliche Asien. Von hier aus unternimmt er in manchen Jahren Vorstösse nach Westen oder Nordwesten, von denen auch Schlesien mehr oder minder reichlich betroffen zu werden pflegt. So ergoss sich im Jahre 1889 ein auf 150—175 Stück zu schätzender Schwarm über unsere Provinz. Ich hatte selbst das Glück, den ganzen geschlossenen Schwarm am 30. Mai eine Stunde südwestlich von Breslau zu beobachten, wo sich die Vögel auf den Wiesen vor der Strachate niedergelassen hatten und eifrig ihrer Nahrung nachgingen. Bei meiner Annäherung erhoben sie sich und zogen, von neugierigen Kiebitzen gefolgt und umschwärmt, in westlicher Richtung über die Oder. Derselbe Schwarm wurde — Zeitungsnachrichten zufolge — in den nächsten Tagen noch mehrfach in der mittelschlesischen Ebene gesehen. Augenscheinlich waren die Rosenstare aus den südrussischen Steppen gekommen und zogen nun langsam von Ost nach West durch unsere Provinz, bis sie an den Fuss der Sudeten gelangten und sich hier in lauter kleine Trupps zersplitterten, die noch wochenlang in den Vorbergen und Gebirgsthälern umherirrten und schliesslich ihres auffallenden Aussehens wegen meist aufgerieben wurden. Ich erhielt hierüber vielfach Nachrichten. So „erlegte am 8. Juni der Forstassistent Bach unweit des Dorfes Heinzendorf, Kr. Habelschwerdt, ein prächtig gefärbtes Männchen des Rosenstares, und zwar wurde der Vogel von einem Obstbaume heruntergeschossen, auf welchen sich derselbe mit noch etwa 15 Exemplaren seiner Gattung gesetzt hatte. Die Vögel hatten zunächst durch ihr eigentümliches Geschrei die Aufmerksamkeit des B. auf sich gelenkt und schienen ziemlich ermattet zu sein, wie denn auch der erlegte Rosenstar sich in etwas abgemagertem Zustand befand.“ Bei Gablonz an der Neisse wurden nach Hirschenen 2 Exemplare gesehen und eins davon geschossen. Bei Bolkenhayn wurde nach Sylender ein Männchen gefangen, im Heuscheuergebirge nach Asmus wiederholt Rosenstare beobachtet u. s. w. Fast in allen an mich gelangten Nachrichten wurde die grosse und sichtliche Ermattung der Vögel betont, meines Erachtens ein Beweis mehr dafür, dass der gewaltige Querwall der Sudeten den nach Westen gerichteten Zug der Vögel irritirt und in planlos herumirrende Trupps zersprengt hatte. Auch aus früherer Zeit liegen mir mehrfach Nachrichten über das Vorkommen des Rosenstares in Schlesien vor. Weigel sagt: „sehr selten in Oberschlesien“, und Endler erwähnt ein 1815 bei Neisse geschossenes Weibchen. R. Tobias erbeutete am 19. Juni 1836 bei Görlitz ein Männchen und erzählt, dass auch noch ein schon früher erlegtes Exemplar sich in der dortigen Sammlung befinde; später sah er noch 2 Stück. Auch bei Hermsdorf ist der Vogel nach Brahts vorgekommen. 1856 erschien nach Baer ein Flug Rosenstare in Leopoldshain bei Görlitz, von denen einige erlegt wurden. Derselbe Gewährsmann erwähnt auch noch ein am 28. Mai 1868 zu Sohra bei Görlitz geschossenes Männchen. Im Mai 1876 endlich stellten sich bei Rotenburg ca. 100 Stück ein und richteten unter den dort massenhaft aufgetretenen Maikäfern grosse Verheerungen an.

Familie: **Oriolidae**, Pirole.

Der ziemlich starke, gestreckte und sanft gebogene Schnabel hat vorn einen schwachen Zahn. Die verkehrteiförmigen Nasenlöcher öffnen sich an der Unterseite einer starken Membran, liegen aber sonst ganz frei. Die Mittel- und Aussenzehe sind an der Basis etwas verwachsen, die Hinterzehe stark entwickelt. Die 1. Schwinge ist sehr kurz, die 3. am längsten. Das Gefieder zeigt lebhafte Farben.

Gattung: **Oriolus** L. 1766. — Pirol.

Siehe die Familiencharaktere, da nur diese eine Gattung in Deutschland.

103. **Oriolus galbula** L. 1766. — Pirol.

Synonyma: Coracias oriolus Scop.; Coracias galbula Behst.; Turdus galbula Briss.; Oriolus aureus, O. garrulus Chr. Brehm; Oriolus galbula L., Gm., Naum., Chr. Br., Glog., Gieb., Gould, Kays. u. Blas., A. Br., Sharpe, v. Hom., Mewes, Radde, Fridr., Hart., Gätke, Jäckel.

Trivialnamen: Golddrossel, Goldamsel, Goldmeerle, Bierhole, Bierholt, Biereule, Bieroltf, Beerholdt, Kirschvogel, Kirschhold, Kirschenspecht, Pirreule, Gottesvogel, Wittewale. Polnisch: Wilgwa Bozewoto. Wendisch: Dschaschuls.

Kennzeichen der Art: Siehe die Gattungsmerkmale, da nur diese eine Art in Deutschland.

Maasse von 18 schlesischen Exemplaren in cm:

	maximum	minimum	Durchschnitt
Länge:	23,1	22,5	22,8
Flugbreite:	44,5	43,0	43,8
Schwanz:	8,6	8,3	8,5
Schnabel:	2,7	2,5	2,6
Tarsus:	2,7	2,5	2,6

Der Pirol ist im allgemeinen ein sehr constanter Vogel, doch ändert der Farbenton der alten Männchen je nach dem Aufenthaltsort etwas ab. Die Pirole der Nadelwälder sind schön goldgelb, sehr ins Rötliche spielend, die in den Laubwäldern dagegen mehr lichtgelb. Schon L. Tobias hat das richtig hervorgehoben.

Wohl nur in wenigen Gegenden Deutschlands dürfte es so viel Pirole geben wie in den Auwaldungen des schlesischen Oderthales. Der prächtig gelbe Geselle ist dort mit der erste Charaktervogel und belebt die Landschaft auf das anmutigste mit seinem weithin schallenden Pfiff. Uebrigens scheint auch die Stimme der Pirole nach ihrem Aufenthalte etwas verschieden zu sein. Auch im Hügellande und in der Lausitz ist der Pirol gemein, in Oberschlesien und in den Vorbergen schon erheblich sparsamer, und im eigentlichen Gebirge kommt er nur auf dem Zuge als Seltenheit vor. Laubwälder bevorzugt er entschieden dem Nadelholz gegenüber. In der Görlitzer Heide und in den grossen Forsten Oberschlesiens finden sich deshalb nur relativ wenige. Allein aus dem nordwestlichen Winkel der Provinz wird von L. Tobias über Abnahme der Pirole geklagt, sonst im Gegenteil erfreulicher Weise vielfach ein Heben des Bestandes constatirt, wie z. B. von Knauthe für die Umgebung des Zobten. In die Vorberge des Isergebirges ist der Pirol nach Menzel und Michel erst unlängst eingewandert. Kollibay fand ihn auch im Hirschberger Thal mehrfach brütend. Die Ankunft erfolgte nach R. Tobias von 1832—38 bei Görlitz frühestens am 27. April, spätestens am 10. und im Durchschnitt am 3. Mai.

Näheres siehe auf umstehender Zugtabelle!

Während der Brutzeit hält sich der Pirol hauptsächlich an waldbekränzten Flussufern, in gebüschreichen Laub- oder viel seltener Nadelwaldungen, in Feldhölzern und grossen Baumgärten auf, welche sich womöglich in der Nähe von Wasser befinden. Die Kürze seines Sommeraufenthaltes bedingt nur eine Brut. Das Nest ist bekanntlich ein Kunstbau ersten Ranges. Zum Baumaterial eines solchen, welches Kutter am 4. Juni 1881 mit 4 Eiern 5 m über dem Wasser auf einer Erle auffand, waren vielfach Kornähren verwendet. A. v. Homeyer controllirte 1866 bei Glogau 4 Nester, welche auffallend niedrig über dem Boden standen, wohl der Stürme und Windstösse wegen. Volle Gelege fanden Wolf am 31. Mai, Praetorius am 6., Thiemann am 15. und ich selbst am 11. Juni. Im Spätsommer gehen die Pirole nicht nur sehr eifrig an die Kirschen, sondern auch an Ebereschen, Birn- und Maulbeerbäume.

Maasse von 9 schlesischen Eiern in mm:

	maximum	minimum	Durchschnitt
Länge:	30,5	29,5	30,25
Breite:	21,5	21	21,25

Ort:	Beobachter:	1839	1840	1841	1842	1843	1849	1876	187
Görlitz	R. Tobias	5. V.	9. V.	2. V.	1. V.	—	—	—	—
„	J. Tobias	—	—	—	—	—	9. V.	—	—
„	Fechner	—	—	—	—	7. V.	—	—	—
„	Peck	—	—	—	—	—	—	—	—
„	Richter	—	—	—	—	—	—	—	—
Strehlen	„	—	—	—	—	—	—	—	—
Sprottau	Kretschmar	—	—	—	—	—	—	—	—
Canth	v. Meyerinck	—	—	—	—	—	—	—	10.
Goldberg	Emmrich	—	—	—	—	—	—	—	20.
Neustadt	Kutter und Kollibay	—	—	—	—	—	—	—	—
Patschkau	Kollibay	—	—	—	—	—	—	—	—
Muskau	Wolf	—	—	—	—	—	—	—	—
Stampen	Weissnicht	—	—	—	—	—	—	—	—
Alt Hammer	Forstpersonal	—	—	—	—	—	—	—	—
Friedrichsthal	„	—	—	—	—	—	—	—	—
Kl. Briesen	„	—	—	—	—	—	—	—	—
Kottwitz	„	—	—	—	—	—	—	—	—
Moselache	„	—	—	—	—	—	—	—	—
Nesselgrund	„	—	—	—	—	—	—	—	—
Paruschowitz	„	—	—	—	—	—	—	—	—
Proskau	„	—	—	—	—	—	—	—	—
Rogelwitz	„	—	—	—	—	—	—	—	—
Ullersdorf	„	—	—	—	—	—	—	—	—
Zobten	Knauthe	—	—	—	—	—	—	—	—
Niesky	Bär u. Kramer	—	—	—	—	—	—	—	—
Breslau	Kern	—	—	—	—	—	—	30. IV.	—
„	Thiemann	—	—	—	—	—	—	—	—
„	Floericke	—	—	—	—	—	—	—	—

1881	1882	1885	1886	1887	1888	1889	1800	1891
—	—	—	—	—	—	—	—	—
—	—	—	—	—	—	—	—	—
—	—	—	—	—	—	—	—	—
—	—	—	—	4. V.	6. V.	—	—	—
—	—	5. V.	—	—	—	—	—	—
—	3. V.	—	—	8. V.	—	—	—	—
3. V.	27. IV.	28. IV. 16.VIII	—	—	—	—	—	—
—	—	—	—	—	—	—	—	—
7. V.	—	—	—	—	—	—	—	—
—	—	—	—	1. V.	—	—	—	—
—	—	—	7. V.	—	—	—	—	—
—	—	—	11. V.	—	—	—	—	—
—	—	—	—	—	20. IV.	2. V.	—	—
—	—	2. V.	—	10. V.	24. V.	9. V.	—	—
—	—	30. IV.	9. V.	2. V.	30. IV.	30. IV.	—	—
—	—	28. IV.	29. IV.	2. V.	30. IV.	25. IV.	—	—
—	—	24. IV.	28. IV.	2. V.	—	—	—	—
—	—	—	—	5. V.	—	10. V.	—	—
—	—	7. V.	8. V.	29. IV.	24. IV.	25. IV.	—	—
—	—	1. V.	10. V.	28. IV.	26. IV.	30. IV.	—	—
—	—	—	5. V.	30. IV.	1. V.	2. V.	—	—
—	—	—	—	—	—	9. V.	—	—
—	—	—	—	9. V.	—	—	28. IV.	—
—	—	—	—	4. V.	2. V.	2. V.	1. V. 23 VIII	7. V.
—	—	—	—	—	—	—	—	—
—	—	5. V. 13.VIII	—	—	—	—	—	—
—	—	—	—	—	—	25. IV.	29. IV.	—

Familie: **Corvidae,** Raben.

Starke, mittelgrosse Vögel mit kräftigem, schwach gebogenem und scharfschneidigem Schnabel. Die rundlichen Nasenlöcher liegen nahe der Stirn und sind mit dichten Borstenfedern bedeckt, ebenso die Zügelgegend. Der vorn getäfelte Lauf ist stets länger als jede der völlig freien, scharfkralligen Zehen. Von den nach der Spitze zu verschmälerten Schwingen ist meist die 4. am längsten und die 1. stets mindestens halb so lang als die 2. Schwanz abgerundet, keil- oder stufenförmig. Die Stimme ist rauh und der Singmuskelapparat nur schwach entwickelt. Es sind Allesfresser und meist kluge, derbe und räuberische Vögel.

Gattung: **Pyrrhocorax** Tunst. 1771. — Felsenrabe.

Pyrrhocorax alpinus Koch. 1816. — Alpendohle.

Nach Schwenckfeld war die Alpendohle früher im Riesengebirge heimisch: „In montibus altissimis vivit, noctu clamore molestus." Er nennt sie: Alp- und Waldrappe, Nacht- und Steinrabe. Aus neuerer Zeit liegen keine Nachrichten über das Vorkommen dieses schönen und in den Alpen heimischen Vogels in Schlesien mehr vor.

Gattung: **Nucifraga** Briss. 1760. — Nussheher.

Der mindestens kopflange rundliche Schnabel verläuft fast gerade und ist an der Spitze zu einem glatten Keil zusammengedrückt. Auf der Innenseite des Unterschnabels verläuft von der Mitte bis zur Spitze ein wulstartiger Höcker. Die Füsse sind verhältnismässig schlank, das Gefieder locker. Die zusamengelegten Flügel bedecken den Schwanz bis zur Hälfte. Die 4. und 5. Schwinge sind am längsten, die 2.—6. aussen verengt.

101. **Nucifraga caryocatactes** (L.) 1758. — Tannenheher.
101a. **Nucifraga caryocatactes macrorhyncha** Brehm. 1823. — Dünnschnäbliger Tannenheher.

Synonyma: Pica guttata Frisch; Corvus nucifraga Nils.; Corvus caryocatactes L., Scop., Gm., Behst., Naum., Glog., Gätke; Caryocatactes maculatus Koch; Caryocatactes nucifraga Cuv.; Caryocatactes caryocatactes Schleg.; Nucifraga guttata Vieill.; Nucifraga caryocatactes Tem., Gray, Degl., Leach, Gieb., Kays. u. Blas., A. Br., v. Hom., Mew., Fridr., Jäckel; Nucifraga brachyrhynchus, N. macrorhynchus, N. platyrhynchus, N. minor, N. alpestris N. arcuata Chr. Brehm; Nucifraga tenuirostris et crassirostris Hart.; Nucifraga caryocatactes leptorhyncha et pachyrhyncha R. Blasius.

Trivialnamen: Gefleckter Nusshacker, Nusshecker, Nusspicker, Nussbrecher, Nusskrähe, türkischer Holzschreier, Markward, Waldstarl, Tannenelster, Nusshart, Nussert. Wendisch: Schkrikawa.

Kenuzeichen der Art: Siehe die Gattungsmerkmale, da nur diese eine Art in Deutschland.

Maasse von 7 schlesischen Exemplaren (lauter Dickschnäbler) in cm:

	maximum	minimum	Durchschnitt
Länge:	30,5	29,8	30,2
Flugbreite:	56,9	55,7	56,3
Schwanz:	11,5	11,2	11,3
Schnabel:	5,0	4,8	4,9
Tarsus:	4,2	4,2	4,2

Bekanntlich giebt es beim Tannenheher 2 gut unterscheidbare, aber doch durch Uebergänge mit einander verbundene subspecies, welche man nach der Beschaffenheit des Schnabels als dickschnäblige und schlankschnäblige Tannenheher bezeichnet hat. Nur die ersteren kommen als Brutvögel bei uns vor. Sie bewohnen den ganzen Sommer hindurch die Gebirgswaldungen, aber es hält begreiflicherweise ungemein schwer den vollgültigen Beweis dafür zu erbringen, dass sie dort auch wirklich nisten. Endler hebt hervor, dass er den Vogel in der Grafschaft Glatz wiederholt im Sommer gesehen habe. Ebenso beobachteten Tannenheher während der Brutzeit A. v. Homeyer im Hochwald, A. E. Brehm an der Bismarkhöhe, R. Blasius am Hochstein und Zacharias an der Schlingelbaude. Häufig ist der Vogel im Riesengebirge übrigens nicht und entzieht sich im Sommer auch vielfach der Beobachtung, ist aber doch durch seine charakteristische Stimme und Erscheinung allbekannt. Nach Gloger liegt der von ihm bewohnte Höhengürtel ziemlich tief, ja er geht nicht leicht über die bis zu 3590 Fuss aufwärts reichenden Waldungen hinaus. Gloger ist noch der Meinung, dass der Tannenheher ausschliesslich Höhlenbrüter sei und erwähnt selbst ein in einer Baumhöhle im Riesengebirge gefundenes Nest mit zerschlagenen Eiern, ein Irrtum, den bereits R. Tobias berichtet hat. Derselbe fand 1840 ein gar nicht scheues Paar bei Neusalz auf einer hohen Eiche brütend. Später entdeckte er noch ein zweites Nest im Petersdorfer Revier. Dasselbe stand ebenfalls frei, hatte die Grösse eines Ringeltaubennestes, war aber dichter gebaut. Nach v. Uechtritz nistet der Tannenheher auch im Queissthale. Kollibay hat es neuerdings sehr wahrscheinlich gemacht, dass die dickschnäblige Varietät Brutvogel im Gesenke längs der schlesischen Grenze ist. Förster Kramarz versicherte ihm, in seinem Revier Arnoldsdorf im Sommer wiederholt junge Tannenheher geschossen zu haben. Förster Karrhan schoss bei Wildgrund im Mai 1885 ein Junges auf frischer Buchensaat. Von meinen Mitarbeitern führen Sylaender (Bolkenhayn), Ziemer (Glogau), Brotke

17*

(Muskau), Titz (Sprottau) und Lange (Alt-Reichenau) den Tannenheher als wahrscheinlichen Brutvogel mit auf, welche Mitteilungen freilich noch alle des Beweises bedürfen. Im Herbst verstreichen die bei uns heimischen Tannenheher auch in Gegenden, wo sie sich sonst nicht blicken lassen. Die schlankschnäblige Form kommt nur auf dem Zuge zu uns. Vereinzelt erscheinen diese Vögel wohl alljährlich, bisweilen aber auch in grossen Massen, welche die ganze Provinz überschwemmen und dann vielfach im Dohnenstieg gefangen werden. Sie zeichnen sich vor ihren dickschnäbligen Vettern schon durch eine auffallende Dummdreistigkeit aus. So erschienen die Tannenheher nach Hosius im Herbste 1885 im Riesengebirge sehr zahlreich und zeigten eine solche Sorglosigkeit, dass einzelne mit dem Stocke erschlagen werden konnten. Besonders reich an Tannenhehern waren die Jahrgänge 1827, 1836, 1844, 1878, 1885 und 1887. Inbezug auf die beiden letzten Invasionen liegen mir eine Unmasse Daten vor, welche aufzuzählen viel zu weit führen würde. In beiden Fällen kamen die Vögel im September an, zuerst vereinzelt, dann in ungeheuren Massen, welche sich aber alsbald auflösten und ziemlich gleichmässig über die ganze Provinz zerstreuten, soweit dieselbe einen ihnen zusagenden Landschaftscharakter besass. Anfangs zeigten sie sich sehr ermattet, suchten ängstlich im Pferdedünger der Landstrassen nach Nahrung und kamen doch vielfach um (Weiss); erst nach Verlauf mehrerer Tage waren sie instande, wieder ihrer gewohnten Beschäftigung in den Wäldern nachzugehen. Im August 1825 erlegte Gloger ein Exemplar, dessen Magen fast ganz mit grossen Hornissen (Crabro) angefüllt war und ausserdem noch einige Käfer und Tannensamen enthielt. Käfer findet man fast stets in ihrem Magen. Mit Vorliebe gehen die Tannenheher an Haselnüsse, Ebereschen und Rhamnus-Beeren.

Gattung: **Garrulus** Briss. 1760. — Holzheher.

Der Oberschnabel ist vorn in einem kleinen Haken nach abwärts gekrümmt. Die 4. und 5. Schwinge am längsten. Das Gefieder ist weitstrahlig und auf dem Scheitel haubenartig verlängert.

105. **Garrulus glandarius** (L.) 1758. — Eichelheher.

Synonyma: Pica glandaria Wagl.; Lanius glandarius Nils.; Glandarius pictus Koch; Corvus glandarius L., Scop., Gm., Bchst., Buff., Levaill., Naum., Glog., Gätke; Garrulus glandarius Vieill., Degl., Schleg., Gieb., A. Br., v. Hom., Mew., Fridr., Hart., Jäckel; Glandarius germanicus, G. leucocephalus, G. robustus, G. septentrionalis, G. taeniurus Chr. Brehm.

Trivialnamen: Nussheher, -hecker, -hacker, -här, Holzschreier, Herrenvogel, Hehrsch, Buchner, Hätzler, Markolfus, Tatu, Buchelt, Bucholt, Eichelgabsch. Polnisch: Soika. Wendisch: Schrikawa.

Maasse von 34 schlesischen Exemplaren in cm:

	maximum	minimum	Durchschnitt	Friderich
Länge:	37,5	33,0	35,2	32,2
Flugbreite:	57,0	54,2	55,6	53,5
Schwanz:	17,2	16,5	17,0	16,5
Schnabel:	3,1	2,6	2,8	2,4
Tarsus:	·4,9	4,7	4,8	4,3

Wie man sieht, schwanken die Grössenverhältnisse bei den Eichelhehern sehr und sind meine schlesischen Stücke im allgemeinen beträchtlich grösser als die west- und mitteldeutschen von Friderich. Hand in Hand gehen auch noch andere Verschiedenheiten, welche die Trennung einer westlichen und östlichen Subspecies rätlich erscheinen lassen. Kennzeichen für die letztere sind: Bedeutendere Grösse und viel Schwarz auf dem Scheitel auf grau-rötlichem Untergrunde. Für die westliche Form dagegen: Kleine Maasse, wenig Schwarz am Scheitel auf grau-weisslichem bis fast weissem Untergrunde. Ausserdem ist bei ihr der Oberschnabel weit mehr über den Unterschnabel hinweg gebogen als bei der östlichen Subspecies. Ferner kommt noch die Nuancirung des Gesamtcolorits namentlich auf dem Rücken, die Dicke und Höhe des Schnabels sowie die Ausdehnung und Lebhaftigkeit der blauen Flügelspiegel in betracht. Alles dies sowie die Frage nach dem Einfluss der örtlichen Umgebung will ich hier unerörtert lassen, da Kleinschmidt demnächst die ornithologische Welt mit einer sehr eingehenden und trefflich illustrirten Monographie des Eichelhehers erfreuen wird. Uebergänge sind in allen nur denkbaren Schattirungen zahlreich vorhanden: wir haben es auch hier augenscheinlich mit einer erst im Entstehen begriffenen Subspecies zu thun. In Schlesien, Posen und Ostpreussen überwiegt ganz entschieden die dunkelköpfige Form, in Hessen und den Rheingegenden die hellköpfige, und in Thüringen scheinen sich beide zu mischen. Die östliche Varietät wandert aber und zwar wahrscheinlich über die Brutplätze der westlichen hinweg noch weiter südwestlich. Daher werden auch in Westdeutschland auf dem Zuge vielfach dunkelköpfige Heher erlegt, besonders im November und Februar. Schon Gloger, der doch bekanntlich sehr wenig von Lokalformen hielt, hebt hervor, dass die schlesischen Eichelheher sehr viel Schwarz auf Oberkopf und Scheitel zeigen. Brehms *leucocephalus* entspricht vielleicht meiner westlichen Form. Mohr berichtet: „Bei Breslau erschien Ende Oktober eine Herde von 25 Stück. Das Blau an den Flügeln war ausgedehnter und intensiver als sonst, der Hinterkopf mit dichten, zusammenfliessenden schwarzen Flecken besäet." Vom Eichelheher ist mir nur eine schlesische Farbenvarietät (im Besitze des Breslauer Museums) bekannt geworden. Die Grundfarbe dieses Exemplares ist überall weiss, die Schwingen am Ende braun. Der blaue Spiegel ist schwach angedeutet, die Kopfzeichnung dagegen deutlich ausgeführt.

Der Eichelheher bewohnt alle gemischten und Fichtenwälder Schlesiens als ein häufiger Brutvogel, seltener die sandigen Kieferheiden. In den grossen Nadelwaldungen Oberschlesiens, der Vorberge und der Lausitz (namentlich auch in der Görlitzer Heide) ist er ausserordentlich gemein. Dabei ist sein Bestand vielfach noch im Heben begriffen. In den Vorbergen ist er weit häufiger als im eigentlichen Hochgebirge, aus dem er sich auch nach Beendigung des Brutgeschäftes sehr bald wieder thalwärts zu ziehen pflegt. Die Höhenlinie von 1150 m dürfte im allgemeinen seine Verbreitungsgrenze in vertikaler Richtung angeben (Seiffert). Im Herbste stellen sich dann auch noch nordische Heher bei uns ein, die in kleinen Trupps umherschweifen und auch in die Gärten und Anlagen kommen. Oefters werden sie dann im Dohnenstiege gefangen, zumal wenn mit Eicheln geködert wird. Kutter erwähnt, dass bei Neustadt auf diese Weise in 4 Tagen 7 Stück erbeutet wurden. Den Bruten der kleinen Singvögel wird der Eichelheher sehr schädlich, wovon ich mich mehrfach selbst zu überzeugen Gelegenheit hatte. Knauthe beobachtete, wie sich dieser schmucke Strauchdieb Krebse und Fische vortrefflich munden liess. Kollibay fand einmal ein Nest 20 m hoch auf einer schlanken Fichte; gewöhnlich baut der Vogel aber viel niedriger. Das Gelege besteht meist aus 7 Eiern. Volle Gelege sammelten Praetorius am 2. April und 29. Juni, Seiffert am 3., Kollibay am 12. und Baer am 15. Mai. Seiffert traf ferner am 18. Mai nackte Junge an. Wohl 2 Bruten.

Maasse von 14 schlesischen Eiern in mm:

	maximum	minimum	Durchschnitt
Länge:	31	30	30,4
Breite:	23,5	23	23,25

106. Garrulus infaustus (L.) 1758. — Unglücksheher.

Synonyma: Lanius infaustus L., Gm., Bchst.; Pica infausta Wagl.; Corvus infaustus L., Gm., Brünn., Sparrm., Buff., Glog., Naum., Gätke; Corvus sibiricus et russicus Gm.; Corvus mimus Pall.; Dysornithia infaustus Swains.; Perisoreus infaustus Bp., Degl., A. Br., Mewes; Garrulus infaustus Vieill., Schleg., Gieb., Boie, Kays. u. Blas., v. Hom., Fridr.

Kennzeichen der Art: Auf dem Flügel ein rostroter Spiegel.

Dieser hochnordische Heher ist für Schlesien ein äusserst seltener Irrgast. Doch hat Gloger einen sicheren Fall seines

Vorkommens constatirt. Im Spätherbst 1824 nämlich wurde in Oberschlesien ein Exemplar im Dohnenstieg gefangen.

Gattung: **Pica** Briss. 1760. — Elster.

Der Schwanz ist länger als der Körper und keilförmig abgestuft. In den kurzen, runden Flügeln ist die 1. Schwinge klein und säbelförmig, die 5. am längsten.

107. **Pica rustica** (Scop.) 1769. — Elster.

Synonyma: Garrulus picus Tem.; Corvus pica L., Gm., Bchst., Tem., Wils., Aud., Naum., Glog., Fridr., Gätke; Corvus rusticus Scop.; Corvus hudsonicus Sab., Fir.sch, Wied; Cleptes pica Cab.; Cleptes hudsonica Gamb.; Pica caudata Gessn., Aldr., Johnst., Will. u. Ray, Alb., L., Degl., Gieb., v. Hom., A. Brehm, Died., Radde, Jäckel; Pica melanoleuca Vieill.; Pica europaea Boie; Pica albiventris Vieill.; Pica varia Schleg.; Pica germanica, P. hiemalis, P. pinetorum, P. leuconotus, P. septentrionalis Chr. Brehm; Pica bottanensis Deless.; Pica butanensis, P. bactriana, P. japonica Bp.; Pica megaloptera Blyth; Pica tibetana Hodgs.; Pica vagabundus Pears.; Pica media Blyth; Pica sericea Gould; Pica hudsonica Bp., Baird; Pica vulgaris Hemp.; Pica pica Sharpe, Hart.; Pica rustica Mewes.

Trivialnamen: Scholaster, Schalaster, Aglaster, Algaster, Algorte, Atzle, Egerste, Alaster, Sepalaster, Hetze. Polnisch: Stroka. Wendisch: Sroka.

Kennzeichen der Art: Siehe die Gattungsmerkmale, da nur diese eine Art in Deutschland.

Die Elster gehört zu denjenigen Vögeln, mit denen ich mich in systematischer Hinsicht mit am meisten beschäftigt habe, ohne doch bis jetzt zu endgültigen und feststehenden Resultaten gelangt zu sein, zumal auch hier mein Studium manche unfreiwillige Unterbrechung erlitt. Wir haben in Deutschland entschieden zwei sehr differirende Subspecies, welche auch im Nestbau und inbezug von Form und Farbe der Eier verschieden sind, eine kurz- und eine langschwänzige. Ob wir es hier aber mit geographischen Raçen oder mit an die lokalen Umgebungen gebundenen Varietäten zu thun haben, vermochte ich noch nicht zu constatiren und muss mir deshalb nähere Mitteilungen über alle diese Verhältnisse für später vorbehalten. Nur das eine glaube ich jetzt schon mit Bestimmtheit behaupten zu können, dass die Elstern nach Norden und Osten zu ständig mehr Weiss im Gefieder und namentlich an den Flügeln zeigen und sich so schon der asiatischen *P. leucoptera* nähern. Auch die Grösse nimmt in correspondirendem Maasse zu. Schon die überaus grosse Verbreitung des Vogels lässt von vorn herein auf Neigung zur Subspeciesbildung schliessen, und möchte ich deshalb die Beobachter ganz besonders auf unsere Schalaster aufmerksam machen. Ueber die bekannten Abweichungen der Eier hat sich unter den schlesischen Forschern besonders M o h r geäussert: „Die Eier sind verschieden gefärbt und geformt; während die einen die bekannte ziemlich rundliche Form haben, übertrifft der Längsdurchmesser anderer die gewöhnliche Länge beinahe um ⅔. Solche Eier nennt hier das Volk Scholaster-Sperlingseier. Sie sollen nämlich nach dem Volksglauben aus einer Verbastardirung von Sperlingsmännchen und Elsterweibchen hervorgegangen sein! Sie sind, wie gesagt, sehr lang, hellbraun gefleckt und finden sich nie mit der gewöhnlichen runden Form in einem Neste, auch nie in so hoher Anzahl, sondern höchstens 6 Eier in einem Nest."

Maasse von 19 schlesischen Exemplaren in cm:

	maximum	minimum	Durchschnitt
Länge:	44,4	42,8	43,8
Flugbreite:	58,1	56,0	57,3
Schwanz:	25,4	23,6	24,5
Schnabel:	3,8	3,6	3,7
Tarsus:	5,0	4,8	4,9

Ein partiell weisses Exemplar befindet sich in der Heyd-rich'schen Sammlung.

Die Elster findet sich am meisten in park- und auenartigen Gegenden, in Vorhölzern, Gärten und auf Wiesen, welche Gebüsch und einzelne hohe Bäume aufweisen können. Die Nähe des Menschen und seiner ländlichen Gehöfte liebt sie sehr, weil sie hier den ausgiebigsten Boden für ihre Räubereien findet. Gerade dies aber wird ihr zum Verderben. Denn sie macht sich auf den Hühner-höfen und an den Ententeichen doch gar zu unangenehm bemerk-bar und wird infolge dessen schonungslos verfolgt. Trotz ihrer wahrhaft bewunderungswürdigen Schlauheit unterliegt sie in diesem Kampf ums Dasein und nimmt deshalb fast überall ständig ab, ohne dass doch ihre gänzliche Ausrottung in absehbarer Zeit zu befürchten stände. Ich möchte sie den Fuchs unter den Vögeln nennen. In manchen Gegenden ist sie insofern besser daran, als Aberglaube die Landleute an der Zerstörung der Nester verhindert. Auch die Eichkätzchen thun ihr sehr erheblichen Abbruch und vernichten manche Brut. Bei Breslau fand ich die Elster aus allen diesen Gründen nur sehr spärlich vertreten. Am Zobten, in Oberschlesien und in der Lausitz ist sie noch häufiger. Nach Hosius siedelt sie sich neuerdings auch mehr am Nordfusse des Gebirges an und ist bei Hermsdorf erst seit 1885 Brutvogel. Die Elster ist der bei uns am zeitigsten heckende Vogel. Er beginnt schon im Februar mit dem Nestbau, und den ganzen März hin-durch findet man Eier. Die rundlichen Eier sind gewöhnlich in grösserer Anzahl vorhanden und liegen in niedriger gebauten offenen Nestern. Letztere stehen nach Mohr meist auf jungen Erlen, nach Kollibay gern auf Lärchen. Knauthe entdeckte ein Nest ohne Haube ganz niedrig in einer Weissdornhecke. Das Gelege besteht aus 5—6 länglichen oder 8—10, ja selbst 11 rundlichen Eiern. Volle Gelege fanden Practorius am 8. und Kutter am 13. April. Das zänkische Naturell der Elster tritt auch ihren Verwandten gegenüber zu tage. Mit *cornix* liefert sie sich oft förmliche Schlachten. Richter sah, wie sich zu diesem Zwecke einmal 14 Elstern vereinigten. Auf den im Winter von Vogelfreunden hergerichteten Futterplätzen fällt die Elster oft räuberisch über Spatzen, Buchfinken und Goldammern her und zertrümmert denselben mit ihrem kräftigen Schnabel die Hirnschale (Knauthe). Ferner beobachtete sie Knauthe beim Fressen von Krebsen und Fischen und sah ein Exemplar bei der Aufnahme eines angeschossenen Sperlings deutlich „rütteln“. In der Gefangenschaft verträgt sie sich übrigens mit annähernd gleich starken und grossen Vögeln recht gut. Im allgemeinen ist die Elster ein ausgesprochener Standvogel, wenigstens bei uns. 1890 aber kamen nach Knauthe die Elstern am Zobten mit den Krähen auch auf dem Zuge durch, machten eine Weile die Aecker unsicher und verschwanden dann, gewöhnlich in Begleitung jener, in östlicher oder westlicher Richtung, höchst selten in nördlicher, der gewöhnlichen der Krähenzüge.

Maasse von 26 schlesischen Eiern in mm: (man achte auch hier auf die bedeutenden Grössendifferenzen.)

	maximum	minimum	Durchschnitt
Länge:	38	32	34,5
Breite:	26	23	24,25

Gattung: **Colaeus** Kaup. 1829. — Dohle.

Verhältnismässig kleine Rabenvögel mit starkem, kurzem und nur wenig gebogenem Schnabel. Die 3. Schwinge ist am längsten; die Läufe vorn getäfelt.

108. **Colaeus monedula** (L.) 1758. — Dohle.

Synonyma: Corvus monedula L., Scop., Gm., Behst., Naum., Tem., Gould, Glog., Gieb., Kays. u. Blas., A. Br., Fridr., Radde, Jäckel, Gätke; Corvus cinereus Müll.; Corvus spermolegus Vieill.; Corvus collaris Drumm.; Monedula nigra Briss.; Monedula collaris Gray; Monedula turrium, M. arborea, M. septentrionalis Chr. Br.; Lycos monedula Boie, v. Hom., Mewes; Colaeus monedula Kaup, Hartert.

Trivialnamen: Thale, Thole, Tule, Aelke, Turmrabe. Polnisch: Kawka. Wendisch: Gauka.

Kennzeichen der Art: Siehe die Gattungsmerkmale, da nur diese eine Art in Deutschland.

Auch bei den Dohlen variirt hauptsächlich die Schwanzlänge, was aber bei meinen schlesischen Exemplaren weniger hervortritt. Nordische Vögel zeigen auch in Form und Stärke des Schnabels einige Abweichungen; solche Exemplare kommen aber nicht leicht bis nach Schlesien. Im Colorit stimmen die Schlesier ganz mit westdeutschen Stücken überein.

Maasse von 10 schlesischen Exemplaren in cm:

	maximum	minimum	Durchschnitt
Länge:	34,8	31,2	32,9
Flugbreite:	68,1	67,1	67,6
Schwanz:	15,0	13,7	14,5
Schnabel:	3,2	3,1	3,1
Tarsus:	4,2	3,9	4,1

Im Breslauer Museum notirte ich 2 reine Albinos; auch im dortigen zoologischen Garten sah ich ein völlig weisses Exemplar.

Die Dohle ist fast überall in Schlesien recht häufig. Auf den Türmen beinahe aller schlesischen Städte findet sie sich regelmässig, falls man ihr nicht durch eigens zu diesem Zwecke angebrachte Gitter den Zutritt verwehrt. Auf Schlössern, Ruinen und einzelnen hohen Gebäuden ist sie seltener und in kleinen Feldhölzern mit hohlen Bäumen fand ich sie in Schlesien weit weniger als in Westdeutschland. (Brehms *arborea*.) Gern halten sich die in Bäumen hausenden Dohlen in der Nähe der Saatkrähen-Colonien. Auf dem Striche kommen auch weiter nordwärts wohnende Dohlen in grosser Zahl zu uns. Obwohl die Dohle von allen Rabenvögeln entschieden der harmloseste ist, werden doch auch von ihr allerlei Schandthaten berichtet. Willimek z. B. beobachtete, wie sie eine brütende Fasanenhenne angriff und derselben einige Schwanzfedern auszog, um sie zum Verlassen ihrer leckeren Eier zu bewegen. Ferner erzählt Kollibay: „Den kleinen Sängern wird sie schädlich. Auf einer Linde in Patschkau befand sich ein Finkennest. Als die Jungen ausgeschlüpft waren, zeigte sich wiederholt eine Dohle am Neste, wurde jedoch stets verjagt. Eines Tages indessen wurde beobachtet, dass sie wiederholt mit dem Schnabel in das Nest schlug. Auch diesmal wurde sie vertrieben. Bald darauf erschien sie wieder, nahm einen jungen Finken aus dem Nest, trug ihn auf ein benachbartes Dach, tötete ihn daselbst mit Schnabelhieben und flog sodann mit ihm weg. Da es bereits Mitte Mai war, so wird er sowie seine Geschwister, die sie sich auch noch holte, ihren Jungen zur Nahrung gedient haben. Auch das Nest einer *Sylvia cinerea*, welches gleichfalls auf einer Linde stand, wurde von einer Dohle durch Hineinhacken zerstört, als es noch Eier enthielt." Der Nestbau beginnt Anfang April damit, dass die Dohlen zunächst Lehm zu Neste tragen; dann brechen sie Reiser von den Bäumen und zwar nach Kollibay auch vielfach von Obstbäumen. Kutter fand am 25. April volle Gelege, am 16. Mai nackte und Ende dieses Monats flügge Junge.

Maasse von 25 schlesischen Eiern in mm:

	maximum	minimum	Durchschnitt
Länge:	39,5	37,5	38,75
Breite:	26	24,5	25,25

Gattung: **Corvus** L. 1758. — Feldrabe.

Typische Rabenvögel mit schwarzen Schnäbeln und Füssen und mässig langem Schwanz. Der Schnabel ist länger und stärker gekrümmt als bei den Dohlen.

109. **Corvus frugilegus** L. 1758. — Saatkrähe.

Synonyma: Corvus agricola Frisch; Corvus frugilegus L., Gm., Bchst., Tem., Naum., Gould, Schleg., Glog., Gieb., Kays. u. Blas., A. Brehm, v. Hom., Radde, Hart., Gätke, Jäckel; Corvus pastinator Gould, Blyth; Corvus agrorum, C. granorum, C. advena Chr. Brehm; Cornix frugilega Briss., Buff.; Frugilegus frugilegus et pastinator Gray; Colaeus frugilegus Kaup; Trypanacorax frugilegus Kaup, Loche, Mewes.

Trivialnamen: Schwarze Krähe, Kroë, Rooke, Rooche, Rouch, Ruck, Röck, Rorka, Roch, Ruche, Rauch, Räche, Karachel, Kurak, Krauweitel, Grind- und Nacktschnabel, Haberkrah. Polnisch: Gawron.

Kennzeichen der Art: Länge unter 50 cm. Die 1. Schwinge eben so lang als die 9.

Maasse von 12 schlesischen Exemplaren in cm:

	maximum	minimum	Durchschnitt
Länge:	44,1	42,5	43,2
Flugbreite:	89,2	87,5	88,4
Schwanz:	27,8	27,3	27,6
Schnabel:	5,6	5,4	5,5
Tarsus:	5,2	4,9	5,0

Zwei abweichend gefärbte Exemplare, beide juv., sah ich im Breslauer Museum. Bei a. ist der Schnabel gelb, Kehle, Augenstreif, 2 Schwung-, die grossen Flügeldeck- und die Schwanzfedern weiss. Bei b. ist der Schnabel schwarz, ein Fleck an der unteren Schnabelwurzel, die grossen Flügeldeck- und Schwanzfedern weiss.

Matschie sagt von der Saatkrähe: „Nicht so häufig brütend wie in anderen deutschen Provinzen." Er führt folgende Colonien

auf: Breslau, Wildschütz und Ottmachau (Kern), Görlitz und
Görlitzer Heide (Tobias), Brieg und Hünern (Hirsch), Casimir,
Lenschütz, Urbankowitz und Zülz (Mitschke), Gutmannsdorf
und Pitschenberg (Auras), Niederbrockendorf (Müller) und
Tscheschkowitz (Zimmermann). Dazu kommen noch Ansiedlungen bei Niesky (Baer), Neisse, Patschkau und Schwammelwitz
(Kollibay), Sprottau (Richter), Leuthen (Fritsch) und Lauban
(Grosser). Am Zobten ist die Saatkrähe nach Knauthe seit
einigen Jahren als Brutvogel ausgerottet. Auch in der Bartschniederung muss sich eine Colonie befinden, die ich aber noch
nicht auffinden konnte. Anderwärts kommt die Saatkrähe nur
auf dem Zuge oder im Winter vor, dann aber oft sehr häufig.
Die Vögel treiben sich dann mitten in den grossen Städten herum,
namentlich an den Bahnhöfen. Uebrigens gehört auch die Saatkrähe zu denjenigen Arten, welche sich mehr und mehr zu Standvögeln ausbilden. Die bei uns nistenden Saatkrähen entfernen
sich im Winter kaum noch aus der Provinz; die in grossen Zügen
Durchpassirenden gehören nördlicheren oder östlicheren Gegenden
an. März und Oktober sind die Hauptzugmonate. Das eigentliche Gebirge meidet die Saatkrähe und geht als Brutvogel nur
bis in die Vorberge. Nach Gloger sieht man sie auf den obersten
Bergwiesen (4300 Fuss und darüber) bisweilen noch herum-
schwärmen, doch nur in kleinen Gesellschaften von 12—20 Stück
und als weit abgekommene Streifzüge. Im Gegensatz dazu ver-
sichert Kollibay, während eines viermonatlichen Aufenthaltes in
Hirschberg trotz zahlreicher Excursionen niemals eine Saatkrähe
gesehen zu haben, weder in der Thal- noch in der Waldregion
noch gar auf dem Kamme. Mit welcher Zähigkeit diese Vögel
an ihren einmal erwählten und seit vielen Geschlechtern bewohnten
Brutplätzen festhalten, und wie schwer sie aus denselben zu vertreiben sind, ist allbekannt. Doch weiss ich gerade aus Schlesien
davon mehrere Beispiele. So nisteten nach Fritsch in einem
kleinen Kiefernwalde bei Leuthen jahrelang tausende von Saatkrähen, so dass sich auf mancher Kiefer bis 12 Nester vorfanden.
1883 haben sich dann die Vögel infolge des alljährlich abge-
haltenen Krähenschiessens sämtlich in einen 30 km entfernten
Wald jenseits der Oder verzogen. Isolirt liegende Nadelwäldchen
bewohnen die Saatkrähen überhaupt am allerliebsten. Andere
und angenehmere Vögel freilich verdrängen sie dann aus solchen
fast gänzlich, wohl weniger durch Nesterplündereien als vielmehr
durch ihr lärmendes Gebahren. Bei Saabor wurde im November
1845 ein Exemplar geschossen, „dessen verhärtete Zunge durch
den Unterschnabel guckte" (L. Tobias). Schnabeldeformitäten
sind bei diesem Vogel nicht allzu selten. In der Brutcolonie von
Ransern bei Breslau hatten die Krähen schon am 31. März 1889
vielfach gelegt.

Maasse von 30 schlesischen Eiern in mm:

	maximum	minimum	Durchschnitt
Länge:	39	37,5	38,25
Breite:	28	26,5	27

110. Corvus cornix L. 1758. — Nebelkrähe.

Synonyma: Cornix cinerea Briss.; Corone cornix Kaup; Corvus cinereus Leach; Corvus subcornix, C. cinereus, C. tenuirostris Chr. Brehm; Corvus cornix L., Scop., Gm., Bchst., Tem., Naum., Gould, Schleg., Glog., Gieb., Kays. u. Blas., Midd., Sund., Degl., v. Heugl., Sevz, Gray, A. Brehm, v. Hom., Mewes, Radde, Hart., Gätke, Jäckel.

Trivialnamen: Kroë, Schildkrähe, Nebelkraye, Schild-, Winter-, Sattel- und Gaakkrahe. Polnisch: Wrona. Wendisch: Gargona und Schüra Rona.

Kennzeichen der Art: Grösse unter 50 cm. Die 1. Schwinge ist kürzer als die 9. Der Rumpf ist grösstenteils aschgrau gefärbt.

Maasse von 8 schlesischen Exemplaren in cm:

	maximum	minimum	Durchschnitt
Länge:	44,9	43,5	44,2
Flugbreite:	100,5	95,3	97,9
Schwanz:	18,5	17,8	18,1
Schnabel:	5,0	4,7	4,8
Tarsus:	6,2	5,9	6,0

Heydrich besitzt ein Exemplar mit ausgesprochenem Melanismus. Das Breslauer Museum weist folgende Farbenvarietäten auf:

a. Grauweiss, Kopf licht graubraun, Schnabel gelb, Füsse schwarz.

b. Die 7. Schwungfeder weiss.

c. Kopf, Kehle und Brust kastanienbraun, Flügeldeckfedern ebenso gerändert, sonst weiss. Schnabel und Füsse normal.

d. Kopf, Kehle und Brust lichtgrau, sonst schmutzig weiss.

e. Flügeldeckfedern rein weiss, im übrigen normal.

f. Kopf und Kehle braungrau, sonst schmutzig. Schnabel und Füsse normal.

g. Kopf und Kehle silbergrau, sonst rein weiss. Schnabel und Füsse normal.

h. Wie c.

Cornix und corone stellen nach meiner Auffassung ebenfalls Formen dar, welche den Wert der Subspecies bereits überschritten haben und sich dem guter Arten nähern, als welche man sie am

besten auch jetzt schon auffasst, obschon sie in noch sehr vielen
Punkten völlig mit einander übereinstimmen. Im grossen und
ganzen bildet für Deutschland die Elbe die Grenze zwischen den
Brutbezirken der beiden Formen, d. h. die heller abgetönte Art
bewohnt die deutsche Ebene, die ursprünglichere und dunkel ge-
bliebene das deutsche Mittelgebirge. Schlesien weist fast ausschliesslich *cornix* als Brutvogel auf und nur im westlichsten Zipfel
der Lausitz findet sich auch *corone*. Hier verläuft also die Grenze,
welche ich auch auf der beigegebenen Karte eingezeichnet habe.
Verbastardirungen jeden Grades sind in solchen Gegenden an der
Tagesordnung. Bei Hoyerswerda findet sich nach Tobias nur
cornix, aber das dürfte für Schlesien mit die äusserste Grenze
ihres ausschliesslichen Vorkommens sein. Bei Lohsa fand
Tobias vielfach vermischte Pärchen und Bastarde. In ganz
Mittel- und Niederschlesien ist die Nebelkrähe ausserordentlich
gemein, und es ist mir vollkommen unverständlich, wie es im
1. Jahresbericht d. Aussch. f. Beob. Stat. d. Vögel Deutschlands
heissen kann: „Bei Breslau im Sommer selten." Etwas anders
liegen die Verhältnisse in Oberschlesien. Hier ist die Nebelkrähe
infolge der unausgesetzten Nachstellungen in der Nähe der Fasanerien und auch mancher Teiche als Brutvogel vollständig ausgerottet, gewiss nicht zum Schaden des Wasserwildes, welches viel
unter ihren Nesterplündereien zu leiden hat. Ich halte an vogelreichen Teichen die Krähe neben dem Rohrweih für den schäd-
lichsten Vogel, dessen rücksichtsloseste Verfolgung deshalb nur
zu billigen ist. Auch Kollibay sagt: „Bei Neisse im Verhältnis
zu *frugilegus* nur in verschwindend kleiner Zahl brütend." In
der Thal- und Waldregion des Riesengebirges kommt die Nebelkrähe nach demselben Forscher überall vor; nach Gloger hält
sie sich dort hauptsächlich in den Vorbergen in einer Höhe von
2—3000 Fuss. A. v. Homeyer fand sie bei Spindelmühl brütend,
Capek beobachtete eine Familie auf der Weissen Wiese und
L. Tobias sah etliche auf dem Riesenkamm; Kramer notirte
sie noch bei 1500 m Meereshöhe. In den Gegenden, wo sie nur
spärlich nistet stellt sie sich dann wenigstens auf dem Striche
zahlreich ein. Bei Schnee und Kälte kommt sie sogar bis mitten
in die grossen Städte. Fast alle meine Berichterstatter klagen
über den durch die Krähen angerichteten Schaden. In den Fasanerien sind sie die allerschlimmsten Gäste und gehen bei ihren
Raubzügen mit einer Raffinirtheit zu Werke, die ihren geistigen
Fähigkeiten alle Ehre macht. Knauthe beobachtete, wie zwei
Nebelkrähen einen Grünspecht heftig und erfolgreich attaquirten.
Ein anderer, der sich in eine Baumhöhle gerettet hatte, wurde
von den Krähen über eine Viertelstunde lang belagert. Am 25.
November 1890 zertrümmerten 3 *cornix* und 1 *corone* einem alten
Rebhahn die Hirnschale. „Kurze Zeit später beobachtete ich

(Knauthe), wie ein Trupp Nebelkrähen über eine halb ver-
hungerte Kette von 8 Rebhühnern herfiel; die Tiere wehrten
sich absolut nicht, weil sie dazu viel zu matt waren und wurden
eine leckere Beute der Räuber. Im Sommer habe ich dagegen
immer gesehen, dass die Rebhühner die Nebelkrähen heftig be-
fehdeten und bald in die Flucht schlugen wenn sie ihnen zu nahe
kamen." Selbst alte Fasanenhähne lassen sich von dem Gesindel
abwürgen. (Knauthe in litt.) Bei ihren Nesträubereien verfahren
die Krähen förmlich nach gemeinschaftlicher Verabredung. Während die eine die besorgten Eltern im Schach hält, überfällt die
andere hinterrücks das seiner Verteidiger entblösste Nest und
plündert es aus. Knauthe beobachtete dies z. B. am Neste von
Turdus viscivorus; meinen Erfahrungen nach weiss die Misteldrossel sich übrigens sehr mannhaft gegen solche Wegelagerer zu
wehren. In milden Wintern kommen die Krähen wenig auf die
Gehöfte, sondern treiben sich mehr auf den Feldern herum, wo
ihnen sehr viele ermattete Kleinvögel, angeschossene Hasen und
Rebhühner zur Beute fallen. Emmrich berichtet, dass sich die
Krähen im Winter dutzendweise an seichten, fischreichen Gewässern aufhalten und hier ihren Unterhalt finden. Nach Knauthe
fischen sie auch im Sommer an den Buhnen und gehen mit Vorliebe den Muscheln nach. Sie heben dieselben nicht nur auf, um
sie dann aus der Luft herabfallen zu lassen, sondern hacken auch
sitzend Löcher in dieselben. Nach Kollibay gehen die Krähen
gern an wilden Wein; ferner plündern sie die Getreidefeimen
und reissen die Maispflanzen oft nahezu sämtlich heraus, um sie
dann mit Strunk und Stiel zu verzehren (Knauthe). Durch
ausgezeichnete Versuche bewies Knauthe, dass die Krähen beim
Aufsuchen von Aas lediglich durch das Gesicht geleitet werden,
während der Geruch nur schlecht entwickelt ist. Stücke Fleisch,
die mit einer dünnen Erdschicht überdeckt waren, blieben stets
unbeachtet, während darauf liegende Mäuse gierig angenommen
wurden. Ihre Nester legen die Nebelkrähen, oft auch gesellschaftsweise, in kleinen Feld- und Vorhölzern an, auch in Parks und
Alleen, seltener im Innern grosser Nadelwaldungen oder in weit-
läufigen Obstgärten. R. Tobias berichtet, dass sogar einmal
ein Pärchen auf einem Kirchturm in Görlitz brütete. Mitte April
pflegt der Nestbau vollendet zu sein. Volle Gelege fanden Practorius am 17., Baer am 22. und Kutter am 29. April, ich
selbst zuerst am 20. April. Das Gelege besteht in der Regel aus
5 oft ziemlich variirenden Eiern.

Maasse von 40 schlesischen Eiern in mm:

	maximum	minimum	Durchschnitt
Länge:	44	41	42,2
Breite:	30	28	29,1

111. **Corvus corone** L. 1758. — Rabenkrähe.

Synonyma: Corone sinensis Horsf.; Corone corone Gray, Sharpe; Corvus subcorone, C. assimilis, C. hiemalis Chr. Brehm; Corvus corone L., Gm., Bchst., Scop., Tem., Glog., Gieb., Kays. u. Blas., A. Brehm, v. Hom., Mewes, Fridr., Radde, Hart., Gätke, Jäckel.

Trivialnamen: Kroë. Wendisch: Tschorna Rona.

Kennzeichen der Art: Grösse unter 50 cm. Die 1. Schwinge kürzer als die 9. Totalfärbung schwarz.

Durchschnittsmaasse von 5 schlesischen Exemplaren in cm: Totallänge = 44,9; Flügelspannung = 98,7; Schwanzlänge = 17,9; Schnabellänge = 5,0; Tarsus = 5,8.

Die Rabenkrähe brütet nur im südwestlichsten Teile des Regierungsbezirkes Liegnitz. Görlitz liegt nach Tobias dicht an der Verbreitungsgrenze und kommen beide Arten vor, *cornix* aber überwiegend. Erst in der Gegend von Pulsnitz wird *corone* gewöhnlicher. Bei Breslau habe ich die Rabenkrähe im Sommer nie gesehen, während im 1. Jahresber. d. Aussch. f. Beob. Stat. d. Vögel Deutschl. behauptet wird, dass *corone* auch zur Brutzeit bei Breslau vorkomme. Ferner giebt Knauthe an, dass die Rabenkrähe auf den beiderseitigen Ausläufern des Geiersberges sogar brüte, oft mit *cornix* zusammen, aber stets seltener als diese. Das wäre ein sehr bemerkenswerter und weit vorgeschobener Posten! Sonst kommt *corone* in Schlesien nur auf dem Striche vor und ist dann allerdings oft sehr häufig, insbesondere in harten Wintern in der Nähe der Städte. Auch im Riesengebirge wurde diese Krähe nach v. Tschusi schon erlegt. Das Breslauer Museum besitzt ein dicht bei der Stadt geschossenes Belegexemplar.

112. **Corvus corax** L. 1758. — Kolkrabe.

Synonyma: Corvus corvus L.; Corvus maximus Scop., Corvus clericus Sparrm., Sund.; Corvus faroënsis Brunn.; Corvus carnivorus Bartram, Baird; Corvus leucophaeus Vieill.; Corvus calcalotl, C. leucomelas, C. sinuatus Wagl.; Corvus lugubris Ag.; Corvus montanus Tem.; Corvus thibetanus Hodgs.; Corvus nobilis Gould, Bp.; Corvus vociferus Cabot; Corvus corax littoralis Holb.; Corvus silvestris, C. littoralis, C. peregrinus, C. montanus Chr. Brehm; Corvus corax L., Gm., Bchst., Naum., Schleg., Chr. Br., Glog., Gieb., Kays u. Blas., A. Br., v. Hom., Mewes., Fridr., Radde, Hart., Gätke, Jäckel.

Trivialnamen: Rabe, Kolrabe, Kolrappe, Kruk.

Kennzeichen der Art: Grösse über 50 cm.

Durchschnittsmaasse von 3 schlesischen Exemplaren in cm: Totallänge = 57,8; Flügelspannung = 121,5; Schnabellänge (über den Bogen gemessen) = 7,2; Schwanzlänge = 12,6; Tarsus = 7,1. Schwenckfeld erwähnt einen Albino.

Der stattliche Kolkrabe gehört mit zu denjenigen Vögeln, welchen das rastlose Vorwärtsschreiten der menschlichen Cultur am übelsten mitgespielt hat; doch unterliegt der Vogel bei seiner sprichwörtlich gewordenen Schlauheit weniger den unausgesetzten Nachstellungen als vielmehr der Abholzung weit ausgedehnter uriger Bestände von riesigen, viele Jahrhunderte alten Kiefern und Fichten, wie sie früher in Schlesien nicht selten waren. Noch zu Anfang unseres Jahrhunderts müssen sehr viel Kolkraben in der Provinz gehaust haben. Endler schreibt: „Nicht selten, aber auch nicht so zahlreich als die beiden Krähen. Sie sollen sich seit der Zeit, als die grossen, dichten Wälder weniger geworden und ihre Federn zum Schreiben, Zeichnen und zu Klaviertangenten verwendet wurden, sehr vermindert haben. „Aber schon R. Tobias sagt, dass in der Lausitz nur noch sehr wenige Paare horsten und zwar sowohl im Gebirge wie in den grossen Waldungen der Ebene. In der Muskauer Heide war der Kolkrabe bis 1860 Brutvogel (Baer). Neuerdings ist *corax* meines Wissens in der Lausitz nicht mehr horstend gefunden worden, doch ist es immerhin möglich, dass noch einige Paare im Inneren der Görlitzer Heide oder in abgelegenen Gebirgsforsten einen Zufluchtsort gefunden haben, zumal im Winter fast stets Kolkraben auf der Bildfläche zu erscheinen pflegen. v. Ebert beobachtete einen solchen am 3. September 1888 bei Jänkendorf. Im Herbst wandern manchmal kleine Gesellschaften aus dem Norden ein, die sich den ganzen Winter über herumtreiben, aber schon im Februar wieder verschwinden. L. Tobias führt den Kolkraben als vereinzelten Brutvogel für die Grünberger Gegend mit auf, und nach Forstmeister Lipke nistet er noch jetzt bei Carolath. Bei Breslau fand Praetorius noch am 14. März 1872 einen mit 5 Eiern belegten Horst. Mir selbst war dieses Glück zwar nicht beschieden, aber dafür beobachtete ich am 22. Februar 1890 ein wahrscheinlich schon gepaartes Pärchen im Schlosspark von Schleibitz und erlegte das Männchen. Im Breslauer Museum stehen 2 schlesische Belegexemplare; ein 3. sah ich in der Sammlung des Herzogs von Ratibor in Rauden. Uttendörfer schreibt mir über den Kolkraben aus Kosel: „Brütete noch vor 30 Jahren in verschiedenen Wäldern und ist von den älteren Forstbeamten oft geschossen oder seiner Jungen beraubt worden. Dann zeigten sich lange gar keine mehr. Erst vor wenigen Jahren wurden wieder 2 Exemplare erlegt und das eine davon ausgestopft." Von meinen Mitarbeitern führen Abukir (Carolath), Ziemer (Guhlau bei Glogau) und Helmich (Neurode bei Lüben) den Kolkraben als Brutvogel auf. Der Vogel brütet bekanntlich sehr zeitig. R. Tobias fand schon am 3. April Junge.

18

Familie: **Laniidae**, Würger.

Der starke Schnabel ist seitlich sehr zusammengedrückt, vorn mit hakiger Spitze und scharfem Zahn, am Mundwinkel von starren Borsten umstellt. Die rundlichen Nasenlöcher liegen nahe der Schnabelwurzel und sind fast ganz von Borstenfederchen verdeckt. Die Zehen sind völlig frei. Der lange Schwanz ist am Ende abgerundet. In den kurzen Flügeln ist die 1. Schwinge sehr klein und die 3. und 4. am längsten.

Gattung: **Lanius** L. 1758. — Würger.

Siehe die Familiencharaktere, da nur diese eine Gattung in Deutschland.

113. **Lanius collurio** L. 1758. — Rotrückiger Würger.

Synonyma: Enneoctonus collurio Boie; Lanius spinitorquus Schwenckf., Behst.; Lanius dumetorum, L. cognatus, L. paradoxus Chr. Br.; Lanius collurio L., Gm., Naum., Chr. Br., Glog., Gieb., Kays. u. Blas., A. Br., v. Hom., Fridr., Radde, Hartert, Gätke, Jäckel.

Trivialnamen: Kleiner Neuntöter, Quarkringel, Dickkopf.

Kennzeichen der Art: An dem zusammengelegten Flügel ist kein weisser Fleck sichtbar. Die 2. Schwinge ist grösser als die 5. (selten dieser gleich), aber kürzer als die 3.

Maasse von 55 schlesischen Exemplaren in cm:

	maximum	minimum	Durchschnitt
Länge:	18,9	17,5	18,1
Flugbreite:	29,6	28,2	29,0
Schwanz:	8,6	8,3	8,5
Schnabel:	1,4	1,2	1,3
Tarsus:	2,6	2,3	2,4

Zwei abnorm gefärbte Exemplare des Breslauer Museums haben wachsgelbe Füsse und Schnäbel. Das Gefieder ist rein weiss, auf dem Rücken etwas ins Hellgraue spielend; bei dem einen Stück haben einige Rückenfedern rostgelbe Kanten. Zuweilen findet man auch bei *collurio* einen kleinen weissen Spiegelfleck, und handelt es sich hier möglicherweise um eine ständige subspecies.

Der rotrückige Würger ist in Schlesien die gemeinste Art seiner Gattung und in vielen Gegenden ungeheuer häufig, vielfach auch noch im Zunehmen begriffen. Nur Deditius nennt ihn für die Umgegend von Nendza selten; wahrscheinlich sind da irgend welche lokalen Verhältnisse schuld. Er findet sich namentlich in lichten Wäldern mit viel Unterholz, auf Triften und Wiesen mit langen Dornhecken und ausgedehnten Buschpartien, in verwilderten Anlagen und Obstgärten. Auch in den Vorbergen ist er überall zahlreich. A. v. Homeyer traf ihn noch bei Hermsdorf und Petersdorf massenhaft, was ich aus eigener Erfahrung bestätigen kann. *Collurio* ist ein Zugvogel, welcher Anfangs Mai eintrifft und sich schon Ende August wieder auf die Wanderschaft begiebt. R. Tobias notirte von 1832—33 für die Gegend von Görlitz als frühesten Ankunftstermin den 30. April, als spätesten den 10. und als durchschnittlichen den 3. Mai.

Zugtabelle:

Ort:	Beobachter:	1876	1879	1880	1881	1884	1886	1887	1888	1889	1890	1891
Görlitz	Peck	15. V.	—	—	—	—	—	—	—	—	—	—
Zobten	Richter	—	—	—	—	—	15. V.	16. V.	13. V.	—	5. V.	—
	Knauthe	—	—	—	—	—	—	3. V.	—	—	—	—
Neustadt	Kollibay	—	10. IX.	11. V. 6. IX.	2. V. (5. V.)	10. V.	—	—	—	—	—	—
Rauden	Willimek	—	—	—	—	—	—	—	—	—	—	—
Niesky	Bär u. Kramer	—	—	—	—	—	—	—	18. IV.	—	4. V. 27. IX.	4. V.
Breslau	Kern	5. V. 13 VIII	—	—	—	—	—	—	—	4. V.	2. V.	—
	Floericke	—	—	—	—	—	—	—	—	—	—	—

Kollibay beobachtete diesen Würger beim Ausrauben eines Hänflingnestes. Sein eigenes Nest legt *collurio* bei uns am liebsten in alten Akazien und Obstbäumen (Willimek) oder in Dornhecken an, selten in jungen Fichten (Mohr). Das erste Ei fand Kollibay am 18. Mai, volle Gelege am 5. und 8. Juni, nackte Junge am 26. Juni, ich selbst vollzählige Gelege am 28. und 30. Mai, am 4. und 7. Juni. Alle Würger (vielleicht mit Ausnahme von *excubitor*) machen in Schlesien nur eine Brut.

Maasse von 77 schlesischen Eiern (davon 37 durch Kollibay gemessen) in mm:

	maximum	minimum	Durchschnitt
Länge:	23,2	19,5	21,6
Breite:	17,2	15,1	16,3

114. Lanius senator L. 1758. — Rotköpfiger Würger.

Synonyma: Phoneus rufus Kaup; Phoneus senator Gray; Phoneus rutilans Gray; Enneoctonus rufus Bp.; Enneoctonus pomeranus Cab.; Enneoctonus senator Mewes; Enneoctonus frenatus Licht.; Enneoctonus rutilans Cab.; Enneoctonus pectoralis v. Müll.; Lanius rufus Briss., Naum., Chr. Br., v. Hom., Gätke, Jäckel; Lanius pomeranus Sparrm., Gm., Bchst.; Lanius rutilus Lath., Buff.; Lanius ruficeps Retz, Bchst., Glog., Radde; Lanius rutilans Tem., Buff.; Lanius melanotus, L. ruficeps, L. paradoxus, L. cogratus Chr. Brehm; Lanius castaneus Hahn; Lanius pectoralis v. Heugl.; Lanius senator L., Levaill., A. Brehm, Fridr., Hartert; Lanius senator rutilans Hartert.

Kennzeichen der Art: Die 2. Schwinge gleich der 5. Die Schaltern und die Federn über der Nasengrube sind weiss. Auf dem zusammengelegten Flügel ist ein weisser Fleck sichtbar.

Dieser schön gezeichnete Würger kommt in Schlesien nur in seiner typischen Ausprägung vor, und alle seine Farben erscheinen lebhaft und gesättigt, nicht abgeblasst.

Durchschnittsmaasse von 6 schlesischen Exemplaren in cm: Länge = 19,2; Flugbreite = 31,4; Schwanz = 8,5; Schnabel = 1,3; Tarsus = 2,4.

Senator ist eine mehr südlich wohnende Art und deshalb in Schlesien nicht eben häufig zu finden, wenn auch gerade keine Seltenheit. Am gewöhnlichsten findet man den Rotkopf-Würger noch im Hügellande südwestlich von Breslau, wo er strichweise recht zahlreich auftritt. Ferner brütet er in ziemlicher Anzahl in der Bartschniederung, weniger in der Lausitz und in den besser angebauten Distrikten Oberschlesiens. Eine besondere Vorliebe hat dieser Vogel für Viehtriften. Ferner liebt derselbe Obstgärten, Parkanlagen und kleine lichte Feldgehölze, wenn dieselben von Hutungen und Wiesen umgeben sind. Seine Zugmonate sind der April und der September. Nach R. Tobias erfolgte bei Görlitz von 1832—38 die Ankunft frühestens am 27. April, spätestens am 10. und im Mittel am 3. Mai. In den darauf folgenden nächsten 3 Jahren notirte Tobias den 20. April, den 1. Mai und den 29. April als Ankunftsdaten, ferner Peck den 26. April 1879. Die Eier variiren sehr (R. Tobias). Letzterer fand am 26. Mai das volle Gelege. Durchschnittsmaasse von 7 schlesischen Eiern in mm: 22,6 + 17,4.

115. Lanius minor Gm. 1788. — Grauer Würger.

Synonyma: Collurio minor Balon.; Enneoctonus minor Cab., Boie, Mewes; Enneoctonus italicus Bp.; Lanius italicus Lath., Buff.; Lanius vigil Pall.; Lanius longipennis Blyth; Lanius flavescens Ehrbg.; Lanius pinctorum, L. nigrifrons, L. eximius, L. graecus Chr. Brehm; Lanius minor Gm., Bechst., Naum., Chr. Br., Glog., Gieb., Kays. u. Blas., A. Brehm, v. Hom., Fridr., Radde, Hart., Gätke, Jäckel; Lanius minor obscurior Radde.

Trivialnamen: Kleine Krickelster. Wendisch: Schüra Penza.

Kennzeichen der Art: Die Federchen über der Nasengrube sind schwarz. Länge unter 23 cm. Auf den schwarzen Flügeln ein weisser Fleck. Die 1. Schwinge ist nicht halb so lang als die 2., diese gleich der 4. Die 3. ist am längsten.

Durchschnittsmaasse von 6 schlesischen Exemplaren in cm: Länge = 21,0; Flugbreite = 36,1; Schwanz = 9,4; Schnabel = 1,3; Tarsus = 2,2.

In manchen Gegenden Schlesiens ist *minor* durchaus nicht selten, in anderen aber fehlt er nahezu gänzlich. Früher war er häufiger, denn sein Bestand ist fast überall im Rückgang begriffen. So berichtet L. Tobias für die Gegend von Neusalz-Grüneberg: „War 1850—60 sehr häufig, nahm aber von da auffallend ab, so dass er selten wurde." Gloger nennt ihn „gemein" und R. Tobias sagt: „In manchen Jahren der gemeinste Würger." Beides trifft für heute kaum noch irgendwo in Schlesien zu, denn *collurio* und selbst *excubitor* sind fast überall viel zahlreicher. Verhältnismässig häufig traf ich *minor* in der Bartschniederung, bei Breslau dagegen nur vereinzelt (Nordweststrand der Strachate) und vermochte auch kein Nest von ihm zu finden. Knauthe nennt den Vogel „seltener als *excubitor*, aber im Zunehmen begriffen." Sylaender constatirte *minor* als häufigen Brutvogel bei Bolkenhayn, v. Meyerinck bei Canth, Weiss bei Lipine. Nach Krezschmar brütet der Grauwürger auch sparsam in den Dörfern der Görlitzer Heide, nach Kollibay bei Neustadt und nach Wolf im Schlosspark von Maskau. Auch Auras, Hosius, Mitschke, Müller, Uttendörfer u. a. führen *minor* als Brutvogel auf, aber stets mit Zusätzen wie „vereinzelt", „selten", „sparsam" u. dergl. Das Gebirge meidet der Grauwürger gänzlich. In der Ebene siedelt er sich namentlich in grossen parkähnlichen Gärten in Alleen, in gebüschreichen Baumgruppen und Feldhölzern an, ja sogar am Rande grösserer Waldungen, wenn dieselben an mit Gebüsch und einzelnen Bäumen besetztes Wiesenterrain stossen. Mai und August sind die Hauptzugmonate auch dieses Würgers. Bei Görlitz kam *minor* nach R. Tobias frühestens am 8., spätestens am 17. und durchschnittlich am 10. Mai an.

Zugtabelle:

Ort:	Beobachter:	1841	1880	1881	1889	1890	1891
Görlitz	R. Tobias	25. IV.	—	—	—	—	—
Neustadt	Kutter und Kollibay	—	11. V.	5. V.	—	—	—
Zobten	Knauthe	—	—	—	—	6. V.	—
Niesky	Bär u. Kramer	—	—	—	—		3. V. 30 VIII
Breslau	Floericke	—	—	—	4. V.	6. V.	

Durchschnittsmaasse von 5 schles. Eiern in mm: 24,0 + 17,75.

116. Lanius excubitor L. 1758. — Raubwürger.

116a. Lanius excubitor maior Pall. 1811. — Oestlicher Raubwürger.

116b. Lanius excubitor Homeyeri Cab. 1823. — Homeyers Raubwürger.

Synonyma: Pica cinerea Frisch; Ampelis coerulescens L.; Collyrio excubitor Gray; Lanius cinereus Briss., Leach; Lanius rapax Chr. Brehm; Lanius excubitor L., Gm., Lath., Bchst., Naum., Chr. Br., Glog., Gieb., Kays. u. Blas., A. Br., v. Hom., Mewes, Fridr., Radde, Hart., Gätke, Jäckel.

Trivialnamen: Grosser Neuntöter, Waldherr, Waldhäher, Wannengel, Warkrengel, Wurgengel, türkische Schalaster, Berg-, Strauch- und Krickelster. Polnisch: Dziergwa.

Kennzeichen der Art: Ueber der Nasengrube schwarze Federchen. Den schwarzen Flügel zieren weisse Spiegel. Grösse über 22 cm. Die 1. Schwinge ist halb so lang als die 2., diese gleich der 6.

Auf Tafel I sind die Flügel der drei verschiedenen Formen des *excubitor* dargestellt, ausserdem noch die weisseste Feder aus dem Flügel eines typischen *Homeyeri*. Neben der Verteilung der grauen und weissen Farbe auf Bürzel und Kopf bildet bekanntlich die Ausdehnung des oder der weissen Spiegel auf dem Flügel das hauptsächliche Unterscheidungsmerkmal zwischen den 3 Formen des Raubwürgers. Dies ist auf unserer Tafel deutlich zur Anschauung gebracht. Bei *maior* (a) findet sich auf dem zusammengelegten Flügel nur ein kleiner viereckiger, weisser Fleck, während der typische *excubitor* sowie die Form *Homeyeri* zwei weisse Flügelspiegel besitzen. Es ist deshalb ein Unding, speciell die letztgenannte Subspecies als „zweispiegeligen" Raubwürger zu bezeichnen, wie dies seitens hervorragender Ornithologen geschehen ist. Bei dem typischen *excubitor* sind diese Spiegel klein und liegen rautenförmig neben einander, fliessen also nicht zusammen, sondern sind scharf von einander abgegrenzt (b). Gerade entgegengesetzt verhält sich das bei *Homeyeri* (c), wo die sehr vergrösserten Spiegel vollständig zusammenfliessen. Die meisten neueren Ornithologen führen *maior* und viele auch *Homeyeri* als selbstständige Art auf. Ich vermag mich dem keineswegs anzuschliessen, sondern betrachte *maior* als östliche und *Homeyeri* als südöstliche Subspecies ein und derselben Grundform, ja als Subspecies, die sich noch nicht einmal vollkommen herausgebildet haben, sondern teilweise noch im Entstehen begriffen und jedenfalls trinär zu benennen sind. Uebergänge sind gar nicht selten, wennschon es meiner Meinung nach ausgeschlossen erscheint, dass man es hier etwa mit blossen Altersverschiedenheiten zu thun hat. Im Herbst und Winter streichen die jungen Vögel und verwischen dadurch die Verbreitungsgrenzen. Werden dann *maior* und *Homeyeri* in Gegenden betroffen, wo sie sonst nicht vorkommen, so wird man es in den weitaus meisten Fällen mit jungen Exemplaren zu thun haben.

Maasse von 11 schlesischen Exemplaren (lauter typische *excubitor*) in cm:

	maximum	minimum	Durchschnitt
Länge:	25,2	24,3	24,6
Flugbreite:	36,7	35,5	36,0
Schwanz:	11,0	10,7	10,9
Schnabel:	1,8	1,8	1,8
Tarsus:	3,3	3,0	3,1

Als Brutvogel haben wir in Schlesien nur den typischen *excubitor*. Im Winter aber kommt auch *maior* zu uns und ist in manchen Jahren gar nicht selten. Ich erhielt ihn mehrfach, so im Winter 1889/90 aus der Strachate. *Homeyeri* dagegen ist auch zur Zugzeit eine seltene und ausnahmsweise Erscheinung. Ich bekam diese Form nur einmal in demselben Winter durch v. Fürstenmühl aus der Gegend von Landeshut. Neuerdings soll dieselbe auch Jagdzeitungen zufolge bei Bunzlau vorgekommen sein. Ferner schoss Knauthe Ende Oktober 1891 in den westlichen Ausläufern des Geiersberges ein junges Männchen vom Grauwürger, das alle Merkmale von *Homeyeri* an sich trug. Gegen früher hat der Bestand unserer Raubwürger sehr abgenommen, aber noch jetzt fehlt der schöne Vogel wohl keiner

Gegend völlig, wennschon er sich im Winter viel bemerklicher macht als während der Brutzeit. Er bewohnt dann Feldhölzer, Gärten und Gebüsche, am liebsten dicht bei den Dörfern. In vielen Strichen macht er sich durch Mäusefangen recht nützlich, in anderen (z. B. nach Mohr bei Breslau) frisst er während der Brutzeit fast ausschliesslich junge Vögel. Richter sagt ihm nach, dass er sogar vielfach junge Fasanen anfalle und denselben die Köpfe zerhacke. Das Nest steht gewöhnlich in Dornhecken und und enthält 4—6 Eier. Praetorius fand am 21. April 1872 ein Gelege bei Breslau, Baer 1890 eine Brut von 5 Jungen bei Niesky. Durchschnittsmaasse von 6 schlesischen Eiern = 28,5 : 20 mm.

Familie: **Muscicapidae**, Fliegenfänger.

Der gerade Schnabel ist an der Wurzel breit und flach, vorn mit einer schwachen Hakenspitze versehen. Feine Borstenfedern bedecken die ovalen Nasenlöcher. Die Flügel sind ziemlich lang, die Füsse kurz. Die 2.—4. Schwinge am längsten. Das lockere Gefieder ist sehr zart und weich.

Gattung: **Muscicapa** Briss. 1760. — Fliegenschnäpper

Schnabel kurz, Füsse schwächlich, Rachen weit, am Munde mit steifen Bartborsten. Die 1. Schwinge ist ein wenig länger als die Handdecken, die 3. und 4. am längsten.

117. **Muscicapa parva** Bchst. 1795. — Zwergfliegenschnäpper.

Synonyma: Erythrosterna parva Bp., Degl., Mewes, Radde; Synornis leucura Hodgs.; Muscicapa lais Hempr. und Ehrbg., v. Heugl.; Muscicapa rubecula Swains.; Muscicapa rufogularis Chr. Brehm; Muscicapa minuta Hornsch. u. Schill.; Muscicapa parva Bchst., Tem., Naum., Chr. Brehm, Gloger, Gieb., Kays. u. Blas., A. Br., v. Hom., Fridr., Hart., Gätke, Jäckel.

Kennzeichen der Art: Flügel ohne Weiss. Die 2. Schwinge ist kürzer als die 5.

Dieser durch sein laubsängerartiges Betragen so sehr vor seinen Gattungsverwandten ausgezeichnete Fliegenschnäpper gehört zu denjenigen Vögeln, welche wahrscheinlich weit häufiger vorkommen als man annimmt, die sich aber durch ihre Lebensweise zu sehr der Beobachtung entziehen und deshalb dem Laien selten bekannt sind. Doch unterliegt es keinem Zweifel, dass parva in den schönen Buchenwäldern der Grafschaft Glatz, des Hochwalds, des Eulen- und Heuscheuergebirges brütet, wahrscheinlich auch noch anderwärts. Lübbert erhielt 1854 5 Eier aus Altheide, einer der bergigsten Landschaften von Glatz. Das Nest, welches in der Nähe eines Baches stand, wurde Mitte Mai gefunden. Auch Baldamus erhielt Eier aus Schlesien und Hartert besitzt ebenfalls solche, die aus der Grafschaft stammen. A. v. Homeyer fand 1865 im Buchenwald zwischen Heuscheuer und Cudowa 5 Brutpaare. In der Lausitz kommt das zierliche Vögelchen nur auf dem Durchzuge als Seltenheit vor, und beruht die Angabe Naumanns „brütet in Fichtenwäldern" augenscheinlich auf Irrtum oder Verwechslung. Krezschmar erhielt ein Männchen aus der Zittauer Gegend, Fechner erwähnt das gelegentliche Vorkommen des Vögelchens bei Hirschfelde und R. Tobias ein am 26. Mai 1837 bei Görlitz geschossenes Männchen. Auch an anderen Punkten Schlesiens ist der Zwergfliegenfänger schon auf dem Zuge beobachtet worden. So hielten sich nach A. v. Homeyer vom 8.—11. August 1862 mehrere Exemplare im Glacis der Festung Glogau auf, trieben sich oben in den Linden herum, waren gar nicht scheu, zuckten mit den Flügeln und schnarrten fleissig. Derselbe Forscher beobachtete am 15. August 1870 3—4 Zwergfliegenschnäpper im botanischen Garten von Breslau. Der Zwergfliegenschnäpper hat nur ein kleines Jagdgebiet, treibt sich aber ruhelos in demselben umher und zwar meist 40—60 Fuss hoch in dem grünen Blätterdach. Sein den Ornithologen jedesmal hoch erfreuender Gesang ist glockenrein und nach A. v. Homeyer dem von *sibilator* ähnlich, aber viel schöner. Es unterliegt für mich keinem Zweifel, dass *parva* demnächst noch öfters als Brutvogel in Schlesien wird nachgewiesen werden, wenn die Beobachter erst mehr auf ihn aufmerksam geworden sind und seine Stimme haben kennen lernen.

118. **Muscicapa collaris** Behst. 1795. — Halsbandfliegenschnäpper.

Synonyma: Ficedula collaris Mewes; Muscicapa streptophora Vieill.; Muscicapa albifrons Chr. Brehm; Muscicapa melanoptera Heckel; Muscicapa albicollis Tem., Naum., Gould., Swains., Chr. Br., Kays. u. Blas., v. Hom., Gätke, Jäckel; Muscicapa collaris Behst., Degl., Chr. Br., Glog., Gieb., Bp., Sund., Gray, A. Br., Radde, Hartert.

Trivialnamen: Wüstling.

Kennzeichen der Art: Flügel mit 2 weissen Schildern. Die 2. Schwinge grösser als die 5.

Der Halsbandfliegenfänger ist eine der seltensten Erscheinungen unserer Ornis und findet sich nur in wenigen Laubwäldern, scheint aber doch bei Breslau ständig vorzukommen, aus welcher Gegend das Universitätsmuseum 3 Belegexemplare besitzt. Auch Endler schoss hier ein Pärchen. v. Loebenstein erbeutete im April 1837 ein Männchen bei Görlitz, bis jetzt das einzige in der Lausitz nachgewiesene Exemplar. Ich sah einmal ein Stück in einer Breslauer Vogelhandlung lebend, ohne näheres über seine Herkunft in Erfahrung bringen zu können und beobachtete am 24. Juni 1890 ein Pärchen in der Strachate, von dem ich das Männchen erlegte. Die Maasse desselben betrugen in cm: Länge = 13,4; Flugbreite = 24,4; Schwanz = 5,2; Schnabel = 1,0; Tarsus = 1,9. Es ist ein mehr südlicher Vogel, der aber doch schon im benachbarten Mähren häufig ist.

119. **Muscicapa atricapilla** L. 1766. — Trauerfliegenschnäpper.

Synonyma: Emberiza luctuosa Scop.; Sylvia melanoleuca Vieill.; Sylvia ficedula Lath.; Ficedula atricapilla Mewes; Motacilla fidecula L., Gm.; Muscicapa nigra Briss., Degl.; Muscicapa maculata Müller; Muscicapa muscipeta Bchst.; Muscicapa pectoralis Swains., Levaill.; Muscicapa alticeps, M. atrogrisea, M. fuscicapilla Chr. Brehm; Muscicapa luctuosa Tem., Naum., Chr. Br., Glog., v. Hom., Gätke; Muscicapa atricapilla L., Buff., Gm., Bchst., Kays. u. Blas., Gieb., Fritsch, Heugl., A. Brehm, Fridr., Radde, Hart., Jäckel.

Trivialnamen: Nösselfink, Fliegenschnapfer, Trauer- und Totenvogel.

Kennzeichen der Art: Auf dem Flügel ein weisses Schild. Die 2. Schwinge kürzer als die 5.

Maasse von 12 schlesischen Exemplaren in cm:

	maximum	minimum	Durchschnitt
Länge:	13,5	13,1	13,35
Flugbreite:	23,1	22,6	22,9
Schwanz:	4,9	4,7	4,8
Schnabel:	1,0	0,9	0,95
Tarsus:	1,7	1,7	1,7

Der Trauerfliegenfänger ist zwar bei weitem nicht so selten wie die beiden vorhergehenden Arten, gehört aber eben so wenig zu den besonders häufigen Vögeln. Auf dem Zuge ist er viel zahlreicher als während der Brutzeit. Lichte Laubwälder, parkartige Anlagen und grosse Gärten, denen es nicht an hohlen Bäumen fehlt, bilden seinen Aufenthaltsort. Ich sah ihn auf der Promenade von Breslau seine Junge füttern, während hunderte geputzter und lärmender Menschen dicht daran vorüber gingen. Wolf fand ihn bei Muskau, Krezschmar bei Sprottau, Mohr bei Breslau und Michel im Isergebirge brütend; hier soll er seit einigen Jahren sehr zugenommen haben. Auch Talsky beobachtete ein Pärchen beim Aufstieg auf den Ziegenrücken. Die grosse Mehrzahl der schlesischen Beobachter aber führt *atricapilla* nur als mehr oder minder regelmässigen Passanten auf, der Ende April und Anfang Mai und dann wieder Ende August und Anfang September bei uns durchzieht.

Siehe nebenstehende Tabelle!

Zugtabelle:

Ort:	Beobachter:	1840	1849	1879	1880	1881	1882	1883	1886	1888	1889	1890	1891
Görlitz	R. Tobias	27. IV.											
"	J. Tobias		27. IV.										
"	Peck			27. IV.									
Spottau	Richter												
	Kretzschmar									11.V. 28.VIII			
Ruhland	Petrin						23. IV.	2. V.					
Neustadt	Kutter				10.V.	24.IV.							
Niesky	Bär u. Kramer									11.V. 28.VIII	4.IX. 11.IX.	7.V. 24.IX.	2.V. 2.IX.
Breslau	Floericke							2. V.					

L. Tobias berichtet, dass ein Pärchen dieses Fliegenschnäppers in einem vor einem Fenster aufgehängten hohlen Ast brütete. Während der Vogel sonst bekanntlich Höhlenbrüter ist, fand Wolf 1887 ein freistehendes Nest, dessen Unterlage und Aussenwand aus Stroh bestand, während die zweite Lage aus Birnbaum- und Buchenblättern, feiner Kiefernrinde, Erdmoos und feinen Hobelspänen gebildet war. Die innere Ausfütterung bildeten zarte

Würzelchen und Grasrispen ohne Haare, Federn und sonstiges weiches Material. Durchschnittsmaasse von 6 schlesischen Eiern = 17,5 + 13,0 mm.

120. **Muscicapa grisola** L. 1766. — Grauer Fliegenschnäpper.

Synonyma: Sylvia pestilencialis Klein; Butalis grisola Boie, Degl., Radde; Butalis griseosticta Swinh.; Butalis africana Bp.; Butalis montana, B. pinetorum, B. alpestris, B. domestica Chr. Brehm; Muscicapa latirostris Swains.; Muscicapa grisola L., Gm., Bchst., Buff., Tem., Naum., Chr. Br., Glog., Gieb., Kays. u. Blas., A. Br., v. Hom., Mew., Fridr., Hart., Gätke, Jäckel.

Trivialnamen: Sticherling, Fliegenschnapper, Fliegenschnaps, Fliegen- und Mückenstecher.

Kennzeichen der Art: Flügel ohne Weiss. Die 2. Schwinge grösser als die 5.

Maasse von 14 schlesischen Exemplaren in cm:

	maximum	minimum	Durchschnitt
Länge:	14,1	13,6	14,0
Flugbreite:	25,2	24,5	24,9
Schwanz:	5,6	5,4	5,5
Schnabel:	1,0	1,0	1,0
Tarsus:	1,4	1,4	1,4

Als Brutvogel ist *grisola* die bei weitem gemeinste Art seiner Gattung und in lichten Baumwaldungen, Feldhölzern, Gärten, Anlagen und Kirchhöfen nirgends selten. Selbst auf den Blössen tief im Innern grosser Nadelwaldungen brütet er regelmässig, so nach Krezschmar in der Görlitzer Heide. In Oberschlesien und an den Teichen ist er etwas seltener und mehr auf dem Zuge zu finden. Im Gebirge geht der graue Fliegenschnäpper nach Gloger bis zu einer Meereshöhe von 3500 Fuss empor. A. v. Homeyer fand ihn bei Cudowa und an der Josefinenhütte brütend, desgleichen v. Tschusi auf einer jungen Fichte im Walde von St. Peter. Capek traf oberhalb Hohenelbe eben ausgeflogene Junge. Den Zobten selbst bewohnt *grisola* nach Knauthe nicht, ist aber in der Umgegend sehr häufig. Es ist ein rechter Gartenvogel, der gern und ungescheut unter den Augen des Menschen sein harmloses Wesen treibt. Gloger beobachtete zur Zugzeit eine Familie von 6 Stück auf den Fenstersimsen der Breslauer Universität, mitten in der Stadt und mehrere hundert Schritt von Bäumen entfernt. Der Zug geht hauptsächlich Ende April und Anfang September von statten. Auch bei diesem Vogel kommen die Weibchen im Frühjahr einige Tage später als die Männchen.

Zugtabelle:

Ort	Beobachter	1830	1841	1849	1865	1876	1879	1880	1885	1886	1887	1888	1889	1890	1891
Görlitz	R. Tobias	27. IV.	4. V.	—	—	—	—	—	—	—	—	—	—	—	—
	J. Tobias	—	—	20. IV.	—	—	—	—	—	—	—	—	—	—	—
	Peck	—	—	—	—	—	—	—	—	—	—	—	—	—	—
	Richter	—	—	—	—	—	15. V.	—	—	9. V.	26. IV.	3. V.	—	—	—
Strehlen		—	—	—	—	—	—	—	24. IV. 14. IX.	—	—	—	—	—	—
Sprottau	Kretzschmar	—	—	—	4. V.	—	—	—	—	—	—	—	—	—	—
Hirschberg	A. v. Homeyer	—	—	—	—	—	—	—	—	7. V.	30. IV.	3. IX.	—	—	—
Rubland	Perrin	—	—	—	—	—	—	—	—	14. V.	—	—	—	—	—
Neustadt	Kutter	—	—	—	—	—	—	16. IV.	—	—	—	—	—	—	—
Canth	v. Meyerinck	—	—	—	—	—	29. IV.	—	—	—	—	—	—	—	—
Niesky	Bär u. Kramer	—	—	—	—	—	—	—	—	—	25. IV.	1. V.	—	—	—
Breslau	Mohr	—	—	—	—	20. IV.	—	—	—	—	—	—	25. IV. 16. IX.	2. V. 22. IX.	2. V.
	Floericke	—	—	—	—	—	—	—	—	—	—	—	—	1. V.	—

Die Imker führen vielfach Klage darüber, dass der graue Fliegenschnäpper den Bienen nachstelle. Es finden meist 2 Bruten statt, zu denen aber ein und dasselbe Nest benutzt wird. Kollibay beobachtete den Nestbau am 28. Mai und fand am 4. Juni auf dem Kirchhofe von Patschkau zwei Nester mit 3 und 5 frischen Eiern, das eine in einer Kopfrose, das andere in der ersten Gabelung eines frischen Fliederstrauches. Richter fand schon am 17., Kutter am 28. Mai, Perrin am 1. Juni und ich selbst am 27. Mai und 2. Juni volle Gelege. Das Ausfliegen der Jungen beobachtete Richter am 23. Juni und 4. Juli.

Maasse von 24 schlesischen Eiern in mm:

	maximum	minimum	Durchschnitt
Länge:	19,0	17,5	18,25
Breite:	14,5	13,0	13,5

Gattung: **Bombycilla** Vieill. 1807. — Seidenschwanz.

Die 1. Schwinge der länglich zugespitzten Flügel ist verkümmert, die 2. und 3. am längsten; an den Spitzen der hinteren Schwingen befinden sich prachtvoll gefärbte Schaftfortsätze. Den Kopf ziert eine Federhaube. Das weiche und seidenartige Gefieder zeigt sehr zarte Farben.

121. **Bombycilla garrula** (L.) 1758. — Seidenschwanz.

Synonyma: Lanius garrulus L.; Parus bombycilla Pall; Garrulus bohemicus Gessn.; Bombycivora poliocephala Meyer u. Wolf; Bombycivora garrula Tem.; Ampelis garrulus L., Gm., Behst., A. Br., Mew., Fridr., Hart., Gätke; Bombycilla brachyrhyncha Chr. Br.; Bombycilla bohemica Briss., Steph.; Bombycilla garrula Vieill., Naum., Chr. Br., Glog., Gieb., Kays. u. Blasius, v. Hom., Radde.

Trivialnamen: Wippsterz, Behmele, Frefe, Schneeleschke, Schneevogel.

Kennzeichen der Art: Siehe die Gattungsmerkmale, da nur diese eine Art in Deutschland.

Das Breslauer Museum besitzt einen sehr schönen Albino, der, wenn ich nicht sehr irre, von dem berühmten schlesischen und ein offenes Herz für die Vogelwelt besitzenden Dichter Holtey stammt. Ferner wurde nach Endler im Frühjahr 1810 eine prachtvolle weissbunte Varietät bei Obornik gefangen. Haube, Hinterkopf und Nacken waren hell rostfarben, die rote und gelbe Zeichnung herrlich ausgeführt, Wangen, Stirn, Kehle, Flügel und Leib schneeweiss.

Der Seidenschwanz ist nicht nur im Sommer schon öfters in Schlesien gesehen, sondern sogar einmal mit Sicherheit als Brutvogel festgestellt worden. Klöber, ein sehr tüchtiger Vogelkenner,

der u. a. zum ersten Male *Corythus enucleator* in der Gefangenschaft züchtete, fand 1325 bei Festenberg ein Nest in dem Gabel-
zweig eines kleinen Birnbaums. Dasselbe war aus Reisig und
Haaren verfertigt und enthielt 5 Eier. Der Gärtner nahm letztere
aus; da aber das brütende Weibchen darüber sehr böse wurde
und ihn bis zu seiner Wohnung verfolgte, so legte er 2 der Eier
wieder ins Nest, welche auch ausgebrütet wurden. Beide Alten
verweilten mit den Jungen bis zum Spätherbst in der Gegend,
wo sie dann weiter zogen. Heydrich sah am 11. Juni(!) 1851
eine kleine Gesellschaft Seidenschwänze bei Flinsberg, und ein
mit Gloger befreundeter Forstmann beobachtete den prächtigen
Vogel den ganzen Sommer hindurch im Eulengebirge. Sonst ist
der Seidenschwanz bei uns nur Wintergast, wennschon er oft
ziemlich früh kommt und bis in den April hinein verweilt. Ganz
fehlt er wohl in keinem Jahre, aber manchmal erscheint er nur
sparsam und vereinzelt und dann wieder in grossen Schwärmen.
Die Ebereschbäume der Chausseen üben eine besondere Anziehungs-
kraft auf den gefrässigen Gesellen aus. In den Gebirgslandschaften halten sie sich entschieden lieber auf als in der Ebene.
Von der Grenzbaude aus wurden im Januar 1865 und 66 nach
A. v. Homeyer sehr viele geschossen, in der Lausitz waren sie
1843/44 nach R. Tobias zu tausenden und v. Loebenstein
fing im Herbst 1847 in seinem Dohnenstieg allein über 200 Stück.
Auch in den Wintern 1852/53, 1857/58, 1863/64, 1871/72 und
1877/78 waren die Seidenschwänze in Schlesien besonders zahlreich,
ebenso nach den mir zugegangenen Nachrichten in dem eben ver-
flossenen Winter 1892/93. Ich selbst habe den schönen Vogel
oft in freier Natur beobachtet und mich dabei sehr mit ihm be-
freundet. Meiner Meinung nach ist sein Naturell in den ornithologischen Lehrbüchern so unvorteilhaft geschildert und die Ge-
frässigkeit und Trägheit des Vogels viel zu stark betont, wohl
weil die betreffenden Verfasser zumeist nur nach in der Gefangenschaft gehaltenen Exemplaren urteilen konnten. Im Freien merkt
man von diesen unangenehmen Eigenschaften so gut wie gar nichts,
dann tritt die ewig regsame Fliegenschnäppernatur des Vogels
viel mehr hervor und im Verein mit ihr kommt die unvergleich-
liche Pracht des seidenweichen Gefieders erst recht zur Geltung.

Familie: **Hirundinidae**, Schwalben.

Der kurze, glatte, dreieckige und an der Wurzel verbreiterte
Schnabel führt in einen sehr grossen Rachen. Die grösstenteils
bedeckten Nasenlöcher haben eine länglich nierenförmige Gestalt.
Die Mittel- und Aussenzehe der kleinen, schwächlichen Füsse sind
fast bis zum ersten Gelenk verwachsen. Die sehr charakteristisch
gebildeten Flügel sind derb, schmal, lang und spitzig, die Armschwingen sehr viel kürzer als die Handschwingen. Die 1. Schwinge
ist am längsten.

Gattung: **Chelidonaria** Rchw. 1889. — Flaumfuss-schwalbe.

Schwanz kurz gegabelt, Fuss weiss befiedert.

122. **Chelidonaria urbica** (L.) 1758. — Mehlschwalbe.

Synonyma: Hirundo lagopoda Pall.; Hirundo minor Briss.; Hirundo urbica L., Scop., Gm., Bchst., Buff., Kays. u. Blas., Gieb., v. Hom., Fridr., Gätke; Chelidon urbica Boie, Degl., Swinhoe, A. Brehm, Rchw., Mew., Radde, Jäckel; Chelidon tectorum, Ch. fenestrarum, Ch. rupestris Chr. Br.; Chelidonaria urbica Hartert.

Trivialnamen: Haus-, Fenster-, Dach-, Leim-, Lauben-, Kirch- und Mauerschwalbe. Wendisch: Wasstolza.

Kennzeichen der Art: Siehe die Gattungsmerkmale, da nur diese eine Art in Deutschland.

Maasse von 6 schlesischen Exemplaren im Durchschnitt: Länge = 13,8 cm; Flugbreite = 28,9 cm; Schwanz = 6,3 cm; Schnabel = 0,7 cm; Tarsus 1,1 cm.

Albinos sind nicht allzu selten. Das Breslauer Museum besitzt deren drei, von denen das eine Exemplar ausser gelbem Schnabel und Füssen auch noch einen gelben Augenstreif hat.

Die Mehlschwalbe ist in ganz Schlesien ein gemeiner Brutvogel, wenngleich ihr Bestand fast überall hinter dem von *rustica* zurückbleibt. Im Gebirge ist *urbica* sehr verbreitet und steigt nach Kramer bis zu 1500 m Meereshöhe empor. Gloger giebt ihre vertikale Verbreitungsgrenze auf 3500 Fuss an, in welcher Höhe sie noch in grosser Anzahl an den Häusern nistet. Auf ihren Spazierflügen kommt die Mehlschwalbe nach Gloger gesellschaftsweise bis zur Koppenkapelle, namentlich bei heiterem und schwülem Wetter. Vor einem Gewitter sieht man sie stets in und über den Schneegruben. Kramer fand die Mehlschwalbe in Schreiberhau und auf der Petersbaude, Talsky bei Spindelmühl brütend, wo auch von Tschusi 50—60 und bei den Schlüsselbauden weitere 7 Paare constatirte. L. Tobias beobachtete viele Hausschwalben in Gr. und Kl. Iser und Krezschmar bei Krummhübel und Kirche Wang. Nach Erlebach brütete 1878 zum ersten Male ein Pärchen auf der Elbfallbaude, 1879 2, 1883 6 bei so ungünstiger Witterung, dass die Jungen nicht gross wurden. 1884 kamen sie nicht wieder. Mehrfach wird über eine sich nach den ungünstigen Sommern der letzten Jahre immer mehr bemerklich machende Abnahme der Mehlschwalben geklagt.

Siehe nebenstehende Zugtabelle!

Wie man sieht, fällt der Zug hauptsächlich in die Monate April und September. R. Tobias notierte von 1832—38 für Görlitz als frühesten Ankunftstermin den 15., als spätesten den 29. und als durchschnittlichen den 24. April. Klöber bemerkte

Zugtabelle:

Ort:	Beobachter:	1839	1840	1841	1842	1878	1879	1880	1881	1884	1885	1886	1887	1889	1890	1891
Görlitz	R. Tobias Peck	25. IV.	15. IV.	21. IV.	21. IV.	—	—	—	—	—	—	—	—	—	—	—
"	Peck	—	—	—	—	—	24. IV.	—	—	—	—	—	—	—	—	—
Sprottau	Kretschmar	—	—	—	—	—	—	—	—	—	—	—	—	—	20. IV.	—
Zobten	Knauthe	—	—	—	—	—	—	—	—	—	—	6. V.	12. V.	—	—	—
Streblen	Richter	—	—	—	—	—	—	—	—	—	—	13. IX. 5. IV.	27. IX. 28. IV. 7. X.	—	—	—
Canth	v. Meyerinck	—	—	—	—	9. IV.	—	—	—	—	10. IV. 8. IX.	—	—	—	—	—
Neustadt	Kutter und Kollibay	—	—	—	—	—	—	17. IV. 22. IV.	—	—	—	—	9. X.	—	—	—
Neisse	Kollibay	—	—	—	—	—	—	—	—	—	—	—	27. IV.	—	—	—
Rauden	Willimek	—	—	—	—	—	—	—	—	20. IV. 12. IX.	—	—	—	—	—	—
Ziegeuhals	Thiemann	—	—	—	—	—	—	—	—	—	22. IV. 22. VIII.	—	—	—	—	—
Leuthen	Fritsch	—	—	—	—	—	—	—	—	—	—	13. IV. 15. IX. 10. V. 10. X.	—	—	—	—
Ludwigsdorf	Kiesewetter	—	—	—	—	—	—	—	—	—	—	9. VI. 5. IX. 26. IV. 28. IX.	—	—	—	—
Querbach	Opitz	—	—	—	—	—	—	—	—	—	—	—	—	—	—	—
Wolfshau	Rücker	—	—	—	—	—	—	—	—	—	—	—	—	—	—	—
Niesky	Bär u. Kramer	—	—	—	—	—	—	—	—	—	—	—	—	10. IV. 10. IV. 25. IX.	23. IX. 15. IV.	27. IV.
Breslau	Floericke	—	—	—	—	—	—	—	—	—	—	—	—	—	—	—

Riesengebirge (Ludwigsdorf, Querbach, Wolfshau)

19

im Herbst 1826 bei Oppeln 7—8 Stück, welche zurückblieben, nachdem alle anderen schon fortgezogen waren. Es waren wahrscheinlich Alte mit den Jungen der ersten Brut, während die zweite noch im Nest sass. Am 3. Oktober verliessen sie dasselbe und am 7. zog der ganze Trupp ab. Aehnliches kommt übrigens öfters vor. Wenn der Herbst früh mit kalten Regengüssen hereinbricht, geraten die armen Schwalben oft in grosse Not. Vom 2.—4. September 1890 gingen nach Kuanthe viele bei anhaltendem Landregen in den Nestern aus Nahrungsmangel zu grunde. Einige versuchten sich nach Art der Bienen an einander an die Wand zu hängen. Thiemann fand einmal in einem alten Nest 15 Mehlschwalben, welche hier gemeinsam Schutz gesucht hatten. Bei Saabor sammeln sich die Mehlschwalben nach L. Tobias zur Abreise seit 1841 auf Bäumen und nicht mehr auf den Dächern. Ich weiss nicht, worauf dies zurückzuführen ist, und ob anderwärts ähnliche Beobachtungen gemacht worden sind. Von den Gebirgslandschaften abgesehen macht *urbica* bei uns regelmässig 2 Bruten. Fritsch fand am 25. Mai ein Gelege. Kollibay beobachtete einige Schwalben, welche ihre Jungen im Fluge fütterten. Im Momente des Futterreichens flatterten der alte und der junge Vogel einen Augenblick Brust an Brust.

Maasse von 19 schlesischen Eiern in mm:

	maximum	minimum	Durchschnitt
Länge:	19	17	18,2
Breite:	14	12,5	13

Gattung: **Hirundo** L. 1758. — Hausschwalbe.

Die Füsschen besitzen ganz gespaltene Zehen und sind nicht befiedert. Die äusseren Schwanzfedern sind zu einer spitzen Gabel ausgezogen.

123. **Hirundo rustica** L. 1758. — Rauchschwalbe.

Synonyma: Cecropis rustica Boie; Cecropis stabulorum, C. pagorum Chr. Br.; Hirundo domestica Pall., Briss.; Hirundo rustica L., Gm., Behst., Buff., Tem., Naum., Glog., Gieb., Kays. u. Blas., A. Br., v. Hom., Mewes, Radde, Hart., Gätke, Jäckel.

Trivialnamen: Schwalmel, Gübelschwalm, Schwalm, Dorf-, Blut-, Stall-, Spiess- und Feuerschwalbe. Wendisch: Wasstolza und Jaschkolitzka. Polnisch: Jaskotka.

Kennzeichen der Art: Siehe die Gattungsmerkmale, da nur diese eine Art in Deutschland.

In systematischer Hinsicht habe ich über die schlesischen Rauchschwalben nur wenig zu bemerken. Die Farbe des Unterleibes wechselt allerdings sehr, ohne dass ich aber bei dem geringen durch meine Hände gegangenen Material etwas Genaueres darüber zu sagen wüsste. Anderen scheint es eben so zu gehen, denn A. v. Homeyer nennt die schlesischen Rauchschwalben „sehr weissbäuchig" und Gloger sagt ganz im Gegensatz dazu „oft mit verdunkeltem Unterkörper." Im Breslauer Museum befinden sich folgende Farbenvarietäten:

a. Schnabel und Füsse gelb, Kehle und Brustreif hell rostfarben, sonst weiss.

b. u. c. Ebenso, jedoch der Brustring kaum angedeutet; Kopf, Nacken und Oberrücken hellgrau.

d. Ebenso mit grauen Flügeln.

e. Reiner Albino.

Maasse von 13 schlesischen Exemplaren in cm:

	maximum	minimum	Durchschnitt
Länge:	21,7	20,8	21,35
Flugbreite:	34,3	33,5	34,0
Schwanz:	12,3	11,9	12,1
Schnabel:	0,9	0,9	0,9
Tarsus:	1,1	1,1	1,1

Nur die typische *rustica* kommt in Schlesien vor; *cahirica* ist meines Wissens noch nie in der Provinz nachgewiesen worden. Dass die Rauchschwalbe auch bei uns allbekannt und allverbreitet, der Liebling des Naturfreundes und der geheilige Schützling des Landmanns ist, bedarf wohl kaum besonderer Erwähnung. Im Gebirge geht *rustica* nistend noch etwas höher als *urbica*, streicht aber nicht so hoch. Gloger giebt 4200 Fuss, Kramer 1500 m als vertikale Verbreitungsgrenze an. Ein Paar versuchte nach Gloger 1826 in der Hampelsbaude (3593 Fuss) und ein anderes in der Wiesenbaude (4200 Fuss) Nester anzulegen, doch verloren sich die Vögel wieder beim Eintritt anhaltend rauher Witterung. Der Besitzer der Wiesenbaude versicherte Gloger, dass sie vor etwa 14 Jahren Junge ausgebracht hätten. Das scheint jedoch nur äusserst selten und nur in einem solchen Sommer möglich, der sich durch vorzüglich andauernde Wärme auszeichnet. Mein Mitarbeiter Simon schrieb mir, dass er mehrere Jahre hinter einander an der Wiesenbaude eine ziemlich starke und sich sichtlich vermehrende Colonie angetroffen habe, bis dieselbe in einem besonders rauhen Frühjahr aufgerieben wurde. In Kl. Iser haben sich die Rauchschwalben nach Michel erst seit 1888 ansässig gemacht. Krezschmar fand brütende Rauchschwalben in der Elbbaude. Kramer fand *rustica* als Brutvogel in Schreiberhau, jedoch bedeutend weniger zahlreich als *urbica*. Dasselbe berichtet Talsky für Spindelmühl. In der Ebene siedelt sich *rustica* nicht nur in den Dörfern sondern auch in den Städten an. Ihr Bestand schwankt übrigens sehr, da auch sie bei länger an-

Zug-

Ort:	Beobachter:	1839	1840	1841	1842	1849	1876	1878	1879
Görlitz	R. Tobias	16. IV.	12. IV. 28. X.	12. IV.	15. IV. 27. X.	—	—	—	—
„	J. Tobias	—	—	—	—	30. III.	—	—	—
„	Peck	—	—	—	—	—	—	—	3. IV.
„	Richter	—	—	—	—	—	—	—	—
Strehlen	„	—	—	—	—	—	—	—	—
Sprottau	Krezschmar								
Zobten	Knauthe	—	—	—	—	—	—	—	—
Canth	v. Meyerinck	—	—			—	—	15. IV.	—
Neustadt	Kutter und Kollibay	—	—					—	18. X.
Neisse	Kollibay	—	—	—	—	—	—	—	—
Rauden	Willimek		—	—	—		—	—	—
Karlsberg	Forstpersonal	—		—	—	—	—	—	—
Friedrichsthal	„	—	—	—	—	—	—	—	—
Kottwitz	„	—	—	—	—	—	—	—	—
Moselache	„	—	—	—	—	—	—	—	—
Nesselgrund	„	—	—	—	—	—	—	—	—
Paruschowitz	„	—	—	—	—	—	—	—	—
Proskau	„	—	—	—	—	—	—	—	—
Rogelwitz	„	—	—	—	—	—	—	—	—
Ullersdorf	„	—	—	—	—	—	—	—	—
Niesky	Bär u. Kramer	—	—	—	—	—	—	—	—
Breslau	Mohr	—	—	—	—	—	3. X.	—	—
	Floericke	—	—	—	—	—	—	—	—
Lenczsok		—	—	—	—	—	—	—	—

Tabelle.

1880	1881	1882	1884	1885	1886	1887	1888	1889	1890	1891
—	—	—	—	—	—	—	—	—	—	—
—	—	—	—	—	—	—	—	—	—	—
—	—	—	—	—	—	—	—	—	—	—
—	—	—	—	—	—	7. IV. 20. IX.	28. III.	—	—	—
—	—	—	3. IV.	14. IV. 13. X.	9. IV.	—	—	—	—	—
—	—	20. IV	12. X.	25. X.	4. IV. 12. X.	8. IV.	—	—	—	—
—	—	—	—	—	4. IV.	27. IV.	—	—	28. III. 30. X.	—
—	14. IV.	—	—	—	—	—	—	—	—	—
12. IV. 3. X.	14. IV.	—	—	—	—	26. X.	—	—	—	—
—	—	—	—	—	—	13. IV.	—	—	—	—
—	—	—	16. IV.	—	—	—	—	—	—	—
—	—	—	—	—	26. IV. 10. X.	29. IV.	30. IV. 29. IX.	25. IV.	—	—
—	—	—	—	18. IV. 25. IX.	6. IV. 14. X.	22. IV. 4. X.	18. IV. 2. X.	13. IV.	—	—
—	—	—	—	9. IV. 9. IX.	1. IV. 12. X.	22. IV. 28. IX.	8. IV. 1. X.	15. IV. 2. IX.	—	—
—	—	—	—	18. IV. 15. IX.	26. IV. 20. IX.	14. IV.	—	—	—	—
—	—	—	—	10. IV.	17. IV. 20. VIII	5. V. 21. VIII	18. IV.	1. V.	—	—
—	—	—	—	30. IX.	3. IV. 29. IX.	7. IV. 29. IX.	11. IV. 29. IX.	11. IV. 27. IX.	—	—
—	—	—	—	12. IV. 9. IX.	17. IX.	11. IV. 15. X.	5. IV. 29. IX.	8. IV. 2. X.	—	—
—	—	—	—	—	22. IV. 28. IX.	22. IV. 18. IX.	15. IV. 7. IX.	14. IV. 16. IX.	—	—
—	—	—	—	15. IV. 15. IX.	20. IV. 25. IX.	20. IV. 1. X.	6. V. 1. X.	28. IV. 21. IX.	15. IV. 1. X.	—
—	—	—	—	—	—	7. IV. 20. X.	28. III. 16. X.	—	25. III. 17. X.	7. IV.
—	—	—	—	—	—	—	—	—	—	—
—	—	—	—	—	—	—	—	14. IV. 26. IX.	25. III.	—
—	—	—	—	—	—	—	—	—	—	8. IV.

haltender, nasskalter Witterung sehr zu leiden hat, wennschon sie eine kräftigere Natur besitzt als die vorige Art. Immerhin ist sie fast überall die gemeinste Schwalbe. Die Ankunft erfolgt bei Görlitz nach R. Tobias frühestens am 2., spätestens am 16. und im Mittel am 9. April, und zwar für die Jahre 1832—38 gerechnet.

Siehe vorstehende Zugtabelle!

Aus allen diesen Daten geht hervor, dass die Rauchschwalben meist Anfang April bei uns eintreffen und Anfang Oktober wieder abziehen, und dass sie in den Gebirgsgegenden erst später sich auf dem Brutplatze einstellen. Der auch für den Laien so auffällige Schwalbenzug mit seinen vielen Rätseln hat bekanntlich Veranlassung gegeben zu der Sage, dass die Schwalben überhaupt nicht nach dem Süden zögen, sondern sich in hohle Bäume und ähnliche Schlupflöcher verkröchen, wo sie in eine Art von Winterschlaf verfielen. Mancherlei scheinbare Beweise werden dafür angeführt. So erzählt Richter folgendes verbürgtes Beispiel: „Im Winter 1868 wurde an dem Dorfe Thienendorf bei Niesky eine Lindenallee ausgerodet. Beim Zersägen und Zerhacken der einen grossen Linde, die völlig hohl war und mehrere Zugänge (ausgefaulte Astlöcher) hatte, fand man in derselben 72 wohl erhaltene Exemplare der Rauchschwalbe!! Dieselben lagen jedoch nicht wirr durch einander, sondern hingen fest angeklammert am Baumstamm. Die Schnäbel hatten sie fest zusammengepresst. In den übrigen z. T. ebenfalls hohlen Linden war nichts zu finden." Liebe giebt dafür wohl die richtigste und naturgemässeste Erklärung, wenn er meint, dass die betreffenden Schwalben beim Ausbruch eines Gewitters in der hohlen Linde Schutz gesucht hätten und hier durch einen leichten Blitzschlag getötet worden wären. Eine noch wunderbarere Geschichte berichten uns die „Breslauer Sammlungen" aus dem vorigen Jahrhundert. Im Monat Februar wurde bei Neumarkt der Landgraben gereinigt, wobei man gegen Mitternacht unter einem Erlenstock des Grabens einen grossen Klumpen vom Umfang eines halben Breslauer Scheffels in einander geschlungener Schwalben fand, welche tot zu sein schienen. Als man aber einen Teil davon in die warme Stube gebracht hatte, wären sie lebendig geworden und herumgeflogen; die aber, so im Kalten blieben, wären gestorben. Kollibay beobachtete einige Schwalben, welche einen Personenzug der Sekundärbahn Hirschberg-Schmiedeberg mehrere Kilometer weit begleiteten und die von demselben aufgescheuchten Insekten fingen. Ferner sah er Schwalben, welche auf der äussersten Brüstung der Stallfenster sassen und Spinnen und Fliegen von der Mauer ablasen. Speth erzählte mir, dass sich vor einigen Jahren, als die Strachate besonders von den Raupen des Eichenwicklers heimgesucht wurde, alle Rauchschwalben aus der Umgegend zu hunderten versammelten und die sich an ihren Fäden herablassenden Raupen im Fluge wegschnappten. In den ebenen Teilen der Provinz macht *rustica* regelmässig 2 Bruten, Mitte Mai und Anfang August (Mohr). Richter bemerkte ein Nest, welches in die Zinken eines aufgehängten alten Rechens gebaut war. Praetorius fand am 1. August 1872 3 frische Eier, darunter ein auffallend rundliches, dessen Längsachse sich zur Querachse wie 4 zu 3 verhielt, und welches nur am stumpfen Ende mit zwei grossen, rotbraunen, aschgrau umsäumten Flecken gezeichnet, sonst aber rein weiss war. Kollibay berichtet einen interessanten Fall, wo ein Rauchschwalbenpärchen zu den eigenen Jungen mit ins Nest gelegte junge Bachstelzen treulich gross zog.

Maasse von 16 schlesischen Eiern in mm:

	maximum	minimum	Durchschnitt
Länge:	20,2	19	19,6
Breite:	14	12,5	13,4

Gattung: **Clivicola** Forst. 1817. — Erdschwalbe.
Fusswurzel unbefiedert. Das Gefieder ist oben mäusefarben, ohne jeden Metallglanz.

124. Clivicola riparia (L.) 1758. — Uferschwalbe.

Synonyma: Hirundo cinerea Vieill.; Hirundo riparia L., Gm., Lath., Bchst., Buff., Wils., Naum., Chr. Brehm, Glog., Gieb., Kays. u. Blas., v. Hom., Fridr., Gätke; Cotyle litoralis Ehrbg.; Cotyle riparia Boie, v. Heugl., Rchw., Mew., Radde, Jäckel; Cotyle fluviatilis et microrhynchus Chr. Brehm; Clivicola riparia Hartert.

Trivialnamen: Erdschwalbe, Rain- und Wasserschwalm.
Kennzeichen der Art: Die Schwanzfedern ohne weissen Fleck auf der Innenfahne.

Maasse von 6 schlesischen Exemplaren in cm:

	maximum	minimum	Durchschnitt
Länge:	12,9	12,6	12,8
Flügelbreite:	29,1	28,6	28,9
Schwanz:	5,3	5,0	5,1
Schnabel:	0,6	0,5	0,55
Tarsus:	1,0	1,0	1,0

Auch von dieser Art steht ein Albino im Breslauer Museum. Dem Gebirge fehlt die Uferschwalbe völlig und ist auch sonst in Schlesien die seltenste Schwalbenart, deren Bestand infolge der eigentümlichen Nistweise noch grösseren Schwankungen unterworfen zu sein scheint als bei *rustica* und *urbica*. Sie nistet an den sandigen Uferstellen der Oder und deren Nebenflüssen, aber die Zahl der grossen Colonien schwindet immer mehr. Kleine Ansiedlungen fand ich auch mehrfach in Sand- und Lehmgruben, ziemlich weit vom Wasser entfernt. Die Ankunft erfolgte bei Görlitz von 1832—38 nach R. Tobias frühestens am 26. April, spätestens am 3. Mai und im Mittel am 27. April. Im übrigen liegen mir nur noch folgende Zugdaten vor:

Ort:	Beobachter:	1885	1886	1889	1890	1891
Cauth	v. Meyerinck	10. IX.	—	—	—	
Ziegenhals	Thiemann	10. V. 29.VIII	—	—	—	
Hermsdorf	Hosius	10. V.	23. V.	—	—	
Niesky	Kramer	—	—	—	—	7. V.
Breslau	Floericke	—	—	6. V.	27. IV.	—

Wie man sieht, kommt die Uferschwalbe auch noch bei Hermsdorf vor, ins eigentliche Gebirge aber geht sie nicht hinauf. Wenn es im 1. Jahresber. d. Aussch. f. Beob. Stat. der Vögel Deutschl. heisst, dass die Uferschwalbe der Breslauer Gegend gänzlich fehle, so muss ich dem entschieden widersprechen, da ich den Vogel dort an zwei verschiedenen Punkten brütend auffand, allerdings nur in geringer Anzahl. Der Vogel muss also erst neuerdings dort eingewandert sein, falls nicht ein Irrtum des betreffenden Beobachters vorliegt. Wenn ungünstige Witterung die erste Brut vernichtet und die Vögel sich deshalb zu einer zweiten entschliessen, so überrascht sie öfters der allmächtige Wandertrieb bereits wieder, ehe sie ihre Jungen gross gezogen haben. In Liebe's „Ornitholog. Monatsschrift" habe ich einen derartigen aus Schlesien stammenden Fall erzählt, in welchem die sonst so sehr an ihrer Brut hängenden Vögel die hilflosen Jungen schmählich verlassen und einem elenden Tode Preis gegeben hatten. Praetorius fand am 8. Juni und ich am 2. desselben Monats das volle Gelege.
Durchschnittsmaasse von 7 schlesischen Eiern = 16,75 + 11,25 mm.

II. Ordnung: Strisores, Schwirrvögel.

Kleine bis mittelgrosse Vögel ohne Singmuskelapparat, mit flachem, breitem Kopf, sehr kurzem, schwachem Schnabel, ungeheurem Rachen und ungemein kleinen Füsschen. Schwanz 10federig.

Familie: Cypselidae, Segler.

Die sehr kurzen Füsse sind dennoch kräftig und haben die 4 ziemlich gleich langen, scharfklauigen Zehen sämtlich nach vorn gerichtet. Die langen sichelförmigen Flügel überragen weit den gabelförmig ausgeschnittenen Schwanz. Die 1. und 2. Schwinge sind am längsten, die 1. bis 3. säbelförmig gebogen und mit fischbeinartigen Federschäften versehen. Die nahe der Stirn liegenden und mit einer Haut umgebenen Nasenlöcher stellen länglich-ovale Ritzen dar. Der Magen besitzt nur eine schwache Muskulatur. Das Gefieder ist derb, der Gesamthabitus schwalbenartig.

Gattung: **Micropus** Wolf 1810. — Schwalbensegler.

Siehe die Familiencharaktere, da nur diese eine Gattung in Deutschland.

125. **Micropus apus** (L.) 1758. — Mauersegler.

Synonyma: Hirunds apus L., Gm., Bchst., Buff.; Hirundo muraria Schwenckf.; Cypselus murarius Tem.; Cypselus vulgaris Steph.; Cypselus turrium, C. murinus Chr. Brehm; Cypselus apus Ill., Naum., Gould, Chr. Br., Glog., Gieb., Kays. u. Blas., A. Br., v. Hom., Reichenow, Mewes, Fridr., Radde, Gätke, Jäckel; Apus murarius Less.; Micropus murarius Meyer; Micropus apus Boie, Hartert.

Trivialnamen: Mauer-, Geyer-, Spyr- und Turmschwalbe. Polnisch: Murzina.

Kennzeichen der Art: Länge unter 20 cm. Bauch braunschwarz.

Maasse von 13 schlesischen Exemplaren in cm:

	maximum	minimum	Durchschnitt
Länge:	18,4	16,7	17,9
Flugbreite:	41,7	40,6	41,3
Schwanz:	8,0	7,7	7,9
Schnabel:	0,6	0,5	0,6
Tarsus:	1,1	1,1	1,1

Die Segler variiren zwar in der Grösse sehr und auch in der Nuancirung des Gefieders einigermassen, aber augenscheinlich nur individuell, da man die Extreme in ein und derselben Colonie antrifft. Bei uns in Schlesien sind die Segler überall recht häufig und nisten auf allen Türmen und alten Mauern der Städte, in den Bastionen der Festungen, auf den Kirchtürmen der Dörfer, neuerdings vielfach in aufgehängten Starkästen, selten in Felsspalten des Gebirges oder auch in Baumhöhlungen der Waldränder. Selbst den einsamsten Heidedörfern fehlt der regsame Vogel nur selten. In den Häusern der Iser brütet er nach L. Tobias gleichfalls zahlreich und nach Kramer ebenso in Schreiberhau. Im Riesengebirge sieht man den Segler oft auch an den höchsten Kämmen und über den äussersten Bergzipfeln schweben; doch ist es noch immer fraglich, ob er im Hochgebirge auch wirklich nistet. R. Blasius sah im Juni 30—40 Stück am Koppensee, Kramer beobachtete ihn hoch über der Schneekoppe fliegend, Capek erblickte 2 Segler über der Riesenbaude (1400 m), Gloger grenzt die vertikale Verbreitung des Vogels mit einer Meereshöhe von 4000 Fuss ab. In neu angelegten und modernen Städten mit wenig altem Gemäuer findet sich der Segler viel seltener als in solchen, welche noch einen etwas mittelalterlichen Anstrich sich erhalten haben.

Zugtabelle:

Ort:	Beobachter:	1840	1841	1849	1865	1876	1881	1882	1885	1886	1887	1888	1889	1890	1891
Görlitz	R. Tobias	7. V.	24. IV.	—	—	—	—	—	—	—	—	—	—	—	—
"	J. Tobias	—	—	28. IV.	—	—	—	—	—	—	—	—	—	—	—
"	Richter	—	—	—	—	—	—	—	—	—	—	—	—	—	—
Hirschberg	Gloger	—	—	—	7. V.	—	—	—	—	—	—	—	—	—	—
Sprottau	Krezschmar	—	—	—	—	—	—	5. V.	6. VIII.	1. V.	29. IV. 3. VIII.	28. VII.	—	—	—
Neustadt	Kutter und Kollibay	—	—	—	—	—	2. V.	—	—	—	—	—	—	—	—
Rauden	Willimek	—	—	—	—	—	15. V.	—	—	—	—	—	—	—	—
Althammer	Forstpersonal	—	—	—	—	—	—	—	—	—	26. IV. 15. VIII	6. VIII.	—	—	—
Karlsberg	"	—	—	—	—	—	—	—	—	10. V. 8. IX.	7. V.	3. V.	10. V. 12. IX.	—	—
Kottwitz Moselache	"	—	—	—	—	—	—	—	—	—	3. V. 1. V.	—	—	—	—
Nesselgrund	"	—	—	—	—	—	—	—	28. IV. 29. VII. 20. IV. 4. VIII.	—	—	—	—	—	—
Paruschowitz	"	—	—	—	—	—	—	—	—	—	—	—	—	—	—
Proskau	"	—	—	—	—	—	—	—	10. VIII. 15. VIII	11. V. 3. VIII.	26. IV. 15. VIII	—	20. IV.	—	—
Rogelwitz	"	—	—	—	—	—	—	—	4. V. 5. VIII.	30. IV.	6. V. 6. IX.	8. V. 9. IX.	30. IV. 15. VIII	—	—
Niesky	Bär u. Kramer	—	—	—	—	—	—	—	20. IV.	—	4. 4. VIII.	29. IV. 12. VIII. 9. VIII.	27. IV.	—	—
Breslau	Mohr	—	—	—	—	30. IV. 1. VIII.	—	—	—	—	—	—	—	—	—
"	Kollibay	—	—	—	—	—	—	—	—	—	2. V.	—	2. V. 15. VIII.	—	—
"	Floericke	—	—	—	—	—	—	—	—	—	—	—	—	1. V. 11. VIII	—

Aus dieser Tabelle ist ersichtlich, dass die Segler fast genau ein Vierteljahr bei uns zubringen. R. Tobias notirte für Görlitz von 1832—38 als frühesten Ankunftstermin den 27. April, als spätesten den 6. und als durchschnittlichen den 2. Mai. Bei Niesky erfolgt die Ankunft zwischen dem 29. April und 2. Mai, der Abzug zwischen dem 4. und 12. August. Kollibay beobachtete in einem Herbste, dass die Segler verschwanden, hierauf nach einigen Tagen wieder kamen und dann erst definitiv abzogen. Mohr meint, dass die Segler in Breslau wohl 2 Bruten machten, was ich schon wegen der Kürze ihres Sommeraufenthaltes für sehr unwahrscheinlich halte; nur wenn die ersten Eier irgendwie zugrunde gingen, mag sich das Pärchen zu einer zweiten Brut entschliessen. Ende Mai und Anfang Juni fand ich mehrfach Eier, Praetorius am 27. Mai volle Gelege und am 29. Juni nackte Junge. Im Breslauer Museum befindet sich ein Ei, welches bedeutend grösser als andere und auf grauem Grunde mit dunkelgraubraunen Flecken, Strichen und Punkten gezeichnet ist.

Maasse von 22 schlesischen Eiern in mm:

	maximum	minimum	Durchschnitt
Länge:	27	25,5	26,25
Breite:	17	15	15,75

126. Micropus melba (L.) 1758. — Alpensegler.

Synonyma: Hirundo maxima Edw., Klein; Hirundo gularis Steph.; Hirundo melba L., Gm., Lath., Bechst.; Hirundo alpina Scop.; Apus melba Cuv.; Cypselus alpinus Tem.; Cypselus gutturalis Vieill.; Cypselus fuscicollis Chr. Brehm; Cypselus melba Ill., Naum. Gould, Chr. Br., Glog., Gieb., Kays. u. Blas., A. Br., Rchw., v. Hom., Mewes, Radde, Fridr., Gätke, Jäckel; Micropus alpinus Meyer; Micropus melba Hartert.

Kennzeichen der Art: Grösse über 20 cm. Bauch weiss.

Gloger ist der Glückliche gewesen, der Alpensegler auf dem Riesengebirge beobachtet hat. Er schreibt: „Als ich am 12. Juni 1826 auf dem Ziegenrück (4500 Fuss) war, zogen so hoch, dass mein Schuss ohne Erfolg blieb, aber doch nicht so hoch, dass nicht die ungewöhnliche Grösse und die weissen Bäuche das Erkennen vollkommen gesichert hätten, 3 Alpensegler still und meist ruhig schwebend kurze Zeit über mir herum. Ich habe sie nirgends wieder gesehen; doch könnten sie wohl in den Felsen westwärts vom Elbfalle, wohin ich nicht kam, ihren eigentlichen Wohnsitz aufgeschlagen gehabt haben." Sonst ist dieser den Gebirgsländern des Mittelmeers angehörige Vogel meines Wissens noch nicht in Schlesien vorgekommen. Allzu auffällig kann übrigens der von Gloger mitgeteilte Fall nicht erscheinen, da die Alpensegler bekanntlich gern weite Streifzüge nach Norden zu unternehmen pflegen und auch schon anderwärts in Deutschland nachgewiesen worden sind.

Familie: **Caprimulgidae**, Nachtschwalben.

Der Rachen ist von steifen Bartborsten umgeben. Nasenlöcher rund. Die kleinen Füsse haben 3 Zehen nach vorn (von denen die mittelste am längsten) und eine nach hinten gerichtet. Die Mittelzehe trägt einen kammartig gerieften Nagel und ist mit den beiden benachbarten durch eine breite Spannhaut verbunden. Die Hinterzehe ist wendbar und etwas höher eingelenkt. In den langen und schmalen Flügeln ist die 2. Schwinge am längsten und die 3 ersten gegen das Ende zu gezähnelt; die Federschäfte sind sehr spröde. Das Gefieder ist locker und weich, der Schwanz abgerundet.

Gattung: **Caprimulgus** L. 1758. — Nachtschatten.

Siehe die Familiencharaktere, da nur diese eine Gattung in Deutschland.

127. **Caprimulgus europaeus** L. 1758. — Ziegenmelker.

Synonyma: Hirundo caprimulgus Pall.; Nyctichelidon europaeus Renn.; Caprimulgus vulgaris Vieill.; Caprimulgus punctatus Meyer; Caprimulgus maculatus et foliorum Chr. Brehm; Caprimulgus europaeus L., Gm., Lath., Behst., Naum., Gould, Gloger, Gieb., Kays. u. Blas., A. Br., v. Hom. Mew., Fridr., Radde, Hart., Gätke, Jäckel.

Trivialnamen: Nachtschade, -schatten, -vogel, -rüblin, Tageschläfer, Tagschlaf, Pfaff, Mulkedieb. Wendisch: Mata Szowa.

Kennzeichen der Art: Siehe die Gattungsmerkmale, da nur diese eine Art in Deutschland.

Maasse von 10 schlesischen Exemplaren in cm:

	maximum	minimum	Durchschnitt
Länge:	28,4	27,2	27,9
Flugbreite:	55,1	54,2	54,8
Schwanz:	15,9	15,1	15,4
Schnabel:	0,8	0,8	0,8
Tarsus:	1,9	1,9	1,9

Die schlesischen Ziegenmelker, namentlich die aus den grossen Nadelwäldern stammenden, gehören zu den grosswüchsigen und sind um eine Nuance dunkler als westdeutsche Exemplare. Im Breslauer Museum sah ich einen Albino mit gelbem Schnabel und Füssen und schwach angedeuteter Zeichnung. Der Ziegenmelker ist über ganz Schlesien verbreitet, wennschon in manchen Gegenden nur spärlich vertreten. Er hält sich mehr in der Ebene, obgleich er auch noch in der Waldregion des Riesengebirges brütet, und liebt besonders die Blössen der Nadelwälder. Besonders zahlreich traf ich ihn in deù trockeneren und bewaldeten Teilen der Bartschniederung. Auf dem Zuge kommt dieser interessante Nachtvogel auch in die Obstgärten und sucht dann mit peinlicher Regelmässigkeit alljährlich dieselben Ruheplätzchen auf. Er zeigt dann eine gewisse Geselligkeit. A. v. Homeyer traf einmal im Herbst 1875 am Fürstenstein 4 Stück nahe zusammen. Der Zug geht hauptsächlich in den Monaten Mai und September von statten.

Zugtabelle:

Ort:	Beobachter:	1841	1849	1876	1879	1880	1881	1884	1889	1890
Görlitz	R. Tobias	15. V.	—	—	—	—	—	—	—	—
„	J. Tobias	—	5. V.	—	—	—	—	—	—	—
Cauth	v. Meyerinck	—	—	—	6. V.	—	9. V.	—	—	—
Rauden	Willimek	—	—	—	—	—	—	2. V.	—	—
Neustadt	Kollibay	—	—	—	—	25. IV.	—	—	—	—
Breslau	Mohr	—	—	24. IV.	—	—	—	—	—	—
„	Floericke	—	—	—	—	—	—	—	6. V. 10. IX.	30. IV.

Der Magen eines von Krezschmar untersuchten Exemplares enthielt 5—6 Mai-, 2 Pferdekäfer, 2 Raupentöter und 3 Wespen. Am 20. Mai 1889 fand ich ein Ei des Nachtschattens mitten auf einem Waldwege bei Breslau. Durchschnittsmaasse von 3 schlesischen Eiern in mm: 32 + 22.

III. Ordnung: Insessores, Sitzfüssler.

Kleine oder mittelgrosse Vögel ohne Singapparat von sehr verschiedenartiger Gestaltung, welche durch kurze, vorn quergetäfelte, hinten nackte oder mit kleinen Schildchen bedeckte Läufe ausgezeichnet sind.

Familie: Coraciidae, Raken.

Der starke, gerade und beinahe kopflange Schnabel ist vorn in einem Haken nach abwärts gekrümmt. Nasenlöcher ritzenförmig. Die bis zur Wurzel gespaltenen Zehen sind sehr kurz, namentlich die hintere. In den langen und spitzen Flügeln ist die 2. Schwinge am längsten. Schwanz 12federig. Gesamthabitus heherartig. Das Gefieder zeigt lebhafte Farben.

128. Coracias garrula L. 1758. — Blaurake.

Synonyma: Galgulus viridis Vieill.; Garrulus argentoratensis Aldr., Ray; Coracias virida Lath.; Coracias viridis Cuv., Reichb.; Coracias loquax Licht.; Coracias germanicus, C. planiceps, C. glaucopterus Chr. Brehm; Coracias garrula(us) L., Scop.,

Gm., Behst., Brünn., Naum., Gould, Chr. Br., Glog., Gieb., Kays.
u. Blas., A. Br., v. Hom., Radde, Fridr., Hart., Gätke, Jäckel.

Trivialnamen: Blaue Krähe, Holzkrahe, Deutscher Papagei,
Rache, Golkregel, Galgenregel, Heiden- und Kugelelster. Polnisch:
Kraezka. Wendisch: Dupernak, Räganer, Mudra Rona.

Kennzeichen der Art: Siehe die Gattungsmerkmale, da
nur diese eine Art in Deutschland.

Maasse von 15 schlesischen Exemplaren in cm:

	maximum	minimum	Durchschnitt
Länge:	32,0	31,5	31,8
Flugbreite:	71,3	70,7	71,1
Schwanz:	13,2	12,9	13,0
Schnabel:	3,3	2,6	2,9
Tarsus:	2,4	2,4	2,4

Auffallend ist bei der Mandelkrähe das starke Variiren in
der Länge des Schnabels, welches aber lediglich von dem mehr
oder minder hohen Grade der Abnutzung desselben abhängig zu
sein scheint. Im allgemeinen konnte ich die Beobachtung machen,
dass die in Höhlungen brütenden Blauraken dickere und kürzere
Schnäbel haben als diejenigen, welche in alten Krähennestern ihre
Eier ablegen, was in Schlesien nicht allzu selten der Fall ist.

Dieser durch seine tropische Farbenpracht so auffallende
Vogel gehört ausschliesslich den ebenen Teilen der Provinz an,
während er das Gebirge völlig meidet und auch schon in den
Landstrichen vor demselben selten ist. In der Lausitz und auf
dem linken Oderufer Mittel- und Oberschlesiens ist die Mandelkrähe schon häufiger und auf dem rechten Oderufer geradezu
gemein. Sie liebt die Blössen grosser aber nicht allzu dichter
Waldungen sowie auch Viehweiden und Triften mit einzeln stehenden hohlen Bäumen, welche nicht weit vom nächsten Waldrande
entfernt sind. Zwischen Laub- und Nadelhölzern macht sie keinen
Unterschied. Dagegen scheint sie eine grosse Vorliebe für Sandboden zu haben, weshalb man sie im Lublinitzer und Rosenberger
Kreise ganz besonders häufig findet. Auch in grösseren Parkanlagen fehlt der schöne Vogel nicht. Immerhin macht sich auch
in Schlesien eine fortdauernde Abnahme der Blauraken geltend.
So war sie im Beobachtungsbezirke Richters bis vor 12 Jahren
noch häufig, ist aber seitdem völlig verschwunden. Ich schiebe
diese Abnahme sowohl bei der Blaurake wie bei manchen anderen
Vögeln weniger auf „die ekle Sonntagsjägerei, die ihre vandalische
Zerstörungslust gerade am schönsten mit Vorliebe befriedigt",
wie es Diederich und Friderich thun, denn dieser wissen
sich die klugen Vögel schon zu entziehen, als vielmehr auf den

sich immer empfindlicher bemerkbar machenden Mangel an geeigneten Niststätten. Deshalb empfiehlt sich gerade hier das Anbringen von praktischen Nistkästen: meines Erachtens überhaupt die einzig wirksame Art und Weise vernünftigen Vogelschutzes. Und der Erfolg hat gezeigt, dass wir damit in der That unserer Heimat eine so hervorragende Zierde der Vogelwelt zu erhalten vermögen. Liebe, wohl unbestritten die erste Autorität auf diesem Gebiete, schreibt: „In einem grossen Waldrevier Oberschlesiens wurde eine Forstabteilung, auf welcher viele alte Eichen und Buchen stehen, in denen Tauben und Mandelkrähen alljährlich brüten, zu dem Versuch gewählt. Da die Abteilung geschlagen wurde, so standen im Winter 1890/91 hohle gefällte Bäume zur Verfügung, welche gleich an Ort und Stelle zu Nistkästen verarbeitet wurden, wie sie in den „Winken" für Tauben und Raken angegeben sind. Auch wurde gleich von dem entstandenen Sägemehl eingefüllt. Die Kasten wurden nun 8 m hoch an der Sonnenseite des Schlages angebracht, und nahmen bald eintreffende Dohlen, Tauben und nachweislich ein Paar Mandelkrähen dieselben als Nisthöhlen an. Die Bruten kamen glücklich auf." Krezschmar berichtet, dass die Mandelkrähen in der Görlitzer Heide sogar in grossen Starkästen nisten. Die Ankunft erfolgt meist in der ersten Hälfte des Mai, der Wegzug vollzieht sich im September. Nach R. Tobias kamen die Mandelkrähen von 1832—38 bei Görlitz frühestens am 30. April, spätestens am 15. und durchschnittlich am 5. Mai an.

Zugtabelle:

Ort:	Beobachter:	1839	1842	1880	1885	1886	1891
Görlitz	R. Tobias	20. IV.	23. IV.	—	—	—	—
Muskau	Wolf	—	—	—	—	16. V.	—
Niesky	Kramer	—	—	—	—	—	2. V.
Canth	v. Meyerinck	—	—	—	4. V.	—	—
Neustadt	Kutter	—	—	11. V.	—	—	—

Das vollständige Gelege enthält 4—5 Eier. Wolf fand ein solches am 3. Juni. Die Nisthöhlen entwickeln nach Knauthe einen sehr üblen Geruch, ähneln also in dieser Hinsicht denen des Wiedehopfs. Durchschnittsmaasse von 4 schlesischen Eiern — 37,75 + 28 mm.

Familie: **Upupidae**, Hopfe.

Der gebogene Schnabel ist sehr lang und zart. Die ovalen Nasenlöcher liegen frei an seinem Grunde. Füsse kurz und stämmig, die beiden äusseren Zehen bis ans Gelenk mit einander verwachsen, die Hinterzehe mit ziemlich geradem Nagel. In den grossen, breiten und abgerundeten Flügeln ist die 1. Schwinge kaum halb so lang als die 2., die 4. und 5. am längsten. Der breite 10fedrige Schwanz ist gerade. Auf dem Kopfe ein fächerförmiger Federbusch. Gefieder weich und bunt.

Gattung: **Upupa** L. 1758. — Wiedehopf.

Siehe die Familiencharaktere, da nur diese eine Gattung in Deutschland.

129. **Upupa epops** L. 1758. — Wiedehopf.

Synonyma: Upupa vulgaris Pall.; Upupa indica Hodgs.; Upupa rubbola Storr.; Upupa maculigera Rchb.; Upupa bifasciata, U. macrorhyncha, U. brachyrhyncha, U. exilis, U. maior Chr. Br.; Upupa epops L., Gm., Bchst., Chr. Br., Naum., Glog., Gieb., Kays. u. Blas., A. Br., v. Hom., Mewes, Radde, Hart., Gätke, Jäckel.

Trivialnamen: Wiedehuppe, Hupper, Huphup, Kothahn, Kuckuckslakey, -küster. Polnisch: Dudek. Wendisch: Huppak.

Kennzeichen der Art: Siehe die Gattungsmerkmale, da nur diese eine Art in Deutschland.

Maasse von 9 schlesischen Exemplaren in cm:

	maximum	minimum	Durchschnitt
Länge:	26,0	25,5	25,7
Flugbreite:	50,0	46,4	46,7
Schwanz:	9,6	9,4	9,5
Schnabel:	5,1	4,9	4,95
Tarsus:	2,2	2,2	2,2

Wie schon Gloger hervorhebt, findet man bei schlesischen Wiedehopfen oft eine zweite Querbinde auf dem Schwanze angedeutet (Brehms *bifasciata*). Zur Zugzeit ist der Wiedehopf in Schlesien überall noch eine häufige Erscheinung, aber als Brutvogel wird auch er mehr und mehr zurückgedrängt, obschon an manchen Punkten auch ein Heben seines Bestandes zu verzeichnen ist, so nach Knauthe am Zobten, wo der Wiedehopf überhaupt gemein ist. In den Auwaldungen der Oder fand ich den anziehenden Vogel ebenfalls noch recht zahlreich, und auch in der Bartschniederung hörte ich oftmals sein fröhliches „Huphup". Ebenso ist er nach Kollibay in den Auen des Neisseflusses nicht selten. Baer traf ihn ungemein häufig bei Neusalz. In der Nadelwaldregion Oberschlesiens, in den Vorbergen und im grössten Teil der Lausitz ist er dagegen recht sparsam vertreten, und dem Gebirge fehlt er völlig. Er liebt vorzüglich kleine, feuchte Feldhölzer mit hohlen Bäumen oder Waldränder, welche an Hutungen stossen, auch die umbuschten Dämme der Teichgegenden. Im Herbst sieht man ihn oft gesellschaftsweise in den Kartoffeläckern (L. Tobias).

Siehe nebenstehende Zugtabelle!

Zugtabelle:

Ort:	Beobachter:	1839	1840	1841	1842	1849	1876	1879	1881	1882	1885	1886	1887	1889	1890	1891
Görlitz	R. Tobias	20. IV.	17. IV.	11. IV.	21. IV.	—	—	—	—	—	—	—	—	—	—	—
"	J. Tobias	—	—	—	—	25. IV.	—	—	—	—	—	—	—	—	—	—
Canth	v. Meyerinck	—	—	—	—	—	—	—	—	—	—	—	—	—	—	—
Zobten	Knauthe	—	—	—	—	—	—	14. IV.	20. IV.	20. IV.	20. IV.	12. IV.	6. IV.	—	15. IV.	—
Neustadt	Kutter	—	—	—	—	—	—	—	11. IV.	—	—	12. IV.	—	—	—	—
Muskau	Wolf	—	—	—	—	—	—	—	—	—	—	28. IV.	—	—	—	—
Ruhland	Perrin	—	—	—	—	—	—	—	—	—	—	—	—	—	—	—
Niesky	Bär u. Kramer	—	—	—	—	—	—	—	—	—	—	—	—	—	25. IV. / 6. IX.	25. IV. / 2. IX.
Breslau	Mohr	—	—	—	—	—	24. IV. / 23.VIII.	—	—	—	—	—	—	20. IV. / 11. IX.	17. IV.	—
"	Floericke	—	—	—	—	—	—	—	—	—	—	—	—	—	—	—
Kobier	"	—	—	—	—	—	—	—	—	—	—	—	—	—	—	17. IV.

Bei Görlitz erfolgte die Ankunft nach R. Tobias von 1832—38 frühestens am 13. April, spätestens am 3. Mai und im Mittel am 24. April. Bei den grossen Pferderennen in Scheitnig sah ich wiederholt Wiedehopfe, welche ängstlich und ratlos auf der von tausenden von Zuschauern eingefassten Arena herumflatterten. Die armen Vögel hatten vollständig den Kopf verloren über dem sie umgebenden Lärm und Getöse. Wahrscheinlich hatten sie sich ihrer Gewohnheit gemäss im Anfang gedrückt und waren darüber vollständig eingeschlossen worden. Nur einmal beobachtete ich, wie ein Wiedehopf sich hoch in die Luft erhob und entfloh; seine Kameraden kamen wahrscheinlich eben so elend ums Leben wie die „Manöverhasen" bei ähnlichen Gelegenheiten. Das Nest steht in Baumhöhlen, Spechtlöchern, alten Kopfweiden, nach L. Tobias selbst in Erlenstöcken auf der Erde. Praetorius fand schon am 2. Mai das volle Gelege und am 21. nackte Junge. Ich selbst traf am 30. Juni eben dem Ausfliegen nahe Junge. Durchschnittsmaasse von 6 schlesischen Eiern = 24,5 + 17,5 mm.

Familie: **Meropidae**, Bienenfresser.

Schlanke, prachtvoll gefärbte Vögel mit scharfschneidigem, mehr als kopflangem, sanft gebogenem Schnabel. Die rundlichen Nasenlöcher werden von Borstenfederchen überdeckt. Die Mittelzehe der sehr kleinen Füsse ist bis zum zweiten Gelenk mit der Aussen- und bis zum ersten mit der Innenzehe verwachsen. In den spitzen Flügeln ist die 1. Schwinge sehr klein, die 2. am längsten. Der lange Schwanz ist 12federig.

Gattung: **Merops** L. 1758. — Schwalbenspint.

Siehe die Familiencharaktere, da nur diese eine Gattung in Deutschland.

130. **Merops apiaster** L. 1758. — Bienenfresser.

Synonyma: Ispida merops L.; Apiaster icterocephalus Briss.; Merops Shaeghagi Forsk.; Merops galileus Hasselqu.; Merops conger et chrysocephalus Gm.; Merops brevirostris Rchbch.; Merops Hungariae et elegans Chr. Brehm; Merops apiaster L., Scop., Gm., Bchst., Chr. Brehm, Naum., Gould, Glog., Gieb., Kays. u. Blas., A. Br., v. Hom., Mew., Fridr., Radde, Hart., Gätke, Jäckel.

Trivialnamen: *Heumäher.*

Kennzeichen der Art: Siehe die Gattungsmerkmale, da nur diese eine Art in Deutschland.

Der prachtvolle, in Südeuropa heimische Bienenfresser ist schon mehrfach in Schlesien vorgekommen und hat sogar in zwei Fällen nachweisslich bei uns gebrütet. In den Jahren des furchtbaren Raupenfrasses im Anfang unseres Jahrhunderts wurde nach Braths ein kleiner Flug Bienenfresser auf Trebuher Revier bei Niesky gesehen und ein Exemplar dvaon geschossen. Ferner wurden nach R. Tobias im Juli 1830 3 Stück an einer nach Görlitz führenden Obstbaumallee beobachtet. Endler berichtet: „Im Sommer 1792 zeigten sich mehrere Bienenfresser in Schlesien, von denen auch einige geschossen und ausgestopft wurden. Ich überzeugte mich sogar, dass sie am Ohleflusse unweit der Stadt Ohlau genistet hatten, denn ich bekam von dort her einen sehr jungen, noch nicht befiederten Bienenfresser zugeschickt, welchen ich mit Fliegen und Mehlwürmern auffütterte." Ganz an derselben Stelle brütete 1824 wieder ein Pärchen der farbenschönen Fremdlinge (Gloger). Ohlau dürfte also neben Ziegenhain in Hessen der nördlichste bisher bekannte Brutplatz des Bienenfressers sein. Luchs behauptet, dass der Bienenfresser alljährlich zwischen Hirschberg und Warmbrunn erscheine, welche Angabe ich denn doch mit einem Fragezeichen versehen möchte.

Familie: Alcedinidae, Eisvögel.

Dickköpfige, schön gefärbte Vögel mit langem, starkem, geradem, vierkantigem, allmählich zugespitztem Schnabel und sehr kleinen Füsschen, an denen die Mittel- und Aussenzehe bis zum zweiten Gelenk verwachsen sind. Die durch eine Haut verschliessbaren Nasenlöcher sind klein und ritzenförmig. In den kurzen, stumpfen Flügeln sind die aussen verengte 2. und 3. Schwinge am längsten. Der ungemein kurze Schwanz ist 12federig.

Gattung: Alcedo L. 1758. — Eisvogel.

Siehe die Familiencharaktere, da nur diese eine Gattung in Deutschland.

131. Alcedo ispida L. 1758. — Eisvogel.

Synonyma: Corvus aegyptius Hasselqu.; Gracula atthis Gm.; Sturnus attis Daud.; Alcedo cristata Sand.; Alcedo aegyptia Vieill.; Alcedo hispida Less.; Alcedo Pallasii Reichb.; Alcedo subispida, A. advena, A. brachyrhynchus Chr. Brehm; Alcedo bengalensis Gml.; Alcedo ispida L., Scop., Gm., Behst., Chr. Br., Naum., Gould, Glog., Gieb., Kays. u. Blas., A. Br., v. Hom., Mew., Fridr., Radde, Hart., Gätke, Jäckel.

Trivialnamen: Blauer Wasserspecht, Seeschwalme, Eissengart, *Wasserhünlin*. Polnisch: Zelony, Rybiorcz.

Kennzeichen der Art: Siehe die Gattungsmerkmale, da nur diese eine Art in Deutschland.

Maasse von 8 schlesischen Exemplaren in cm:

	maximum	minimum	Durchschnitt
Länge:	17,6	17,1	17,4
Flugbreite:	28,2	27,6	27,9
Schwanz:	4,2	4,0	4,1
Schnabel:	4,0	3,8	3,9
Tarsus:	2,1	2,0	2,05

20*

Die schlesischen Eisvögel stellen grosswüchsige und sehr typische *ispida* dar, ohne alle Anklänge an *bengalensis*, den ich nur als Subspecies gelten lassen mag, da Uebergänge keineswegs selten sind.

Wenige Vögel sind in ihrem Bestande während der letzten Jahre so zurückgegangen wie der farbenprächtige Eisvogel. Die das Wasser der Bäche vergiftenden Fabriken, die Fischereien mit ihrer übertriebenen Verfolgungswut und ihren Schiessprämien und sich gern knallen hörende Sonntagsjäger haben den „fliegenden Edelstein" unserer Gewässer auf dem Gewissen. Daneben vernichtet auch das Hochwasser viele Bruten und trägt dadurch sehr zum Schwanken des Bestandes bei. In vielen Gegenden ist der Eisvogel völlig ausgestorben oder doch im Aussterben begriffen (z. B. am Zobten), in den meisten schon recht selten geworden und nur in wenigen noch häufig zu nennen. Bei Breslau traf ich ihn nur ganz vereinzelt; weiter oderabwärts soll er nach L. Tobias zahlreicher sein. Im Gebirge ist er nirgends mehr häufig, eher noch an den linken Nebenflüssen der Oder, soweit diese durch die Vorberge und das Hügelland fliessen. In den Teichlandschaften ist er zwar ein regelmässiger Gast zur Zugzeit, brütet aber kaum daselbst. Sylaender in Bolkenhayn ist der einzige von meinen Mitarbeitern, welcher den Eisvogel häufig nennt, obschon ihn fast alle mit aufzählen. Im Winter müssen die Eisvögel noch von auswärts Zuzug erhalten, da man dann viel mehr sieht. Der Schaden, welchen das Vögelchen der Fischerei zufügt, wird meist sehr übertrieben dargestellt. An Bächen, in denen Forellenzucht betrieben wird, ist er allerdings nicht zu dulden, sonst sollte man ihn aber unter Berücksichtigung seiner Seltenheit und seines ästhetischen Wertes gewähren lassen, zumal ja schon sein ungeselliges und einsiedlerisches Wesen seine Ueberhandnahme in einer bestimmten Gegend ausschliesst. Practorius fand am 22. Mai 1872 bei Breslau ein Gelege von 9 Eiern in einer 2³/₄ Fuss langen Röhre ohne jede Unterlage. Sonderbarer Weise wird im 1. Jahresbericht d. Aussch. f. Beob. Stat. d. Vögel Dentschlands, das Brüten des Eisvogels bei Breslau gänzlich geleugnet. Ich fand selbst an einem alten Wassergraben in der Strachate eine Niströhre, aus der ich die Jungen auskommen liess. Hübsche Beobachtungen über das Brutgeschäft des Eisvogels haben Kutter und Kollibay bei Neustadt gemacht. Am 22. April 1881 fanden dieselben ein 7 Tage lang bebrütetes Gelege von 7 Eiern, am 17. Mai ein eben so grosses und sehr stark bebrütetes Gelege, aber am 30. desselben Monats wieder 6 frische Eier. Der Vogel war dort ziemlich häufig.

Maasse von 12 schlesischen Eiern in mm:

	maximum	minimum	Durchschnitt
Länge:	23	22	22,5
Breite:	19	17,5	18,5

IV. Ordnung: **Scansores**, Klettervögel.

Kleine oder mittelgrosse Vögel ohne Singmuskelapparat, mit kurzen Füssen, an denen 2 Zehen nach vorn und zwei (oder eine) nach hinten gerichtet sind. Schwanz 10- oder 12fedrig. Die 3. oder 4. Schwinge am längsten.

Familie: **Picidae,** Spechte.

Schnabel ziemlich kopflang, hart, gerade, meisselartig. Die eirunden Nasenlöcher liegen nahe der Stirn. Die oft auffallend lange, wurmförmige und an der Vorderspitze mit Widerhäkchen versehene Zunge kann durch die um den ganzen Kopf herum bis zur Nasenwurzel verlaufenden Zungenbeinmuskeln plötzlich vorgeschnellt und dann wieder in eine besondere Scheide zurückgezogen werden. Die nach hinten gerichtete Aussenzehe ist die grösste, die beiden Vorderzehen sind bis zur Hälfte des 1. Gliedes verwachsen; alle tragen starke, sehr gebogene Krallen. Die 1. Schwinge ist stets kürzer als die Armschwingen. Der zur Unterstützung beim Klettern dienende Schwanz hat 12 Federn mit sehr elastischen, fischbeinartigen und ohne Fahnen endigenden Schäften. Doch ist das äusserste Schwanzfedernpaar unter den Deckfedern verborgen.

Gattung: Picus L. 1758. — Erdspecht.

Die Zunge ist ungefähr dreimal so lang als der Schnabel. Das Gefieder ist in der Hauptsache grünlich gefärbt. Sie halten sich zur Nahrungssuche mehr auf der Erde und weniger auf Bäumen auf als andere Spechte.

132. **Picus viridis** L. 1758. — Grünspecht.

Synonyma: Gecinus viridis Boie, Kays. u. Blas., v. Hom. Mew., Radde, Jäckel; Gecinus Sharpei Saund.; Gecinus Saundersi Tacz.; Gecinus Vaillanti Mal.; Gecinus pinetorum, G. frondium, G. virescens, G. brachyrhynchus Chr. Brehm; Brachylophus viridis Swains.; Chloropicus viridis Malh.; Picus semirostris L.; Picus viridis L., Gm., Bchst., Chr. Brehm, Naum., Gould, Glog., Gieb., A. Br., Fridr., Hart., Gätke.

Trivialnamen: Grasspecht, grüner Baumhacker, grüner Holzhacker. Wendisch: Pujak. Polnisch: Zanna.

Kennzeichen der Art: Sämtliche Schwanzfedern sind bandirt.

Maasse von 14 schlesischen Exemplaren in cm:

	maximum	minimum	Durchschnitt
Länge:	31,9	31,1	31,6
Flugbreite:	51,2	50,5	50,9
Schwanz:	11,4	11,1	11,2
Schnabel:	4,4	4,1	4,3
Tarsus:	2,9	2,7	2,85

In den Auwaldungen des Oderthales ist der Grünspecht sehr häufig, und gerade bei Breslau fand ich ihn zahlreich, während ihn Mohr dort nur zweimal beobachtet haben will. Der Vogel müsste demnach erst neuerdings dort eingewandert sein oder sich sehr vermehrt haben, was nicht eben viel Wahrscheinlichkeit für sich hat. Auch in der Bartschniederung begegnete ich ihm vielfach auf den Teichdämmen wie am Rande und auf den Blössen des Waldes. Laubhölzer bewohnt er mit Vorliebe, auch gemischte Waldungen ganz gern und nur die tiefen Nadelwaldungen meidet er fast gänzlich. Deshalb ist er auch in Oberschlesien verhältnismässig selten, in den anderen Teilen der Provinz dagegen so häufig wie in wenigen Gegenden Deutschlands. Knauthe führt ihn mit der Bezeichnung „massenhaft" auf und Richter nennt ihn geradezu den gemeinsten Specht. In den Vorbergen kommt er vor, fehlt aber dem eigentlichen Gebirge. Doch beobachtete ihn A. v. Homeyer beim Aufstieg auf die Tafelfichte. Im Winter kommt der Grünspecht ungescheut bis in die Gärten selbst grosser Städte. Den Bienenstöcken thut er alsdann bisweilen grossen Schaden, indem er sowohl die Bienen als den Honig verzehrt. v. Meyerinck stellte fest, dass ein einziger Grünspecht auf diese Weise 12 Bienenstöcke gänzlich zerstörte. Practorius fand das volle Gelege am 2. Mai 1872 bei Breslau. Durchschnittsmaasse von 4 schlesischen Eiern = 3,0 + 2,3 cm.

133. **Picus viridicanus** Wolf. 1810. — Grauspecht.

Synonyma: Chloropicus canus Malb.; Brachylophus canus Swains.; Gecinus canus Boie, Degl.., Kays. u. Blas., v. Hom., Mew., Radde, Jäckel; Gecinus viridicanus et caniceps Chr. Br.; Picus canus Gm., Bchst., Naum., Glog., Gieb., A. Brehm; Picus norvegicus Lath., Vieill.; Picus viridis Scop.; Picus chloris Pall.; Picus caniceps Nils.; Picus viridicanus Meyer, Hartert.

Kennzeichen der Art: Nur die beiden mittelsten Federn des Schwanzes sind gebändert.

Durchschnittsmaasse von 3 schlesischen Exemplaren in cm: Länge = 30,3; Flugbreite = 46,4; Schwanz = 10,8; Schnabel = 3,1; Tarsus = 2,4.

Der Grauspecht ist in Schlesien ungleich seltener als die vorige Art und fehlt den Landstrichen rechts der Oder wohl völlig, ist auch in der Ebene auf dem anderen Ufer eine sehr seltene Erscheinung. Auch die Lausitz beherbergt ihn nur spärlich. Nach dem Gebirge zu wird er häufiger und ist am zahlreichsten noch in den grossen Laubwäldern der Vorberge und der niedrigeren Teile der Sudeten zu finden. In dem Höhengürtel von 2000—2500 Fuss dürfte er bei uns sein Verbreitungsmaximum erreichen. Das Breslauer Museum besitzt 2 schlesische Belegexemplare. Von meinen Mitarbeitern führen Baer, Sylaender und Emmrich ihn als Brutvogel auf. Maasse von einem schlesischen Ei = 25 + 20 mm.

Gattung: **Picoides** Lac. 1801. — Stummelspecht.

Die eigentliche Hinterzehe ist bei diesen Spechten ganz in Wegfall gekommen.

134. **Picoides tridactylus** (L.) 1758. — Dreizehenspecht.

Synonyma: Picus tridactylus L., Edw., Gm., Bchst., Gieb., Kays. u. Blas., Fridr.; Picus hirsutus Vieill.; Dendrocopus tridactylus Koch; Dryobates tridactylus Boie; Tridactylia tridactylus Mew.; Tridactylia hirsuta Steph., Cab.; Pipodes tridactylus Glog.; Apternus tridactylus Gould, Rchw., Jäckel; Apternus longirostris, A. montanus, A. septentrionalis Chr. Brehm; Picoides variegatus Val.; Picoides europaeus Less., Malh.; Picoides alpinus, P. montanus, P. septentrionalis Chr. Br.; Picoides tridactylus Lac., Chr. Brehm, A. Brehm, v. Hom., Hartert.

Trivialnamen: Starspecht.

Kennzeichen der Art: Siehe die Gattungsmerkmale, da nur diese eine Art in Deutschland.

Der Dreizehenspecht gehört zwar auch in Schlesien zu den Seltenheiten, aber doch nicht in dem Grade wie in den übrigen Provinzen der preussischen Monarchie. Gloger sagt von ihm: „Gehört weder tief im Riesengebirge noch im Gesenke und Altvater zu den Seltenheiten und ist dort allgemein bekannt." Das Breslauer Museum besitzt 2 schlesische Belegexemplare, leider ohne alle näheren Daten. Auch in der Sammlung Heydrichs befinden sich 2 bei Schreiberhau erlegte Dreizehenspechte, von denen der eine 1880 geschossen wurde. Aus der Lausitz sind ebenfalls 2 bei Zittau und bei Hirschfelde erlegte Exemplare bekannt geworden. L. Tobias berichtet von einem einmaligen Vorkommen des *tridactylus* bei Neusalz; doch erscheint dieser Fall nicht ganz sicher. Kramer beobachtete den Dreizehenspecht 1890 am Reifträger und ich selbst beim Aufstieg zur Schneegrube. Ob der Vogel in Schlesien brütet ist immer noch eine offene Frage. A. v. Homeyer nennt ihn zwar einen „seltenen Brutvogel im Isergebirge", erbringt aber eben so wenig Beweise dafür wie diverse andere Beobachter.

Gattung: **Dendrocopus** Koch. 1816. — Buntspecht.

Die Buntspechte sind oben schwarz und weiss gefleckt und gebändert. Nur die 4—6 mittelsten Schwanzfedern sind zugespitzt und fischbeinartig.

135. **Dendrocopus minor** (L.) 1758. — Zwergspecht.

Synonyma: Picus minor L., Gm., Bchst., Buff., Naum., Gould, Malh., Glog., Gieb., Kays. u. Blas., A. Br., v. Hom., Fridr.,

Radde, Jäckel; Picus pipra Pall.; Picus striatus Macg.; Picus
hortorum, P. herbarum, P. crassirostris, P. pusillus Chr. Brehm;
Picus kamtschkadensis Sand.; Picus minor quadrifasciatus Radde;
Picus pusillus Chr. Br.; Dryobates minor Boie; Hylocopus minor
Mewes; Pipripicus minor Bp.; Hylocopus minor Cab.; Dendrocopus
minor Koch, Hartert.

Trivialnamen: Grasespecht. Wendisch: Maty Düpürnak.
Polnisch heissen alle Buntspechte Dziendziol.

Kennzeichen der Art: Grösse unter 16 cm.

Maasse von 10 schlesischen Exemplaren in cm:

	maximum	minimum	Durchschnitt
Länge:	14,6	14,3	14,4
Flugbreite:	28,0	27,4	27,7
Schwanz:	5,6	5,4	5,5
Schnabel:	1,5	1,3	1,4
Tarsus:	1,4	1,4	1,4

Der niedliche Zwergspecht, einer meiner ganz besonderen
Lieblinge aus der Vogelwelt, ist ebenfalls ein Charaktervogel der
schönen Laubwälder des Oderthales. Hier ist er verhältnismässig
häufig und hält sich auch in Parkanlagen und grossen Gärten
bisweilen ziemlich zahlreich auf. Mohr sagt zwar „bei Breslau
nie geschen", ich sah hingegen dort mehrmals an einem Tage
wohl bei Dutzend und schätze allein in der Strachate auf alle
20—30 Morgen ein Brutpaar. Auch in der Bartschniederung
traf ich den Vogel ziemlich zahlreich, ebenso L. Tobias bei
Neusalz. In Oberschlesien und in der Lausitz ist er weniger
häufig und kommt in vielen Gegenden nur auf dem Striche vor.
In der dem Sudetenzuge vorgelagerten Hügellandschaft tritt er
wieder zahlreicher auf, aber dem eigentlichen Gebirge scheint er
gänzlich zu fehlen. Wolf (Muskau), Kollibay (Neustadt), Sylaender (Bolkenhayn), v. Meyerinck (Canth) und Emmrich
(Neurode) führen ihn als sicheren Brutvogel auf. Oefters als
andere Buntspechte sah ich diese Art ganz niedrig über oder
selbst auf dem Boden, woraus sich auch sein schlesischer Volks-
name „Grasespecht" ableiten mag. Oft sah es in der That aus,
als ob der ganz niedrig an einem jungen Stämmchen kletternde
Specht in dem hohen umgebenden Grase herumhüpfe. A. v. Homeyer beobachtete am 15. Juni 1866 eben flügge gewordene
junge Zwergspechte an einem nach Nordwesten gerichteten Nist-
loche. Durchschnittsmaasse von 2 schlesischen Eiern =
17,75 + 13,25 mm.

136. Dendrocopus medius (L.) 1758. — Mittelspecht.

Synonyma: Picus medius L., Gm., Bchst., Naum., Gould,
Malh., Glog., Gieb., Kays. u. Blas., A. Br., v. Hom., Fridr., Radde,

Jäckel; Picus varius Briss., Buff.; Picus cynaedus Pall.; Picus quercuum, P. roseiventris, P. meridonalis Chr. Br.; Picus Sancti Johannis Blanf.; Pipripicus medius Bp.; Dendrocoptes medius Cab., Mewes; Dendrocopus medius Koch, Hartert.

Trivialnamen: Rotspecht.

Kennzeichen der Art: Grösse über 16 cm. Bürzel schwarz, welche Farbe dem Gesicht fehlt. Unterleib und After rosenrot.

Maasse von 20 schlesischen Exemplaren in cm:

	maximum	minimum	Durchschnitt
Länge:	19,8	19,4	19,5
Flugbreite:	38,0	37,4	37,6
Schwanz:	8,4	8,2	8,3
Schnabel:	2,6	2,3	2,4
Tarsus:	2,3	2,3	2,3

Im Breslauer Museum befindet sich ein ganz weisses Exemplar mit einigen blutroten Schulterfedern.

Der Mittelspecht, welcher in vielen Gegenden Deutschlands bekanntlich recht selten ist, ist in Schlesien eine sehr gewöhnliche Erscheinung. Namentlich das Oderthal beherbergt ihn in grosser Menge in seinen schönen Auhölzern, und der Bestand von *medius* steht dort hinter dem von *maior* nur wenig oder gar nicht zurück, übertrifft ihn sogar in einigen Gegenden. Das letzte berichtet auch Wolf für Moskau. Flussufer und überhaupt Gewässer liebt der Mittelspecht sehr. Das Laubholz, namentlich lichte Eichen- und Buchenwälder zieht er gemischten Beständen vor und die grossen Nadelwälder meidet er so gut wie gänzlich. Aus diesem Grunde giebt es auch in Oberschlesien, im Gebirge und in der Lausitz ungleich weniger Mittelspechte. Doch soll der Vogel nach Hosius sogar bei Hermsdorf noch vereinzelt brüten. In der Görlitzer Heide kommt er nach Krezschmar gar nicht vor. Ein interessantes Begegnis mit dem Mittelspecht hatte ich am 2. April 1890 im Schleipitzer Schlosspark. Ein brünstiges Spechtmännchen trieb in der bekannten stürmischen und hitzigen Weise ein mir anders vorkommendes Weibchen durch die hohen Wipfel der alten Eichen, holte es schliesslich ein und zwang es zur Begattung. In diesem Moment holte ich beide durch einen Schuss herunter und hielt einen Augenblick später das Männchen von *medius* und das Weibchen von *maior* in der Hand! Durchschnittsmaasse von 4 schlesischen Eiern = 21 ÷ 17 mm.

137. **Dendrocopus leuconotus** (Bchst.) 1802. — Weissrückiger Buntspecht.

Synonyma: Picus leuconotus Bchst., Vieill., Chr. Br., Naum., Gould, Malh., Glog., Gieb., Kays. u. Blas., A. Br., Fridr., Radde,

Gätke, Jäckel; Picus cirris Pallas: Picus uralensis Malh.; Pipripicus uralensis et leuconotus Bp.; Dendrodromas leuconotus Kaup, Cab., Mewes; Dendrocopus leuconotus Koch, Hartert.

Trivialnamen: Elsterspecht.

Kennzeichen der Art: Grösse über 16 cm. Bürzel weiss, Bauch und After rosenrot.

Ich möchte vermuten, dass *leuconotus* in Schlesien gar nicht so sehr selten ist als man bisher angenommen hat. Schon Kaluza war dieser Ansicht, denn er sagt: „Nicht sehr selten, wird aber häufig mit *medius* verwechselt." Es ging eben damals wie heute: es fehlte weniger an seltenen Vögeln als an kundigen und eifrigen Beobachtern. Das Breslauer Museum enthält 2 schlesische Stücke. Auch in der Sammlung der „Senckenbergischen naturf. Gesellsch." in Frankfurt a. M. befindet sich ein junges Männchen des Elsterspechtes, welches nach Hartert auffallend alten Datums sein muss und auffallend viel Weiss zeigt. Mir selbst kam der Vogel bei Breslau zweimal in den Oderwaldungen südöstlich der Stadt zu Gesicht und erlegte das eine Exemplar für meine Sammlung. In beiden Fällen fielen mir die Vögel sehr durch ihre grosse Zutraulichkeit auf.

138. **Dendrocopus maior** (L.) 1758. — Grosser Buntspecht.

Synonyma: Picus maior L., Gm., Behst., Naum., Gould, Malh., Chr. Br., Glog., Gieb., Kays. u. Blas., A. Br., v. Hom., Fridr., Radde, Gätke, Jäckel; Picus cissa Pall.; Picus pipra Macg., Picus baskiriensis Bp.; Picus brevirostris, P. presospilus, P. alpestris Rchbch.; Picus lucorum, P. sordidus, P. pinetorum, P. pityopicus P. montanus, P. frondium Chr. Brehm; Dryobates maior Boie Dendrocopus maior Koch, Cab., Hartert.

Trivialnamen: Boomhacker, Gesprengelter Specht, Elster-, Weiss-, Rot- und Bandspecht. Wendisch: Wulki Düpürnak.

Kennzeichen der Art: Grösse über 16 cm. Bürzel schwarz. Das schöne Rot des Afters dehnt sich nicht auf den Unterleib aus. Vom Mundwinkel aus erstreckt sich ein schwarzer Streif nach dem Halse zu.

Maasse von 22 schlesischen Exemplaren in cm:

	maximum	minimum	Durchschnitt
Länge:	23,6	21,8	23,1
Flugbreite:	44,8	43,5	44,2
Schwanz:	9,5	9,1	9,3
Schnabel:	2,6	2,5	2,5
Tarsus:	2,5	2,4	2,4

Die anscheinend bedeutenden Grössenverschiedenheiten erklären sich dadurch, dass die Weibchen ständig und erheblich kleiner sind als die Männchen, worauf schon Radde aufmerksam gemacht hat. Die Abtönung der Unterseite variirt ebenfalls sehr, was mit dem Alter und der Lebensweise, auch mit dem Aufenthalte zusammen zu hängen scheint. Im Breslauer Museum notirte ich einen reinen Albino.

In den meisten Gegenden Schlesiens ist der grosse Buntspecht der gemeinste Specht. Dies gilt namentlich von der Lausitz, den Sudeten und Oberschlesien, überhaupt von denjenigen Landstrichen, in welchen der Nadelwald prävalirt. Fast einstimmig melden die Beobachter ein starkes Abnehmen des Buntspechtes, welches mit der heutigen Forstwirtschaft zusammenhängen dürfte. Auch im Riesengebirge kommt diese Art zahlreich vor und ist namentlich in dem Waldgürtel von 7—900 m Meereshöhe so recht heimisch. Durchschnittsmaasse von 6 schlesischen Eiern = 25,5 + 19,75 mm.

Gattung: **Dryocopus** Boie. 1826 — Schwarzspecht. Grosse Spechte mit vorwiegend schwarzem Gefieder.

139. **Dryocopus martius** (L.) 1758. — Schwarzspecht.

Synonyma: Picus niger L.; Picus maior Briss.; Picus martius L., Gm., Bchst., Buff., Naum., Gould, Chr. Br., Glog., Gieb., Kays. u. Blas., A. Br., Fridr.; Carbonarius martius Kaup; Dryotomus martius Swains.; Dryopicus martius Malh.; Dendrocopus martius, D. pinetorum, D. alpinus, D. niger Chr. Brehm; Dryocopus martius Boie, Cab., Radde, Hart., Jäckel.

Trivialnamen: Waldpferd, Holzkrähe, Holzkrahe, Holzhusc, Krahspecht. Wendisch: Kanja. Polnisch: Zanna.

Kennzeichen der Art: Siehe die Gattungsmerkmale, da nur diese eine Art in Deutschland.

Maasse von 6 schlesischen Exemplaren in cm:

	maximum	minimum	Durchschnitt
Länge:	41,1	40,2	40,7
Flugbreite:	74,9	74,1	74,6
Schwanz:	16,8	16,5	16,7
Schnabel:	5,5	5,4	5,5
Tarsus:	3,7	3,6	3,6

Auch hier sind die Weibchen merklich kleiner.

Der herrliche Schwarzspecht, diese stolze Zierde unserer alten Hochwaldbestände, der in den meisten Gegenden Deutschlands leider schon so selten geworden ist, hat in einigen Strichen unserer Provinz, wo der Grossgrundbesitz noch über weite und ruhige Forsten gebietet, glücklicherweise noch einen schützenden Zufluchtsort gefunden und ist deshalb verhältnismässig häufig. In der Bartschniederung z. B. sah und hörte ich ihn fast täglich und erhielt mehrere sehr schöne Exemplare. Ebenso ist er in den grossen Waldungen Oberschlesiens, des Glatzer-, Eulen-, Riesen- und Isergebirges ein regelmässiger, wenn auch spärlich auftretender Brutvogel, und daselbe gilt von der Lausitz. Den Bestand der Görlitzer Heide schätzt A. v. Homeyer auf 10—15 Brutpaare. Meine Mitarbeiter führen den Schwarzspecht fast sämtlich mit auf, namentlich die Oberschlesier. Der stattliche Vogel liebt insbesondere die ältesten gemischten Hochwaldreviere, während er krüppelhafte und mit Flechten überkleidete Nadelhölzer nicht gern bewohnt. Auf dem Striche kommt er auch in die Parkanlagen, nach Knauthe selbst in grosse Obstgärten. Im Gebirge steigt er ziemlich hoch empor. Zacharias beobachtete ihn häufig noch oberhalb der Schlingelbaude (1084 m). Nach Kollibay hatte ein Schwarzspecht bei Wolfshau an einer ganz gesunden, mittelstarken Buche seine Bruthöhle gezimmert, nachdem er den Baum schon vorher an einer anderen Stelle angegriffen hatte. Am 27. Juli erhielt Kollibay ein noch nicht ausgefiedertes Junge. Durchschnittsmaasse von 3 schlesischen Eiern = 30,5 + 21 mm.

Familie: **Indicatoridae**, Spähvögel.

Siehe die Charaktere der einzigen deutschen Gattung!

Gattung: **Jynx** L. 1758. — Wendehals.

Der spitzige und kegelförmige Schnabel ist kürzer als der Kopf. Die nahe an einander gerückten Nasenlöcher liegen dicht vor der Stirn. Die ungemein lange, wurmförmige und vorschnellbare Zunge endet vorn in eine kleine Hornspitze ohne Widerhaken. Der 10federige Schwanz ist abgerundet und weich und hat unter sich noch 2 sehr verkümmerte Seitenfedern. Die 1. Schwinge ist rudimentär, die 3. am längsten und nebst der 4. aussen verengt. Das Gefieder ist sehr locker und zeigt zarte Baumrindenfarben.

140. **Jynx torquilla** L. 1758. — Wendehals.

Synonyma: Cuculus subgrisea et jynx L.; Picus jynx Pall.; Torquilla striata Briss.; Jynx torquilla L., Gm., Bchst., Naum., Gould, Malb., Chr. Br., Glog., Gieb., Kays. u. Blas., A. Br., v. Hom., Mew., Fridr., Hart., Jäckel; Jynx punctata, J. arborea, J. maior Chr. Brehm.

Trivialnamen: Drehschlunk, Drehhals, Windhals, Weibermann, Natterwendel, verdrehtes Wagenrad.

Kennzeichen der Art: Siehe die Gattungsmerkmale, da nur diese eine Art in Deutschland.

Maasse von 18 schlesischen Exemplaren in cm:

	maximum	minimum	Durchschnitt
Länge:	18,1	17,7	18,0
Flugbreite:	28,0	27,4	27,8
Schwanz:	6,0	6,0	6,0
Schnabel:	1,2	1,2	1,2
Tarsus:	1,6	1,6	1,6

Der Wendehals ist in den Laubwaldungen Mittelschlesiens ungemein häufig, so z. B. bei Breslau. Namentlich liebt er alte Eichenbestände mit recht vielen Ameisenhaufen. Auch in gemischten Beständen findet man ihn vielfach, nie aber in blossen Nadelwaldungen. In kleinen Feldhölzern, Anlagen, Baumpflanzungen und Gärten ist der Wendehals eine sehr gewöhnliche Erscheinung. In Gegenden, wo sich auf weithin nur Nadelholz findet, stellt er sich nur auf dem Zuge ein. Dieser fällt in die zweite Hälfte des April und in den September.

Siehe umstehende Zugtabelle!

R. Tobias notirte bei Görlitz von 1832—38 als frühesten Ankunftstermin den 21., als spätesten den 27. und als Durchschnitt den 24. April. Nach Baer findet nur eine Brut statt. Volle Gelege fanden Praetorius am 16. und Thiemann am 28. Mai. Kutter traf am 26. Juni flügge Junge. Wiederholt habe ich Wendehälse im Käfig gehalten, aber trotz ihres drolligen Gesichterschneidens und ihrer Anspruchlosigkeit wenig Freude an ihnen erlebt.

Maasse von 10 schlesischen Eiern in mm:

	maximum	minimum	Durchschnitt
Länge:	21	19,5	20,25
Breite:	16	14,5	15,25

Familie: **Cuculidae,** Kuckucke.

Der etwas gebogene, schwache, aber scharfschneidige Schnabel ist nicht so lang wie der Kopf und hat kreisrunde, von einem hervorstehenden Rande umgebene Nasenlöcher. Die Läufe sind sehr kurz, die äussere Hinterzehe eine Wendezehe. In den langen, schmalen und spitzigen Flügeln ist die 1. Schwinge gleich der 8., die 3. am längsten. Der lange 10federige Schwanz ist stufig abgerundet. Alle Federn sitzen sehr lose. Inbezug auf das Brutgeschäft sind viele Kuckucke Parasiten.

Gattung: **Cuculus** L. 1758. — Baumkuckuck.

Die 2. Schwinge fast gleich der 4. Kopf ohne Federhaube.

141. **Cuculus canorus** L. 1758. — Kuckuck.

Zugtabelle:

Ort:	Beobachter:	1839	1840	1841	1842	1849	1879	1880	1881	1882	1886	1887	1888	1889	1890	1891
Görlitz	R. Tobias	24. IV.	19. IV.	21. IV.	19. IV.	—	—	—	—	—	—	—	—	—	—	—
„	J. Tobias	—	—	—	—	—	—	—	—	—	—	—	—	—	—	—
„	Peck	—	—	—	—	26. IV.	—	—	—	—	—	—	—	—	—	—
„	Richter	—	—	—	—	—	21. IV.	—	—	—	—	—	—	—	—	—
Sprottau	Krzeschmar	—	—	—	—	—	—	—	—	18. IV.	—	4. V., 13. IX.	25. IV.	—	—	—
Zobten	Knauthe	—	—	—	—	—	—	—	—	—	24. IV.	22. IV. 25. IV.	—	—	10. IV.	—
Neustadt	Kutter	—	—	—	—	—	—	—	—	—	—	—	—	—	—	—
Patschkau	Kollibay	—	—	—	—	—	—	21. IV. 13. IV.	—	—	—	—	—	—	—	—
Ziegenhals	Thiemann	—	—	—	—	—	—	—	—	—	25. IV. 3. IX.	25. IV.	—	—	—	—
Niesky	Bär u. Kraner	—	—	—	—	—	—	—	—	—	—	24. IV. 25. IV. 13. IX.	—	—	22. IV. 26. IV.	—
Breslau	Kern	—	—	—	—	—	—	—	—	—	13. IV.	—	—	—	—	—
Neisse	Floericke	—	—	—	—	—	—	—	—	—	—	—	—	1. V.	19. IV.	24. IV.
„	„	—	—	—	—	—	—	—	—	—	—	—	—	—	—	—

Synonyma: Cuculus hepaticus Sparrm.; Cuculus rufus Bchst., Herm.; Cuculus borealis Pall.; Cuculus tristis Herm.; Cuculus tinereus Chr. Brehm; Cuculus indicus Cab.; Cuculus himalayanus Gould, Blyth; Cuculus telephonus Heine; Cuculus cuculus L.; Cuculus canorus L., Scop., Noz., Gm., Bchst., Chr. Br., Naum., Gould, Schleg., Gieb., Sykes, Kays. u. Blas., A. Br., v. Hom., Mew., Fridr., Radde, Hart., Gätke, Jäckel, Bald., Rey.

Trivialnamen: Guckauch, Gucker. Polnisch: Kukowka. Wendisch: Kokula, Kokler, Kokla.

Kennzeichen der Art: Siehe die Gattungsmerkmale, da nur diese eine Art in Deutschland.

Maasse von 21 schlesischen Exemplaren in cm:

	maximum	minimum	Durchschnitt
Länge:	31,4	29,9	31,1
Flügelbreite:	61,5	59,9	61,3
Schwanz:	17,3	16,9	17,0
Schnabel:	2,1	2,0	2,1
Tarsus:	1,6	1,6	1,6

Rotbraune Kuckucke kommen in Schlesien nur äusserst selten vor; ich sah nie einen. Der Kuckuck ist im grössten Teile Schlesiens ein ausserordentlich gemeiner Vogel und in manchen Auwäldern der Oder, Ohle, Bober, Neisse, Weistritz und anderer Flüsse sowie in den Erlenbrüchen der Bartschniederung findet man ihn in oft fabelhafter Menge. Dabei ist der Vogel fast überall noch im Zunehmen begriffen. Auch im Gebirge ist er häufig und bewohnt noch die letzten Fichtenwälder des Riesengebirges in einem Höhengürtel von 4000 Fuss in sehr beträchtlicher Menge. Im Krummholz sah ihn v. Tschusi noch vielfach, namentlich am Ziegenrücken. E. v. Homeyer fand ihn an der Elbbaude (3727 Fuss) und Kollibay am kleinen Teich (3650 Fuss), wo das Brutgebiet des Wasserpiepers beginnt, dessen Nester also der Kuckuck wahrscheinlich auch zum Ablegen seiner Eier benützt, obgleich mir noch kein diesbezügliches Gelege bekannt geworden ist. Zacharias erzählt sogar von einem Kuckucke, welcher sich 1890 an der Telegraphenleitung auf der Schneekoppe (4931 Fuss) tot geflogen hatte. Dieser Fall dürfte beweisen, dass der Kuckuck auf seinen Wanderungen das Riesengebirge ohne weiteres überfliegt und dasselbe für ihn kein Hindernis bildet. Nur grosse, geschlossene Nadelwaldungen wie z. B. die Görlitzer Heide, meidet der Kuckuck fast gänzlich, bewohnt aber doch ihre Ränder und Vorhölzer. In den letzten Tagen des April pflegt der erste Kuckucksruf bei uns zu erschallen. Nach R. Tobias war dies von 1832—35 bei Görlitz frühestens am 23. April, spätestens am 3. Mai und im Durchschnitt am 30. April der Fall.

Siehe umstehende Zugtabelle!

Zugtabelle:

Ort:	Beobachter:	1839	1841	1842	1843	1876	1877	1878	1879	1881	1882	1884	1885	1886	1887	1888	1889	1890	1891
Görlitz	R. Tobias	1. V.	25.IV.																
"	Fechner			22.IV.	30.IV.														
"	Peck																		
	Richter																		
Sprottau	Krezschmar								25.IV.						25.IV.	30.IV.			
Bauden	Willimek										30.IV.	28.IV.							
Canth	v. Meyerinck								20.IV.	30.IV.	25.IV.								
Kosel	Kutter						10. V.	27.IV.	20.IV.	3. V.									
Goldberg	Emmrich									20.IV.									
Zobten	Knauthe						23.IV.											17.IV.	
Althammer	Forstpersonal													24.IV.	25.IV.	18.IV.	23.IV.		
Karlsberg	"													11. V.	29.IV.	5. V.	30.IV.		
Friedrichsthal	"												20.IV.	21.IV.	25.IV.	20.IV.	23.IV.		
Kl. Briesen	"												16.IV.	20.IV.	27.IV.	28.IV.	23.IV.		
Kottwitz	"												21.IV.	26.IV.	23.IV.	28.IV.	23.IV.		
Meselache	"												19.IV.	19.IV.	23.IV.				
Nesselgrund	"												26.IV.	27.IV.	1. V.	1. V.	26.IV.		
Paruschowitz	"												15.IV.	7. IV.	15.IV.	19.IV.	13.IV.		
Proskau	"												16.IV.	17.IV.	22.IV.	18.IV.	23.IV.		
Rogelwitz	"												17.IV.	11.IV.	23.IV.	18.IV.	22.IV.		
Ullersdorf	"																		
Neustadt	Kollibay														1. V.	2. V.	30.IV.	28.IV.	
Patschkau										30.IV.									
Niesky	Bär u. Kramer														30.IV.				
Breslau	Mohr					17.VIII.									25.IV.	28.IV.	27.IV.	16.IV.	4. V.
"	Floericke																23.IV.	17.IV.	

Ende Juni hört man nur noch ganz vereinzelte Kuckucks-
rufe, aber erst zu Beginn des September erfolgt der eigentliche
Abzug. Vor demselben bekommt man die Vögel öfters als sonst
zu sehen, denn sie kommen dann aus den Wäldern heraus auf
die Landstrassen, wo sie auf den Birken und Pappeln sich allerlei
Larven aufsuchen (z. B. von *Cimber variabilis* und *Tenthredo septentrionalis*). Die Weibchen legen auch einen Teil ihrer Scheu
ab, wenn es sich darum handelt, ihr Ei in fremde Nester einzu-
schmuggeln; sie kommen dann selbst in kleinere Gärten. Noch
mehr lassen die hitzigen Männchen bei ihren eifersüchtigen Zänke-
reien die sonstige Vorsicht ausser acht. Zwei solcher verliebter
Cumpane balgten sich einmal keine 10 Schritt vor mir auf einer
kleinen und ganz frei an der Landstrasse stehenden Birke herum.
Der mich begleitende Förster trat zurück und schoss den einen
herunter, worauf der andere zunächst fortflog, aber gleich darauf
wiederkehrte, wütend nach seinem eben gefallenen Gegner spähte
und nun ebenfalls sein Leben lassen musste. Aus Schlesien sind
bisher folgende Pflegeeltern des Kuckucks mit Sicherheit bekannt
geworden: *Ruticilla phoenicura* (Oberschlesien), *Saxicola oenanthe,
Erithacus rubeculus, Hypolais philomela, Sylvia rufa, S. atricapilla, S. hortensis, S. nisoria, Acrocephalus streperus* und *arundinaceus* (Lausitz und Breslau), *Motacilla alba* und *melanope* und
Anthus campestris (Neusalz). Kutter fand am 1. und 15. Juni
Kuckuckseier bei *Sylvia hortensis*, die wohl von demselben Weibchen herrührten, da sie sich in demselben kleinen Gehölze vorfanden und einander sehr ähnlich waren. Kollibay erbeutete
am 8. Juni ein Kuckucksei mit 5 Nesteiern von *Sylvia rufa*.
Während die Nesteier zu der dunklen Varietät gehörten, welche
sich durch grosse aschgraue und ölbraune, am stumpfen Ende
zusammentretende Flecke auszeichnet, ähnelte das Kuckucksei
mehr der lichten Abart, bei welcher die weissliche Grundfarbe
nur wenig durch punktartige Zeichnung verdeckt wird.

In meinem ersten Verzeichnis schlesischer Vögel in Cabanis
Journal hatte ich irrtümlicherweise auch den Heherkuckuck
(*Coccystes glandarius*) mit aufgeführt. Freundlichen Mitteilungen
der Herren Dr. Reichenow und Baer zufolge wurden aber
die betreffenden Stücke nicht innerhalb unserer Provinz, sondern
auf brandenburgischem resp. sächsischem Gebiet unweit der schlesischen Grenze erlegt, so dass ich diesen seltenen Irrgast wieder
aus meiner Liste streichen musste.
